新世界的生死審判

女巫末日

THE RUIN OF ALL WITCHES

Life and Death in the New World

Malcolm Gaskill

莫爾肯·蓋斯吉爾——著

劉曉米——譯

獻給　席娜・裴爾斯（Sheena Peirse）

她讓一切有所可能

無論何時何地，人類無時無刻不感到極度匱乏，因其自身存在，因有所極限的自我、因為無法更為廣闊。

——阿道斯．赫胥黎（Aldous Huxley）

《盧丹的惡魔》（*The Devils of Loudun*, 1952）〈附錄〉

一個家，一座城市，一個王國，若是分裂，就無可立足……因此，倘若一個王國或一座城市無法避免地因為分裂而造成毀滅，可憐的家庭倘若分裂，又如何能生存下來？

——羅伯．伯納姆（Robert Burnam）

《勸諫》（*A Remonstrance*）

一六四五，休．帕森和瑪麗．路易斯於新英格蘭結婚當年

她懷疑你是女巫的其中一個理由，便是你忍受不了任何反女巫的言詞……你之所以憤怒，是因為她想摧毀所有女巫。

——威廉．品瓊審問休．帕森其妻瑪麗，

一六五一年，兩人婚姻結束當年

目次

作者備註

舊儒略曆（Julian calendar）的新年是三月二十五日，改用新曆法後才變成一月一日。

金錢的計算單位是英鎊、先令和便士，一先令為十二便士，一英鎊為二十先令。新英格蘭的白銀稀少，因此也適用於其他形式的貨幣，包括一英斗玉米和印第安人的貝殼串珠。這是藍色和白色拋光的打孔貝殼，以繩子串成長串。

引文的拼寫和標點已改為現代用語，縮寫改成完整寫法，姓名也經過統一。如在舊英格蘭，人們會以「您」（Goodman）、「女士」（Goodwife）（或「太太」〔Goody〕）、「寡婦」（Widow）相稱。仕紳階層則稱「先生」（Mister）和「夫人」（Mistress）。

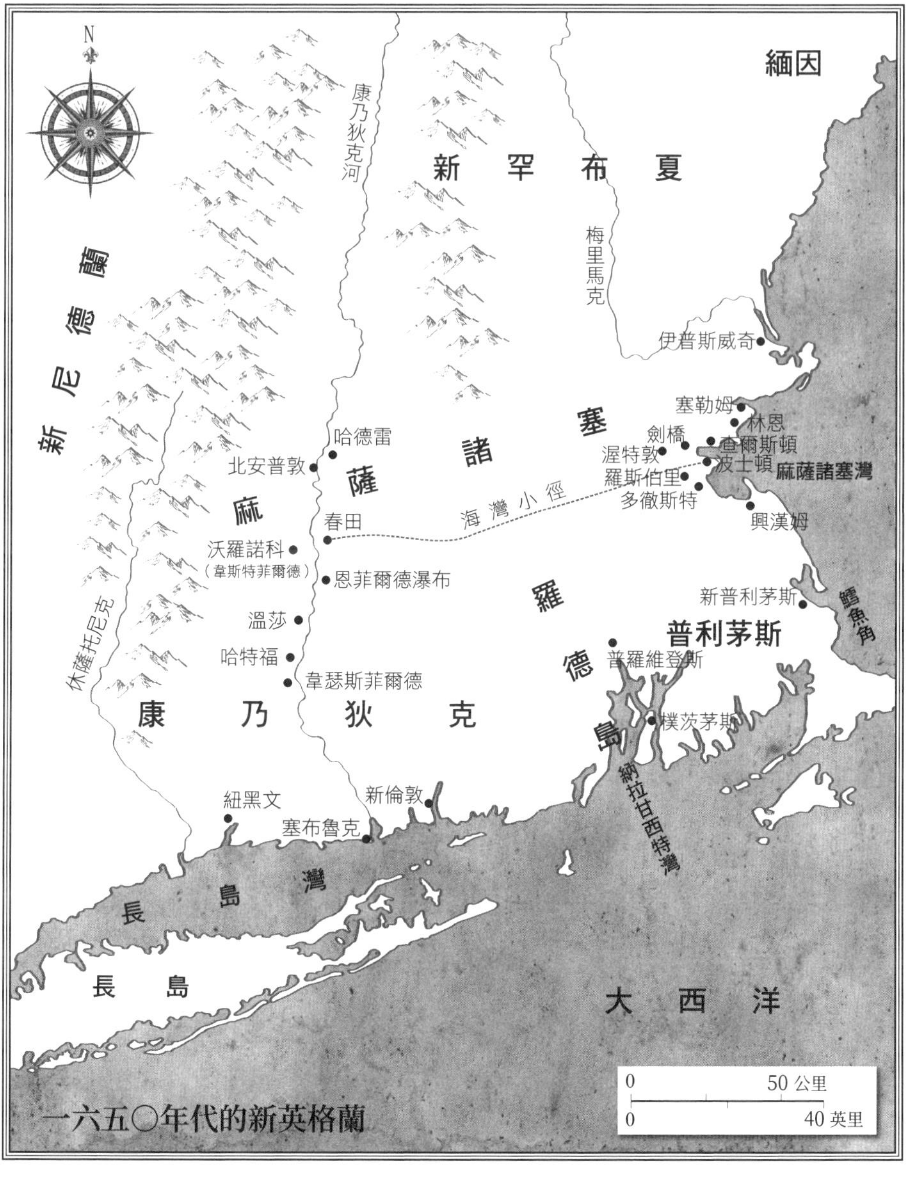

一六五〇年代的新英格蘭

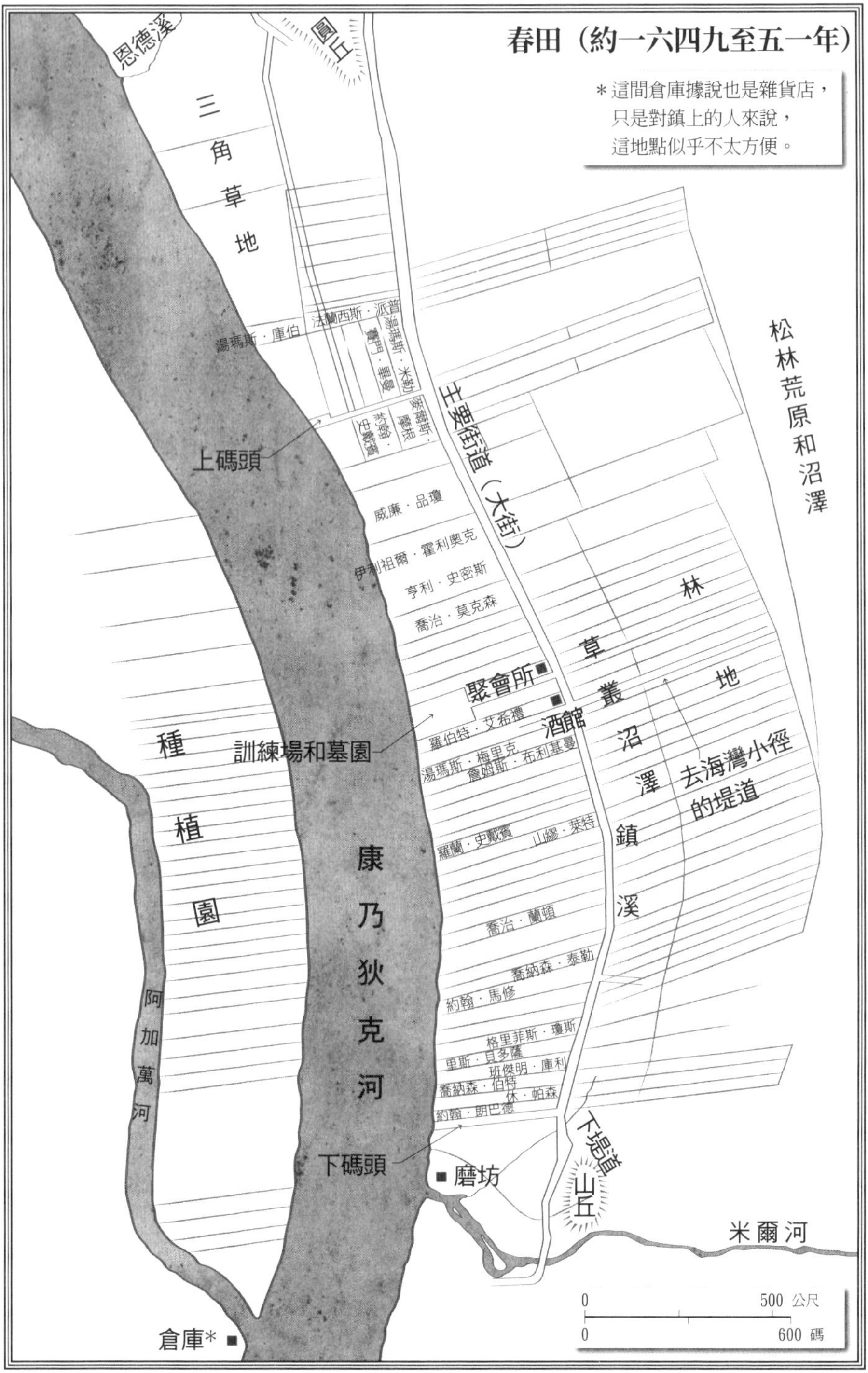
春田（約一六四九至五一年）
＊這間倉庫據說也是雜貨店，
只是對鎮上的人來說，
這地點似乎不太方便。
恩德溪
圓丘
三角草地
松林荒原和沼澤
湯瑪斯・庫伯
法蘭西斯・派普
湯瑪斯・米勒
賽門・畢曼
麥爾斯・摩根
約翰・史戴賓
主要街道（大街）
上碼頭
威廉・品瓊
伊利祖爾・霍利奧克
亨利・史密斯
喬治・莫克森
林
草
叢
沼
澤
鎮
溪
地
聚會所
酒館
羅伯特・艾希禮
訓練場和墓園
湯瑪斯・梅里克
詹姆斯・布利基曼
去海灣小徑的堤道
種植園
羅蘭・史戴賓
山繆・萊特
康乃狄克河
喬治・蘭頓
喬納森・泰勒
約翰・馬修
阿加萬河
格里菲斯・瓊斯
里斯・貝多薩
班傑明・庫利
喬納森・伯特
休・帕森
約翰・朗巴德
下碼頭
下堤道
磨坊
山丘
米爾河
倉庫＊
0
500 公尺
0
600 碼

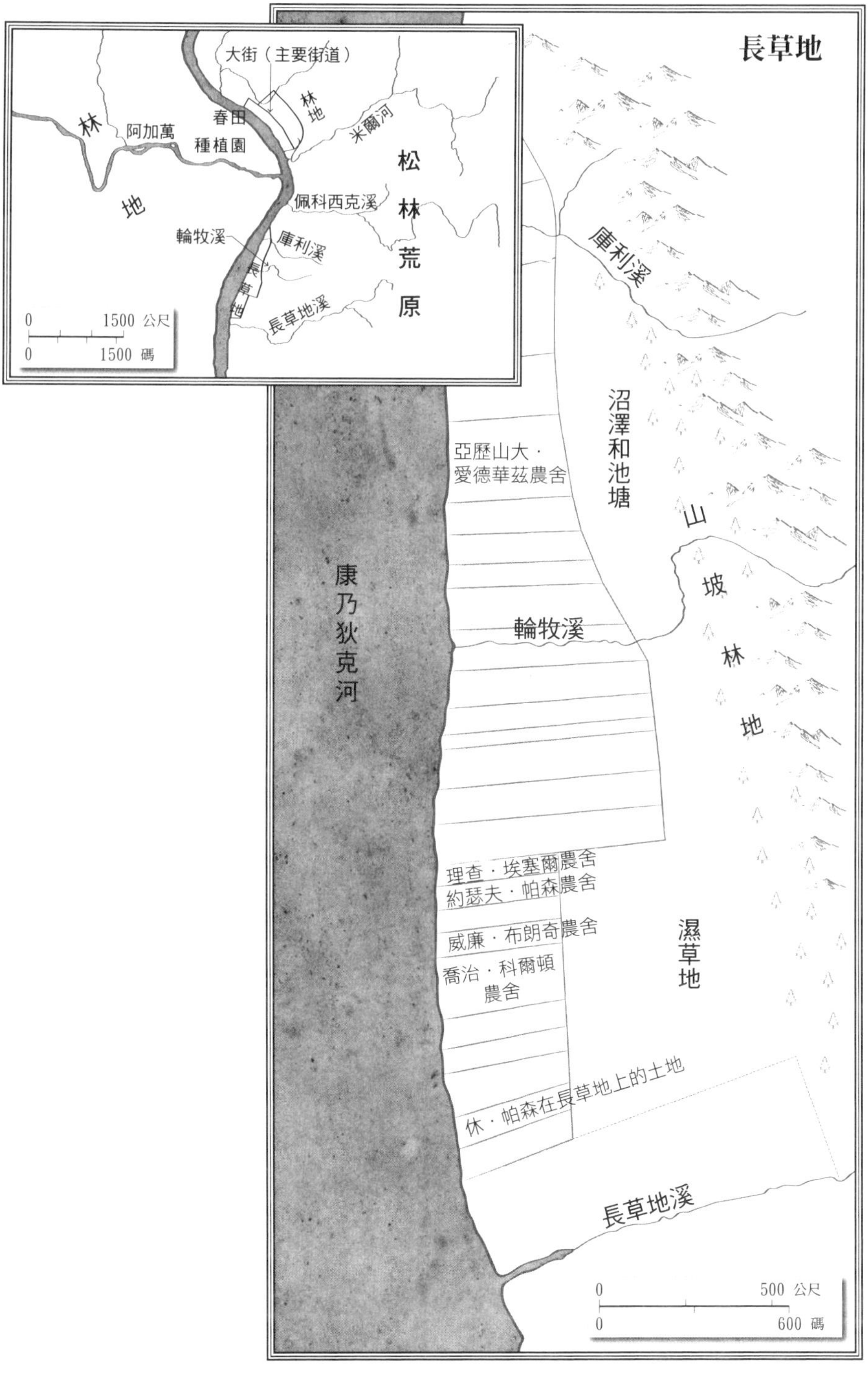
長草地
大街（主要街道）
林地
米爾河
林
阿加萬
地
春田
種植園
松林荒原
佩科西克溪
輪牧溪
庫利溪
長草地
長草地溪
0 1500 公尺
0 1500 碼
庫利溪
沼澤和池塘
山坡林地
亞歷山大・愛德華茲農舍
康乃狄克河
輪牧溪
理查・埃塞爾農舍
約瑟夫・帕森農舍
威廉・布朗奇農舍
喬治・科爾頓農舍
濕草地
休・帕森在長草地上的土地
長草地溪
0 500 公尺
0 600 碼

主要人物

休．帕森（Hugh Parsons），製磚工人，各行各業都沾一點，衝動易怒，三十幾歲。

瑪麗．帕森（Mary Parsons），舊姓路易斯（Lewis），來自威爾斯的女僕，休的妻子（一六四五年結婚）。

漢娜（Hannah），一六四六年生。**山繆**（Samuel），一六四八年生。**約書亞**（Joshua），一六五〇年生。帕森夫婦的小孩。

威廉．品瓊（William Pynchon），春田創建人，皮草商，地方治安官、業餘神學研究者。

安．史密斯（Anne Smith），品瓊之女，育有多名女兒；瑪麗．帕森的閨密。

亨利．史密斯（Henry Smith），安的丈夫，亦為品瓊繼子。書記員，偶爾擔任地方治安官副手。

瑪格莉特（Margaret），一六四六年生；**莎拉**（Sarah），一六四七年生，史密斯夫婦的女兒，死於一六四八年六月。

喬治・莫克森（George Moxon），其女瑪莎和麗貝佳中邪（或遭施咒）。

湯瑪斯・梅里克（Thomas Merrick），威爾斯人，春田鎮警官。

莎拉・梅里克（Sarah Merrick），湯瑪斯之妻，被暗指為女巫。

茉西・瑪什菲爾德（Mercy Marshfield），名聲敗壞的寡婦，來自溫莎，避居春田。

莎拉・米勒（Sarah Miller），不幸的鋸木工人湯瑪斯・米勒（Thomas Miller）之妻，寡婦瑪什菲爾德（Marshfield）之女。受癲癇之苦，能看見嚇人的鬼魂。

約翰・史戴賓（John Stebbins），其妻安也患有癲癇，其住所亦是女巫的祕密聚會地。

瑪麗・布利斯・帕森（Mary Bliss Parsons，然而與休・帕森並無親戚關係），受鬼魂侵擾，會在夜晚於草地上遊蕩。

安東尼・多徹斯特（Anthony Dorchester），貧窮卻有抱負的男子，與其病妻莎拉同為休・帕森的房客。

約翰・朗巴德（John Lombard），薩默塞特來的牧人，帕森一家的鄰居。他借來抹水泥用的抹刀神祕消失。

白蘭琪・貝多薩（Blanche Bedortha），來自威爾斯的家庭主婦，嫁給馬車夫里斯，懷孕期間對休十分恐懼。

潘黛蔻絲特・馬修（Pentecost Matthews），亦為威爾斯人，約翰之妻，第一個注意到瑪麗對女巫的執念。

威廉・布朗奇（William Branch），鎮上的理髮師，夜裡總是睡不安穩，並且原因不明瘸了腿。

格里菲斯・瓊斯（Griffith Jones），來自威爾斯的皮革工人，在家裡遭巫術糊弄。

湯瑪斯・庫伯（Thomas Cooper），來自沃里克郡的木匠，親耳聽見瑪麗・帕森的驚人自白。

喬治・科爾頓（George Colton），威廉・品瓊的軍需官，指控休・帕森的主要證人。

班傑明・庫利（Benjamin Cooley），織布工，科爾頓的連襟，貝多薩家隔壁鄰居。

喬治、漢娜・蘭頓（George and Hannah Langton），眾人堅信他們的蒸肉布丁被施了巫術。

賽門・畢曼（Simon Beamon），修鞋匠，威廉・品瓊的僕人。休・帕森不耐煩時的出氣包。

亞歷山大・愛德華茲（Alexander Edwards），在威爾斯就認識瑪麗，他的牛會產出異常的乳汁。

喬納森・泰勒（Jonathan Taylor），年輕已婚的工人，在自家床上遭惡魔之蛇威嚇。

引言

這是發生在十七世紀新英格蘭（New England）*1的真實巫術故事。這個時期，沿美洲東岸發展的殖民地——新罕布夏、普利茅斯、麻薩諸塞，羅德島和康乃狄克——存在皆未超過三十年，每個地方都還在新世界裡摸索自己的道路。新英格蘭不像紐芬蘭和緬因，擁有結冰的海岸，也不如維吉尼亞和加勒比海有熱帶氣候，它的山丘、平原、森林、河川都更類似舊世界，一年之中大多時間，氣候都相當溫和——殖民者認為十分適合英國人的體質。農莊養牛、種玉米，波士頓和塞勒姆（Salem）都有繁忙的港口，貿易蓬勃發展。然而，生活之中危機四伏。定居在此的人遠離家園，受冷冽冬季和酷熱夏季侵襲，周圍全是一片荒原。白天時，工人還可以假裝自己仍在肯特

1 譯註：美國東北角六州——緬因州、新罕布夏州、佛蒙特州、麻薩諸塞州、羅德島州、康乃狄克州。

郡種小麥，或在威爾特郡牧羊[*2]，但這般錯覺輕易就會幻滅，尤其是在日落後。舊世界中述說旅人遭邪靈盯上的民間故事竟然成真了，在夢魘之中糾纏著殖民者，反映出他們內在的孤獨感和令人心臟狂跳的驚慌。在這樣的時刻，儘管新生活充滿希望，但「新英格蘭」一詞卻只帶來像是遭人監視的隱約刺痛、被詛咒緊抓不放的感覺，以及對暗夜的恐懼。

故事背景發生在麻州的偏遠社區，離波士頓西方一百英里，一個名叫春田（Springfield）的地方。春田是文明與未開化的交界。在那裡，拓荒者辛勤耕耘的不僅土地，還有全新的共同生活模式。他們所處的脆弱世界在神的照看下運轉，那裡的人與神的關係有多麼密不可分，他們再清楚不過。唯有仰靠神的慈悲，他們才能存活。一波波的流行病、嚴峻的水災，因強占美洲原住民的財產——他們稱那些人為「印第安人」，雙方接二連三發生緊張事態。他們還與誤闖領土的荷蘭商人、住在康乃狄克河谷更下游處的其他英國殖民者發生衝突。不過，大多時候，為了物質上的利益：如農地、牲畜、財富和權力，他們也會和自己的鄰人起爭執，鬥得你死我活。每當怒火暫歇，他們的良知就容易產生悔恨，罪惡感也在心中、夢中湧現。殖民者從中看見自己謀求利益的欲望，與敵人的欲望相互角力。不過他們仍不退讓，也未有悔意，反而任憑衝突的情緒投射到邪惡的「他者」——亦即女巫身上，從中得到緩解。

春田的焦慮氛圍伴隨著致命的殘暴，就這麼降臨在一對勞工夫妻休和瑪麗．帕森身上。他們不甚美滿的婚姻就像小鎮深底的怨憎暗流。休陰晴不定、沉默寡言且貪得無厭；瑪麗性格抑鬱、有幻覺症狀，說不定罹患妄想型思覺失調症或產後憂鬱症。鄰里間多年來的爭吵、閒言碎語和隱而不宣的猜疑——使夫妻間的嫌隙更為惡化——在一六五〇至五一年冬天，終於達到臨界點。春田社區再也無法忍受女巫的存在，對帕森家來說，這個結果形同災難。

這段故事早被遺忘。生活不美滿的休和瑪麗認識春田領主威廉·品瓊，他們也是這段轉型、動盪時代的微小縮影。從一般生活中看似尋常的軌跡勾勒出宏大敘事，歷史學家並不常發現如此細膩的變革縮影。春田的誕生一如整個美洲殖民地，都是時代的產物，人們看世界的方式由中世紀過渡到現代：魔法勢消、科學勢長；創新取代傳統，群體影響力減弱，更強硬的個人主義抬頭。從行星運動定律到人類生理學的古老智慧，皆受到質疑，新科技順勢開展，尤其是印刷生產。就連地位卑微的小老百姓都開始學習閱讀，接收各種廉價的熱門宗教作品。舊時闡述上帝與人之間的關係受到逐一剖析，新宗教的正統觀念又被民族國家依照律法——政府令人生畏的宰制工具——強制執行。各國爭先恐後地找尋物資和領地，在海上四處梭巡。

儘管如此，新秩序誕生的陣痛仍然強烈卻又延宕，各種苦難、殺戮與迫害，荼毒了整個世紀，而變革的降臨卻磨蹭緩慢，而且往往十分幽微。人們在平凡的生活中堅守著過往的節奏前進，依舊緊抓著同一個古老信念，對世界潛藏其下的變動渾然未覺。就連殖民者也不例外。落腳之後，他們便會從遷徙的自由風格變回日常模式：砍樹、犁田；建造家園、餵養小孩。

2 譯註：肯特郡位於今日英國英格蘭東南部，威爾特郡位於今日英國英格蘭西南部。

本書中的大多人物都來自英格蘭和威爾斯，是出身低微的移民，一六三〇年代，查理一世專制政體的「個人統治期」導致不列顛群島逐漸陷入政治危機，在十年內爆發叛亂和內戰。王權和議會彼此間的仇恨淩駕治理國家，家庭和社會也因此分崩離析。因經濟紛爭，衝突加劇。英國的人口在一個世紀內增加了兩倍，使得全民陷入貧窮與飢餓，只能仰賴救濟。在通膨飆升的時代，年輕男子往往努力建立自己的家庭，而為了讓房地產帶來更多利潤，許多房客遭到驅逐，罪犯和遊民越來越多，飢餓的人民開始暴動，數以百計的人也被送上絞刑架。社區想自力救濟，嘗試幫助地方上的窮人，但自己的家人也捉襟見肘，僅能勉強度日。教堂講臺上的布道與酒館之中的歌謠，總是以哀傷語氣懷念往日的幸福時光。

宗教是另一個痛苦衝突的根源。經歷歐洲新教改革和反改革運動漫長的磨難，不僅受過學術訓練的神職人員，連尋常百姓也會對每條教義進行辯論。對他們來說，找到真正通往救贖的道路可謂攸關永生或永死的大事。此外，神聖的奉獻變成一般人虔誠的試金石。對於性格多疑的建制派來說，自由思想意味煽動叛亂。異議被解讀成叛國，改革派的怒火砸毀了「偶像崇拜」的藝術品，天主教徒和新教徒紛紛燒毀「異端」書籍。在不列顛，人民憎恨查理一世的原因不僅是他是暴君，而是他恢復了早在首波改革運動中連同禮拜儀式一起簡化的教區教堂內部裝飾。被對手天主教教徒訕笑為「清教徒」[*3]的新教理想主義者，皆開始渴求更進一步的宗教清理行動。當他們看見天主教勢力捲土重來，莫不深感恐懼，於是堅決反對查理的政權。相反地，國王卻譴責清教徒牧師輕忽正式儀典（這些牧師甚至視儀典為迷信和偶像崇拜），訓斥表示唯一真正的律法就是神——也就是基督這位完美君王口說之言。在凡塵俗世中，國王和主教的威權高於一切。清教徒可能會遭監禁或處死，但他們還有另一個選項：逃往新英格蘭的寬容淨土，去那裡建立一個能按自己信仰過的新生活。

英國的土地十分稀少，然而大西洋對岸的土地卻能供人自由取用，還可以擴充英國的國土。此外，倘若勞工家庭都移居該處，還能夠減輕國內的紓困負擔。此一前景吸引了亟須養家活口的窮人，以及渴望良心自由的清教徒。十七世紀，三十五萬英國人航向美洲大陸，其中前往新英格蘭的兩萬五千人大都是在一六三〇年代的「大遷徙」期間前往麻薩諸塞灣。這樣的目標一片光明，又有實現可能，移民覺得彷彿正在實踐一場繁榮又能成就自我的美夢。也有許多人純粹受到欲望而非絕望的驅使，想賭上舊家園的舒適生活，前往新土地牟取更多利益。這個風險極其巨大。某些人的夢雖然實現，也有人在崎嶇的海岸和貧瘠的土壤中夢碎。數以千計移民悄悄溜回家園。不是因為失敗，就是因為要去參加保皇派和議會的內戰。該內戰在一六四二年爆發，是英國史上首次、也是唯一一次，清教徒短暫感到自己終於戰勝了敵基督[*4]的勢力。但有更多人留在美洲，評估著生活究竟是滿意更多還是絕望更多。

3 譯註：受喀爾文主義影響，並反天主教的基督徒。

4 譯註：敵基督，假冒基督宣揚假教義者，也可稱為偽基督、假基督。

新英格蘭的生活虔誠卻艱辛，這也是殖民者選擇並堅強地忍下來的生活方式。畢竟，他們去那裡是為了開創新生活。然而在看似安頓下來的表象中，激烈的暗潮正在湧動。整個一六三〇年代中葉都在爭論不休的泥淖裏足不前，因為虔敬的地方治安官（magistrate）和牧師彼此不肯讓步，隨之強化了早在前往美洲前清教徒主義內部便存在已久的分裂隱憂。原本共同承諾要改革英國國教[*5]的領導者，亦即英國國王，他力有未逮，無法團結清教徒。關於要改革什麼，又要如何改變，兩方從未達成共識。分裂主義者和中間派脫離英國教會，他們更喜歡自治的教會；長老教會則傾向建立全國性的清教徒教會。此外還有形形色色各種意見，在在令人眼花撩亂、憂心忡忡，終至無可化解的地步。改革之前，信仰向來由天主教壟斷，此時卻成為自由市場。新教的詮釋觀點如雨後春筍般冒出（三位一體、上帝和基督的同一性），大西洋兩岸的政府都再也無法容忍了。

在新英格蘭，對宗教正統的質疑就等於對政治權威的質疑，而其中又以波士頓當局對這類挑釁最為敏感。在他們的辭彙和律法裡，宗教異議者被定義成邪惡異端。無論如何，聽聞這些騷動的倫敦政府在意的只有一件事：其中一個殖民地準備要脫離其體系了。清教徒版本的新英格蘭是「一個建立在山丘上的城市」，本應成為理論上仍歸屬內陸的英國國教典範。然而，在一六四〇年（也可能更早），麻薩諸塞灣殖民地卻一直表現得像個自由邦，對移民者推行自己的正統教義。許多居民不是清教徒，就是完全另一種的人，抱持的觀點比他們的地方行政長官還極端。舊英格蘭試圖主張對新英格蘭的支配權，但該處畢竟遠在三千英里外的大西洋彼端，而且要面對的還是生龍活虎又狂熱的自主靈魂，這主張著實困難，終究也不可能予以壓制。

新英格蘭的社區也和各大陸一樣紛爭不斷，宗教也非唯一的衝突重點。由於渴望在新世界中改善自己的生活，野心勃勃的移民者為了獲取財產土地，開始相互爭鬥，犧牲對方也在所不惜。清教徒理想主義者曾預言，認為在英格蘭逐漸衰微的鄰里互助精神將在美洲復甦，結果證明大錯特錯。地方上的爭鬥已上升到非得藉由興訟和仲裁才能解決的地步，而且甚至可能引發失控的暴力衝突。這般激憤之情來自內外，躁動的靈魂受到天堂（或惡魔）之力引爆。在人類和宇宙的交會處、在地方社會的最核心，正潛藏著女巫這樣的世俗邪惡。

巫術並非瘋狂的迷信，而是政治、宗教和法律失序所產生的病態情結。人們認為女巫會顛覆受人重視的一切理念，舉凡對上級的服從、對家庭的愛等。他們是叛徒、是殺人兇手，是壞國民、惡鄰居，偏愛怨恨與混亂，尤其在美德遭到嚴重威脅的十七世紀中葉更是如此。巫者反良善、反虔敬，施行反自然性行為、殺嬰等犯行。儘管中世紀歐洲一直有獵巫行動，在十八世紀最後一次處決後，惡魔崇拜的思想仍未消聲匿跡。所謂的「女巫狂潮」（witch craze）主要發生在十六世紀中葉到十七世紀中葉。當時整個西方世界在政治、宗教和經濟各方面都動盪不已，女巫便是此種混亂的具體象徵。每樁巫術指控——從流言蜚語到法庭上的各種鬧劇，均可歸咎於指控者對女巫的惡意以及恨不得殲滅對方的渴望。然而，不論意圖擺脫女巫的需求有多麼急切，最後往

5 譯註：英國原信奉羅馬天主教，十六世紀推動宗教改革，使英國國教新教化。

往因為缺乏法律上的證據而遭遏止。這些隱於恐怖黑暗之中私下進行的不端行為，難道真如證詞所說那樣言之鑿鑿，足以將嫌疑犯判死？

帕森和品瓊的故事屬於新舊思考習慣在知識層面上的摩擦，亦是新英格蘭殖民地與祖國之間政治宗教的摩擦。真相難道不是更該基於證據、而非戒律？更該根據親眼見證，而非盲目相信？在生死攸關的情況中提出這種問題，恰好揭示了這世界正逐漸從魔法轉向理性之光；在這個理性之光的世界裡，惡魔和幽魂在明亮的理性之光下消失無蹤。而女巫和異端者——異端證是這個故事的另一條主線——不再威脅到上帝在世俗的統治、國家或公共領域之完整性。

然而，在他們有生之年卻仍無法完全除魅，甚至在四十年後，巫術仍足以分裂並傷害新英格蘭社區，一如在歐洲各地和大不列顛群島。發生在春田的事件既是美洲的首樁女巫恐慌，也是塞勒姆的序曲，亦即美洲最後的女巫事件。同樣，一六九二年惡名昭彰的女巫審判也不再基於前現代（Pre-Modern）的歐斯底里或群眾瘋狂，而是源自不顧後果的野心，以及單純對他人缺乏同理。無論此種行為能獲得何種報償，自私的心態都將為深深的不安所苦。在春田這個脆弱而偏遠的小鎮，凡此種種，均顯化為憤怒與攻擊，讓休和瑪麗．帕森、威廉．品瓊及其鄰居經歷了致命的敵意和恐懼。

1 那個說著「去死」的聲音

曾經，一座森林邊緣有條大河，河畔有座小鎮。時間雖然抹去了它的每道痕跡，但我們依然能想像那幅景象：安詳平靜，籠罩在冬日暗影之下。有個男人匆匆沿著主要街道趕路回家，他的左邊是涓涓流淌的小溪和整排蓊鬱的樹林。右邊是一排房屋，屋子有著護牆板和鉛框玻璃窗、屋頂陡斜。他走下農舍間的窄巷，瞥見月光朦朧的河水，因為融冰而水位暴漲。冷冽的空氣夾雜燒木頭的煙味和樹脂味。耳畔只有河水湍流，隱隱約約傳來牛叫聲和遠方狼嚎。這感覺就像處於世界邊緣，而對此地的居民而言也確實如此。西面群山後方未經探勘的土地無盡綿延，神祕一如天堂，那裡住的是性情未知、甚至可能不太友善的人們。

時間是一六五一年二月，男人名喬納森・泰勒。他在湯瑪斯・梅里克的穀倉度過不甚安寧的一天，而且這般不順還未結束。到家之後，泰勒舉起門栓、放輕腳步，以免吵醒妻子。她正懷著八個月的身孕，還是奶娃的女兒睡在她身邊。他們搬來春田這個還新的植墾地已經兩年，在這片新土地上辛勤工作，努力開疆闢土。一家人同睡樓下的一張床，床就在火光熠熠的壁爐旁，低矮房內淨是搖曳的陰影。泰勒脫下衣服，躺進粗糙的被單底下。他闔上雙眼，但立刻醒來，整個空間光線明亮，他害怕地坐直身體，感到地上有些動靜。他逼自己去看：三條蛇正朝他蜿蜒而來。他瞥了妻子一眼，但沒有把她叫醒，怕這種驚嚇會傷害到他們未出世的孩子。此外，他也不想讓女兒看見①。

最小的那條蛇黑黃相間，往前滑向床邊。泰勒猛地將牠拍掉，但牠再次回來。他又狠狠打牠。泰勒的心臟怦怦狂跳，縮回靠枕上，然後又鼓起勇氣抬起頭，與蛇圓珠般的雙眼對峙。那條生物啪地張開大嘴，尖牙嵌入泰勒額頭。一股劇烈痛楚襲來，但是泰勒完全嚇傻、動彈不得。一個低沉的男聲說道——他認得這個聲音——蛇說出「去死」兩字。渾身發抖的泰勒語無倫次地說沒有人會因為被咬一口就死去。接著室內倏地恢復黑暗，蛇也不見蹤影。泰勒顫抖不止，妻子被驚醒了，她卻怎麼也無法讓他鎮定下來，只好問他冷不冷，要不要幫他把衣裳烘暖。他說他很熱、身體不適，隨即躺下，渾身發抖而且大汗淋漓。週四的夜晚，他整晚輾轉反側，內心瘋狂翻攪著各種錯亂的畫面。然而到了早上，他立刻知道他受到的折磨應該怪在誰的身上：製磚工人休．帕森。

懷疑帕森的人不只約翰．泰勒。兩天前，當時是星期三，警官逮捕了休的妻子瑪麗，說她是名女巫——春田頭一個。過去新英格蘭從未聽說出過女巫，近日大量指控卻如瘟疫一般快速散布整片殖民地。而老家大西洋彼岸，舊英格蘭也不斷受到女巫恐慌禍害，透過信件和口語，各種消息跨洋傳來。白天時故事只是談資，但在暗夜降臨後，便成為夢魘的柴薪。殖民者懼神也畏魔鬼，更相信女巫能夠指使野獸般的惡魔傷害他們，這種念頭不曾消失，但如今，在康乃狄克河谷諸多偏遠卻虔誠的商業聚居地（其中，春田的地理位置位於最北），巫術卻變成了真實。此外，鎮上擁有最高權力的地方首長威廉．品瓊也在此時被異端謠言纏身。在這個時局，什麼事情都有可能發生。

休．帕森是個三十幾歲的工人，話不多，有著諸多不滿。他幾年前離開英格蘭，過去六年都待在春田，與全世界格格不入。瑪麗遭逮捕後，他星期三整晚都輾轉難眠，或許是替她也替自己擔憂。第二天早上，休跑去找警官（一個名叫湯瑪斯．梅里克的威爾斯人）想弄清是怎麼回事。警官不在，在梅里克穀倉幹活的喬納森．泰勒卻在。休問泰勒知不知道誰指控他妻子，泰勒簡潔回答，表示他（休）很快便會明白。此時梅里克出現了，他正要押送瑪麗前往威廉．品瓊家接受訊問，品瓊為春田的地方治安官。休不發一語，莫名平靜，他在穀倉坐到薄暮，一直等到泰勒工作結束，然後在泰勒走進梅里克家時尾隨其後。警官還是沒回來，不過他的妻子表示他們兩人可以自己去倒啤酒來喝。泰勒走下地窖，酒桶的塞子卻塞得死緊，他手都扭痛了還是開不了，於是換莎拉．梅里克來試，她卻輕鬆拔了出來。「怎麼可能？難道妳是女巫嗎？」泰勒如此打趣，然而有鑑於最近的事件，這個玩笑頗為敏感。回到樓上後，梅里克太太輕描淡寫地帶過，並且對泰勒發疼的手相當抱歉，然後指給帕森看。帕森一聲不吭，仍認為泰勒的玩笑是指涉他。之後兩個男人各自回家，而當時的泰勒絕對不會想到自己那晚會遇上什麼事。

第二天，也是星期五，泰勒抱怨渾身突然不適，他驚恐的妻子連忙去喊鄰居。要是喬納森快死了怎麼辦？她有個七個月大的孩子，肚子裡也還有一個。憤怒又擔憂的鎮民跑去找品瓊，要求逮捕休．帕森。畢竟，最近鎮上的其他人也深受女巫所害。兩年前，這裡的理髮師夜晚在自家床上遭到暴躁的男孩幽魂驚嚇，痛苦萬分。如今他把這件事也歸咎在帕森身上②。陰鬱的製磚工人遭到逮捕，以鐵鍊捆起。品瓊著手調查，決心恢復鎮上和平。可是他也明白自己手上聚集太多紛擾。鎮上每個角落都傳出人心惶惶的事件，憤怒和痛苦不時爆發。休和瑪麗．帕森只能暫且等等，先回顧過去悲慘的幾年，並猜想自己不知道會落得何種下場。

威廉．品瓊，這名治理春田的人年屆六十。曾至遠地旅行，經歷過極大風險，在各種難關下得以存活——不論是譬喻上還是實際上。新英格蘭等同一場嚴峻的考驗。他的妻子死去；他的船遇到船難；其他鎮區對他有所非難。他憑著信仰鼓起勇氣，深入蠻荒之地與印第安人交易，在不時停頓的緊張對談中堅守立場。他能信賴的人並不多。品瓊見識過連年戰亂、饑荒和疫病之苦，卻從未經歷過一六五〇至五一年冬季發生在春田的古怪事件，而且一切都肇因於帕森一家。他們的鄰居昏厥、抽搐，碰見各種詭異聲響、鬼魂，還有瀰漫整個春田的驚恐情緒③。

品瓊是個徹頭徹尾的英國鄉紳，性格簡樸而堅毅，非常虔誠而正直。他是與生俱來的企業家，放眼全世界——或至少是在他計畫範圍內的世界。談判時總精打細算，卻非常坦誠。說起話直接了當，從不奉承欺瞞。他不需要愛，因為神的愛已經足夠。就如同所有清教徒移民，對他來說，新英格蘭意味宗教自由以及傳福音給土著，這兩者根基於處女地上的每個居民都是辛勤工作的基督徒，繁榮與虔誠是可以並存的美德④。品瓊也是一名神學家，深受古典智慧影響，其中也包括如何管好嘴巴。他知道何時該說話，而且說時必須言簡意賅。他並未受過牛津或劍橋教育的修辭學訓練，這往往令他自卑易怒，但也讓他保留了一定程度的獨立思考⑤。他大量閱讀，並絞盡腦汁鑽研寫作，渴望得到理解。就連信件的草稿都通篇可見他以潦草字跡做出的增刪塗改。為了省紙，他的行距向來擁擠⑥。但品瓊從未退卻動搖——至少目前為止如此。

他十五年前建立的小鎮，坐落於新英格蘭西境最遠端，位於康乃狄克谷稍高位置。不若其他的植墾地，春田並非由英格蘭移居至荒地的清教徒信眾發展而成，而來自於想要努力工作賺錢的人，雖然虔誠，卻商業導向，而且自信滿滿。不過此處組成人口依舊不到五十戶——這是品瓊設定的額度，是為了保有凝聚性。人口分布在兩英里半乘三分之一英里大小的高原。這些農舍——包括房屋、穀倉和花園，建在河流與主要街道之間。河的對岸朝西是種植地，東邊則越過街道和「草叢沼澤」（hassocky marsh）——這個名字來自於該處長滿草叢——有高原林地，長滿了楓樹、榆樹、樺樹、橡樹和松樹。因而家家戶戶都有食物、燃料和蔽身之處。溪流沿山坡蜿蜒而下，將新鮮水源注入主要街道旁的小河。陡峭懸崖頂是難以開發的「松林荒原」，而再過去，則有漫長的「海灣小徑」，往東一百英里可達波士頓⑦。打從無法追溯的時代就居住在這片土地的印第安人，受僱擔任信使和搬運工，可是與英國人間的往來多局限於農耕和買賣，僅能眼睜睜地看著祖先留下的家園發生劇變。

最大的變化發生在小鎮北端，也就是主要居民的居住地。這是春田公民生活的核心地帶，以一座廣場為中心。廣場樸實無華，而且在沼澤飽和時還會淹水。最顯眼的建築就是聚會所。四十英尺長，表面是護牆板，山牆末端還有一座塔樓，一座鐘樓（最近才建好），另一座是瞭望臺。所有集會都在此處舉行[8]。廣場有條小路通往練武場，休·帕森和他的民兵同袍，拿起火繩槍、穿上防箭冑，每月一次到那裡進行訓練。那裡也是墓園所在位置，兩英畝大的土地迅速填滿，因為此時正是天花等傳染病和其他疾病肆虐的年代，許多兒童和嬰兒相繼死亡。春田長久以來的牧師喬治·莫克森不斷安慰失親者相信救贖，並幫助他們克服自己的悲痛。[9]除莫克森外，威廉·品瓊最忠實的支持者便是他的繼子亨利·史密斯，他是品瓊女兒安的丈夫，他的女婿。這個社區在多重意涵上連結緊密。作為小鎮書記，史密斯是一六三六年春田創始盟約的簽署人。莫克森是次年才抵達[10]。品瓊和他的另一位女婿也很親近。伊萊澤·霍利奧克（Elizur Holyoke）的父親是品瓊住林恩港的老友，林恩港位於波士頓和塞勒姆之間。這些人擁有的土地都是鎮民地產的十倍大，許多鎮民向品瓊租用土地、房舍、牲畜，或者以上皆租[11]。莫克森的家中有臥室、一間書房、一座朝南的門廊以及地毯——這可是真正的奢侈品。相較之下，品瓊的屋子外觀樸素，卻舒適而令人印象深刻。這四位街坊——品瓊、霍利奧克、史密斯和莫克森——共同形成了春田的勢力樞紐[12]。

權力會下放給每個家庭的戶長，由他們推選出的「行政委員」（selectmen）監管公路、橋梁、圍籬和溝渠[13]。在這方面，他們就像英國教區的代表，是一種類似共和國的政府模式。品瓊對這種治理模式非常瞭解⑭。但行政委員也監督土地分配，這是任何植墾地最敏感的議題。春田遵循麻薩諸塞法典，然而，就像許多和波士頓距離遙遠的殖民地一般，大多是地區自治。這兒終歸是品瓊的鄉鎮，一切任他安排。他完全不必分出權力，之所以願意這麼做的主因只是為了避免其他鎮區常見的地方治安官和自由人（freemen）間的摩擦⑮。而春田的地方治安官想當然耳就是品瓊。他的職責由波士頓投資人大會／普通法院（General Court）按法條核定，其中包括錄取證言，審理誹謗、債務和違約的訴訟。他也自認是一名調解人兼律師——是與和平委員一樣的「維安警察局長」。品瓊介入所有人的生活，一如舊世界的莊園領主⑯。就連贊助人和委託人之間的約束關係都十分類似。像休．帕森這樣的人往往仍有一種獨立的幻覺，以為他們是替自己工作，但事實上全是為品瓊工作。新英格蘭有些城鎮採類似的階級制度，卻沒有一個百分之百如此，也沒有哪裡像這裡的人那般勤奮。春田鮮少鎮民願意承認這點，可是這股強烈的渴望因為品瓊的權力得以實現，卻也同時受其約束，而且逐漸破壞了社群和虔誠的心。除了謀殺和施行巫術，最惡之罪便是懶散⑰。

三月到九月，早上四點半到晚上八點半，工作者在工作日每天要工作十到十六小時之久。時間可以根據影子判斷。日正當中時耕作者會踩著自己頭的影子，夏季在田裡的工作每日可拿二十元酬勞。冬季晝短，所以一日十六元，所得是英國的兩倍。英國本土勞工過剩，分工模糊。就像休．帕森，一個人可以是工匠也可以是農夫，而且仍得替品瓊工作。他們在悶熱難忍的高溫或刺骨的冰寒中辛勤勞作，砍伐樹木、挖掘樹樁，鋸木板、劈石塊。鑿開岩石、挖溝渠，讓溪流改道。築堤、建橋、鋪設棧道。他們割草地、疊乾草，把松樹裝箱好做瀝青和樹脂。他們照顧牛羊、架網捕鴿，按印第安人所傳授以麂皮線釣魚⑱。除了小麥、大麥、亞麻仁燕麥、大麻，他們還種「印第安玉米」——或稱玉蜀黍——儘管這個東西讓人感覺有害健康。他們習得印第安人在白橡木的葉子小如老鼠耳時要種植穀物的技巧；拿魚當肥料（狗的前腳被綁在項圈上，以防牠們亂刨）。還有如何栽種南瓜、櫛瓜，以及在高莖的間隙栽培豆類植物⑲。一週六天的工作日結束時，工人會放鬆疼痛的肌肉，把油脂塗在裂開的雙手上。根據法律，安息日必須保持潔淨，始於週六的日落結束到隔日傍晚。可是品瓊更愛「自然的安息日」，而且不喜歡人們在週日傍晚賭博或「做各自本業的工作」*1（servile work）⑳。

在家裡，男人製作家具，磨鋸子、斧頭，揉製繩索、縫製袋子。他們還得砍柴、修屋頂、抹牆壁、修剪樹枝樹籬、清掃小徑、疏通公共溝渠、維護籬笆，（按照俗諺）讓「豬欄密、馬欄高、牛欄夠結實」。這些事務休・帕森一手包辦。在殘月的夜晚，他們會宰殺豬隻，預防——或者據信可以預防豬肉在桶內發酵膨脹。此外他們什麼也不浪費，會立刻吃掉內臟。腸子用來灌成飽含脂肪和鮮血的香腸，在煙囪吊耳上燻培根，膀胱則用來盛裝豬油。像瑪麗・帕森這樣的妻子，則會將豬毛搓捻成線，用以縫製鹿皮。她們還會照顧果園，並且幫忙收割、打穀篩穀、晾晒乾草。她們也要承受晒傷、凍瘡，背痛和扭傷之苦。這些女人尋覓香草和核桃，栽種紅蘿蔔、高麗菜和蕪菁；她們餵養雞鵝，擠羊奶和牛奶。家務也同樣艱辛繁重，除了洗衣等吃力重活，還得鎮日顧小孩和煮飯——要燉、焗、烤、炸、醃還有釀。婦女把大麻和亞麻繞成線團、織成襪子和手套，外加梳理羊毛。她們縫綴拼補，盡可能都在戶外一起做完。除了玉米殼、縫被褥或採莓果，也一同分享資訊和傳聞——越是稀奇古怪，越能緩解單調苦差事之乏味。女性之間關係向來友好，但容易因為些許原因惡化，例如一些被視為「剛愎」的行為，這也正是「溫順」的反義詞。諸如唱反調、自私、傷害群體等㉑。

山谷中有某些家庭直到最近才離開他們在河邊的洞屋，那是他們抵達康乃狄克後挖的。但受到品瓊管轄就代表春田人人都會有一間木造屋。斜屋頂可抵禦大雪，有的屋子後方還有側屋。屋內一樓有兩間房，一個大廳（壁爐所在處），另一側還會有個較小的起居室，以及用於冷藏物品的地窖——在舊英格蘭比較罕見。屋子四周依序釘滿木板條，地面則鋪上河裡運來的砂岩。矮梁的房間陰暗骯髒，又塞滿物品，充滿了燒木材和烹飪的汙濁煙燻味。由於窗戶既少又小，假如無法取得玻璃，便只能以護窗板或帆布遮蓋。在那個時候，一塊進口的玻璃窗板往往就會花去一天工資。不過不通風造成的窒悶幾乎不是問題。所謂的「新鮮」空氣往往是壞空氣——*mal aria*（西班牙文，合起來即為瘧疾，古時的人認為瘧疾是壞空氣所致），尤其是在大批昆蟲出沒的沼澤附近。房子是溫暖、乾燥且安全的地方，特別是在天黑後，每棟屋子都是避難所和堡壘，以橫木和插銷加固。住在屋內的人漸漸適應了夜晚只會有燒柴劈啪響的寧靜，但凡有任何闖入者、人和動物甚

---

1 譯註：即勞力工作，天主教要求在週日應敬拜天主，不可進行勞力工作。

至邪靈靠近，都會有著警覺心[22]。

陽光帶來的舒適僅能以膨脹起來的餘燼、牛脂蠟燭，在陶碟中明亮燃燒[23]、吸飽松節油與瀝青的松木條勉強維持。像休和瑪麗・帕森這樣的勞工夫妻只要一做完手邊的活，便立刻上床休息。最好的床鋪通常擺放在大廳裡面、靠近火堆，有時候前方會用一扇木屏擋住。又或是放在起居室，那裡可能有一座較小的壁爐[24]。大多數的勞工屆時早已筋疲力盡、倒頭就睡。要不就是躺著聽嚙齒動物抓撓屋簷屋椽。偶有蛇會從縫隙滑入，畢竟家家都有弱點：窗、門，開口朝天的煙囪。魔鬼也能穿越這些邊界。人們往往視家庭為國家的縮影，反之亦然。身體和家也有類似對應。壁爐就像心臟，房間就像肢體，窗戶則是眼睛[25]。傳教士將靈魂比作城堡，邪惡思想能令門窗大敞，毫無抵抗，讓惡魔侵門踏戶。[26]

夢將危險的真實世界擴延至想像世界。熟睡的開拓者心智被送到了荒野與隱形國度接壤之處，並且接收被轉譯成象徵文明或野蠻的超自然啟示：天使與蛇、基督徒與異教徒。在這個地方，魔鬼將幻想變成現實，藉由欺騙弱者來獲得他的力量，把意志力薄弱之人變成女巫[27]。善與惡、日與夜，一切兩極化。正如某新英格蘭人所宣稱：「我看見我惡魔般的邪惡本性與神和良善形成對立，介於光明與黑暗之間。」撒旦與神並非勢均力敵——這種想法等同異端——更像一隻拴在長鍊上的寵物猴，雖然殘忍，卻受到控制，而且在神的審慎態度之下用以誘惑罪人。喀爾文主義者的宿命論教義主張，某些靈魂或天選之人注定會在千禧年以聖人之姿統治新世界，而其餘的人——如墮落者——將無力贖罪、被打入地獄。然而，即便天選之人也需要藉由冥想和避免犯罪來找到內在恩典。這並非易事，人類天性軟弱，惡魔卻狡猾又頑強[28]。

新教徒中要屬清教徒最為狂熱，他們從基督教禮拜中剝除了天主教的實體標誌——聖像、念珠、儀式，只留下靈性必要的部分。然而，就像夢一樣，想像力處理的是意象，而非觀念。心或許能感覺到撒旦存在，心智之眼卻可以實際看見他。他兇殘的目光、不斷招手的指頭。女巫更是可怕，是邪惡的化身，雖常以女性的形象示現，但不限於女性。

一如那個時代的每一個人，新英格蘭人崇敬母性，女巫則否定了此一美德[29]。白天她會偽裝成和善可親的妻子或街坊。女巫就像魔鬼，是夜行生物，會溜進家中，或派出形如老鼠、鳥和蛇的使者。對巫術的恐懼沿著各種邊界蔓延，包括分隔身體和靈魂的界線[30]。殖民者會尋找保護自己的方法，例如禱告，並用符咒保護自家門檻：柱梁上刻魔法符號，在屋頂茅草下塞鐵刀，門口掛上馬蹄鐵和一束束月桂。受害人的尿液——據說其中仍留有女巫的精華——放入石瓶中煮沸，可以藉此折磨女巫。施過咒的食物和牲畜如果燒毀，也具同樣作用。在水中打轉的雞蛋以及嵌在剪刀兩刃之間的篩子，也可用來找出女巫[31]。

清教徒厭惡這類魔法，但這已根深蒂固，就連他們也無法免疫，尤其是在危機時刻。雖然他們不願承認，但咒語的作用近似禱告，至少就目的而言，他們理解的世界，仍充滿超自然生物，這點意見一致。新教徒明白奇蹟時代已經過去，然而還是繼續將彗星、日月蝕、暴風雨、瘟疫及天生畸形解釋為神憤怒的表達[32]。新英格蘭的生活將強化此種悖論。在殖民者眼中，這個沒有神的荒涼世界不啻為巫術的天然溫床。有名清教徒猛烈抨擊土著的聖人是「強大巫師，與古蛇為伍」，並且汲取他的力量替土著治療疾病。據說印第安人也使用「惡魔技巧」來製造傷害，並與「地獄惡靈」相互勾結。然而話說回來，清教徒與原住民的「迷信」向來保持距離，因為在本質上，他們對奇蹟的感受其實相似到令人不安的程度。英國和土著信仰間的相近，反而替清教徒的迷信——熱愛談及惡魔、鬼魂和女巫——找到開脫，彷彿認為虔誠之人來到異教徒的土地，一不小心犯下天主教的錯誤可被寬恕。這個被當成邪罪遭到消滅、貨真價實的美洲巫術其實並非出自印第安人部落，而是這些殖民者。這是他們從母國帶來的一種心病，在新的土地上扎根，並得以茁壯[33]。

春田起初並未受到女巫的糾纏，因為其媒介往往太過幽微，難以明確察覺。居民知道他們存在，但仍把大多數不幸事件視為自然或神聖起因。但是打從後來一六四〇年代，當「女巫審判」此一名詞飄洋過海而來，並在新英格蘭傳播，春田居民拿到威廉・品瓊面前的難題就更常屬於超自然了。喬治・莫克森發現他的信眾越來越常因魔鬼之事感到焦慮。他認為這是對上帝慈悲的信任受到破壞[34]。然而，可疑的巫術行徑和惡魔附身狀況不僅是靈性問題，更是法律問題。品瓊會習慣性地查閱道爾頓的《地方司法》，此為英國地方治安官手冊，其一六三〇年的版本收錄舊英格蘭一位虔敬教士理查・伯納（Richard Bernard）的建議，指出女巫在餵養邪惡小惡魔的地方會有祕密印記。[35]大多數清教徒也會閱讀著名喀爾文主義神學家威廉・伯金斯（William Perkins）的專著，強調巫術存在的危險，以及鐵證的缺乏——這十分令人氣餒。其他作品也有類似說法[36]。麻薩諸塞州法典將巫術列為排在褻瀆上帝和偶像崇拜之後，是第三種令人髮指的行徑，其定義為「與熟悉靈體締約的夥伴關係」，但是並未教導該如何證明。技術上，一如所有重罪，指控施行巫術須有兩名證人——但有誰確實親眼見過這樣極度祕密的罪行[37]？

一六四九年夏天，在休和瑪麗遭逮捕之前，某些春田農夫告訴了品瓊一個令人憂心的故事[38]。他們居住在小鎮南邊，湍急的米爾河對岸有片遼闊的溼地*Masacksi*，殖民者稱之為「長草地」（Long meadow）[39]。此地被劃分為牧場，但有些人發現在這裡建屋安家更為方便，儘管離聚會所有好幾英里遠。然而，比起小鎮其他地方，這裡夜晚更安靜幽暗，就如新英格蘭其他地方一樣有迷霧於沼澤上氤氳，能看見光芒發亮，所見之人描述火花好似瀑布傾瀉，火燄則如箭飛射[40]。目擊者中，約瑟夫・帕森（Joseph Parsons，與遭到懷疑的休・帕森並無親戚關係）相信妻子受到一股反常力量控制。

他是早期入住春田的居民，在一六四六年十一月迎娶住在下游三十英里處哈特福（Hartford）的瑪麗・布利斯。一年後，她的寡母和四名兄弟也隨她北遷。布利斯一家是在一六三〇年代從德文郡移民而來，但瑪麗的父親在一六四〇年過世，留下母親撫養十名小孩。瑪麗與約瑟夫・帕森的婚姻帶來新希望，尤其兩名兒子誕生後更是如此[41]。但當最小的男孩（僅五個月大）一六四九年六月過世後，瑪麗便產生令人苦惱的強迫行為，總會在夜裡走出家門，身穿袍子，摸黑或藉著月光在草地上遊蕩，身邊還伴隨著一名神祕女子，看過的鄰居都說不認識。約瑟夫會鎖上前門、藏起鑰匙，但妻子總能找出來。等他醒來便會發現她不見人影。他說她有一種難以解釋的能力，可以找到失去或藏起的物品，而且他分明看見瑪麗涉水踏入沼澤，回來時卻永遠乾燥清爽。約瑟夫和鄰居想知道品瓊對此事有何看法，品瓊卻僅表達詫異。他說他「不確定該作何解釋，或該怎麼判定。」[42]

品瓊不表態並不教人意外。他為人處事向來奉行「神聖的沉默」，在神學家威廉・伯金斯的定義中，此種沉默是一種對涉及「鄰人祕密之事」抱持不做判斷的保留態度。不過施行巫術的傳聞漸漸越演越烈，對品瓊立場的不信任也日益加深，致使他的態度更偏向於發表意見、揭開真相、重建秩序。在歷史上，當自身的平靜遭受威脅，明智的地方行政官往往會較認真看待人民對巫術的恐懼[43]。品瓊的家鄉埃塞克斯（Essex）郡長久以來便是如此，該處曾經歷極艱苦的時期和宗教衝突，並且施行比全英格蘭各地都要多的女巫審判。

威廉・品瓊一五九〇年十月出生於埃塞克斯韋圖（Writtle）的一個村莊，時值伊莉莎白一世治下[44]。英格蘭的人口快速成長，食物價格亦然。數十年來可見小農戶被市場排除，大農戶卻賺得盆盈缽滿。貧窮帶來犯罪和動盪，地方治安官的應對便是施以更嚴厲的懲罰，牧師則以規勸、告誡來維持秩序。品瓊家是受敬重的鄉紳，尤其是家族中承自威廉的血脈，死攀著貴族身分不放，那一分支比其他繼承韋圖莊園的品瓊家更窮。因為下跌的租金和增漲的稅額，進一步限縮了他家的財富。假設地方習俗是長子繼承制，約翰・品瓊的所有財產便會由他的長子威廉承繼。可是事實並非如此。約翰一六一〇年過世時，所有房產得由八名孩子共享。威廉・品瓊分到離韋圖五英里遠的一個村莊，位在切姆斯福德（Chelmsford）首邑的另一端。彷彿滿懷希望似的，該村莊名為春田[45]。

品瓊在一六一八年娶了安・安德魯（Anne Andrew），並於接下來的十年間生下四名小孩。這些年埃塞克斯收成極差，絕望的人們群起暴動，有些人淪落到吃狗維生[46]。隨著三十年戰爭（Thirty Years' War）開打，情況更加惡化，這場天主教與新教國家之間的爭鬥遍及全歐，正好爆發於品瓊結婚那年。作為島國的英國暫時免受圍困、屠殺和疫病之苦，還有伴隨政教兩極化而來的女巫恐慌。英格蘭教會花了兩代之久，嘗試在兩個極端間開拓出共存之道——雖說，不論是傳統派（包含不服國教的天主教徒）或更為激進的新教徒（即清教徒）皆感到不滿。然而，歐洲的戰爭卻在其他方面傷害了英國。由於無法正常通商，導致了難以言喻的苦難。同時，一六〇三年成為英格蘭國王的蘇格蘭王詹姆斯一世則繼續尋找宗教上的中庸之道，試圖約束天主教和清教徒，例如對雙方所宣稱在驅魔上更勝一籌不予理會。他在一六一六年駁回了萊斯特（Leicester）九名女巫的死刑，讓法官更加謹慎行事。儘管案件還是繼續進行審理[47]。兩年後，數名女性因拉特蘭（Rutland）伯爵的兩名繼承人之死接受審查。其中一名嫌犯坦承，每當撒旦朝著她嘴裡吹氣，她就會呼出一個女性樣貌的靈體，然後將自己的靈魂交給她。由於地方治安官擔心誤判（以及害怕遭到皇家非難），便暗示該女子只是夢見這一切，可是女子堅決否認[48]。一六二五年詹姆斯一世過世後由其子查爾斯繼位。曾有段時間，像春田這樣屋舍與中世紀教堂零星分布的靜謐之處，歲月一如既往靜好。威廉・品瓊可謂認真的教區執事。他拿出遺產修繕教堂，如果他想要的尖塔太貴，便依據慣常的實用主義作風更動設計。他還把起誓者、酒徒、賭徒、無執照的酒商、不履行橋梁維護和道路義務者帶上教會法庭[49]。

然而，在這類世俗事件的背後，英格蘭還是進入了一段驚心動魄的動亂期，而風暴的核心便是宗教。本質上，品瓊是一個體制派的新教徒，他極端拘謹的道德觀包括祈禱英國教會做出更深的改革，不要像一六二〇年搭乘五月花號移民而來、建立新普利茅斯的朝聖先輩——那些分裂主義者那樣主張放棄英國教會。然而，位在埃塞克斯和薩福克郡（Suffolk）之間的斯托爾山谷（Stour Valley）卻發生了對清教徒的迫害，此外，由於再次恢復教會裝飾和典禮——這是為了取悅查理國王的「神聖之美」——查理國王的皇后亨利葉塔．瑪麗亞（Henrietta Maria）不但是名天主教徒，他也比父親更加鄙視迷戀魔鬼的清教徒——於是乎，品瓊的想法逐漸變得更為激進。到了這個時候，他甚至可能與許多清教徒懷有同樣看法，認為應當廢除主教政體，驅逐主教，將其視為羅馬教會令人窒息的餘孽。即便如此，品瓊仍非死守教條的喀爾文主義者。他認為基督愛的力量能在不幸注定分歧、受祝福和受詛咒的靈魂之間搭起橋梁。因此，品瓊推斷，釘死在十字架上並非神怒之舉，反而是兒子對深愛父親至高無上的服從。如此一來，耶穌才能替亞當的不順服，亦即原罪的本源贖罪。品瓊的思想經常轉往《希伯來書》。其中，基督的自主犧牲是為了「我們救贖的功勞代價」。這個說法終其一生對他產生深遠影響[50]。

品瓊考慮撰寫一本關於救贖的書。他認為基督因擔負人類的罪而受罰、而且因此惹怒神的觀點「只是撒旦的伎倆」，其在基督受難裡的角色遭到低估。致使基督受折磨的不是意圖報復的神，而是魔鬼[51]。此外，《聖經》中的某些事似乎只是譬喻，包括基督下降地獄，若只讀字面意義，神似乎顯得專制。自從聽過諾福克郡（Norfolk）一位傳教士亨利・史密斯（Henry Smith，與品瓊未來的女婿同名）[52]講道後，品瓊就對這些想法著迷。他也受到其他年長的神學家影響。諸如休・布洛頓（Hugh Broughton）。布洛頓厭惡「天主教的巫術」，並相信基督的靈魂是直接升天，只稍微繞道冥府。然而布洛頓主張，該處同時包括天堂和地獄，就像大不列顛由英格蘭和蘇格蘭共同組成[53]。

一六二〇年代末期，由於教會當局對異議觀點採取的高壓手段越來越難以容忍，許多清教徒覺得是時候採取行動，而非僅是透過出版和布道來進行倡導。一六二九年，查理一世遣散議會（因後者限制了他的權力和野心），開始以君權統治國家。在這點上，他受到倫敦主教——熱中刁難清教徒的威廉・勞德（William Laud）——支持。隨著英格蘭的宗教政爭更加白熱化，清教徒必須做出選擇：要麼留下戰鬥，或者橫渡大西洋，前往新英格蘭——神為新以色列人準備的應許之地——建立新教會。清教徒夢想終結由主教帶領的教會政體，想以基督所選的聖徒取而代之，這些子民應該組成可以自決的立約會眾。部分飽含個人魅力的英格蘭傳教士身邊早已形成這樣的群體。如春田附近的埃塞克斯郡首邑切姆斯福德的湯瑪斯・胡克（Thomas Hooker），便是一位挑起政治爭端的牧師。品瓊曾聽過他講道。作為一名曾將魔鬼從中邪婦女身上驅逐的年輕人，胡克對於身旁的鎮民竟有這麼多人屬於「魔鬼陣營」感到絕望。但他並未屈服。在離春田一箭之遙的小巴道（Little Baddow）村莊，他設立了一所學校，專門傳揚神的智慧，並由另一名他的崇拜者，約翰・艾略特（John Eliot）從旁協助[54]。

品瓊和胡克有一名共同友人。約翰・溫施洛普（John Winthrop）是一名紳士，住在薩福克郡。斯托爾谷的清教徒世界很小，日日忙於書信往來、開會和「四處閒逛」布道。溫施洛普就像許多清教徒，他和品瓊不僅具有奉獻精神和商業頭腦，也都渴望在新世界一展長才。根據五月花號的朝聖前輩愛德華・溫斯洛（Edward Winslow）所述，那是一塊「宗教和利益不謀而合」的地方。溫施洛普早早著手計畫移民。他替麻薩諸塞灣公司（Massachusetts Bay Company）取得皇家專利，這項專案由他和其他五人共同完成，另外還有二十名共事者，品瓊即為其中之一[55]。至此，這類殖民公司並不罕見，罕見的是溫施洛普大膽將他的清教徒公司低調遷到新英格蘭，讓皇室鞭長莫及，因皇室向來要求獲批准的殖民地接受倫敦管控。一六二九年八月二十六日，品瓊參加了在劍橋市舉行的一個會議。會議上，公司「權衡了該工作的重要性」與可能遭遇的「困難與挫折」，然後簽署了一份協議，此議兼備法庭裁定、合約、誓言等功能，並且將成為品瓊新人生信仰、希望和慈善方面的支柱。三天後，他投資了二十五英鎊給溫施洛普的「冒險」，換得一份土地和收益。和溫施洛普一樣，品瓊也根據可能的收益設定成本和風險，並將他糟糕的財務狀況歸根結柢為上帝要他前往該處的指示[56]。

品瓊回到家，讓家人進行準備並且處置他的財產。接下來的數月，溫施洛普組織了一支有四艘船的艦隊，採購牲畜和一切物品，包括劍、鑵子，甚至奶油、餅乾。他透過書信和口耳相傳招募數百名乘客，主要來自英格蘭東南部[57]。一六三〇年三月，品瓊一家——威廉、安，他們的三名女兒和幼子——登上南安普敦的安布羅斯號（Ambrose），等待順風出航[58]。在指揮艦阿貝拉號（Arbella）上，約翰．溫施洛普發表布道，勾勒一幅畫面，表示他們將建立一個立基於基督徒慈善、懷舊風格的英國教會。他們的「山巔之城」（city on a hill）會成為燈塔的象徵，閃亮且毫無遮蔽——因為如果他們失敗，將無處可逃——此外更是充滿危險。其中一個原因是道德腐化，因為在商必須言商。四月七日，溫施洛普簽下一份忠於英格蘭的宣言，於是他們只能「滿懷悲傷、熱淚盈眶」地離開英國，希望能有人還記得「置身荒原上簡陋村舍中的我們」。第二天，阿貝拉號、安布羅斯號和其他兩艘船便沿英倫海峽航向了大西洋[59]。

渡洋的航程花了八星期。「一次漫長、麻煩又花錢的航行……」一名乘客如此回憶，「受到逆風……大霧和暴風雨阻礙」。六月十二日，待船隻在一個叫塞勒姆的殖民地附近下錨時，所有的牲畜都死了。塞勒姆是數年前由一群先來者開發，可是溫施洛普的移民卻發現該地發展極差，小鎮僅有一條泥濘小巷，錯落幾間簡陋棚屋，什麼都缺，疾病倒是不少。艦隊繼續沿岸南駛、溯河而上，來到另一個原始的殖民地：查爾斯頓（Charlestown）。沒發燒或沒得敗血病的人負責蓋棲身處，夜晚則蜷縮在潮溼的火堆旁聽蟬鳴蚊叫，心中恐懼紛紛投射成狼、蛇和印第安人的模樣。八月，品瓊加入第一屆總督法院（Court of Assistants），這是仿效倫敦同業公會的管理組織，由溫施洛普主持。他深信居高不下的死亡率能夠淨化移民者心中各種「冷酷與錯誤」[60]。接下來數月，他們渡河找尋泉水，並且在取名為波士頓的地方落腳，並以「正直之樹」[61]之姿於該處開枝散葉。

然而，品瓊卻在波士頓南方七英里處定居。他在多徹斯特（Dorchester）附近斯昆特姆隘口

（Squantum Neck）的鎮區蓋了一間屋子和穀倉，該處是由從英格蘭西部來的人建立。之後不久，他的妻子安過世，成為那年喪生的兩百人之一。據說，因為缺乏「英國人在老家習慣」的優質食物和住宿環境，又有四名小孩要照顧，最年幼的兒子約翰僅五歲，品瓊苦苦熬過那個秋天。冬季乾冷結薄霜，但在聖誕夜會開始颳起西北風、帶來大雪。兩天後，河川結冰，農夫被迫放棄牲畜。一六三一年二月，天候漸暖，夜裡卻颳起暴風雪、結了厚霜。品瓊所投資的商船沿緬因州海岸做生意，卻在安角（Cape Ann）沉毀[62]。隔年，他娶了寡婦法蘭西絲・山佛德（Frances Sanford），同時也是「多徹斯特教會中一名嚴肅端莊的年長婦女。」[63]品瓊夫妻和孩子搬到羅斯伯里（Roxbury），這是位於多徹斯特和波士頓間的新生殖民地，名字來自堅硬的岩石土壤。威廉・品瓊在該地建起一所教堂，並且找來湯瑪斯・韋德（Thomas Weld）——他是來自特寧（Terling）的埃塞克斯人，該處距離春田不遠——還有小巴道的前任教師約翰・艾略特擔任教會傳教士。品瓊從事土地投機買賣和皮草生意，雖然艾略特對於如何在侍奉上帝和財富之神瑪門（Mammon）間找到平衡而心懷擔憂[64]。一六三二年夏天，韋德在家書中寫道，「儘管有著魔鬼和暴風雨，無論內在和外在都過得極其快活。」新英格蘭有著宜居的氣候和肥沃的土地。「我在這世上再也找不到比這裡更想居住的地方。」他這麼說道[65]。

同時，在總督法院任職的品瓊制訂了價格和工資、頒布防禦命令，並針對各種大小事件擬妥懲罰條例，從讓豬隻亂晃到賣槍給印第安人都有。他在麻薩諸塞灣公司擔任財務主管，以精明的姿態支出五百六十英鎊十七先令八便士，但是收入五百六十一英鎊十九先令外加十九又二分之一便士[66]。經歷了一六三二年的刺骨寒冬，許多人死於高燒。新英格蘭更飽受「蜂擁而至、在境內四處肆虐的大批古怪昆蟲」蹂躪。某些人擔憂地認為這是一種徵兆，未來將有更高的死亡率[67]。隔年，品瓊加入約翰．溫施洛普的事業，從英格蘭進口布料，輸出海煤和海狸皮。品瓊成為心目中理想的商人：經驗老道，滿滿自信，然而一絲不苟。他搭乘一艘新船前往緬因的貿易站，印第安人會把皮草帶去那裡，時節多半是在初冬，那時海狸已長出厚軟的毛皮。品瓊買下這些毛皮，裝入木桶送往倫敦，毛皮會在那裡加工製成可製作帽子的毛氈。不過，沒多久海狸便出現短缺，加上想掌控皮草貿易的野心，品瓊生出再往西進一百英里的想法。該處森林蓊鬱的山谷和密布的河流網絡是海狸、水獺、麝鼠、貂、猞猁和駝鹿的完美棲地[68]。於是，一六三四年九月，品瓊賣掉在斯昆特姆隘口的房子和農地，舉家再度搬遷[69]。

想像西方擁有更美好的生活的人不只品瓊一人。有些人已經厭倦了麻薩諸塞州，它多石的田地往往需要不斷施肥，聽說印第安人口中「Quo-chi-ti-cut」或「感潮長河」沿岸有著肥沃土壤，這些虔誠的殖民者自封現代以色列選民，於是把那裡視為他們的尼羅河[70]。此外，不出四、五年，波士頓、多徹斯特，和羅斯伯里便人滿為患，與擁擠的蜂巢無異。如某位清教徒所說，他們「考慮成群結隊……更深入內陸。」[71]另有些人則決定離開，因為波士頓的非律論者（Antinomian）處境艱難。非律論者十分激進，他們拒絕人類的律法，包括所有隱含藉著善良品行——如天主教教義——而獲救贖意味的事物，並且以極端態度奉行喀爾文主義，深信自身能豁免於十誡規範。非律論者聲稱受聖靈指引，但是溫施洛普和他的副手堅信他們是遭撒旦矇騙。因此，當非律論者的傀儡首領安・哈欽森（Anne Hutchinson）流產，他們毫不意外。「因為她發表了畸形的看法，所以一定會生出畸形的怪物。」作為一名自由思想者，品瓊心中很是忐忑。「海灣的爭論越來越激烈、越來越公開，」他警告道，「而主很清楚問題出在哪裡。」態勢逐漸清晰，問題的根本在於對異議者變得更強烈的針對性和舉發行為。在波士頓，非正統即等同異端[72]。

撇開這些激烈爭吵，康乃狄克山谷遍布沼澤和森林，有像大理石花紋般分布的河流，又有懸崖、群山和遠方的迷霧山陵為界。它的風景絕妙，卻荒涼得嚇人。大河向上綿延數百英里，再下降數百英尺，一路南行。與英國的河流，亦即品瓊年輕時所熟悉的泰晤士河和切爾默河（Chelmer）截然不同。一六三五年夏天，六十個多徹斯特家庭把牛群趕到此河最高的通航點附近，以木樁標出植墾地：溫莎[73]。那年秋天，威廉・品瓊率領兩名男子划輕舟北行，占領北域的疆土，盼望羅斯伯里當局能夠批准。品瓊知道，若想壟斷海狸市場，就必須定居在溫莎上方，靠近康乃狄克和阿加萬（Agawam）河交叉口及通往海灣的小徑的附近，他可以在該處直接和印第安人交易。那些印地安人划榆皮獨木舟從莫希干和沃羅諾科（Woronoco）的沃羅諾基人獵場上帶來皮草（後來則是韋斯特菲爾德〔Westfield〕），並把貨物貯放在位於恩菲爾德瀑布（Enfield Falls）下的倉庫。會有哈特福來的單桅縱帆船從那裡將農產品帶到塞布魯克（Saybrook）的康乃狄克河口，再轉送到一艘更大的船上，駛往波士頓[74]。

從北方荒原到長島海灣這段航程，河流會縮至三百碼，而且流速極快。探勘者會停靠在一片沼澤平原，與印第安人會面，印地安人則試圖告訴他們現在他們正在阿加萬，意指「滿溢著水的低地」。對岸有條小河湧入康乃狄克河，印第安人稱此河為「Usquaiok」——山上來的純水。品瓊立刻意識到這可以為磨坊提供動力。為了宣示所有權，英國人在一個被他們稱為「草地之屋」的地點蓋了間臨時小屋。一六三五至三六年冬季，品瓊返回羅斯伯里，留下他的人手照顧牲畜。由於天候如此惡劣，致使溫莎的移民紛紛返回多徹斯特。翌年春天，在薩默塞特郡（Somerset）來的一位牧師約翰．威爾漢（John Wareham）帶領下，回來了更多人[75]。然而，這整段時間品瓊的人都留守在阿加萬的崗位上。一六三六年三月，品瓊本人依舊留在羅斯伯里，訂購新居所將用到的一切物品——從布料到望遠鏡——同時敦促移民者領袖的兒子小約翰．溫施洛普（John Winthrop Jr）——也是殖民地總督和投機商人——加快交貨速度。品瓊也向更年輕的溫施洛普請教如何開墾植墾地，他在前一年建設了塞布魯克，在那之前還建設了伊普斯威奇（Ipswich），該殖民地位於波士頓北方，依薩福克郡港口命名。與此同時，品瓊加入溫莎教會，直到阿加萬有能力組成自己的教會為止[76]。

品瓊四月下旬回到阿加萬。馱獸和牲口則順著海灣小徑驅趕，整整四十噸的家居用品沿海岸送達。二十六日，他前往哈特福參加康乃狄克第一屆投資人大會，與會者共八名，包括他自己和諾福克牧師亨利．史密斯。關於品瓊對基督贖罪的頓悟，必須歸功於他。他一直居住在離哈特福南方五英里的韋瑟斯菲爾德（Wethersfield）[77]。五月初，品瓊的公司獲准能在他們挑選的任何一處發展，只要繼續受波士頓政府管轄即可。兩週內，品瓊在阿加萬迎來第一批的七個家庭，而且在權衡供需資源之下，他限定十英畝地上只能容納五十戶人家。戶主簽署了一份盟約，同意「我們和我們的繼承人將遵守並履行其條款和命令」。因為會遭河水和長滿草叢的沼澤困住，這些人心不甘、情不願決定搬遷到東岸，西邊實在太溼了，而且他們的牲畜已把印第安人的玉米吃個精光。品瓊裝出敦親睦鄰之姿，命令居民必須公平地與原住民交易，以「在最大程度上免除遭侵擾之虞」[78]。然而，這說法底下卻暗藏著另一種假設。正如某詹姆斯一世時期的外交官曾明言表示，「基督徒從異教徒手中拿走任何東西都是合法。」[79]

為了實現這道德上的異想天開，品瓊說服阿加萬的印第安人——這些非持有土地的狩獵採集者——相信他們對這些土地的擁有權，這麼一來他便能出手購買。畢竟無論如何，阿加萬人對英國律法並無參照依據。此外，在一六三三至三四年間，他們的部落遭天花摧殘，奪走康乃狄克河谷一萬兩千名的美洲原住民性命。該年七月，品瓊藉由海灣找來的一名口譯向十八個殘部代表演說，每個部落都由一名酋長統治[80]。印第安人畫上歪扭的弓箭代替押字[*2]，簽署了一份契約，租給英國人三塊主要位於東邊、五英里長的土地。每位酋長的回報是一件外套、一把斧頭、一把鋤頭、一把刀和一英尋長的貝殼串珠（因為原住民以拋光的貝殼當作貨幣）。而當地的王子羅瑟納（Wrutherna）則得到三件外套。自然權利自是不可剝奪，這意指印第安人可以繼續在他們擁有的土地上狩獵和覓食——然而，實際上他們卻已簽署永遠放棄土地[81]。

英國人花了一整個夏天勘測他們的新疆土，以橡樹和松樹標示邊界。砍樹、鋸木板，興建房屋和穀倉，收集乾草好過冬。品瓊開始進口綿羊，他的繼子亨利．史密斯（並非那名牧師）、三名女兒和一名女僕乘船抵達。印第安人用皮草換取鋤頭、刀具和錫鏡——除了槍枝、火藥和子彈之外的一切。儘管印第安人非常想要武器，但英國人拒絕供應[82]。商業等同文明與興旺，供與需的道理更是文化差異的解方。但隨著冬天降臨，帶來了「重大災難」和「極度失望」。居民的生活必需品因河水結冰無法運送過來，於是他們收拾行囊離開，拋下消瘦的家畜，穿越白雪皚皚的森林，退守他處[83]。

牛在康乃狄克河谷處境艱難。牠們不習慣當地的草，需要進口英國的品種。在這些草料送抵前只能挨餓——如同一六三七年秋天回到此處的移居者。佩科特印第安人（Pequot）和新英格蘭南方殖民者間的戰爭使得歉收造成的短缺更形嚴重。此時，只有十二戶人家留在阿加萬，殖民地岌岌可危。品瓊瘋狂招募人來。他在多徹斯特找到一位名叫喬治・莫克森的牧師，他因異於他人的宗教觀點遭嫌棄離開祖國，並於當年秋天和妻子一起來到阿加萬。品瓊也寫信去下游地區覓尋商人和田地幫工。溫莎答覆他們自己的人力都幾乎不足，還得仰賴印第安盟友的保護來對抗佩科特人，那年其居民甚至被迫退守至殖民地的防禦營寨後[84]。雖然已挪不出任何人手，品瓊還是出借了一艘小型戰船給遭困的溫莎人，同時努力理解這些被劫掠的土地上的部族政治。他自己的居民則驚魂未定，同時營養不良，只能祈求上帝的饒恕。他們聽說各種印第安人在夜裡把人殺死的故

2 譯註：即以畫圖代替簽名。（https://upload.wikimedia.org/wikipedia/commons/3/37/Indian_Deed_of_Springfield%2C_in_the_hand_of_Elizur_Holyoke_%281636%29.jpg）

事，這些傳聞像孢子一般飄進惡夢之中，替惡魔獵食之舉灑下恐慌的種子[85]。

由於戰爭持續進行，走海灣的運輸路徑變得太危險，糧食從麻薩諸塞灣運往上游，價格高抬至每噸四十五先令，一六三七至三八年冬季，當河流再次凍結，連這條救生路線也被斷絕了。阿加萬的農民以儲備的麥芽和麵粉餵食飢餓的豬隻，穀種拿來餵母雞，品瓊也只剩最後半英斗的玉米，並且傷心地得知部分剩餘的家庭正考慮放棄離開，不用多久這裡便不會再有任何居民。印第安人願意出售玉米，但只接受他們覺得合適的價格，品瓊勉為其難尊重此原則[86]。在英國，「公平價格」的文化和傳統已成為令人懷念的神話，新英格蘭顯然並未例外。需求打開了邊境的自由市場，商人可以在其中讓他的貨品找到各自的價值[87]。

一六三八年一月，阿加萬淹沒在高及腰部的積雪中。道路封鎖了，也不可能搭建春天時要用的圍欄，人人手指都被凍傷，除了待在屋內耗盡柴薪，什麼也做不了。春天遲了，甚至到了四月底還下兩小時的雪，雪花和先令一樣大[88]。等到好不容易又能出遠門，投資人大會便派品瓊以固定價格向印第安人購買玉米，這讓他陷入兩難局面。品瓊深知，玉米等同救贖，亦即「功勞代價」，只能讓英國人在交易上居於劣勢[89]。哈特福的投資人大會傳喚他，要他解釋清楚，他則發誓他和莫克森牧師已想方設法壓低價格，並且盡責牟求公眾利益，加速供貨給餓壞的人民。可是眾人並不認同。湯瑪斯．胡克是來自切姆斯福德的流亡分子，也是哈特福的新牧師，他指控品瓊想「獨占所有的生意……好隨心所欲荼毒國家。」胡克這麼臆測，這等於舊世界的奸商作為，兩人在埃塞克斯的饑荒時期就見識過了。品瓊不屑答覆。在清教徒眼裡，市場倫理是基於十誡中的第八誡，而胡克實際上算是在指控品瓊偷竊[90]。

這般譴責讓品瓊十分受傷。因此，一六三八年初夏，品瓊決定讓阿加萬從康乃狄克州政府轉到麻薩諸塞州轄下。麻薩諸塞州長老約翰．溫施洛普背地裡對此舉表示支持，這不過是簽幾份文件，簡簡單單。因為該殖民地雖位在康乃狄克邊界，但極具爭議。為了強調這個改變，品瓊替阿加萬取了個新名字：春田，以紀念他埃塞克斯的老家，同時也和一個幸運擁有大川、小河、溪流及泉水的殖民地很相稱。品瓊宣布他的打算後，新英格蘭的委員莫不驚詫，尤其是因為溫施洛普曾向湯瑪斯．胡克保證會對康乃狄克忠誠，在胡克認為，品瓊的行為違背了上帝的教誨，絕對不會有什麼好結果[91]。

沒有多久這話便應驗了。六月一個晴朗的日子，當男人在割草並裝上雪橇時，一場地震襲擊新英格蘭。起先雷聲隆隆，接著地面凸起，碗盤碟子從層架上哐噹砸下，「一臉驚駭的」人們從田裡跑出來。改了新名字的春田，地震持續了四分鐘。清教徒歸因於來自上天的審判，認為是神在降罪，當連續數週的降雨、降冰雹和雪在那年秋天帶來浩劫，人們也作此想[92]。先前對康乃狄克河谷甜美的印象瞬間變調，這裡不再是「擁有美麗殖民地」之處，反而成為戰爭與饑荒的代名詞。如同胡克在那年十二月告訴溫施洛普，坊間流行的說法是：「哎呀，你想去康乃狄克嗎？何必這麼巴望著去遭罪？」那年冬天，氣溫低到結凍的河水都堅硬到能當路走了[93]。

一六三九年的春天來得晚，貯存的糧食盡皆腐爛，價格因此飆漲。責怪品瓊在購買穀物上失職的控訴言猶在耳[94]。但此時此刻，他回覆溫施洛普（後者已任命他為春田的地方治安官），波士頓太遠，無法在司法層面上管理此地。如今，他在總督法院所學習到的一切就可以派上用場。溫施洛普同意胡克這樣的牧師過度插手世俗事務，也認為在品瓊這位虔誠的管理者身上看見了完美的地方父母官特質[95]。現在品瓊有望接掌這個地區。在喬治．莫克森的協助下，品瓊為對抗河谷中的其他市鎮（包括塞布魯克），搬出了有些站不住腳的理由。他說河口沙岸已是天然屏障，所以拒絕資助他們修建堡壘。品瓊在商業買賣方面也趾高氣昂、不可一世。他覺得穀物壟斷會妨害「公眾利益和自由人之自由」。但是對他來說，皮草生意顯然不一樣，其獨特性能讓他成為新英格蘭最富有的人[96]。

隔年仍是難熬的嚴冬。波士頓港凍結了五個禮拜，桶中的啤酒皆結了凍，等解凍時又餿掉了[97]。湯瑪斯．胡克試圖藉神聖的譬喻來驅散極端氣候帶來的不適，於是在冰冷刺骨的聚會所裡宣講炙烤罪人的地獄之火。在溫莎，約翰．威爾漢姆（John Wareham）敦促他的信眾從痛苦中學習，堅定抵抗「惡人」和「厲靈的敵人」。在春田，莫克森牧師彷彿為了強調兩個社區的差異，採用品瓊偏愛的那種較溫和的講道風格，為寒冷驚恐的民眾提供來自天堂的祝福。隨著春田和溫莎的緊張局勢加劇，莫克森致信羅斯伯里和波士頓，否認他的城鎮本就有罪[98]。在山谷的偏遠地區生存本就艱辛，在某種程度上是波士頓人難以理解的，遑論舊英格蘭人。塞布魯克的一位創始人寫道，無人「能清楚斷定開荒墾地價值何在，除非他也親身經歷。」[99]

接下來的數月，新英格蘭等待著不列顛群島傳來爆發更大危機的消息。查理一世個人統治時期結束後，議會隨之垮臺，在在預示對王室的反叛。而大西洋彼端，新英格蘭的人民則感到前所未有的孤立。由於航運受限、移民減少，貿易蕭條窘迫。到一六四二年春天，農民若能以八英鎊賣掉一條曾售價二十二英鎊的牛都算幸運。夏天又冷又溼，隨著收成的不足，謠言甚囂塵上，說印第安人即將發動殘暴攻擊。整個秋天物價暴跌，勞動力不足致使工資膨脹，高到根本無力支付。資源無一不短缺，包括白銀。但是印第安人拒絕接受英國人品質較差的貝殼串珠，他們更喜歡純白色的貝殼，而非藍色[100]。儘管發生這些慘況，新英格蘭的傳教士還是力勸眾人憐憫英格蘭，而非自身。因為——某個傳教士說道——只有「女巫和魔鬼……會為降臨在別人身上的不幸而歡欣鼓舞。」[101]

一六四三年二月，針對印第安人襲擊的恐懼依舊揮之不去，然而漁船卻捎來了舊英格蘭的近況。如今舉國皆捲入內戰的戰火，根本無法指望英國人幫忙抵抗土著的「蠻橫暴行」[102]。為表達對祖國的同情與關切，教會守了一日大齋、進行祈禱。不過，很顯然整個北大西洋世界都正遭受上帝的審判。三月一個星期天早上，另一場地震來襲。而來到四月底，倚靠蛤蜊和貽貝為生的家庭糧食已經寥寥無幾，慈善之心也同樣稀缺。約翰．溫施洛普如此哀嘆：「這國家幾乎不見公德心，自私自利卻俯拾皆是。」夏天時，鴿子吃掉尚未成熟的莊稼，果樹的樹皮遭到啃咬，穀倉裡處處老鼠。十一月流傳的謠言是「大部分印第安人想要切斷英國人的資源」。品瓊的生意停擺，不少家庭拋下春田——人數是原本追隨者的一半[103]。議會只能努力向眾殖民地重申其保障「宗教和公共自由的偉大目標」，也產生了明顯效用。五分之一新英格蘭人，亦即那些認為保皇派即敵基督的清教徒搭船返回祖國，加入議會大軍。亟需賺錢謀生的其他人民則動身前往西印度群島。看來，殖民地的人口正在穩定流失[104]。

一六四五年，經歷兩年多的抗爭後，新英格蘭因戰爭情勢變得對議會有利，眾人因禍害清教徒的勞德大主教遭斬首的消息而歡呼雀躍。無論如何，這場戰爭都釋放出一些詭異的能量：舊的必然性消失了，全新的熱情湧現，世界顛倒、翻轉。在大西洋兩岸，清教徒派系間的衝突持續許多年，一如過去新教徒和天主教徒之間的戰爭一樣激烈。雙方互控彼此效忠魔鬼，而自由思想者則被當成異端遭到譴責。在麻薩諸塞，這是類似偶像崇拜和施行巫術的罪行。宗教和政治的動盪在殖民地居民身上留下痕跡。待冬天來時，英格蘭的獵巫消息流傳開來，這場恐慌在埃塞克斯（離春田約半天車程）揭開序幕後蔓延至薩福克郡。為正義而戰的獵巫者僱用產婆搜尋可疑之人，並鼓勵證人進行指證。這是一場將在新英格蘭留下難以磨滅陰暗瘡疤的大肅清[105]。

2 我們在這裡一定要快樂

一六四五年春，當女巫紛紛被抓入東安格利亞（East Anglian）[*1]監獄，不同教派在遠方的倫敦街頭咆哮怒罵，春田卻有一名來自威爾斯的女僕，瑪麗・路易斯（Mary Lewis）正忙得不可開交。這時的她三十多歲，替亨利・史密斯家工作。此人是威廉・品瓊的繼子，娶了品瓊的長女安，所以也成為他的女婿。瑪麗的時間被四個女孩瓜分，女孩年紀分別是一歲、兩歲、四歲和十三歲。她負責這些女孩的衣食，和她們一起玩，該罵的時候也訓斥她們①。那些關於魔鬼的事情女孩都知道，不光來自莫克森牧師的講道，還外加舊世界的民間故事。故事裡充斥著蟄伏在森林和沼澤的鬼魂和老巫婆，也恰恰反映出她們生活周遭的蠻荒世界。如果像一般孩童那樣離家晃蕩，就意味

1 譯註：東英格蘭地區的傳統稱呼。

將感受到孤獨帶來的詭異陰森，會體驗不祥和遭到監視的感受。聲景（soundscape）和風景一樣，也是遼闊且難以馴服的。鳳頭麥雞尖銳的叫喊和啄木鳥規律的敲擊劃破靜謐，玉米稈搖晃沙沙響，一如預示的私語②。孩童聽見大人討論起偏僻植墾地發生的攻擊事件，躺在被窩裡想像入侵者在門另一側，或於窗臺下窺伺。印第安人與魔鬼混為一體。何者為真、何者為假難以分辨——尤其是在瑪麗·路易斯這樣一位保母的照顧下——她本身就具有容易引起他人恐懼和幻想的特質。

瑪麗的一天從太陽出來開始。將一切安排就緒後，她會去喚醒女孩。不用多久全家就會動起來。一批批鎮民帶來農產品、傳來消息，或跑腿，或請求幫助，或打聽工作。這些人多是從品瓊的雜貨店過來的，那是一間圍上柵欄的倉庫，更是春田人生活的核心。瑪麗從未見過這樣的地方。你可以在那裡買到工具和器皿，陶製菸斗、蠟燭和縫衣針、別針，以及大部分的英國布料。此外，還有水果乾、糖、調味品和香料，包括肉桂。這間店也賣解毒藥片（嘔吐藥）及其他藥品，如土荊芥，殺害蟲的殺鼠藥和火藥。殖民地的人還會將火藥混入奶油製成牙膏。人們也會購買能和印第安人以物易物的商品，如貝殼串珠、口簧琴、菸草罐和錫鏡③。

品瓊允許每戶家庭在店內按各自財力賒帳，並以貨物或勞務代償。如按一先令一英鎊收購玉米、蕪菁、肉和羽毛。或是在品瓊田裡、磨坊和這家商店內工作。婦女可以除草或做採摘類的農莊雜務，償抵丈夫的債務。男孩受僱將貝殼串成許多一英尋長的貝殼串珠，供品瓊購買皮草。他把這一切都記在一本皮革裝訂的長型帳本中，外觀和英國教會的堂區登記簿無二致④。債務使一切有了可能，卻阻礙了獨立、權力、尊重和自由⑤。

對瑪麗．路易斯來說，獲得自由唯一可接受的途徑便是婚姻。儘管妻子的身分將終結單身女性的自由，卻能讓她從附屬的地位晉級到伴侶關係，無論如何，這關係雖不平等，卻能在群體中提供一些保障⑥。但是，想獲得這個狀態說比做容易。因為，在春田結婚的機會就像新英格蘭的每種資源一樣，都十分有限。無論在新舊世界，想結婚的先決條件是找到可以獨立生活、建立自己家庭的年輕男性。可是無論男女都發現鎮上的單身者太少，無法提供想找對象的人什麼選擇。可是在英格蘭和威爾斯老家則相反。有太多找不到工作的年輕男女，土地或工作機會稀少，年輕人跋涉前往城鎮尋找工作機會，有些人最後來到港口，並在那裡登上前往殖民地的船。然而到了一六三〇年代中葉，許多新英格蘭鄉鎮已經供過於求，迫使新來者尋覓更偏遠的地方，開啟新生活。品瓊本人就是從波士頓搬到多徹斯特再到羅斯伯里，然後又前進到康乃狄克河谷。然而，就連在康乃狄克河谷資源也迅速緊縮。在春田，除非品瓊和他的行政委員批准，就連已安家落戶的居民兒子都不得留下。大部分新居民是受邀前來，因為對他們的技能有需求⑦。受僱的男人通常是年輕單身，不完全享有自由，但至少會得到一間房子、一塊農地，還有雜貨店裡的一個帳戶。這是他們在大西洋彼岸得不到的一切——或說接近一切。在一個不到五十戶人家的小鎮上仍有挑戰，因為你很難找到合適的對象結婚。

這樣的挑戰對瑪麗．路易斯這個年紀的女性而言可以說是最大的。她離開威爾斯的四年裡大多都待在春田，認識的女性都在二十出頭嫁人。前一年冬天，亨利．史密斯家的另一名女傭莎拉．查平（Sarah Chapin）剛結婚，並在孩子快誕生時償清了債務⑧。瑪麗焦慮地想著到底何時會輪到自己？這樣三十歲以上的女子被喊做「老姑婆」，容易患上「綠病」（在當時社會又稱之處女病。但其實是一種良性的缺鐵性貧血），這是壓抑性欲所導致的疾病[9]。而此種渴望又會喚起孤寂感。亨利．史密斯相當正派，他的妻子安也很喜歡瑪麗。但在那孤獨的時刻，在日出和一天結束時，瑪麗會凝望著她有所缺憾的現在與理想未來之間的鴻溝，因為唯有在夢中和幻想裡，兩者間的距離才有可能消弭。她和安．史密斯成為無話不說的閨密，兩人的生活受到四壁和孩子的依賴束縛。然而，因為擔心失去找到好丈夫的機會，瑪麗還是有個細節沒有告訴她的女主人——或春田的任何人。那就是：她早就結婚了。

關於瑪麗．路易斯的出身沒有太多詳情。路易斯可能是她夫家的姓。娘家可能姓里斯（Reece）。她在一六一〇年左右出生於威爾斯邊界地區，其位於英格蘭和威爾斯之間的荒僻邊境，充滿了民間故事和魔法，此傳統自遠古時期便滲入了當地風景[10]。洞穴和群山、廢墟與泉水，在在訴說著各種傳說，奇蹟與謀殺、鬼魂與仙女，沉睡在山丘下的國王。黑人和可怖野犬的想像令旅人畏懼，讓他們走上正常的大路[11]。瑪麗出生的很久以前，在清教徒眼裡（牧師和宣傳冊寫手約翰．潘瑞〔John Penry〕）威爾斯就是一個尊崇教皇制而且無信仰的地方，約翰．潘瑞要求派遣虔敬的牧師來到這片土地最黑暗的角落服務[12]。一位承繼潘瑞思想的威爾斯國會議員譴責他們家鄉的迷信和偶像崇拜，以及不重視禮拜儀式（無論用威爾斯語或英語），還有濫用「聖井」之水。潘瑞的狂熱招來主流觀點的譏諷。一位英國諷刺作家責罵潘瑞這名前天主教徒的清教徒是「在狂風暴雨之日，於所有星體相位刑剋之時誕生於世」的畸形產物。潘瑞後因煽動叛亂被伊莉莎白一世判絞刑——由於對英國教會的改革感到絕望，他變成一個分離主義者*2，並與幾年後因五月花號朝聖者興起的圈子交好。瑪麗・里斯（或路易斯）年輕時是一名守規矩的新教徒，服從國教。但沒過多久她就被捲入這場激進而神祕的運動裡⑬。

儘管有著超自然的信仰和教派上的紛爭，威爾斯卻對女巫審判幾乎不感興趣。當然，對清教徒而言，所有的魔法行徑——治療、預言等等——都等同巫術。威爾斯教士兄弟檔亨利和羅伯特・霍蘭德（Henry and Robert Holland）都曾撰寫巫術專著，部分靈感便來自汙染了他們可敬的劍橋郡和彭布羅克郡（Pembrokeshire）教區的迷信。無論如何，威爾斯當地幾乎不見巫術指控，而教會法庭對民間法術也僅是溫和告誡。在一六〇七年一次有關邪術的罕見審判中，一名貧窮的彭布羅克郡婦女因為不解訴訟程序，不承認、悔悟自己的罪行，而遭到入罪。儘管在很多時候證據向來不足。一六二三年的女巫處決是威爾斯三十年來的頭一次，也是那一代的最後一次⑭。因此，瑪麗的成長過程中雖然知道巫術這回事，卻從未看過有人因此受罰，甚至不曾聽說這一類事。她

2 譯註：分離主義主張宗教應從群體中分離，如文化、種族、政府、性別等群體。分離主義的清教徒認為英國國教不夠純粹，仍保有天主教遺風，無法徹底改革，為比較激進的清教徒。

家鄉的人時常越過塞文河（River Severn）來到布里斯托（Bristol），這是大西洋貿易繁榮的終點城鎮。但即便在該地，一六二四年的兩名女巫遭處決也絕非尋常之舉⑮。偏偏弔詭的是女巫無處不在，這使得起訴他們極為急迫，卻又極為困難。

瑪麗在十七、八歲（大約一六二七年）嫁給了蒙茅斯（Monmouth）威河谷地鎮（Wye valley）的一名天主教徒。她的先生可能名叫大衛．路易斯（David Lewis），表面遵奉英國國教，卻偷偷舉行天主教儀式。他自然希望妻子改換信仰，並在他兩名姊妹的教唆下在她抗拒時予以威脅⑯。瑪麗被困在一個注定要破碎的分裂家庭中。離婚幾乎是不可能的事，因此只有默默承受或逃跑二途。這個時候她（可能從嫁過去開始就一直）住在蒙茅斯外的某處，但在一六三〇年代後期，離開的人反而是路易斯。他拋下瑪麗孤伶伶地活在這世界上。他們浪費了一個沒有子嗣的十年，可能為此責怪過她（儘管後來從她的生育能力證實問題可能出在他身上）⑰。也許因為缺乏愛情，於是扼殺了親密關係。但是，無論是兩廂情願還是被迫，也許她曾流產或死產，甚至可能將這段怨憎關係的結晶悶死。瑪麗還是用盡一切方式尋找丈夫，而且似乎還曾向一名狡猾男人（或女人）尋求幫助。那人擅長尋找遭竊的財產和失蹤人口，但很顯然瑪麗的丈夫不想被找到。

瑪麗加入蘭瓦奇斯（Llanvaches）一間由威廉．羅斯（William Wroth）帶領的年輕獨立教會。蘭瓦奇斯是個處處皆是小農場和窄巷的小村莊，周遭環繞斜陡的牧草地，遠處可見山丘。羅斯全心全意在該地擔任了二十多年的教區牧師，信仰正統國教，文化上卻有點天主教的元素。他喜歡音樂和拉小提琴，直到一六二〇年代後期靈魂因喀爾文主義而變得冷硬為止。此外，約翰．潘瑞的殉道也在其記憶中逐漸發酵。一六三五年，羅斯引起蘭達夫（Llandaff）主教的注意，他因而向勞德大主教（Archbishop Laud）舉報羅斯是分裂教會者，「帶走許多單純人民」。以至於一六三八年時他早早被迫離職。某日，羅斯做了一個夢，夢中他承諾將傳播福音，以自救逃過洪災。他放棄了拉小提琴，依舊待在蘭瓦奇斯教區，與沃特・克拉多克（Walter Cradock）和從倫敦某教會前來幫忙的另一位持不同宗教觀點者亨利・傑西（Henry Jessey）共同創建了自己的教會。他們採取「新英格蘭模式」——真正的獨立。擁有一群聖徒會眾，由一名牧師管理。在這群虔誠夥伴中，瑪麗禱告、禁食，與基督合而為一。羅斯在他的教區居民中很受歡迎，當他失去生計，他們會籌錢給他花用。羅斯要他們把錢拿去替窮人買土地，同時，他也將這些窮人列入遺囑，成為他遺產的受益人。瑪麗・路易斯全心為這位可敬的人奉獻，有些人已將他喚作「威爾斯使徒」。在羅斯仁慈的關懷與指導下，她因失婚之痛而熄滅的火焰再次燃起⑱。

作為一名布道者與先知，如今六十出頭的羅斯極富個人魅力。甚至在被驅逐前，他做為牧師就吸引了信眾激賞，總得在院中布道。雖然他健康情況不好，聲音卻強而有力。他會在講道中提及基督召喚信徒至新耶路撒冷，冥想生命是如何轉瞬即逝，並鼓勵所有人「在生命結束之前細想自身狀態」。消息傳開後吸引了布雷克諾克郡（Brecknockshire）、格拉摩根郡（Glamorganshire）、格洛斯特郡（Gloucestershire）、赫里福德郡（Herefordshire）、薩默塞特郡（Somerset）和布里斯托的人們。他們多是桀驁不馴、追尋真理的青少年。在那些遠道而來的人眼中，羅斯是慷慨的東道主與具包容性的布道者，願意參考他人對基督和神的創造的觀點。儘管如此，他依然會嚴格審查想加入他教會的人。據說，他會確實去了解每一個靈魂，幫助人們看見自己心中的邪惡。撒旦憎恨羅斯，但羅斯毫不畏懼。在向群眾講道時，他見到一個惡毒的幽靈逐步靠近。「有魔鬼的僕人來攪擾上帝的禮拜」，他帶著強大的信念發出宣告，幽靈旋即跌跌撞撞、悄悄溜走[19]。

瑪麗深受羅斯吸引，他也許還教了她一個美洲能用到的詞彙：「蠢狗」。（羅斯是從約翰．潘瑞的著作中學到的，潘瑞以此語形容無知的傳教士）[20]。在蘭瓦奇斯，瑪麗滿懷希望而且快樂，在因基督之愛緊密相連的朋友圈中感到安心。但羅斯已老，同時，傳述新英格蘭自由和機遇的故事在以年輕人為主的會眾耳裡，替他們共同的夢想勾勒出了更清晰的輪廓，並且促使許多人發誓一有機會便要離開威爾斯。這些人中有個叫亞歷山大．愛德華茲（Alexander Edwards）的男人，來自八英里外的阿斯克（Usk）小鎮。瑪麗可能也來自該地，和愛德華茲想必很熟，搞不好還曾相互鼓舞前往大西洋彼岸築夢、展開新生活[21]。

一六四〇年某一天，瑪麗收拾了包袱，走了十英里路來到切普斯托（Chepstow），這是一個位在威河河口的繁華港埠。她很孤獨，儘管感到基督與她同在。她踏上橫跨威爾斯蒙茅斯郡和英國格洛斯特郡之間的橋，渡過威河。無論哪一方轄區，對於這破舊的木造結構都疏於維護。她途經已毀壞的聖大衛教堂，繼續南行穿越迪恩森林（Forest of Dean），該處充滿幽靈和巨石柱。接著抵達比奇利（Beachley）半島，威河在此流入塞文河。她冒險走上搖搖晃晃的棧橋，凝視著一英里左右外的鐵灰色水面，等候擺渡人帶她橫越湍急的水流到達奧斯特村（Aust）[22]。從那裡往南走三小時，塞文河始終位在右手邊，直到可以看見在布里斯托海峽（Bristol Channel）上航行的船隻。到達港口後，她詢問前往麻薩諸塞州的航程，拿出了錢——也許是羅斯的餽贈，又或是來自她簽約工作的主人。她看見一張熟悉的面孔，然後是另一張。那是她來自蘭瓦奇斯的朋友，包括亞歷山大·愛德華茲，他們都要前往美洲。或許她是一時衝動才跟著他們來到這裡，儘管那些人出言勸阻，滿懷擔憂，認為一名已婚婦女除非確定找不到丈夫，否則不該離開祖國。可是她已為了這令人悸動的一刻賭上所有未來，而他們竟然要她回去？在瑪麗同意會繼續尋找丈夫，並找羅斯先生商量後，她動身折返蘭瓦奇斯[23]。

回到小村莊後，瑪麗受到溫暖的歡迎。羅斯知道她信教的丈夫虐待她，並對她曾努力尋找對方十分滿意，因而認可了她前往新英格蘭展開新生活的提議。也許是思及瑪麗一開始就該來找他商量，他便給她祝福，而這正是她所需要的，尤其是來自一個她敬如父親的男人。一五九三年，約翰·潘瑞在遭處決前夕曾給他女兒些許建議，而羅斯或許也給了瑪麗類似建言：避開撒旦、在神恩中成長，透過教會分享基督的苦難，心存敬畏地生活。不要驕傲，也別「不關心塵世與其中的任何事物。」[24]無論如何，羅斯知道她必須加快腳步，溫施洛普十年移民潮即將結束，橫渡大西洋的船隻已經不多，有意願去的人也越來越少，英格蘭即將爆發內戰，覺得自己必須留在家鄉的清教徒人數增加了。即便如此，羅斯還是忠言勸誡，說她不應該在新英格蘭沒有家人可投奔的情況下離開威爾斯。

羅斯向當地傳教士威廉·厄伯里（William Erbery）尋求幫助。厄伯里約三十四、五歲，和羅斯同是清教徒神祕主義者，他的助理牧師是沃爾特·克拉多克（Walter Cradock），蘭瓦奇斯教會的共同創建人。他拒信宿命論，宣揚人人都共享基督的神性，也繼承下了這個觀點：威爾斯雖是屬靈荒原，卻是已由「蘭瓦奇斯聖徒」點燃一盞烽火之地。在他的看法，沒有誰比清教徒更聖潔[25]。一如羅斯，厄伯里的贊助人是卡菲利（Caerphilly）的路易斯夫婦（Lewises）——與瑪麗分居的丈夫是否與其是親戚關係，並不清楚——也在他被蘭達夫主教免職後，開始向廣大群眾布道。「在滿腔的熱愛中，我的心堅信於他，勝過世上的任何一人」，一名崇拜者說道[26]。厄伯里代表瑪麗寫信給理查．布林曼（Richard Blinman），他是一位已搬到新英格蘭的年輕威爾斯牧師，也是很有同情心的公理會信徒。此人是羅斯遺囑的見證人，因不遵奉國教失去了在切普斯托的牧師職位。其後被五月花號朝聖者愛德華．溫斯洛（Edward Winslow）說服，帶著羊群移居新普利茅斯（New Plymouth）。[27]在透過一位「姊妹」引介瑪麗之後，厄伯里問布林曼是否能將她安置到虔誠的家庭中。布林曼從善如流，安排她在多徹斯特落腳，該地有位威廉．品瓊會雇用她[28]。距離初次嘗試離開威爾斯卻失敗的六週之後，亦即她的新雇主橫渡同一片海洋的十年後，瑪麗回到布里斯托。這一次無人勸阻。而那是一六四〇年的初夏[29]。

瑪麗要搭乘的高桅杆船就停在面前，除了仍垮著的船帆外萬事皆備、可以啟航。這是典型前往新英格蘭的船隻，原本是漁船或是運煤或葡萄酒的船，如今獲得新的用途。這種船不達兩百噸，可載一百二十人、一百五十桶牛肉、四十個豬頭桶（hogshead）麥芽、四十個豬頭桶麵粉，和一百加侖的油。此外也能載運葡萄酒、威士忌（Vitae）、醋，外加基本物資如麵包、豌豆、餅乾，奶油和乳酪。船上通常也會裝滿出口貨物，從肥皂到火槍等等所有物品。有時還有家畜，如馬、牛、山羊和母雞[30]。乘客中有許多人早已受僱於美洲的新主人，組成類別有自耕農（大都帶著家人）、農夫、做農務的工人和僕人，外加各種商人——織布工、裁縫、鞋匠、木匠和桶匠等等。人人都在甲板上等候，周圍全是木箱、包袱和木桶，調查官會上船檢查各人的許可證，並監看宣誓過程[31]。瑪麗很快便通過檢查、完成所有移民者必須進行的宣示，表示自己十分「渴望前往新英格蘭當地居住和棲身」。[32]接著船員拉起索具，船帆鼓滿了風。一旦海岸消失在身後，瑪麗眼前便只見無垠的灰綠色海洋將自己圈繞其中。她的冒險已然展開。

然而興奮之情很快就被乏味取代。航程將持續八到十二週，如果變成五週，就是例外，然而二十週也非前所未聞。但即便是最快的航程，記錄時間和日期也變得越發困難和無意義。除了交談、打盹和盯著無邊無際、不見陸地的世界外根本無事可做。緊張的乘客紛紛盯著地平線尋找海盜身影，並相互檢查有無染天花的跡象。許多人服用艾草治療暈船，或者試著在甲板上做運動。菜色算是打破了單調的日常，可是也鮮有變化：鹹魚、奶油豌豆、不新鮮的麵包，有時還有雞蛋和羊奶。點心是搭配板油和葡萄乾的「袋裝布丁」，水通常又鹹又髒。水手捕獲的鼠海豚嘗起來像餿掉的培根。瑪麗的夜晚往往在低矮的貨艙中度過，裡面塞滿行李、吊床和稍微給人一點隱私的遮蔽用帆布。陌生人被迫親密貼靠，還得忍受船隻的縱搖平擺和橫搖。乘客的鼾聲、吵嘴和哭泣、沒有清洗的身體、潮溼毯子和腐臭底艙的臭味。暴風雨將這慘況變為恐懼。海浪升高了二十英尺，船隻從浪巔被拋到波底又拋回來。一些水手嘲笑清教徒瑟縮著身體祈禱的模樣，其他水手則認為祈禱反會招來厄運，情願在浪濤的巨響中放聲高歌[33]。

水手和乘客一樣迷信——甚至更嚴重。但是如果想到他們在海上時常面對各種致命危險，便不難理解。嬰兒的胎膜——亦即出生時仍附著在身上的羊膜囊——被當成防溺水的護身符那樣珍視。海鳥是一種預兆，就像大雷雨時在索具之間看到的發光藍紫色幻影。他們將這種現象稱為聖艾摩爾之火，可是據信是邪靈造成。由於厄運連連，乘客便懷疑有人行巫術。為求保護，他們把熾紅的馬蹄鐵釘在桅杆上，還傳出疑似女巫之人遭扔進大海的流言蜚語。不過也有一個可能是遭木匠斧頭砍傷頭部致死[34]。

甲板水手常自稱能在看見陸地前先聞到陸地的氣味。海鷗意味這場磨難即將結束。此時此刻，瑪麗．路易斯重新評估舊世界的自己的時候到了，在經歷這麼多不值一提的日常之後，突然改變迫在眉睫。海岸的畫面越來越廣大、越來越清晰——樹木、房屋、尖塔、人群——她原本停格的現實逐漸消褪。引航船與船並行，港口大砲在海灣鳴響禮砲[35]。當她像是踩著浮雲一般走下跳板後，瑪麗花了一會兒工夫才不再頭暈、腿不再晃。眼前的新世界有太多需要消化、理解和適應。

她未在波士頓被扣留，繼續向南前往多徹斯特。該地擁有豐富的林地、牧場、玉米田和花園，從不算寬闊的街道俯瞰海灣，星星點點的漁船在最淺處流入尼波塞特河（Neponset River）。她的新主人威廉．品瓊曾住過的農場就在河的對岸。瑪麗僅在多徹斯特工作了幾個月，因為品瓊在春田的殖民地需要幫工，他的女兒安尤其需要女僕，因為她懷孕了[36]。好的幫工——尤其是虔誠的幫工很受歡迎。瑪麗來自蘭瓦奇斯的朋友亞歷山大．愛德華茲早在新英格蘭安定下來，並也得到品瓊僱用。品瓊簽下這些男工人足足八年，承諾吃住，並在合約期滿時各給一套西裝和四十先令，可能還有一些土地[37]。

瑪麗也許是搭乘品瓊的雙桅縱帆船經海岸抵達春田，但更可能是沿海灣小徑搭運貨馬車，或騎騾、或徒步前來。這段路程和蘭瓦奇斯到布里斯托那段極為不同。足足一百英里崎嶇的森林地勢，更穿越了四大部落——萬帕諾亞格人（Wampanoags）、納拉甘西特人（Narragansett）、佩科特人和莫西干人（Mohegans）。其中也間雜尼普穆克人（Nipmuck）的村莊。也許，她和其他目的地相同的人共乘大篷車，因為人多勢眾比較安全。一路上有許多湖泊、溪流和山泉，部分小徑溼軟軟，或是滿布駕著英國馬匹或牲口前往康乃狄克州者留下的車轍。倘若步行，視天候須四到五天。最後，這條小徑會沿著蓊鬱山坡往下，穿過沼澤上的一條圓木棧道往外逐漸開闊，呈現在瑪麗面前的便是春田的景色：主要街道、農場，以及更遠處的河流和一眾起起伏伏的低矮山丘[38]。

時值一六四一年春或初夏，瑪麗離開威爾斯一年左右。她立即意識到春田與切普斯托或布里斯托截然不同，遑論波士頓或多徹斯特。它更小更原始，更簡樸——畢竟這裡只有四十五位左右的居民[39]。瑪麗受到亨利和安・史密斯——品瓊的繼子和女兒的歡迎，並帶她前往她的住處。該處十分簡陋，還有辛苦的工作等在眼前，但是羅斯先生的布道曾教導瑪麗，要讓基督成為謙遜和服務生活之典範。瑪麗猜想自己比女主人大幾歲，她顯然已懷孕數月，的確需要人幫忙照顧另外兩名幼女（安娜，以及另一個瑪麗）。瑪麗・路易斯謹遵女主人的一切吩咐，一路忙活到安開始分娩，亦即產前隔離的期間。瑪莎・史密斯在七月最後一日的早上七點出生，健康長大。然而，小瑪麗卻在秋天約莫兩歲的年紀病逝[40]。

如此幼小的兒童自然是清白無罪的。自認天選之人的史密斯一家必須堅信女兒將平安直升天堂。然而，每個靈魂初入世界時都處於原始狀態：不懂禮貌，不懂尊重法律，對宗教亦毫無理解。因此，養育小孩不僅需要瑪麗・路易斯的愛心，還需要她的管教，讓他們脫離人類的原始本能，就像傳教士立志教化印第安人擺脫其野蠻天性。在家庭和教會布道中涓滴灌輸的信心和順服，可謂抵禦誘惑的盾牌。就讓魔鬼盛怒吧，順服父親的兒子反抗撒旦，也挫其意圖。史密斯家的女孩也受到教導，藉由禱告、反省和冥想來擊退邪惡。敬畏神無論何時都不嫌早，這些孩子雖然年僅四歲，卻早早透過公開告解的嚴峻考驗證明了自己是受選之人[41]。

瑪麗漸漸與附近的鄰居熟了起來，沒多久便認識了春田的每一個人。在這些全新而陌生的事物間，熟悉的也不少。人們的穿著都與在威爾斯和英格蘭時極為相似，儘管種類與款式沒有什麼變化。能選的色調寥寥無幾，大概是赤褐色、綠色、藕荷和棕色。品瓊店內陳列的大都是黃褐或豬肝色[42]。男人頭戴柔軟的高冠帽，身穿夾克和「鼴鼠皮」馬褲——一種厚磅磨毛棉布；女人則穿大圓裙、裙撐和有袖的緊身胸衣，綁在亞麻罩衫或直筒連身裙外。頭髮挽起，收在亞麻小圓帽或頭巾內。男女都穿背心，可以替身體保暖，雙臂又可自由工作。背心有紅色或綠色，這是工人裝上的少許色彩。衣服很貴，一套像樣的男西裝價格超過一鎊，然而這個金額能買十英斗的小麥或六頭山羊。撕破了便縫，有了洞便補，或打上補丁。男人穿羊毛襪和釘靴，但是無論男女都穿把皮革釘在厚木鞋底上的皮面木屐。夏天，一些殖民者會穿著適合狩獵的莫卡辛鞋，冬季則穿雪鞋，這兩種都是印第安人發明的。此外，男人還穿粗糙的斗篷，女人則穿連帽披風。孩童就穿父母款式的縮小版本㊸。

幾個月過去，瑪麗逐漸習慣她的新生活。她首先得適應的便是會打亂四種體液平衡（血液、黏液、黃膽汁和黑膽汁）*3的極端氣候。熾熱的夏季可以熱到像是置身熱帶，還有能掀翻屋頂、把樹木連根拔起、吹斷船隻錨鏈的龍捲風，外加能劈梁斷柱兼打死人的閃電。冰雹巨如岩石，壓扁了小麥和玉米，砸碎了木瓦板屋頂，並在地面砸開拳頭大小的洞。就這樣過了七個月後，又會迎來連續結冰的五個月。某名新英格蘭人在信中寫道，這使得他們「從十一月底到四月初都有如坐牢」㊹。每年有四十英寸的降雨量（作為對比，東安格利亞的降雨量為二十五英寸），到了十一月就全變成雪。牲畜都埋在雪下，鬍子結冰，通常只在聖誕期間才點燃的壁爐只好連燒一整個冬天——只要燃料能撐夠久。春回大地時，原本儲做柴火的木材堆短少，牛隻看起來活像格陵蘭野鹿。即便春天到了，果樹有時也不開花，種子不發芽，直到五月中旬才逐漸正常。不過，至少冬天壓下了夏天時害死許多孩童的腸胃炎，此外冬天的空氣也冷冽純淨，感覺比炎熱健康些㊺。

季節也影響了社交生活的模式。儘管鎮民幾乎沒有時間娛樂，特別是像瑪麗・路易斯這樣的僕人。在寒冷的月分，鎮民會聚集在「普通」或有執照的酒館喝麥酒和蘋果酒，抽著菸草（現在

3 譯註：古希臘的醫學理論，認為人體由四種體液，血液、黏液、黃膽汁和黑膽汁組成。一旦失衡就會生病。

直接在溫莎種植，因而削弱了維吉尼亞供應商的競爭力）。有些人認為吸菸是野蠻印第安人的消遣，但這習慣很受歡迎。醉酒會受懲罰，唱「淫穢傷風化的歌」也一樣，這是麻薩諸塞州無法容忍的一項英國習俗㊻。一位清教徒表示，舉杯祝福彼此就像是在「女巫祕密集會和節慶」裡發現的那類勾當，都會遭受謾罵㊼。民兵總在訓練日喝酒，否則忙碌的農夫會將此認為是浪費時間。酒精會引發爭執，並誘使交往中的戀人犯罪。親密關係需要隱私，因此在天氣好時，年輕人會溜進樹林和草地。年輕女子身上沾染的草漬洩漏各種祕密，像是穿上一件「綠色禮服」。為了得到丈夫，她們甘冒風險，綠色禮服總比嫁不掉或被嘲笑是老處女好。此外，所謂文化，其實主要是「宗教文化」。品瓊堅持安息日必須保持神聖，屈辱日和感恩日亦同，都禁止工作或進行打凳球（stoolball）、推圓盤（shovelboard）或玩牌（又稱魔鬼的繪本〔the Devil's Picture Book〕）等世俗遊戲㊽。

星期天主要的活動是聆聽喬治・莫克森布道，宣講神的話語，從上午聽到下午（莫克森還會在週四早上進行更具實驗性、更引人深思的演講）。此時的春田還沒有鐘，或者甚至沒有一個可以把鐘高高掛起的聚會所。因此，將瑪麗和街坊召到莫克森家裡的是一位鼓手。莫克森的家比多數春田家庭要寬兩倍，除了莫克森家中人口不斷增添外——他有兩名女兒，瑪莎和麗貝佳，妻子安在一六四一年夏末再次懷孕——也因為要容納每個居民。為了說服莫克森前來春田，品瓊貢獻了二十多英鎊興建此屋，以免牧師受到波士頓附近某些虔誠鎮區更好的生活條件誘惑。他還支付這名牧師每年五十五英鎊及在雜貨店內掛帳的慷慨額度，還購買了一隻七十三磅重的豬。即便如此，莫克森也和聽他講道的信眾一樣在物質上有極大野心，靠耕作來增加自己的收入。他一心想在家中門廳和客廳建造壁爐，而非湊合使用中央壁爐。但這便意味著要在房子兩端加蓋磚砌煙囪，可是春田迄今尚無磚塊可用[49]。

瑪麗．路易斯坐在莫克森的客廳裡很快便感到踏實，因為春田堅持的信仰元素——禱告、默想經文、守安息日——最接近她的想像。此外，這間教會是真正的宗教團體，完全符合她心中對教會的定義。新英格蘭就和瑪麗所期望的一模一樣：教會即信眾，是獨立的團體。莫克森家就是他們禮拜之處。在故鄉，信眾指的是整個教區，會強制規定他們參加禮拜儀式，是為對王室的效忠之舉。然而，清教徒強烈反對天選之民必須和他們認為沒被選上的罪人同座。春田的每個人並非都曾懺悔、而為教會內部的聖約接納成為核心。可是那依然是教會的目標，而且莫克森會幫助他們達成。他的講道皆是簡單的真理、反覆重申的詞語和樸實的譬喻，是溫和式的喀爾文主義神學，而且他以溫暖方式談論勇氣和樂觀主義。「我們置身一個全新的國度」，他如此勸誡，「而且，我們在這裡一定要快樂。」[50]說到最理想的講道風格，新英格蘭的牧師有諸多爭論——或採慈愛上帝的撫慰，或以撒旦地獄之火行威嚇。但至少目前而言，莫克森的方式固守前者。他說到上帝關照祂的子民，就像母親照料孩子，可是並無法阻止信仰軟弱之人受撒旦誘惑。「不要愛這世界，」約翰福音中的教誨瑪麗十分了解。在蘭瓦奇斯，它僅僅印證了窮人的美德。但在貪婪的春田，卻是一句溫和的勸告[51]。莫克森對於自己和品瓊擔起牧師和地方治安官的責任洋洋得意，兩人一肩扛起整個社區，如同每個男人對各自家庭背負的責任一樣。他還談到「內在的靈性原則」，說真正的懺悔必須深刻源自於此，而非僅出於對魔鬼的恐懼[52]。

威廉．品瓊也參加這些聚會，就和注意他底下人民每個生活層面一樣關注他們的禱告。莫克森與他觀念相投，儘管品瓊是東安格利亞人，但在行事風格上卻更傾向英國西南部的清教徒。或許就是因為這樣，他起初才會選擇在多徹斯特落腳。那是由英國該地區的清教徒建立的地方。他的虔誠不至於極端，依舊結合了英國國教，而波士頓的清教徒對國教的忠誠僅限嘴上，所作所為反而更像分離主義者。品瓊深信，除了追求成聖，在社區內推動更大的宗教包容性不僅能促進和平與富庶，還能尊重地方治安官和牧師間的差異，這兩者的功能在波士頓似乎界線模糊。他是一名長老會信徒，卻更喜歡國家教會結構的清教徒（相較於獨立派，後者更為激進），而且只能勉強算得上公理會教徒。他的理由是獨自居於荒野中的新教徒根本別無選擇，只能組織受選的會眾，就像——或者據信——在進入迦南地之前置身異教徒土地的猶太人[53]。

莫克森欣然採納品瓊的宗教理念。莫克森就像最虔誠的流亡者，樂於來到新英格蘭。矮壯的莫可森此時約四十出頭，是一名約克郡農夫的第七子，在韋克菲爾德文法學校（Wakefield Grammar School）和劍橋大學雪梨．薩塞克斯學院（Sidney Sussex College, Cambridge）接受教育。他以才華橫溢的古典學者身分崛起，擅仿賀拉斯（Horace）的拉丁詩[54]。莫克森被任命為普雷斯科特（Prescot）蘭開夏教區的助理牧師，卻遭人向賈斯特主教（bishop of Chester）舉報省略重要儀式，這是清教徒牧師典型的反抗行為。清教徒唾棄《公禱書》[*4]中所規定的禮儀，並且輕視聖禮，如在洗禮時劃十字聖號、穿神職人員白袍，以及向祭壇鞠躬。其行為舉止像要隱藏基督教身分[*5]，甚至把這些儀式當成某種巫術。一六三七年，莫克森發現他的小禮拜堂門上釘著張皇家傳票，便趕忙和妻子喬裝打扮趕往布里斯托碼頭，在那兒搭上一艘前往新英格蘭的船[55]。

那年稍晚，抵達春田不久，莫克森即聚眾建立他的教會。每個教友都「認真且鄭重地」允諾，通過基督——「恩典之約中他子民的帶領人」——臣服於上帝[56]。莫克森記取身在舊英格蘭時的教訓，不忘那些苦難和恥辱便是來自偏離此道路。打一開始便警告春田不要「過度貪戀舒適」，並且呼籲愛你的鄰人。莫克森和品瓊一樣視基督為上帝和人之間的「可靠的中介」或仲裁者。因為普世的朝拜不僅僅是莫克森的慷慨恩許，更是當時他用以教導尚未覺醒的聖徒找到隱藏在心中恩典的途徑。莫克森據此確立了自己的定位：照顧羊群的溫柔牧羊人。既是已經或即將證明自己之人的牧師，也是全鎮的神職人員。因為莫克森的關照，他受人愛戴和景仰。不過話又說回來，在這樣一個與世隔絕的社區裡，不算上品瓊，除他之外，人們又能找誰尋求指引？於是，一如品瓊，莫克森對春田的殖民者來說，在靈性方面產生了巨大影響[57]。

前來禮拜的信眾（如瑪麗）的目標便是品瓊所說的「徹徹底底走在基督的道路上」，因而不會排斥此種強烈的靈性影響[58]。每個週日和週四，瑪麗會坐在仰面凝視著莫克森的眾人之中，咀嚼著

4 譯註：《公禱書》為英國脫離羅馬天主教後所產生的聖公會禮文書。

5 譯註：在部分地方，信仰基督教會遭迫害。因此教徒表面會裝成信其他教，私底下再敬拜耶穌、閱讀《聖經》。

他審慎思考後說出的話語。但她依然不滿足，她渴求在蘭瓦奇斯和威廉·羅斯一起時體驗到的那種狂喜。再說，她在那裡已是受到認可的教會成員，如今卻必須再證明自己一次。她知道自己非常虔誠，但其他人知道嗎？在新英格蘭嚴格的宗教氛圍中，婦女的墮落天性屢被提醒，次數遠比在家鄉時多。也許瑪麗就像其他殖民地的新來者，她描述自己如同「被扔在開闊的田野裡……極度悲慘」，受到鄙視，並且充滿自責。又或者，就像那個一心嚮往新英格蘭的埃塞克斯女人，等到了那裡卻又覺得自己痛苦不已，疏遠了基督，她的心「完全死去、荒蕪貧瘠」[59]。在莫克森的講道中，瑪麗聽見羅斯曠野精神的回聲，即便莫克森只不過是勸勉她多省察良心，從中找出恩典的徵兆。雖然，這等嚴峻的內省可能——而且也確實導致了憂鬱和瘋狂。在羅斯伯里（品瓊曾在該處建立教堂），一名婦女莫名陷入恐慌，她堅信自己會下地獄，因為她的罪孽證明了她並非上帝之子。確實，一如《約翰福音》所教導：「犯罪的是屬魔鬼，因為魔鬼從起初就犯罪。」[60]

公開告解有其陰暗、具爭議性的一面，畢竟那是一個將溺斃者和獲救者分開的過程。對許多人來說，從準備告解一開始，就是一場不斷延宕的折磨，其痛苦會在置身於信眾面前時達到駭人的高潮。一名「恐懼且無法在公眾面前說話的」新英格蘭婦女便被自己的聲音嚇到暈厥。未能說服那些成為獲選之人的鄰人不僅意味從基督的國度裡遭到放逐，還代表重回撒旦的懷抱。另一方面，通過此考驗與其說是贏得勝利，更像得到解脫，尤其是在不幸迷失多年之後[61]。此外，也提醒了其他人目前都未獲贖回之人，將永生墮入地獄，除非他們能證明自己。莫克森在一六四二年曾對會眾提及，一名剛受認可的康乃狄克聖徒終於能期盼上帝的審判，「懲罰惡人，把他們從祂面前拋入地獄的業火之中，讓虔敬之人與祂一起進入無盡的榮光之中。」在看待自己和世界、肉體和精神、自我厭惡和歡欣鼓舞之間對立且緊繃的方式，便是春田日常的一部分。而被困在罪疚和公義之間的便是瑪麗．路易斯，此時毀滅的種子已然播下[62]。

這便是瑪麗當時在春田的生活，毫無變化的家務，以及上教堂做禮拜，日復一日超過三年。在一個冷冽的秋天之後，一六四四至四五年的冬天竟慈悲地暖和起來——至少到二月後冰冷的暴風雪才降臨，大雪覆滿大地，直到三月末，春天才終於再讓整片大地變綠[63]。此刻，戰時造成的蕭條已然結束。貿易行為活躍，鎮上人口已是前兩年的雙倍，也因此創造了需求、刺激了供應量，並使得商人的種類增加，這都是殖民者在家鄉就非常熟悉的狀態。雜貨店重新補貨，品瓊可以再次把玉米、木材和皮草運往下游。印第安人帶來從哈德遜河谷莫西干人那裡取得的毛皮，有些甚至是從更西部——像是新尼德蘭莫霍克人領地捕捉到的動物，這般侵犯領地的舉動激怒了荷蘭人。此外，印第安人習慣把所有新英格蘭人都稱為「品瓊的人馬」，此舉也惹惱了居住在康乃狄克山谷更南邊城鎮的英國人[64]。

殖民者對土著感覺既警惕又矛盾。在春田——或波肯塔克族（Pocumtucks）仍稱它為阿加萬的地方，英國人和印第安人毗鄰而居，但不一起生活。在亨利．史密斯的家裡，瑪麗可以看見印第安人划著獨木舟順流而下，進出英國人家中談生意。有人前來求見她的主人，兩幫人馬在商業上都大致了解彼此，但是在文化上卻大相逕庭。阿加萬的波肯塔克族起初未察覺一六三六年契約的衍生後果，如今只能認分地接受自己土地遭到徹底改變：林中空地被圍欄圈起的小塊土地，經處理的木材結構、排列整齊的房舍，在在呈現出人類掌控自然而非與之共生的態度。美洲土著與英國人的豪取強奪相反，他們長久以來一直是栽種者和採獵者，主要居住在南面和西面較高地勢的村莊，但更喜愛遷移，而非安土定居。他們重視按季節取用自然資源，而非排他的占有或掠奪。然而這只是讓英國人更確定自己的偏見，認為他們就是無知且懶惰[65]。品瓊的政策從未動搖：在印第安人願意被英國人治理那日到來之前，「他們必須被當成獨立自由的民族來尊重」[66]。他還學會了一些原住民的生活和語言，儘管對於他以及他看世界的方式而言一切都十分新鮮又詭異。例如，波肯塔克一年的開端是五月初，而教人費解的是美麗又晦澀的月分名。十一月這個詞借自草地上的霜景[67]。然而就連品瓊釋出的體貼善意——對身在美洲的英國人來說非常稀有——也更多是基於精心算計過的利己態度，而非單純的理解與同理心。

殖民地居民對印第安人行事的鄙視因公開衝突而增加。莫西干人和納拉甘西特人為爭奪毗連的前佩科特人土地發動了戰爭，康乃狄克山谷裡的情勢變得緊張，迫使谷內民兵出動，選擇支持、保衛他們的生意夥伴莫西干人[68]。至於納拉甘西特人則保證會「把英國牛堆得和他們的房子一樣高，讓英國人都不敢出門撒尿，以免被殺」[69]。就算與原住民是盟友關係，糧食短缺還是使得緊張局勢升高，讓那些與品瓊簽下工作契約的人顯得更軟弱，更沒有男子氣概：堂堂基督徒竟任由野蠻人和他們的價碼擺布。身為處理過玉米危機的老將，更是商業和宗教方面的理性主義者，品瓊坦然接受——儘管在議價的過程中他也懸著一顆心，特別是和納拉甘西特人交手。他認為納拉甘西特人「幽微難以捉摸」⑩。他讓派去洽商的印第安代理人使用計數棒，以防遭到欺騙。多數人都和品瓊想法一致。莫克森認為土著的承諾不過是被揪住尾巴的豬才會做出的承諾。⑪然而，儘管尷尬，與印第安人間的交易卻是邊疆生活所不可或缺的。事實上，春田便是為此而建。只有在權力失衡、英國人感到居於劣勢，恐懼才會悄悄浮上心頭。然後他們便會反過來變得有侵略性。在殖民地居民的想像中，他們都在夢魘裡把此種侵略性歸咎於印第安人，而後者則一直維持著熟悉卻又不可知的神祕狀態。

在春田，居民和印第安人間的不信任只是諸多緊張狀態之一。與荷蘭人、溫莎、哈特福、塞布魯克和其他相鄰定居地間的緊繃造成殖民者某種被圍剿的感受，城鎮的地形和環境也形塑了他們的日常生活。更直接的是街坊鄰居間的憤懣和交相指責。距離無疑會餵養猜疑心，然而靠近則會滋生偏執和怨恨。當殖民者恐懼並厭惡隔鄰的白人，怒火爆發的次數和強烈程度，往往勝過對河另一岸的深色肌膚陌生人產生的類似感受。在春田的歷史上鮮少有比瑪麗・路易斯的例子更清楚證明這一點。

由移民信眾發展成的鎮區自有其紛爭，但還是能在共同的傳統中找到某些一致性，就像英國教區的穩定性根植於習俗——亦即共有的文化血統。相對來說，春田的殖民者來自英國各地，很大一部分更來自威爾斯，如瑪麗・路易斯。英國人往往嘲笑威爾斯人舉止野蠻，來自米德爾塞克斯（Middlesex）的男人也可能嘲笑來自約克郡的人；而來自諾福克（Norfolk）的人可能對康瓦爾郡（Cornwall）的人沒什麼同胞之愛（除非、或許他們一起嘲笑威爾斯人）。殖民地居民的鄉愁僅限於原鄉，對國家的認同就沒有那麼強烈[72]。於是乎在美洲，傳統和習俗相互抵觸，方言和口音並不一致。土地使用權和繼承規則各有不同、導致分歧。人們甚至連穿著打扮都不一樣，來自多塞特郡的清教徒對來自切姆斯福德的清教徒沒有感情。但話說回來，並非所有來自切姆斯福德的清教徒都是這樣，威廉．品瓊和湯瑪斯．胡克就很喜歡彼此。與來自埃塞克斯和肯特郡的改革派同胞相比，威爾斯西部鄉村的人更支持舊宗教的信仰和儀式[73]。

春田不像許多鎮區是隨意衍生而成，這裡是經過規劃的，是按利益而非信仰自由安排，光是「能夠餬口」或「僅止夠用」並不能令居民滿足。他們都想要更好、更多。這裡和麻薩諸塞其他地方一樣一地難求，春田甚至更猖獗[74]。此種渴望也並非新世界獨有，更確切來說，這種心態能助長英格蘭本身的自由企業發展習性（相較之下，其他殖民地渴望的穩定自耕農社會在祖國看來早已過時）。當約翰．溫施洛普還懷想著英格蘭的過往榮光，威廉．品瓊正在展望其未來——為了他自己，以及像瑪麗．路易斯這種辛勤工作的移民[75]。而且，一如在英國，有活力就意味著有競爭，有競爭就意味著有摩擦。品瓊在一六四二年後促使可購買的農地變多，可是人們非但沒有感到滿足，反而胃口變得更大。一六四五年初，品瓊委託人調查長草地，以創造新的地吸引新工匠和商人，並且擴大現有佃戶的土地持分（因這些人長期以來一直貪婪地盯著這片土地）。行政委員則根據應納稅的財富予以分配。雖然這麼做是公平的，卻加劇了該鎮富裕的北端與南界的分歧。南界多是一些初來乍到、正努力站穩腳跟的新居民。行政委員指出，長草地引發了很多「先前提及的鄰居紛爭」[76]。

品瓊認為工業和競爭應是美德、而非惡習，與基督教道德可無礙相容。他打一開始就下定決心，認為春田不僅是貿易中繼站，而且至少從前景看來，也會和哈特福或羅斯伯里一樣虔誠，他曾在後者蓋了間教堂。正如維吉尼亞殖民地，他發現例行的禮拜和道德指導對於工人的紀律養成極其重要。品瓊也渴望上帝對他的殖民地施恩，因此格外看重社區的屬靈生活。畢竟，人若對競爭者心懷怨恨，便是中了魔鬼的圈套。教化的用詞中往往強調敦親睦鄰，最大的原因是現實向來嚴酷[77]。

瑪麗．路易斯在威爾斯時就見識過鄰居間的紛爭。即便在英國，那也等同每個教區和大小村莊的詛咒。一邊是仕紳階層和自耕農之間變大的鴻溝，而這緊繃的社會鏈另一端則是貧窮的佃戶和勞工，一六四〇年代的內戰使得此種緊張關係更為惡化。然而，最敏感的隱憂潛藏在鄰人之間相近的身分地位中。當他們拋棄文明——濫劃邊界、無視請託、忘了互助互愛——怒火、互懟、算計和對他人算計的想像層出不窮。在無法打破的僵局中醞釀多年，嫌隙變成了積怨。

在此種氛圍中，一種想法日益發酵——由於對方手無權力，也不能使用暴行，那麼就只能依賴魔法達到目的。例如在門口臺階上求施捨遭拒的可憐女人，自然會嘀咕幾句與人無害的咒罵。但在那個當下，拒絕者可是認真聽了進去——倘若日後又遭逢厄運。不幸就被歸咎於女巫*maleficia*（邪術）——包括小孩和牲口生病、食物發餿，牛奶硬化。在靜水之中沉沒的船隻，以及在無風的日子倒塌的風車[78]。巫術是和睦慈善的反義詞，懷疑就像病毒，悄無聲息地散播。恐懼孵出愧疚，並投射向外，再以憤怒之姿態回歸。一如新英格蘭的殖民者把自身做出的攻擊行為歸咎在印第安人身上，以安慰自己的良知，將激烈的反擊措施合理化。若神有報復之心，你只能以恭順的姿態請祂息怒；但如果女巫懷有報復，卻可以用正義之名將之擊退，甚至藉由法律下殺手[79]。

巫術就像瘟疫，最開始通常出現在遠地捎來的消息中，然後隨著傳聞悄然迫近家園。一六一六年，在英格蘭故鄉的埃塞克斯郡納文斯拓（Navestock）教區，距離品瓊青年時的家鄉二十英里遠，有十八人指控一名寡婦和另一名女人（可能是其女）以神祕手法殺人並且款待惡魔。同年，離納文斯拓不遠處，一名做手套的師傅和妻子遭控施法弄死一個男人、一頭豬和三匹馬。同時，一名女人在切姆斯福德遭到吊死，因為她用從墳墓挖出的頭骨施咒，弄死一對父子，並且使另一名女子的身體日漸虛弱[80]。威廉．品瓊可能曾去觀看行刑。十年後，也必定聽說過丹尼絲．納許（Dennis Nash）的案子。那是一名未婚女性，被控施行巫術讓一名青年跛腳，因為這件事就發生在他的村莊內。春田的女巫不再是社區裡的邊緣人，其影響力有所提升。然而，這類案件已經很少遭起訴，定罪也變得更加困難。主要是因為查理一世對案件證據持懷疑態度。切姆斯福德法院傳丹尼絲．納許出庭，但最後她被宣判無罪[81]。

並非每個懷疑都會發展為指控，也不是每起指控都會受到起訴，只有不到四分之一的審判以定罪告終。雖然邪惡的巫術是一種狡猾的罪行，在幻想和現實、輕信和懷疑之間擺盪。大部分的人雖相信女巫，可是，是否能因為鄰居的證詞便合理地吊死一個人，反而是更棘手的問題[82]。各種因素必須相符，才能在法律上達成——即使只是短暫的——共識，像是群眾壓力、地方治安官是否用心、司法上的接受度，是否堅定相信女巫威脅其生命、身體和財產。

新英格蘭歷史的頭二十五年並不存在這種獵巫風潮，而在舊英格蘭，先是詹姆斯一世的懷疑態度，再是查理一世和勞德大主教的反喀爾文主義政策將這風潮壓抑了整整一個世代。然而在一六四〇年代中葉，這股恐懼再次沸騰。東安格利亞爆發女巫恐慌，而大西洋彼岸的麻薩諸塞州又住著大量東安格利亞人。波士頓附近，有位牧師對「可憎的不潔生物大量氾濫」發出譴責，一波失職基督徒的罪惡浪潮表示魔鬼正在殖民者之間壯大，一如在曠野中曾對不信神的放縱人民所行[83]。瑪麗．路易斯本以為她已將這個墮落世界和威爾斯一起拋諸腦後，卻沮喪地發現這個地方正從基督徒所選擇的天堂裡興盛起來。

在當時尚未被基督征服的國家中，原住民信仰替殖民地的女巫傳說提供了背景故事。印第安文化富含靈性，對大自然感受深刻，從蜜蜂嗡嗡、鳥兒鳴叫、暴風雨乃至夢境，萬事萬物都能感知到不可見的力量。然而，不可避免地，基督徒卻是透過焦慮的視角看待這一切。在他們眼中，善惡是兩極化的。因此，瑪麗就像大部分殖民者，（下意識）預設原住民皆與魔鬼結盟。根據威廉．品瓊景仰的英國作家理查．巴克斯特（Richard Baxter）所言，在新英格蘭，「白天和夜裡能看見靈體以各種樣貌顯現在人前再尋常不過。」而品瓊舊殖民地多徹斯特的一位牧師聲稱見人向撒旦獻祭，「舉行許多難以卒睹的儀式進行奉獻」。在佩科特人戰爭期間，印第安人甚至被控對英國人下咒[84]。果不其然，英國人真的和原住民的巫術有所關聯。一六四五年夏天，約翰．溫施洛普的連襟從倫敦回到塞勒姆，東安格利亞女巫盛行的消息在倫敦就時有耳聞，而且也普遍推測新英格蘭的災難是神在懲罰人們對土著行魔鬼崇拜的容忍[85]。

然而到一六四〇年代中葉，由於經濟和社會不幸已達到舊世界水準，認為巫術確有其事的氛圍也大致在新英格蘭扎根。殖民地規模的擴大、複雜度增長也餵養出競爭胃口，還有長久以來在英國本土司空見慣的妒忌和敵意，這些在在賦予了巫術毀滅性的能量。嫉妒心是屬於女巫的情緒，擬人化後變成一個穴居的醜老太婆，蒼白瘦弱，斜睨著眼睛，滿口黑牙，「總是樂見他人的不幸」[86]。這同時也是憂鬱症患者的情緒，因為其「錯以為是的欲求」感到不滿足，並且「從來不替他人擁有的事物而開心」。對於虔誠基督徒如瑪麗．路易斯，此等激烈的情感稱得上深刻的精神體驗。鄰人間的口角並非只像表面那麼單純，那是無止息的偏執在內心與邪惡對抗的結果[87]。

時間週復一週、月復一月流逝。到一六四五年初夏，瑪麗．路易斯已經替亨利和安妮．史密斯工作四年。如今她照顧四名女孩，最大的七歲，最小的九個月，分別是安娜，瑪莎，伊莉莎白和瑪麗——以一六四一年去世的瑪麗命名，或是這位照顧她們的保母而命名。日子毫無變化、一天過一天。瑪麗是真心喜愛養育這些女孩，同時心中又熱切盼望在不久未來能擁有自己的孩子。在受到庇佑的奉獻之中，蘊含了她自我的真正意義[88]。此時週週都有新人抵達，其中有許多未婚的勞工和工匠，瑪麗打量的眼光一個都沒錯過。不論理由為何，其中沒有任何合適對象。但在某一天，出現一名強壯、精瘦，而且精力充沛、體能正值顛峰的工人。他戴了一頂有內襯的便帽，身穿顯眼特出的紅背心[89]。瑪麗深感著迷。在她眼中，他渾身散發某種陰暗卻神祕的吸引力，臉上掛著難以捉摸的嚴肅神情。她注視著他，他亦沉默小心地回望，一面吸著菸斗，煙霧在身旁繚繞[90]。

3 欲望的誘惑

由於到處都是煙燻味，所以很難在為時已晚前察覺房屋起火。家家戶戶仰賴火來取暖、照明和烹飪，但是家也是木材所建，裡面還塞滿可燃的薪柴。舊英格蘭市政當局禁用茅草屋頂，教區備有水桶，以及能將起火的屋頂拉扯下來的消防鉤。然而在春田，每戶之間的巷道只有一輛二輪貨車寬，只要一陣風便能輕易將火花與火焰從一片地帶到另一片地。自一六四一年，每戶都必須有一把十六階的梯子，好讓人從屋頂進入，並且禁止以無蓋的容器攜帶餘燼。另外也禁止在公共場合吸菸。但隨著城鎮發展，發生大火的風險也隨之增加。粗心大意導致事故——亂丟的燭芯、疏於照顧的蠟燭、悶燒的菸草。閃電襲擊也是原因之一，這個情況比在祖國時更常見。然而，大多數的火災始於木材和泥土建造的煙囪，煙囪裸露部分石灰抹得不夠厚——尤其煙囪頂部最為脆弱。一六四五年二月，當局命令居民定期清掃煙囪，否則就支付十二先令請人代為清掃。麻薩諸塞灣殖民地在大量突發的火災後便禁用木煙囪，可是在春田這是不可能的。波士頓有磚，春田沒有①。

磚可以防火，卻難以製造，而且太重，無法運來足夠的量。一座煙囪若想有結實的底座需要數噸的磚。偶爾，被當成壓載物的英格蘭磚塊會沿著康乃狄克河逆流而上，但將它們轉送到恩菲爾德瀑布北方的小船上、再運至春田卻非常不切實際。而且數量太少，供不應求。儘管麻薩諸塞東部有磚廠，沿海灣載運笨重的貨物艱鉅且昂貴。即便地位舉足輕重之人，如喬治·莫克森，也是得等。於是問題持續存在——春田需要磚塊來預防火災、並使建築物升級，但是就算能取得不定期的供貨，也意味著須仰賴其他城鎮。而品瓊的首要目標便是從康乃狄克獨立出來，並在最大程度上從整個新英格蘭中獨立出來②。

於是，春田別無選擇，必須自己製造磚塊。此事的解決方案與品瓊迄今的政策一致。每當春田需要一些在舊世界被認為理所當然的東西——無論是桶子、門板還是馬蹄鐵，品瓊都會說服擁有該手藝的工匠在本地定居。他在英格蘭有代理人，也運用他在波士頓、多徹斯特或哈特福、韋瑟斯菲爾德或溫莎山谷定居地的人脈。其他則從老家羅斯伯里僱用。若是已受僱並有契約在身，他會出錢或以要人情的方式幫忙解約③。但是有兩把刷子的製磚工人十分罕見。製磚算是某種細活，幾乎稱得上是神祕技藝，需要特殊的技術和多年的經驗。最後，品瓊終於找到一名合適的候選人，或許是在波士頓或塞勒姆某間老牌磚廠或戴德姆（Dedham）、紐黑文（New Haven）的某間新磚廠裡找到④。條件談妥，不要多久，這名工匠便上路前往春田展開新生活。

他的名字叫休·帕森。一如許多春田的定居者，他真正來自英國何處，無人知曉。他可能出生在西南部地區，而根據某些說法，他來自東安格利亞或威爾斯（或者其中某郡）。不知何故，這樣的謎團與總穿著紅背心、嘴裡叼著陶土菸斗、沉默寡言又高深莫測的男人十分相稱⑤。

休．帕森在一六四五年中葉抵達春田時，當地的聚會所幾乎已經建好。這是城鎮進步的一個里程碑。這是鎮上每個人從二月開始被迫擱下手邊事務長達二十八天才做到的結果。這個方式無疑加快了速度，並將費用壓在八十英鎊的預算內。這是要支付給品瓊的鄰居木匠湯瑪斯．庫珀的金額。休可能在庫珀的指導下執行了他的分內工作：在一半木結構的牆上抹泥灰，將小塊鉛玻璃嵌裝在窗戶上，或以木瓦覆蓋屋頂。這些木瓦片雖易燃，卻沒有茅草那麼嚴重⑥。就像所有初來乍到之人，休得到了合約、工作機會和居住權的保障，並得到承諾，能在主要街道西側擁有一塊四英畝大的土地，東邊長滿草叢的「麥克西（muxie）草地」溼地處也有一塊六英畝的林地，以及河對岸的種植地。休還根據那一年的商定分配獲得一份長草地。那是一塊七英畝的地，離他家四英里遠。他住在鎮中心南方一英里處⑦。

對休來說，磚塊意味生計，等於成為一戶之長的方法，這也是成熟男人的天命。他有房有地，有工作，現在只差有妻子了。休和瑪麗互通款曲的過程沒有留下任何資料，我們無法得知他們是何時交流了第一個眼神、第一句話或者第一個手勢。但是兩人都在尋找陪伴和愛情，而且渴望引起對方注意。可能是對於攜手共度的展望，促使瑪麗說出她長久以來保守的祕密。她選擇了最親近、或許也是在春田唯一的知己：她的女主人安．史密斯。瑪麗挑了兩人獨處的時刻，坦承自己結過婚，但與丈夫失和。她丈夫是一名天主教徒，會虐待她，後來也拋棄了她。這麼做有風險在，但事出緊急。而瑪麗另一個情緒出口，便是心情糾結地沉思和真誠的禱告。這是拓荒地的基本法則之一：公共或個人的每一項進步，都必須靠著壓抑懷疑的心、直接面對危機，以及堅信上帝來成就。安．史密斯極有耐心地聆聽瑪麗，並答應會與父親威廉．品瓊商議。

品瓊願意重視這個問題，既幫助了女兒，也流露對瑪麗的仁慈，同時反映出他對虔心端正行為的看重，並想成為屬於他的以色列的所羅門王。只要婚姻合法，就該受到鼓勵，因為婚姻能創造家庭，能打造強大、穩定的墾荒地，並保持社區命脈的流動。品瓊召見瑪麗，她欣然赴約。或許也想起了她和威廉．羅斯那些重要的會面，也就是最初激勵她來新英格蘭的蘭瓦奇斯牧師。

因此，一六四五年六月二日星期一，瑪麗告訴品瓊她在威爾斯的悲慘境況，並詢問假如（她補充道）上帝同意給她機會，自己是否可能再嫁。品瓊仔細考慮，然後問她目前是否「沒有任何羈絆」，瑪麗以貞潔態度回答她確實未與任何人建立情感關係，並發誓會保持這個狀態，直到獲得許可、能去尋找新的丈夫。她並未提及休．帕森。品瓊繼續考慮。以男人的角度來說，拋棄妻子違背了《馬太福音》中明言的神聖律法。然而，儘管大膽無畏如品瓊，依然小心翼翼、從不越權。最後，他拒絕對此等棘手案件做出評斷，還是交由麻薩諸塞的副總督約翰．溫施洛普決定較為妥當。他同意代表瑪麗寫一封信，而且不透過商人或印第安人投遞，而要由瑪麗親自送達。但首先，他需要先證實她的說詞[8]。

雖然有人想前往新世界逃避難堪的過往，可是過往依舊如影隨形。許多移民在老家有熟人，那些記憶不會輕易消褪。然而，會逼得罪犯伏法的記憶對於需要不在場證明或證詞的人來說卻是一大福音。亞歷山大．愛德華茲在蘭瓦奇斯便認識瑪麗，而且自一六四二年以來便定居春田。他是一名農夫，在本地娶了位年輕的寡婦，繼承她丈夫的資產（和兒子），獲得幾英畝地，並得到接納，成為教會的一員。因此，他值得絕對的敬重和信賴⑨。品瓊派人去找他，並重述瑪麗的說法。愛德華茲表示，他們一起在威廉·羅斯的教會當了兩年左右的「信友」，那段期間，「她經常抱怨丈夫離開她，而且不知道該去哪兒找他」。她會四處打聽，並且確實「尋求各種途徑查探他的下落」，並表示她拜訪了一名占卜人。至關重要的是，愛德華茲證實瑪麗和丈夫已分居七年多，並補充道，他常聽她說，她丈夫在威爾斯時是一名「偏激的教皇教徒」[*1]，而且他的兩個姊妹也是。她的生活一直都有性命之虞，「因為他真的經常威脅她，說如果她不成為教皇教徒，他就會傷害她，而他也確實這麼做。」羅斯先生和他虔誠的信眾都非常憐憫她⑩。

任何殖民者都可以就道德或法律困境向波士頓的總督法院（現為議會上院）提出申訴，但品瓊也能夠運用他與副總督的個人關係。副總督的兒子小約翰·溫施洛普（John Winthrop Jr）當時恰好在春田作客⑪。品瓊的字跡細小且凌亂，光是愛德華茲的證詞便占滿整整兩張紙，他再附上威廉·厄伯里寫給理查·布林曼替瑪麗·路易斯在新世界求職的信做細節補充，該信概述了她的困境，並證實「在虔敬牧師的建議與忠告下，她離開了祖國。因此，也失去了尋找丈夫的任何可能」。他表示，他認為瑪麗再婚是合法的，但是必須請求副總督提供意見，並諮詢其地方治安官，

1 譯註：papist，對天主教徒的貶稱。

再將她送回春田，帶著他們認為適當的建議，如此她便能「獲得全然的自由，抑或受到婚姻的嚴格約束」。品瓊強調，最主要的是她不該維持目前這樣「可疑而膠著的狀態」。然後，他將信摺成一個三乘二英寸的小正方塊，正面題上「關於瑪麗．路易斯的證詞」，並以紅蠟和印章密封，印紋是頂上有一圈箭輪的玫瑰。瑪麗收到這珍貴的包裹，深深希望這會是她通往自由和實現自我的門票。她隨即動身前往波士頓，可能是搭乘品瓊的中型艇順康乃狄克河而下，也可能是在小約翰．溫施洛普的陪同之下。因為他正好要回家⑫。

此時的波士頓已有歐洲小港之姿：現代化的城市，商業活躍，雷厲風行的統治管理風格，而且宗教信仰明確。上帝是可敬畏的、魔鬼是令人蒙羞的——大多數情況下。悖逆和異議會迅速得到確切的矯正。港口全是碼頭和倉庫，防波堤上聳立桅杆，忙碌的裝卸工人拖著箱子、滾動木桶。就連盤旋天空的海鷗似乎也受到此地的活力感染，精神奕奕了起來。沿碼頭往內陸走會看見一條寬闊街道，街上是連棟的透天住宅，有著灰泥粉飾外觀的磚砌結構和瓦片屋頂。狹窄的巷弄左伸右岔。店主照料著商品，小販高聲叫賣，經過的貨車和馬車在鵝卵石上發出嘎啦聲響。位於山頂的優雅尖塔高聳入天，代表了小鎮的榮耀。再往前，還有整潔的市民廣場和花木繁茂的公園。不過二十年前，約翰．溫施洛普還在這崎嶇的平原上從無到有地建造一個世界，現已如巨大的機械嗡嗡運轉，人們便是其中的齒輪和槓桿。一位居民宣稱波士頓是「當前時代的奇蹟。短短數年便能孕育出如此偉大的成果，實在出類拔萃。」⑬

副總督的華麗紅磚宅邸就坐落於港口附近，位於主要街道左側。瑪麗遞交品瓊的信，約翰．

溫施洛普立即打開閱讀。在此，一項不可小覷的原則岌岌可危：婚姻的神聖性和家庭的完整性算得上是殖民地秩序的基石，必須捍衛。為此，重婚主義者將遭鞭打，手腳上枷，剝奪資產並遣返回國。然而通姦更令人髮指，這是對上帝傳摩西誡命的冒犯，而那正是麻薩諸塞法典的根基。前年三月，波士頓居民聚眾觀看一對通姦男女受絞刑，當時也在場的溫施洛普在日記中寫道，這名女子在去世前流露出「對自己卑鄙罪孽的深切憂慮」[14]。溫施洛普以擁有豐富的學養和自信聞名，但即便是他，也對瑪麗的情況感到猶疑。最後，他決定將此事提交至代表院（House of Deputies）的地方治安官處，會有委員會針對此事進行討論。瑪麗雖感挫折，卻仍然懷抱希望。她返回春田，等待委員會做出裁決[15]。

一六四五年的七月炎熱乾燥。田裡堅硬皸裂的土地簡直能踢出灰塵來，在田裡工作的人需要遮蔭和麥酒解渴。每日，男人划獨木舟過河，查看他們在墾地上種植的玉米，可是無論他們費勁拖來多少桶水，都只能眼睜睜地看著作物枯萎[16]。動亂的發生讓饑荒問題更形惡化。納拉甘西特和莫西干人衝突的消息傳來，該衝突爆發於前一年。在南方六十英里處，新英格蘭聯邦出兵解救了被圍困在他們要塞中的莫西干人，並揚言除非他們簽署條約，否則就要入侵納拉甘西特人的領土。於是，雙方在八月二十七日達成協議，但急轉直下的狀況卻令人緊張。英國人要求兩千英尋的貝殼串珠作為賠償，並帶走四名納拉甘西特兒童當成擔保的人質。此舉引發對方強烈怨恨。無論如何，休戰協議並未對納拉甘西特人產生約束效力。和平從來都只是不太穩定的暫停。離戰場較遠的殖民地較為安全——例如春田，但他們依然覺得容易受到波及，因而不免焦躁地想像起家園遭蹂躪的慘況[17]。農作物歉收和逼近的戰事也讓品瓊心中煩亂。但瑪麗・路易斯的心思則在別處。她滿腦子只充斥著一個問題：波士頓那邊何時才能傳來她的情況。和休・帕森三個月小心翼翼的追求期已過去，她開始感到絕望。就法律層面，這麼長時間以來，她真的是自己一直認為的單身狀態嗎？休・帕森，這位與她情投意合的製磚工人，會不會已經等累了？她再次向女主人安・史密斯吐露心聲，安建議她要有耐心。瑪麗再次回去工作，更熱切地禱告，並像束在身上的胸衣那樣持續將滿腔熱情鎖在心門內。

然而，到了九月中旬，瑪麗再也無法忍受這種曖昧狀態，再次去見威廉・品瓊。這回，她承認她與休・帕森已陷入所謂「如膠似漆的狀態」。品瓊後來在給約翰・溫施洛普的一封提醒中便如此複述。他坐在書桌前，筆尖在紙面上刮擦而過、沙沙作響。他一如既往地字斟句酌，先是讚美上帝結束了納拉甘西特和莫西干的戰爭，及其帶來的「失序之災」。接著，他轉而提及瑪麗・路易斯的終生大事，在「想結婚的欲望誘惑下」，這件事已變得十分急迫，因為她正受到結合欲望的誘惑。品瓊可能也懷疑她懷孕了，因為這就解釋了她為何如此急迫。品瓊提到先前所寫的信，信中要求副總督尋求地方治安官的建議，並以急切但是禮貌的語氣補充說明瑪麗・路易斯希望快點獲准結婚。這封信送達溫施洛普手裡，他也迅即回覆。十月初，在春田的品瓊便收到他的回應，然後將內容傳達給瑪麗・路易斯。她確實是單身女性，可以自由嫁給休・帕森。她的禱告終於應驗了[18]。

秋日的颶風和火槍子彈那麼大的冰雹襲擊新英格蘭，人們就在這樣的狂風暴雨中籌備婚禮[19]。莫克森牧師已經接到通知，婚期就訂在六週之後。休和瑪麗已經訂婚，瑪麗向亨利和安・史密斯遞交辭呈。他們和威廉・品瓊一樣給予了祝福。休開始以賒賬方式添購布置新家所需的一切物品，並在婚禮前一週與品瓊簽下合約，按每一千塊磚十七先令的費用提供價值十九先令六便士的磚塊。一方面這能幫助休支付欠品瓊的貨款，還能清償一位鎮民替休工作的費用，那筆款項也是品瓊代為墊付。休甚至輕率地允諾在隔年七月替品瓊的磨坊建造煙囪。磚塊要「燒得好」，意味得夠堅硬，能承受新英格蘭的風吹雨淋。當休在品瓊的帳本簽下「休・帕森」的字樣，他數度躊躇，恍若筆在他寫完前便會沒了墨水[20]。

一六四五年十月二十七日星期一，喬治・莫克森在新落成的聚會所替休與瑪麗主持婚禮[21]。正如新英格蘭的習俗，這等同民事契約，由上帝聖化，並得到全鎮鎮民見證。兩人並未交換戒指，因為戒指被視為「教皇主義的遺毒」和「邪惡的戒圈」。主持儀式的牧師改為提醒新人其共有的職責，應在生活中效法基督[22]。莫克森有太多經文可以援引了——《傳道書》第四章九到十節：高度讚揚夫妻間相互支持，他或她若是跌倒，另一方會將之扶起。但福兮禍所伏，婚姻也是一種「戰爭狀態」。夫妻須披上「神的全套鎧甲……以抵禦魔鬼的詭計。」[23]儀式結束後，身為鎮務祕書的亨利・史密斯將休・帕森和瑪麗・路易斯的名字載入名冊，所有疑慮（鑑於瑪麗的過往，在所難免）目前暫且擱置[24]。威廉・品瓊錯過了這個典禮，因為他前去哈特福參加另一場婚禮——他兒子約翰的大婚。然而，他十分滿意地提及了帕森和路易斯的結合，並通知約翰・溫施洛普，瑪麗「剛與一名製磚工人完婚。」[25]

當天晚上，春田低調舉行了慶祝活動，或許有鎮民提供的蛋糕、蘋果酒和麥酒，以及小提琴和鼓演奏的音樂。（雖然，麻薩諸塞灣殖民地的法律禁止跳舞。）在熱鬧的歡慶結束前，休和瑪麗便順著主要街道往家的方向走，度過他們結為夫妻後的第一個夜晚。他們在美洲找到自己的人間天堂，跋涉了如此之久，才遇見彼此。

在春田鎮中心以南，令人安心的聲響和景象逐漸褪去，變為自然鄉間的闃寂。就如小鎮的其他部分，主要街道後段也同樣有面河的屋舍、穀倉和新栽種的果園，但是整塊區域更像一六三六年時的森林空地，長滿難以清除的樹樁和逐步擴張的灌木，後方是長草地的空曠溼地㉖。草地本身被四條小溪從東到西地隔開，牲畜必須驅趕才會過去㉗。如今，該處的公共土地已經被分別圈起，建造家園的計畫已蓄勢待發。然而春田住宅區南邊的界線仍維持在主要街道接下端碼頭的位置。那裡很偏僻，白天潮溼多霧，晚上漆黑無聲得教人膽怯，而且有許多無人獵捕的野生動物：老鷹、禿鷲和鳶在頭頂盤旋。森林裡有貓頭鷹和布穀鳥鳴叫；泥灘和河岸上有鷿鷈、鸕鷀、蒼鷺和白鷺；灰狐、山貓和松貂時常出沒。這片土地無窮延伸至遙遠處，依舊原始蠻荒。休和瑪麗．帕森便是在這樣的地方安家落戶，位於小鎮最邊緣，甚至，這小鎮本身就已位在新英格蘭的邊緣㉘。

他們的房子是尋常一廳一室的兩層樓建築，屋頂是以親手砍下的橡木蓋成。門開在房屋正中，兩側和山牆末端都有平開窗，好讓光線進入閣樓。房子中央有一根寬闊的中央煙囪，表面扎扎實實地砌上護牆板和河泥。後方有一些簡陋的動物圍欄、一座菜園，外加一棵小果樹。休的第一份工作便包含建造一個敷上黏土的磚窯，或稱「泥封窯」，還要用架高頂的棚子保護起來，免受雨水侵襲㉙。當地雖有相當優質的黏土和沙子，但在新英格蘭尚未發現石灰，所以休也可能建了另一座窯來製作水泥，並從牡蠣殼取材料。過去，黏土被當成砂漿使用，但它太容易融解，會造成煙囪和牆壁坍塌，招致傷亡和訴訟㉚。

大廳是瑪麗的廚房。該空間以爐膛為核心，有著壁爐柴架、鍋具掛鉤、長柄平底煎鍋、三角隔熱架和熨斗。蔬菜和香草掛在矮椽上，活板門後有道樓梯，通向地窖。瑪麗可以在那裡存放醃製的肉品和乳酪。她用玉米、豌豆、燕麥、大麥、蕪菁和南瓜烹煮簡單的晚餐，全放入黃銅大釜裡煮熟。釜也用於製作乳酪和浸染蠟燭。肉用燉煮的，加入烈酒做成肉湯。豬肉或煎炸、或煙燻，或放入鹽缸中醃製。鯡魚在鐵叉上串烤，以亞麻袋裝起、加板油和動物內臟水煮的「硬布丁」，就是一頓豐盛的晚餐。但是日常主食多是「玉米粥」——玉米、麵粉加牛奶拌勻的食物。早餐多是前晚剩菜，搭配麵包和乳酪。瑪麗精打細算地度日，因為奢侈品不多。她用胡椒粉替飯菜添加風味，半磅就要一先令三便士，超過半天的工資。她也在燕麥粥裡加葡萄乾和香料，製作英式牛奶布丁。另一種點心是小麥麵粉用馬尾篩網過篩，以製作白麵包和蘋果派等糕點。家庭主婦學會如何用烤乾的玉米製作未發酵的玉米麵包，將印第安*nookhik*[*2]改成英語*no cake*，儘管它是造成便祕的主因。其他原住民的玉米菜餚有玉米粥（hominy，乾玉米粒浸泡在萊姆酒中，再去除外

2 譯註：玉米爆炒後搗成粉末，為印第安人的食物。

皮）、沙可達玉米粥（succotash，添加豆類的玉米粥），還有橢圓玉米餅（pone）和碎玉米煮的玉米粥（samp）[31]。烹飪用水取自主要街道旁的小溪，按小鎮法令，不可在其中清洗亞麻和大麻，以保持水源潔淨。溪水還用於釀造啤酒和麥芽酒，是用搗爛的麥芽泥、不新鮮的麵包和沼澤裡的啤酒花製成。此外也有蘋果酒，它會於初冬時在酒窖中一面發酵一面「歌唱」[32]。

勞動會將灰塵帶入屋內，休的靴子總覆滿黏土和沙粒，燒火用的柴束和裝穀物的麻袋亦然。它們與壁爐裡的煤灰交疊成細密灰塵。如果有適當工具和充足時間，瑪麗會盡量保持家中表面清潔。長刷可以清理煙囪（也確保較安全），或在竿子上綁乾草往上推。有時屋頂甚至會落下一隻拍著翅膀的雞。地板可用印第安掃帚清掃（這種掃把是將等長的白樺或白蠟木枝葉綁起來做成的），並用沙子和加了鹽粒的硬肥皂擦洗。偶爾，她會燃燒香草和鮮花來薰屋。這些花草的香氣可以驅蟲和掩蓋異味。瑪麗很少清洗襯裙，但身上的連身裙和圍裙則需要定期打理，休的襯衫也是。寢具則介於兩者之間。洗衣需要取溪水放壺裡煮沸，再以軟皂搓洗，可說既熱又耗力。在晴朗的日子裡，許多家園後方空地都掛滿了要晾乾的床單，像是一面面白色旗幟在微風中鼓動飛揚[33]。

休和瑪麗共用的床擺在樓下壁爐附近。床有木框，床墊塞滿稻草或亞麻，並以鬆垂的繩網支撐。填飽的長枕靠著高高的床頭板擺放，此外還有薄毯、粗線毯和床罩保暖。在寒冷的夜晚，像品瓊、史密斯和莫克森夫婦這樣較富裕的家庭會把黃銅暖床器拿到床上，而較窮的人只能以布包裹熱石，湊合保溫。休的磚塊也有相同用途。屋內除了桌子、幾把凳子、一口櫃子和碗櫥外，幾乎沒有別的家具，大部分家具都還等著休鋸好木板親手製作[34]。外套和袋子掛在釘入房柱的釘上。

存儲空間十分寶貴。這裡有梯子可上閣樓，梯子貼著外面裹了黏土的煙囪。閣樓就和其他房間一樣放滿木桶、麵粉、木材、獸皮、工具，以及紡車和織布機㉟。

這裡是應許之地。瑪麗．帕森在此掙脫了束縛單身女性的枷鎖，也必定對自己的新姓氏十分興奮。過去已經死亡，取而代之的是自由——這份自由包括服從丈夫的權威，這是一種自然而然的順服。約翰．溫施洛普認為，若失去這種狀態，女人「不會認為自己的處境安全和自由」㊱。除了數不清的家務責任外，瑪麗的新任務是生育。她也一直期盼此事，這是一項目標明確、在她想像中也充滿樂趣的任務。眾所周知，生育能力取決於雄性和雌性種子的交融，二者皆是透過性高潮釋放。然而身處水深火熱中的資深母親有種種理由懷疑這個說法，但是這種神話是從相互滿足身體欲望的時代所延續下來，是新婚夫婦專屬的領域，就連清教徒也認為這與上帝對人類的設計相同一致，你再也找不到如此放縱又如此深受祝福、能夠豁免於罪的行為。於是，在這短暫而充滿狂喜的魔咒之下，休和瑪麗在壁爐火光與搖曳的暗影之中裸裎相對，因天意（或某種無以名狀的命運）之力結合，纏繞在夜晚的寂靜和黑暗之中。

婚禮結束不到一個月，瑪麗的月事就沒來了。她告訴休自己懷孕了。這可是他從英國人晉升為移民、從僕人晉升為主人和丈夫的下一步，如今他終於要成為真正的戶長和父親了。瑪麗和鄰居分享這個消息，或許也希望他們不會計算她究竟成婚幾天，而且就算他們算了，等孩子出生，眾人也該忘了受孕日是哪一天。不過話說回來，人們往往會記著他人生活的細節，以防有朝一日派上用場。

目前為止，春田只有一百位上下的居民，並且穩定成長中。小鎮南端是大多數新來者的落腳處，但已有鄰里的氛圍。許多人來自威爾斯，這讓瑪麗覺得頗有歸屬感㊲。帕森夫婦的鄰居是喬納森．伯特（Jonathan Burt），一名未婚的德文郡人，已在春田待了兩年㊳。伯特隔壁是舉家從碼頭遷來的班傑明．庫利，他是一名亞麻織布工兼農夫，可能來自赫特福德郡（Hertfordshire）。他與妻子莎拉（Sarah）——早在英國本土就結了婚——和小女兒貝蒂亞（Bethia）前一年才搬來鎮上，貝蒂亞這名字的意思是「上帝的女兒」㊴。同時，莎拉．庫利（Sarah Cooley）的兄弟喬治．科爾頓最近才在長草地上安家，並與班傑明是好友㊵。他們的鄰居是里斯．貝多薩（Reece Bedortha），他在河上工作、生活，同時也是一名馬車夫，可能來自威爾斯東南部，與喬納森．伯特約莫在同一時期抵達。他和伯特一樣是單身，但正在追求一名叫布蘭琪．路易斯（Blanche Lewis）的年輕威爾斯女人，據說與瑪麗並無親戚關係。雖然她貞操很可能已經不在，但在這離小鎮中心一英里遠的地方，會注意到這類事的人少之又少㊶。

格里菲斯．瓊斯的家就在貝多薩隔壁，是另一名威爾斯人。他於一六三五年來到新英格蘭，在威廉．品瓊田裡做了一段時期的農活後，現為春田的皮革工人㊷。他的妻子幾週前剛生下他們第一個孩子，但根據品瓊繼子亨利．史密斯所記錄，孩子「沒有活太久」㊸。再過去一戶住著威廉（William Branch）和瓊．布蘭奇（Joan Branch）夫婦，他們於一六四三年從溫莎搬來，威廉是一名工人和理髮師㊹。然後是約翰和潘寇絲特．馬修和他們的嬰兒艾比蓋爾。約翰是一位修桶匠，於一六四三年從雷霍博斯（Rehoboth）鎮被帶來春田。由於品瓊需要木桶，才能將海狸和豬肉運往西印度群島。然而，馬修就像每個木工一樣，以千為單位製作屋瓦。他於一六四四年二月於春田與潘黛蔻絲特‧邦德（Pentecost Bond）結婚，而艾比蓋爾在一六四五年四月出生。一如格里菲斯‧瓊斯的女兒，她也和很多孩子一樣沒活多久[45]。就這樣，休和瑪麗住在一群陌生人間，很快熟諳了彼此的行事作風。

南端居民並未與該鎮的其他地方隔絕。春田的商業和文化生活促使他們經常與許多居民接觸，近至主要街道，遠至「小溪盡頭」、「三角草地」，以及標記北部邊界的「圓丘」山腳。北端的是一些「位高權重者」居住的地方。如威廉‧品瓊、亨利‧史密斯和喬治‧莫克森，還有品瓊的僕人。他們的房子位於通往上碼頭的小巷內，湯瑪斯‧米勒（Thomas Miller）便是其中一名僕人。他來自諾森伯蘭郡（Northumberland），先被帶到溫莎，然後交由品瓊，簽下八年合約。米勒隔壁是賽門‧畢曼（Simon Beamon），一名二十來歲的鞋匠，在品瓊的商店工作。兩人對面住著約翰‧史戴賓和法蘭西斯‧派普（Francis Pepper），他是品瓊的另一位工人，自己養了頭小母牛[46]。附近還有麥爾斯和普魯登絲‧摩根（Miles and Prudene Morgan），一對三十多歲的威爾斯夫婦。麥爾斯來自蘭瓦奇斯西南方二十英里的蘭達夫鎮，並於一六三六年移居新英格蘭。據說，他在航程中遇見普魯登絲‧吉伯特（Prudence Gilbert），兩人的工作合約期滿後，他們便結為夫妻，住在普利茅斯和紐黑文，之後才於一六四四年在春田定居。摩根是一位鋸木工，他以每百英尺四便士四先令的價格為品瓊鋸木板。此外他還擔任屠夫，會動手宰豬（每屠宰一隻，品瓊就支付他六又四分之三便士），也負責閹割牛、馬、豬，以及替母豬節育[47]。這些人攜手一同工作，但表象是會騙人的。檯面下沸騰的是怨恨、相互較勁和嫉妒心。這般壓抑、怨恨的情緒正是舊世界和新世界助長巫術指控的燃料。

在舊英格蘭，許多人依賴所居住的社區而活，因為家境窮困，而且通常都上了年紀。也因為自身軟弱無能，容易造成關係緊繃。但另一方面，假如有人依賴單一人的經濟能力，也可能造成這個結果，他必須對那個人百依百順，才能得到想要的事物。無論如何，這都是一種力量上的失衡，並會產生磨擦。新英格蘭的快速成長增加了需要，他們需要能劈梁砍柱、切割榫眼榫舌並組裝框架的巧匠，也意味這些師傅可以開出更高的條件。麻薩諸塞灣殖民地試圖將一名建築木工的工資壓在每天兩先令，但正如品瓊在玉米危機期間所見證，荒地之中沒有所謂公平價格。因此他並未嚴格執行工資上限的管制，尤其是在春田這樣的偏遠地帶[48]。事實明擺在那裡，只要想要過得更好，就需要磚塊，而休．帕森便是這個提供磚塊的人。一如品瓊壟斷海狸，帕森也獨占了磚塊的市場。這是一種商業上的失衡，會惹來顧客和競爭對手的不滿。為了達到某種獨立就必須有各種依賴，像是契約勞工、雜貨店的債務、借來或賒帳的物品。可是，若想在合作過程中不傷和氣，這些條款就必須顧及人的尊嚴。但這便是休．帕森之輩失敗之處。

製磚工作——砌牆、煙囪、鋪路，在鎮方規定每日工資兩先令，休卻有權以不公平的方式決定先接誰的工作，並接受賄賂（雖然不曾留下任何紀錄）[49]。顧客滿意度取決於價格、交貨速度和品質，但這三者全是未定之數，特別是磚塊製作。製磚是辛苦又艱辛的過程，從挖掘河岸的黏土開始就是苦差事。新英格蘭的河岸冰冷又黏稠，往往是秋天收割後才會進行，而且必須趕在第一次霜降前，因為霜降會吸乾水分。整個冬天必須持續替黏土翻面，然後在二月澆水，並且讓馬拖著一根 *cragg*（帶尖刺的木柱）在坑裡攪拌。如果土太硬，就添沙。然後把泥沙混合物放入模具，表層再撒上細沙、任其乾燥，接著將「綠色」磚堆放在棧板上。休會先把磚塊鋪在泥封窯裡，點燃火。當煙變黑，就意味水分已經蒸發。他會花好幾天時間添柴加薪，打開通風口並關上活動遮板、保持恆溫。燒不均勻是無法避免的。隨著磚塊收縮，堆放的磚塊也會產生變化，而且有些磚塊離火更近。最靠近火源的會變黑、歪扭變形。這稱之為「熟料」磚。這些磚將被壓碎，製成水泥。離最遠的是易碎的「半燒」（samel）磚。之所以這樣稱呼，是因為它們呈鮭魚（salmon）粉色。這些磚會用來砌酒窖或填充牆間的空隙。只有介於兩者間「燒得剛好」的磚可以砌外牆和煙囪[50]。完美的磚極難燒成，多半令製作者氣餒、購買者失望透頂。不過至少休的房子地點選得不錯，便於將燒好的磚送到碼頭裝船，分別運到下游的溫莎和上游的春田北端。為了打造上好的住處，這些磚塊在那兒非常搶手。

休的辛苦成果通常會全部變為威廉·品瓊帳簿上的數字，他的欠款減少，其他客戶的欠款則會增加。現金很少易手，幾乎沒有人有。休的滿足感也被其他須完成的工作所消減。他砍樹鋸樹、挖溝建籬，照料、耕作、種植莊稼。他宰殺了一頭小牛——無須付錢找麥爾斯·摩根——並給了品瓊價值三先令六便士的小牛肉。休還必須不停做些製作和修補的工作，替靴子釘上防磨釘，並用從軟化的羊角取下的「綴補用碎皮」來補。為了將小麥、豌豆和皮草運載到瀑布處的倉庫，再帶回各種物品，如鹽、葡萄酒、葡萄乾到皮革、亞麻、毛氈，甚至刀、水壺和玻璃等等[51]，品瓊學會駕駛樺木獨木舟。休也需要這個能力，才能前往他在西側的種植地。這意謂他得在凶險湍急的水流中用力划槳。在春田，這條河道窄得足以使流速增強，卻又沒寬到足以迅速或安全渡過。沒多少人能游過此河，溺水意外時有聽聞。品瓊曾經在獨木舟翻覆時損失一名牧牛人。而在休和瑪麗結婚兩天後，一艘滿載玉米的船在洪流中傾覆，兩名船員都喪生[52]。

如同大多數的人家，休和瑪麗靠著彼此的理解和善意分攤額外的工作。根據一位清教徒作家所說，婚姻的理想狀態正是「持續交換的熟悉對話」，為了鼓勵這樣的相處模式，兩人對於所要做的一切事物進行誠實且愉快的閒談[53]。瑪麗負責撿雞蛋和採收水果，替花園除草，照顧山羊。山羊奶除了自用之外也出售[54]。秋天，她還要幫休收割玉蜀黍。儘管腹中寶寶持續成長，她的工作量並未減少，婚姻生活變得更像義務，只是責任更為重大。休也感受到了期望的重量。由於孩子就要誕生，他還得製作上面有個篷子能擋風的嬰兒床，或是向鄰居借一個——或問那些已有孩子但還未懷下一胎、正在享受短暫喘息時間的夫妻。然而這些只是開端。成為一名擁有資產的戶長確實臉上有光，但是基於社會傳統，做為男人的能力也受到考驗。他必須在男權主導意識和對妻子的仰賴之中取得平衡，這就和維持窯內溫度一樣困難。秩序就是一切[55]。正如當年一位新英格蘭的牧師在講道中所言：「你們做丈夫、妻子、主人和僕人的，記住，倘若你們無法做好自己的本分，你們就不算好。」然而，通常不如理想才是常態[56]。

婚姻就像在燒製過程爆裂的瑕疵磚，或那些看來堅固，在壓力下卻會破裂和崩塌的磚塊。造成壓力的原因很多，諸如即將迎接的收成、夫妻生活中將要誕生的小孩。他們可能不明白發生了什麼，或有什麼變化。這感覺起來可能像有某些摸不著的惡意干預，超出理智思考或很顯然是天意安排。畢竟，依學者教導，巫術正在施放的可靠證據之一，正是「曾一度相愛的夫妻，突然沒有任何原因相互憎恨」。或許，想像出一個來自外部的詛咒，比正視從內部而生的痛苦要容易多了。不幸的婚姻不論對男女的聲譽都具備極大破壞性，因為在上帝和社群眼中，這意味著他們的失敗[57]。

家庭生活的煩惱緩緩侵入街坊、社區乃至殖民地更遠處，其他亦然。一六四五年秋，休和瑪麗建立家園時，康乃狄克山谷一帶的鄉鎮盛傳荷蘭人與土著結盟、即將發動攻擊的謠言，造成人心惶惶[58]。由於有了共同的敵人，山谷裡的英國居民在增強的警覺感中團結起來，對抗他們認為即將入侵的印第安敵軍。可是他們依然憎恨彼此。塞布魯克為建堡壘、徵收稅賦，品瓊卻拒絕支付費用，因而引發更多的挫敗和暴怒的情緒，他認為這是「很大的一筆費用，而且可說沒有——甚至根本毫無益處。」[59]於是，對印第安人威脅的恐懼持續。春田的男人無法和看不見的敵人作戰，只能對著潛行在牛群羊群間的狐狸和野狼宣戰，藉此滿足自我。他們將鐵鉤掛上內臟和油脂，懸垂在樹木之間。當狼吞餌，鉤子便會卡進喉嚨。行政委員懸賞抓狼，根據所割下的狼耳支付賞金。殺了羊的狗會被拖到樹林裡吊死，對於身為動物的重罪犯，這種懲罰可說適得其所[60]。

這是人們記憶中最早降臨也最冷冽的一次冬天，冰冷的風暴和疾病從海灣開始蔓延，橫掃殖民地。各鎮區間和自身內部的衝突因貧困和危險而強化。十二月，多徹斯特當局（品瓊與其保持密切聯繫）通過緊急立法，試圖解決「我們之間太過猖狂的失序狀態」以及城鎮會議中「過激的衝突」[61]。由於屢屢讓神失望，人們開始擔憂後果，此時此刻，令人不安的異象正好提供了印證。一道周圍出現奪目光彩的巨大彩虹出現在波士頓上空。在伊普斯威奇（Ipswich）以北三十英里，人們聚在一起望著一隻有著三顆頭的牛犢，一顆藏在另一顆之下。約翰·溫施洛普因此在他的日記中寫下：「這些奇觀究竟有何預示，只有主才知道。」同時，在春田，雪持續降下，掩去並模糊了生活中的稜角。不消多久，小鎮便會與外界完全隔離。農夫會數著飼料消耗的速度計算還能應付幾天，妻子則會忙著計算玉米和醃豬肉存量。一六四二年二月，地面的積雪依然深厚，休·帕森不得不向品瓊購買價值七先令的上好草料，這筆借款須在當年秋天以質量相當的乾草償還。倘若拖欠，他得到的警告是債務將變成八先令九便士[62]。

酷寒天候持續到三月，雪終於融了。休和瑪麗一起度過兩人的第一個冬季，不但凍到了骨子裡，還渴望能有新鮮的食物。不過他們依然對能活下來心存感激。瑪麗已懷孕五個月，開始會感覺疲累，並擔心孩子是否能足月產下。為了驅除恐懼，他們潛心祈禱，並且採用魔法和其他古老信仰。像是，如有野兔從孕婦面前走過，將招來厄運，但是可請她的朋友將她的衣裳扯破，便能破除[63]。然而，變暖的天氣還是讓每個人感覺充滿希望。花園一掃冬季的蕭索枯槁，鄰居走街串巷、到處閒聊，沐浴在微薄的陽光下。隨著冰層破裂遠漂，河流上的往返也日漸頻繁，春田重新與世界接軌。英國本土戰爭的消息透過信件和新聞刊物傳來——而且是好消息，大部分都是保皇黨被擊潰和遭圍困的駐軍投降的消息[64]。

此外更有舊英格蘭東部縣郡獵巫的報導。這樣的行動已從埃塞克斯、薩福克和諾福克郡蔓延至亨廷登郡（Huntingdonshire）。目前為止，已有超過兩百名嫌犯被捕，無論男女皆做出令人吃驚的懺悔——與惡魔締約、哺餵使魔[*3]，以及對鄰居施咒。這些荒誕的說法全成了法庭上具說服力的確鑿事實，尤其因為皆出自女巫本人之口。有個女人承認，有隻像棕色大老鼠般的生物在夜裡啃嚙她，把她從夢中喚醒，索求她的靈魂。起初她極力反抗，但沒多久便棄守，敬拜兩隻小惡魔為神：其中之一會殺牛，另一個則殺人。此事引發舊英格蘭全境恐慌。此外，英格蘭也出現巨大的彩虹和太陽，降下血一般的紅雨，並聽見隆隆砲火般的雷鳴，還有貌如怪物的嬰兒。有本八卦小冊將伯里聖埃德蒙茲（Bury St Edmunds）處決的女巫和倫敦出生的畸形孩童的報導相提並論，兩者均被視為「來自天堂的徵兆和奇事」[65]。

春田附近的康乃狄克河谷也傳出了可怕罪行，虔誠的小鎮紐黑文發生巫術、異端、褻瀆、獸交和強姦行為。州長的妻子已因不當舉止被逐出教會，其罪行包括指控她繼女效忠撒旦，她的一名僕人對啤酒施咒[66]。

春季並非總是那麼和藹。由於氣候變化劇烈，造成暴風雨和洪水氾濫，淹沒房屋、危害牛

3 譯註：使魔（familiar spirits）為受巫術驅使的動物、惡魔、怪物或精靈。

隻。緊接著四月又發生乾旱，此不啻為殘酷的諷刺。再來則是傳染病，或許是瘧疾，英國人和印第安人紛紛打起寒顫。據說該病會出現「嚴重精力衰弱」、「發燒」以及「詭異的腦部失能」。在英格蘭，外科醫生會採放血療法，但新英格蘭的氣候較溫暖，可用冷飲退燒——如果他們真的有接受任何治療。許多人在一週內死亡，兒童尤為嚴重[67]。眾人皆密切留意新生兒（包括瑪麗的前女主人安·史密斯的孩子）有無出現生病的徵兆。這場疫病持續到五月。據信，只要是有毒的沼氣都會傳播這種病，因此所有哺乳期或懷孕的母親唯一能做的，便是盡量不要吸入太多這類空氣。十四日，他們的鄰居里斯·貝多薩的戀人布蘭琪·貝多薩生下一個孩子，並匆忙籌備兩人的婚禮。可是這個孩子甚至還來不及命名便死去[68]。

貝多薩所犯的通姦罪再加上其他罪孽激怒了大西洋兩岸的上帝。據說，亨廷登的女巫因為憤怒、惡意、色欲、貪婪和偶像崇拜——這也是折磨康乃狄克河谷殖民地的邪惡罪孽——成了撒旦的犧牲品。據信，偶像崇拜純粹出於無知，可是叛教——亦即背棄信仰——卻是更為自覺、更為蓄意的舉止。波士頓的投資人大會收到品瓊先前所駐城鎮多徹斯特的申訴，警告「錯誤和異端的盛行」已危及新英格蘭的教會和自治區。各種顛倒是非的英語書籍從舊英格蘭大量湧入，似乎正在鼓吹不受限的宗教自由。一位清教徒譴責道：「魔鬼的出色計謀，可謂傑作。」大多數新英格蘭清教徒都予以同意，認為容忍大家按自己的角度詮釋經文，對於不斷擴散的無法無天狀態掉以輕心，這麼做是有罪的。威廉·品瓊擔憂這可能會「給撒旦自由，引入無論在任何時代都前所未見、可怕的瀆神主張」，並祈禱上帝喚醒正義之士，以匡正視聽[69]。

對某些人來說，品瓊所言極為諷刺。因為他是新英格蘭中最令人不悅的自由思想者之一。這位鋼鐵般堅毅的企業家，骨子裡是鄉下教會委員，偏愛基督徒的包容勝過喀爾文教徒的排他，並且深信正是基督對父的服從（而非神因憤怒犧牲其子）才抹除人類的原罪。既然基督從未承擔該罪的重擔，品瓊以此推論，神就沒有憤怒的理由。這種憤怒完全是屬於撒旦和受其煽動的劊子手的情緒，而基督選擇原諒這些人，這樣才能使神翻轉亞當的不服從行為，一切與原罪[70]無關。在這種詮釋脈絡下（喬治．莫克森的講道也逐漸受此思想影響），魔鬼不僅是騙子，更持續在人們日常生活中派出怪物騷擾人民，以顯示他的憤怒[71]。十六年來，品瓊一直默默思考、閱讀，也許也像約翰．溫施洛普一樣從法蘭克福書展上訂購書籍[72]。但是如今，在英國異議者的鼓勵下，他開始發表對贖罪的看法。如今這可是比身在英國時更危險的舉動。麻薩諸塞法典強硬將異端定義為「維護邪惡的錯誤、推翻基督教的基礎。」如果這麼冥頑不靈，又加上誘使他人犯錯的意圖，該人將被處以死刑。法律表示如此懲處是因為「異端分子不亞於偶像崇拜者，他們試圖將人的靈魂推離神的身旁」。而異端邪說就等同靈性上的殺人犯[73]。

一六四六年的夏天熱得令人窒息。地表皸裂、莊稼枯萎。六月快結束時，一場暴風雨終於帶來雨水、使之緩解。可是事情還沒完。七月的第一週，品瓊寫信給約翰．溫施洛普。「上帝之手擊打在我們身上……因為我們英國人的玉米被大批毛毛蟲蠶食鯨吞。主震撼我們的心靈，讓我們看見犯下的罪愆和挑釁，並感自慚。」麻薩諸塞東部也同樣受到這些害蟲襲擊。據溫施洛普描述，「一條約一英寸半長的黑色蠕蟲」。就像春田，蟲子在那裡吞吃小麥、大麥、燕麥甚至早熟稻禾。

人們認為，直接的成因是「大雷雨」夾帶毛毛蟲，因此殖民地立即成為災區。但更深層的理由是天堂的反制。在所有殖民地，教堂紛紛騰出日子讓人們祈禱和守齋，直到這些突然降臨的毛毛蟲在「所有人的又驚又喜中」突然再次消失[74]。

然而乾旱和蟲害卻消耗了春田的食物供應。隨著人口持續成長，糧食需求量也隨之增加。現在小鎮上有四十二戶可徵稅的戶主，其中三人是女性（她們也很有可能是不錯的家長）。每月都會有新居民來到。納撒尼爾・布利斯（Nathaniel Bliss）帶著他孀居的母親和姊妹瑪麗從哈特福搬來（瑪麗即是之後常在夜裡於沼澤出沒的女士）。布利斯立刻僱用休替他蓋煙囪，工錢是十五先令。一如以往，費用由品瓊吸收，他會從帳上扣減休的債務，並加至納撒尼爾・布利斯那裡[75]。約翰・朗巴德和喬治・蘭頓（George Langton）皆為單身，也在一六四六年來到春田。朗巴德是薩默塞特郡的放牧人，從鱈魚角移居而來，搬進位於休和瑪麗正南附近的農舍，緊鄰碼頭邊的巷子[76]。蘭頓是名三十來歲的英國木匠，以前住在韋瑟斯菲爾德，就在過去幾戶之處蓋了房子[77]。春田的擴張迫使品瓊僱用更多必要的匠人，他亟需第二名鐵匠，於是派麥爾斯・摩根和喬治・柯爾頓去找一個。兩人也不負所託[78]。此一連舉動帶來了發展和繁榮，不過，隨之而來的還有競爭和動盪。

一六四六年那個漫長、炎熱夏季所帶來的緊張，因為其他的恐懼和騷亂加劇。山谷居民爭論到底什麼是會眾制，在在反映出大西洋彼岸清教徒的普遍爭議。在祖國，這類已不再遭到制止的辯論，國王或主教也不會強迫人服從。長老教徒想要全國性的教會結構；而獨立派以內部支持聲浪最大聲的奧利佛・克倫威爾的新模範軍（New Model Army）為代表，主張信眾的完全獨立。與此同時，品瓊則熱中於維護春田對移民的吸引力，堅持自身立場，反對塞布魯克徵稅，斷言「住在這裡的人一定不會想被迫支付這種錢。」但在與納拉甘西特人的戰爭威脅當前，就連這些宗教和財政爭端都顯得微不足道。納拉甘西特人要求歸還仍在波士頓被殖民者押做人質的四名孩童，阿加萬印第安人覺得受到了殖民者的挑釁，憤怒之餘闖入春田的房舍偷竊工具。據說品瓊設在瀑布的倉庫也遭殃。英國來的小偷更逍遙法外——有個臭名昭著的罪犯明明被鎖鏈銬住，卻依然脫逃。此外還有醉漢和誹謗、亂倫和通姦者。春田似乎全面複製了舊世界的樣貌，無論好壞。這時，品瓊收到一封來信，他很高興。信中寫道，議會已經擊敗保皇派，取得最後勝利。然而現在他開始為英格蘭和蘇格蘭之間的戰爭感到擔憂，他們應該「與擁有共同宗教志業的友人攜手合作」，卻逐漸產生嚴重分歧[79]。

近七月底，瑪麗．帕森躺在床上大汗淋漓。她的產期就是這幾天了。休每天工時極長，因為要趕著完成品瓊磨坊的煙囪，他的進度已經落後，加上他知道再做不了多久就得停工，因為收割期將至。除了自己的作物，他還允諾幫一位鄰居動工。休不在時，瑪麗由事先決定好的鄰居婦女照料。這些主內姊妹協助產婆，或許也利用「呻吟啤酒」[*4]來安撫瑪麗。為了讓酒精濃度夠烈，這種啤酒釀造時間較長，約七到八個月，並用酒湯（caudle）——亦即一種加了牛奶和雞蛋的甜酒予

4 譯註：古時為分娩婦女所準備的啤酒，除了供產婦飲用、清洗剛出生的嬰兒，還具有讓父親喝醉、聽不清產婦嚎叫聲的功能。

以協助。大部分主內姊妹——包含潘黛蔻絲特．馬修——都是年輕的母親，或正懷著第一個孩子。她們深知其中的機運和危險占比。那年夏天，幾個嬰兒死去，包括品瓊死產的孫女。潘黛蔻絲特和她的丈夫約翰也不順遂。先是失去一頭健康的奶牛，這對一個貧窮的家庭來說是巨大打擊。可是更糟的還在後頭。七月二十五日，他們唯一的孩子艾比蓋爾（剛滿一歲）突然離世。因此，對瑪麗來說，產房便成了充滿悲傷和憂懼的圍場。[80]

八月的頭一週，當大多數人正忙著收穫玉米、採摘水果和狩獵，瑪麗開始分娩。她分娩期間所發生的事不會透露給丈夫及子嗣知道，那是專屬於母親、主內姊妹和產婆的私密事件。也許，她們帶來草地上採摘的光葉水蘇給瑪麗，或是拿剛剪下的溫暖羊毛按壓她的肚皮，以減輕痛楚。當嬰兒終於降生，產婆有沒有謹慎地不讓臍帶觸地、以免造成尿失禁？是否將臍帶剪得太長或太短，導致孩子的生育能力受損？唯一能確定的只有一件事：這是無論身體和情緒都遭受激烈拉扯的現場。在七日這天，星期五，漢娜．帕森來到這世界，她的名字代表虔誠和祈禱的治癒力量。[81]如同所有孩童，漢娜身上寄託著殖民地的一切和新生的希望，也是她雙親幸福的源泉。雖然，對休和瑪麗．帕森來說，她的誕生也標記了他們墜落的開始。

4 沒事找事

一六四六年底，新英格蘭上空出現了兩顆太陽。波士頓的老一輩預言末日將臨，不祥預感大過喜悅。秋天遭遇飢餓、疾病、原住民暗中陰謀引發了恐懼。納拉甘西特人對自己孩子遭到拘押的怒火已蔓延到其他部族。康乃狄克的印第安人來到威廉．品瓊家中威脅他，他則將此視為當時世道的寫照，他在一封信中寫道：「這片土地上的梁柱似乎正在顫抖」。舊英格蘭發生的事件持續擾亂新英格蘭的氛圍。最後的保皇黨據點已然淪陷（儘管威爾斯的仍在），而且議會已頒布廢除主教令。獵巫行動幾乎已近尾聲，埃塞克斯、薩福克和亨廷登不再舉行大規模審判。一本新書斷言，儘管女巫字面上是為敵基督——「因為基督是上帝的化身，而女巫（在一定程度上）是魔鬼的化身」——四處獵巫的活動過於猖獗，實在令人厭①。儘管一面呼籲著和解，縈繞不去的危機感依舊彌漫了整個大西洋世界。比起審判，清教徒更畏懼神的沉默。但即便如此，像雙太陽這樣的預兆還是讓那些打從睜開眼便忙著保護家庭、張羅糧食的人心神不寧。

在帕森家，瑪麗除了母親的新角色外還得吃力地履行她的家務職責。布蘭琪・貝多薩和其他鄰居提供許多幫助和建議，可是責任還是只能由自己承擔。她要給漢娜哺乳，浸泡她弄髒的布，再抓時間休息。對於身為母親所擔負的重責大任，瑪麗不僅感到疲憊，也陷入憂鬱。可是她一如既往信靠著上帝。禱告的舉動能恢復些許信心，並修正一些念頭。亦即，就算她未能成為合格的母親，也不表示她是邪惡的。邪惡被投射為女巫的性格——壞母親、敵基督——女巫的存在既帶來恐懼，也帶來慰藉。總會有別的女人比自己更差勁。而且，瑪麗就和從前一樣還得服侍丈夫。他從第一道曙光開始工作，一路直到日落後，回家時又餓又累。休終於替品瓊的磨坊蓋好煙囪，抵償了一半以上的債務。可是永遠都有更多的義務和債務，尤其對一個剛成家的男人來說。當一個人必須如此勞心勞力才能供養家庭，就很難成為模範的家長和戶長②。

上帝施的小恩小惠極其微薄，而且轉瞬即逝。殖民者經歷最溫和的冬季被豪雨抵銷了。大雨造成康乃狄克河水面高漲、直至潰堤。春田的草地和玉米田被淹沒了，河道、棧橋、碼頭、墓地、訓練場和農舍的低窪地帶也是。有人說，接著降臨的便是傳染病。令人渾身發抖的感冒和滾燙的高燒，「極為凶猛，而且非常致命」③。在家裡帶孩子的瑪麗至少可以避開傳染，但休和所有鎮民總是多人一同工作，不得不從田野移動到草地、再到磨坊。對品瓊所有僕人來說，此時正是忙碌的時節，得負責把倉庫裡堆積的毛皮整理分類，然後裝入桶中進行出口。男人也得回到林地，滿足鎮上對木板、瓦片、修建管道需要的板條和燃料等需求。每家每戶冬天皆需要至少半英畝地的樹木。市政管理委員注意到木料短缺，下令不准將任何木材運出城鎮，在所有殖民地推行防止浪費和管理林地生長的法規。威廉・品瓊努力取得更多可用的土地，河流以東到倉庫的所有土地很快便都屬於該鎮，可是往往不夠用[4]。

對煙囪的需求也更甚以往。一六四七年二月，休・帕森同意在三個月內向威廉・品瓊供應五千塊磚，不過有些將是「受天候影響的磚」，其他則是「燒得剛好的磚」。他辛勤工作，熬過洪水和疫病最嚴重的時期、履行職責[5]。在品瓊眼裡，磚塊就是另一種形式的貨幣，對於擴充他的商務活動範籌、促進成長速度很有助益。例如向鎮上四十二戶家庭徵收新的浮動稅率，以回收他「與印第安人交易」的成本，亦即他購買春田土地所花的錢[6]。現在，休・帕森擁有三十七英畝半的土地，因此要繳十先令四便士的稅，遠比莫克森和史密斯少，卻仍比他的鄰居里斯・貝多薩、約翰・馬修和麥爾斯・摩根多。即便是最低的稅率，窮人也幾乎負擔不起，因而加重了他們的債務負擔。休在五月初設法以幾串貝殼串珠支付他應繳的款項，他還買了四打「真絲鈕釦」（大概是為了讓瑪麗可縫製些較精緻的衣服出售），和一塊磨刀用的鋼，這使得他的債務增至三十三英鎊[7]。

品瓊的制度促使男人必須更努力工作。雪上加霜的是，休還被任命為長草地圍籬的巡察員，而且是不得不義務接下的例行職務[8]。他一去就很久，離家也很遠，而瑪麗會在窗邊等待，不曉得他何時才回得來。天氣較暖和時，屋外蟬鳴刺耳，牲畜在圍欄裡騷動，河水滔滔奔湧。從房子一側，瑪麗可以遠眺碼頭，越過沼澤區望向長草地。在某個藍黑色的夜晚，迷霧中出現了一些形體：徘徊舞動的光源，似乎染上幾許斑斕色彩的白色火焰，上上下下，消失又出現。她聽說過這種事，那是鬼火或「愚人之火」，像是搖曳的假燈籠，引誘不設防的旅人誤入迷途。在威爾斯，這些鬼影也預示了死亡⑨。

更多新生命加入春田。除了女兒瑪莎和麗蓓嘉，喬治·莫克森現在有三個兒子，最小的出生於五月十日。三天後，失去一名新生兒整整一年後，布蘭琪·貝多薩又生下一名男孩約翰，他活得比較久。此時，馬修夫婦有個三個月大的女兒莎拉，庫利家則有一名四月大的兒子。六月降霜毀及莊稼，雨水卻少得可憐。在慟哭和祈禱之中，喚來的是另一場《聖經》中的蟲災——毛毛蟲大軍再次降臨。瑪麗照看十個月大的漢娜，而休則匆匆完成了品瓊的磚塊訂單⑩。

那年夏天，春田居民最深的恐懼應驗了：天花和流感帶走許多性命。品瓊的死對頭湯瑪斯·胡克在溫莎布道，講解完《羅馬書》第一章十八節：「原來，神的憤怒從天上顯明在一切不虔不義的人身上，就是那些行不義阻擋真理的人。」旋即在一週後去世。他在新舊英格蘭的盟友，牧師約翰·艾略特以肅穆的語調緩緩說道，他是新英格蘭「最優質的花，以及最寶貴的聖人」。胡克的逝去讓哈特福的人覺得自己的祈禱在那些「我們遭災的日子」未蒙垂聽，他們不願捨棄對於「我們在舊日喜愛之美好事物」的記憶。其中最珍愛便是和食物相關的。經歷前一年的歉收後，糧食出現短缺，迫使殖民地禁止出口⑪。這般痛苦想必令魔鬼欣喜不已，此外還能為他的大業招募罪人。消息從下游三十英里處的哈特福傳來。五月底，一名女子被當成女巫絞死。她的名字叫愛麗絲·楊（Alice Young）。由於無法承受這分悲痛或恥辱，她的丈夫把土地賣掉後便離開了⑫。

在這些紛紛擾擾之中，小漢娜·帕森活了下來，如今已經一歲，而且身體健康。儘管母親瑪麗的心智和精神仍混沌不清。雖然她住在小鎮的另一端，偶爾仍會看見前女主人安·史密斯。安在八月八日誕下她第六個存活的女兒，仍沒有為她的先生亨利生下兒子和繼承人的跡象。那年夏天，休用獨木舟將品瓊的海狸毛皮、小麥和豌豆運至倉庫，然後帶著磨坊的磨石、布匹、一桶葡萄乾和一桶酒回來。到八月中旬，他已經將債務減少到十八先令二便士，可是又立即開始花錢：一英斗玉米、五碼昂貴的紅布，一雙白色棉質長統襪。九月，他的債務又回到兩英鎊十九先令六便士，這還不算重挫。休在春田的地主之間仍榜上有名，他卻並不快樂⑬，總拿自己與其他男人比較，而某些人似乎正飛速領先。湯瑪斯・庫伯是名木匠，十八歲時離開了家鄉沃里克郡（Warwickshire），他在春田住了幾年，夏天時，也為品瓊駕獨木舟，儘管現在還在購買土地，妻子莎拉卻能在商店隨心所欲消費，買布、亞麻布、別針、紙張、香粉和彈丸。庫伯甚至與無人能及的大人物莫克森先生共有一群公牛⑭。

將自己的成就拿來和他人相比的不只休一個，他們都是這樣。就像威廉・品瓊，他甘冒風險也想讓春田超越溫莎或韋瑟斯菲爾德，他密切留意對手的各方面動向，因為想要品頭論足，也出於妒忌。受到審視的還不僅是勞動成果，婚姻也受制於不成文的規定，遭到評判。如不遵守，就會感受到非難的批判目光。家庭像是一個迷你聯邦，等於國家的象徵，對其的經營是種神聖的職責。對國王來說，瀆職是對父權制的背叛。無論國王——像是此刻正入獄的查理一世，即被控未善盡一國之父的責任——或市井小民皆然。犯錯的夫婦會感到極度悲慘和羞愧。根據某醫生的說法，婚姻失和是「所有悲傷之中最撕心裂肺的痛」。一個孩子的消逝有如當心一刀，但這樣的遭遇不但常見，而且容易預期，未來也還會有更多孩子。失敗的婚姻是塵世間永恆的苦難，休和瑪麗則竭力避免這種命運。九月，他們的鄰居約翰・朗巴德帶著一位新妻子喬安娜從紐黑文回來，這兩人也立即捲起衣袖，盡其所能想替自己爭取美好的人生[15]。

一六四七年，經歷寒冷乾燥的夏季之後，農作物再度歉收，但是作為一名身兼製磚工人、居於河畔的農夫，他還是有忙不完的事要做。在收割結束、燃起篝火之後，休和其他人會收集灰燼、將之煮沸，好讓婦女們做成肥皂——有些人認為這是一年中最辛苦的一天[16]。然而，瑪麗必須打理房子和看顧漢娜，孩子現在已會爬行，能夠搖搖晃晃地站起身，因此瑪麗能幫的有限。休無時無刻不在工作，但從未有哪件工作能讓他如此心滿意足。因此他總是急切想把下一件事做完。他永遠都在估算別人園子的大小、債務的多寡，深恐自己落後。他變得陰鬱起來。當瑪麗告訴他自己又懷了孩子時，他感到五味雜陳。他既滿意家中人丁日漸興旺，又擔心多了一張嗷嗷待哺的嘴。如今，對於提升兩人社會地位，瑪麗能做的貢獻就更少了，尤其此時他又特別最需要她幫助。休和瑪麗之間的關係冷卻下來，就像溫暖夏季之後降臨的初冬。他們的鄰居朗巴德夫婦留意到後，默默感到錯愕。然而，不睦的夫妻也有存在的意義，畢竟，左鄰右舍都需要一個失敗的家庭，好讓自己褪色的婚姻相較之下尚可接受，並且提供借鏡。

瑪麗易碎的幸福逐漸暴露。她在威爾斯和新英格蘭感受到的寂寞和渴望，因婚姻和母親的身分獲得緩解，但只有部分而已。就算她丈夫體貼且性情平和，她本身個性就容易焦躁。這分焦躁之所以加劇，或許是因為清教徒認為心滿意足等於驕傲、等於有罪。在經歷的一切艱難中，信仰就像一條線，把她的人生拼湊起來。可是如今線頭卻開始鬆動。結束一天辛勞工作的休發現瑪麗不但悲傷，還無精打采、煩躁茫然，可以概括為「悶悶不樂」。對於心懷不滿且沮喪的妻子，男性大都如此形容。她不斷加深的痛苦已遠超過其餘壓力巨大的春田婦女，到了不正常的程度。這個情況日益顯著，她需要的已經不只是莫克森牧師的心靈諮商，而是醫生。然而，最近的醫生身在溫莎，此外，看醫生的費用也很高昂⑰。

說到惱人的病痛，社區之中自有解決之道。帕森家的鄰居湯瑪斯和莎拉·庫伯提供了一些療法，多數家庭主婦都有自己的偏方，例如用蜘蛛網覆蓋傷口，拿羊角粉讓瘡收乾，以及用河泥舒緩蜂螫。當農夫從運貨馬車上摔下，或鋸木工從樹上跌落，庫伯夫妻也能處理骨折問題，將斷掉的骨頭復位。綠色貧血（*Green sickness*，亦即「處女病」）可用迷迭香治療，曼陀羅草油可以治療不孕症，土荊芥或鹹魚可以治療腸道寄生蟲。「金錢薄荷」、「水劍葉」、和「快樂鼠尾草」等香草可製作藥水和藥膏。刺薄荷、牛蒡以及紫草也具有治療屬性。一些治療方法是從印第安人那裡學來，並融入英國人的醫學，特別是治療蛇的咬傷。更嚴重的疾病則需要更細緻的治療。那年夏天，天花橫掃春田。人們飲用煮沸的蟾蜍湯來醫治，服用半劑則可預防。塞勒姆的一位醫生開了牛奶、螞蟻蛋和處女的毛髮緩解生產時的陣痛，並建議用貓血、奶油加苔蘚塗敷治療帶狀皰疹⑱。

精神疾病是一種更不易覺察的折磨，藥物則否。人們認為鐵角蕨很有效，藜蘆也是，那是一種有毒的花，用來製成老鼠藥，但也被「因憂鬱而瘋狂的人」拿來當鼻煙吸。醫生也非唯一的意見權威。身與心被視為一個整體，有見解認為疾病和罪惡有關，並且可用節制和悔改當作治癒之方。約翰·溫施洛普猜測，康乃狄克州長的妻子已經失去「理解力和判斷力……因為她全心投注在閱讀和書寫上」。威廉・品瓊對大部分事情略知一二，便建議「占據她腦子的那片猛烈的憂鬱」或許可藉由藥物和禱告來去除[19]。

對於瑪麗・帕森這樣的案例，威廉・品瓊不鼓勵吸食粉末，而推薦加了糖與番紅花的甜酒奶酪。如果買得到，萵苣也十分有益健康。讓身體流汗、排解鬱結，同時能「有效加強其他處方的作用」。品瓊的「處方」指的是藥丸——也就是他店裡賣的草藥丸，以及舊世界常見的那種，以溫和方式清除毒素，讓瑪麗的大腦變得清楚，重新平衡體液。品瓊的女婿威廉・戴維斯（William Davis）是波士頓的一名藥劑師，十之八九是他的供應商。休・帕森聽從品瓊的建議，從一六四五年冬天就開始替瑪麗購買這些藥丸，直到一六四六年。先是四粒，後來是十二粒，然後又是四粒。一六四七年二月，他又買了四粒，一週後又買了兩粒。在春田，除了喬治・莫克森（他不知道是因為什麼病而服用），沒有人買過這麼多藥丸。他們也嘗試「淨化」瑪麗，通常是利用瀉藥或「催吐劑」來執行。休給瑪麗買了一帖催吐劑，但很顯然不希望她臥床太久，因為他同時也給她買了雙工作鞋。休認為，為了家庭的興旺，她必須站起來繼續努力[20]。

那天秋天，為了支付藥錢和所需要的其他一切花用，休更加努力工作，也包括為他妻子和她正孕育的第二個孩子提供必需的營養。他辛勤耕耘，同時憂心忡忡。他離家數英里，前往長草地工作。檢查籬笆、放牧牲畜，經常很晚回家，直接癱倒在床。瑪麗則清醒地躺在床上，看著他在身邊極不安穩，時睡時醒、翻身低語。第二天清醒後他則沉默而嚴肅，彷彿前晚的夢境仍糾纏著他——這些夢境就像曾經經歷的一切情感，無論如何，這個新英格蘭的男人必須控制得當，否則在他人或自己眼中就可能顯得弱小[21]。休和瑪麗一樣擺脫不了這些想法[22]。人人都知道憂鬱是夜驚的源頭，休也有這種體質。醫生說他的體液裡黑色膽汁氾濫，使他的身體既冷又硬，腦中塞滿「驚懼之事，因為黑霧在腦中四處亂竄、干擾大腦」。據信，休這樣的人易怒、偏執、貪得無厭又卑鄙且「喜愛孤獨」。換句話說，他不打算體諒瑪麗的情況[23]。

漸漸，休在外人面前也表現出這種特質。他常不請自來出現在鄰居家。這習慣本身平平無奇，畢竟若能合作互助、借物分享、閒話家常和交換消息，便能讓社區的體液保持平衡。但讓鄰居困擾的是，他太常毫無緣由或看不出什麼目的就冒出來。這種拜訪算是「沒事找事」，意指特意跑一趟卻什麼也沒做[24]。休的鄰居威廉・布蘭奇常常一開門便會發現休斜倚在門框上，不是什麼都沒打算要，就是要某種布蘭奇不敢拒絕的東西。休會不經邀請直接走入屋內，逕自坐下抽菸斗，二話不說在那邊沉思。面對這情形，眾人實在不知道該說些什麼。所有的鄰居都有相同感受，覺得他在打量他們，看他們有些什麼，好餵養他陰晴不定的嫉妒心。醫生描述這是一種「摻雜憎恨的悲傷」[25]。人人都會眼紅，也愛比較，但不至於像休這樣。他總是說話帶刺、性格扭捏，遇上一丁點挑釁馬上就發火。由於他是受歡迎的製磚工人，喜愛爭執的性格全鎮居民都領教過，尤其合約細節，或是拖延、違約而與人口角。當他的磚塊品質和數量上都低於預期——畢竟他時間非常不夠用——他似乎更加疲憊焦慮了。

一六四七年秋天結束，冬天到來，性靈方面的不安騷動沿河谷蔓延。溫莎最近才剛查出巫術活動，教會成員更新諾言，誓言保持正直，藉由信經盟約發誓要攜手走在愛、謙遜、慈悲和克己的道路上，並且強調「棄絕所有其他救主」。兩週後，十一月初，第一片雪花飄落。由於天冷，刀刃易脆，男人磨利斧頭開始劈砍柴火。整個夏天在沼澤地放牧的牛群很快便會需要乾草，因此眾人成群結隊開始捆草，婦女替孩童裹上層層衣物，撥動爐床裡的火，在廚房裡忙活。她們往砍剁下來的大肉塊上抹鹽醃漬、製作蜜餞果乾和泡菜。此外，疾病也會持續流行到春天。這樣艱困的逆境變得無邊無際，恍若有條看不見的線將家家戶戶與天堂相連[26]。

春田的審判可謂麻薩諸塞灣更大規模考驗的一部分，須從整個新教徒世界動盪的脈絡來理解。在英格蘭，從一六四七年冬至四八年冬，憲法混亂失序、作物歉收、經濟不景氣，種種不利因素匯聚起來，促使了撒旦樂見的衝突。據說「整體聯邦叛亂四起、分崩離析」。內戰雖已結束，然而並未解決議會和國王間的分歧。危機感掐滅了想要和解的渴望。與此同時，和敵基督之間的屬靈戰爭也在持續。在大西洋兩邊，清教徒持續抵抗所謂「地表和地獄所有邪惡勢力、陰謀和政策——就像一直存在的女巫、魔法師和邪靈」。在這些話語背後，真正的力量綑綁了人靈。蘭瓦奇斯的牧師亨利・傑西（Henry Jessey）輔導一名青少女，後者尋求恩寵未果，便傷害自己並且絕食，最後她絕望地哭喊道：「魔鬼和我搏鬥……你難道看不見嗎？」[27]瑪麗・帕森的心智還未到這麼煩亂的境地，需要在檯面上與撒旦對抗。然而日復一日、週復一週，她越來越難面對他人，也越來越難進行禱告[28]。

一六四八年三月，道路被積雪阻塞。全鎮進行一日悔改和禱告、祈求上帝寬恕。如今已有六個月身孕的瑪麗亟需休息，丈夫卻要她工作。在他眼中，她就是懶惰，讓他很反感。她也發覺自己遭受孤立、受到壓迫，像是再次遭到放逐，只是這次是被逐出自己的新生活，甚至逐出她本身。休性子變得殘酷，某天夜裡，他回到家發現瑪麗已熟睡在床，他便扯下毯子、把火弄熄，讓她受凍。另一次，他把一碟豌豆撒在地上，要她一顆顆撿起，瑪麗依言趴在地上用杓子舀，感到羞愧難當。她在他身邊難為情又手足無措，好像怎麼做都不對。她對白蘭琪・貝多薩及其他鄰居傾吐心事，就和過去和安・史密斯一樣，然而判斷誰值得信任卻變得更難。到了日落時分，她便剩下孤身一人㉙。

雪持續下到四月，人們開始挨餓。與印第安人間的小規模衝突仍在持續，加上惡劣天候，造成商業活動窒礙。當冬季終於願意退場，總是渴望賺更多錢的休，建議瑪麗去詢問安・史密斯是否可以讓她重回工作崗位，擔任她最幼小的女兒瑪格莉特和莎拉的保母。但瑪麗不認為自己可以勝任，她是如此疲累，誰會想僱用她？休把她的拒絕看做對祖國的不忠，等同叛國，等同對他宗教的背叛，等同異端。假如她不去史密斯家問工作，那麼由他去。他走到住宅區，敲響亨利・史密斯的門，要求做些犁地的工作。兩個男人一對照之下——史密斯有著美好的房子和家庭，什麼都不缺（至少休如此假設）。休雖然神情絕望——或許底下還一閃而過某些陰險思想，卻做出一副沒什麼可損失的模樣，認為史密斯也不敢拒絕他。但史密斯拒絕了。或許是因為他不需要人扶犁，又或者他不想要像休・帕森這樣的人。無論理由為何，休怒氣衝天回到家中，誓言報復㉚。

一六四八年初夏，消息傳遍新英格蘭：祖國戰火再起。保皇派在肯特的起義引發第二次內戰及一陣獵巫旋風。暴民把可疑分子扔入池塘和磨坊水壩，以他們有無浮起判斷有罪與否。這種在法律之上另加的測試被稱為水裁法，或者無趣一點、普通一點的「游泳」。英格蘭本地夏季剩下的時期通常是潮溼的，但在新英格蘭，卻依然炎熱。「一場大乾旱」使得玉米枯萎，而搶救回來的也大多儲藏了起來。品瓊派遣少數的獨木舟前往倉庫，那便意味在波士頓的糧食也變少了。船隻載著較輕的貨量折返倫敦，使得水手譏嘲新英格蘭是個「窮困、貧瘠的地區」。疾病一如以往與饑荒共同來襲。五月底，布蘭琪·貝多薩的男嬰約翰才一歲一週就過世了，雖然她很快便會再懷孕，在春田這並非少見。在那之前，她拜訪了帕森家的農莊，幫忙瑪麗生第二名孩子[31]。

山繆·帕森生於六月八日，身體非常健康，瑪麗卻筋疲力盡，而且神智更加混亂[32]。休的磚頭訂單進度雖已落後，卻依舊渴望有更多收入，因此他決定收房客。安東尼·多徹斯特年紀三十來歲，和妻子莎拉及三名幼兒從溫莎搬來。在溫莎之前，他們住在興漢姆（Hingham），位於波士頓南端的一個鎮區，該處被政治和宗教的派系撕裂，生活起來十分痛苦，許多人都逃離了該地[33]。多徹斯特是名經驗豐富的磨坊主人，受僱於威廉·品瓊，品瓊替他和休·帕森談妥租期，直到多徹斯特和妻子（她罹患肺癆）找到永久居處前為止。大約在山繆出生時，這家人帶著他們少量的財物——也幸虧不多，因為帕森家並沒有多餘的空房間——和一張他們自己做的床遷入。休可能在閣樓在起居室側面或大廳後面清出了一個空間。休和瑪麗就像其他夫妻一樣以繩索吊起印第安人的織墊，釘在梁上，用來隔開床鋪。孩子睡在壁爐邊的獸皮下方，或者與父母一起睡在內間。由於熱氣上升穿過樓板，樓上的房客因而受惠，但是這樣的縫隙也會傳遞聲響。如今，整整九人住在一間小房子裡，四名成人，五名小孩，包括兩歲的漢娜．帕森和四歲的約翰．多徹斯特，以及還是嬰兒的山繆。人們雖不在意隱私，但還是有其極限[34]。

這些房客亦必須在戶長的威權之下生活。實際上許多人對此反感，於是暗中監視房東，以防在有需要時可以出來指證他們[35]。多徹斯特一家也是如此。安東尼對瑪麗並無怨恨，儘管她自身虛弱，還需做繁重家務，卻常幫忙照顧他的妻子，她的病況日趨嚴重。安東尼痛恨的是休。兩人由於歲數相近，也都奮發努力，就是因為在各方面都太過相近，安東尼強烈意識到自己既無磨坊、也無房舍，因此也算不上是個獨當一面的男人。同時，他不得不眼睜睜看著休炫耀身為戶長的特權，卻忽視了這個身分所應盡的義務。他和瑪麗一樣也是休壞脾氣的直接受害人，也看見、聽見休對妻子是如何地不尊重和殘酷，他已能清楚看見瑪麗的焦躁已接近患病。

從童年開始，瑪麗心中就充滿邪惡的畫面，她憑藉信仰為劍為盾與之對抗。然而，憂鬱症狀卻讓她開始質疑自己抵禦惡魔的韌性。這確實使她的得救蒙上可疑的陰影。即便在身心健全的清教徒心中，個人的德行也常岌岌可危處於墮落邊緣，個人的虔誠不時得凝視著萬劫不復的深淵。巫術令人深惡痛絕，但就算是最為純潔的心靈，其貪心所生的欲念仍觸手可及——就像不受歡迎的房客那樣鬼祟靠近。不必有什麼來自地獄的召喚，或刻意採取什麼途徑才能成為一名女巫。相反地，對於逐漸屈從的纖弱靈魂，那是一種折磨，就像衰弱的病體屈服於瘧疾。正如所有的罪行，巫術根植每人心中，無論生來就要下地獄或蒙受恩澤之人。那像是某種細菌，可以讓它餓死，也可以餵養它。因為魔鬼不是看得見的敵人，而像潛伏的印第安人，或掠食的狼；是不可捉摸的靈體，煙霧般滲入你心中。

與女巫有關的消息傳至鄰里，成為茶餘飯後的話題。幾經轉述後被美化不少。儘管離奇，人們依然相信自己所聽說。事實上，正是因為離奇他們才相信[36]。當瑪麗餵哺山繆時——如今她身邊都是孩童，因為莎拉．多徹斯特臥病在床，而男人則在工作——麻薩諸塞灣發現一名女巫的謠言正在流傳。這回消息來源無可挑剔，因為正是威廉．品瓊本人。他從波士頓回來，在總督約翰．溫施洛普主持的投資人大會擔任地方治安官，正巧遇上瑪格莉特．瓊斯（Margaret Jones）的案子。法庭判她行巫術之罪，根據新的法典（依據英國普通法和法章）在這項重罪裡加入摩西律法的詮釋。一六〇四年，英國巫術法案將重點放在女巫和那些邪惡小惡魔所訂立的契約（這已成為法律詞條），其中明確提及《利未記》第二十章二十七節和《申命記》第十八章十一節[37]。而且——沒有錯，這樣邪惡至極的罪行將被判處死刑。不僅因為它在英國是重罪，更因為對《出埃及記》第二十二章十八節的遵守：「行邪術的女人不可容她存活。」

瑪格莉特．瓊斯於一六四八年七月十四日在波士頓公園（Boston Common）被吊死。她是來自查爾斯頓的產婆，據說懷有「這般強大的惡毒能力，無論誰由她經手……懷著任何不滿情緒予以碰觸」都會生病。她和鄰居爭吵，當她施過咒的物品燒掉後，她會「走到火前，一臉擔憂」。由於受近期東安格利亞獵巫的影響，法庭下令監視瓊斯，以免其使魔來找她，「英國所採用的揭發女巫的做法……是最好而且最有把握的方式」。搜身是英國人用的另一種方法，暴露了「她胸前的乳頭，鮮紅高挺，彷彿才剛被吸吮過」[*1]。而且有人看見她在光天化日掀起衣裙，懷中抱著一個小孩。瑪格莉特否認指控，並拒絕向上門想讓她招認的鄰居屈服。她承認曾順手牽羊，犯過輕度偷竊罪，但認為「基督有足夠的恩慈，會寬赦那樣的小罪」。審判時，她怒斥陪審團，並同樣以盛怒之姿走向絞刑架。瑪格莉特的先生湯瑪斯遭其罪行牽連，試圖逃往巴貝多（Barbados），卻未獲准通行。在那之前他搭的船甚至都已離開查爾斯河（Charles River），載著八十匹馬在暴風雨中搖晃了十二小時，直到他被逮捕船才恢復平穩[38]。正是同樣一天，「一場非常巨大的暴風雨」重創大部分的康乃狄克地區，把樹木連根拔起。一艘三桅帆船的魅影出現在紐黑文，甲板上出現一個幽靈般的人影，舉劍指向大海[39]。

女巫的勢力侵入社區，搞得人心惶惶，神祕得無法解釋。原本這只發生在遙遠之地，卻漸漸來到附近。突然之間出現在小鎮的邊界內，穿過街道，斜倚窗臺，然後就敲響家門，彷彿心懷不軌。這種領悟令人更加不寒而慄，因為他們似乎一直都在，他們的微笑中滴淌著毒液，揮手道早安的同時密謀破壞。波士頓不曉得有多少母親一面顫抖一面思忖，不知道邪惡的瑪格莉特・瓊斯接生了多少她們的小孩？如今春田不禁擔憂他們之間也出現了女巫，並且緊張地等待女巫的首次出擊，納悶著不知道會落在誰的頭上、誰會遭殃。然而答案呼之欲出。

1 譯註：前章曾述及女巫「哺餵使魔」，英國人以此判別女巫身分。

同樣在一六四八年七月，亨利和安．史密斯的女嬰——瑪格莉特年僅兩歲，莎拉不滿一歲——兩人都生了病，消息傳開了。鄰居（包括牧師莫克森先生）都來到家中，鄭重誠摯地為她們的康復禱告。威廉．品瓊也在場，畢竟是他的孫女。她們的母親安此刻懷有五個月身孕，心煩意亂。二十四日，彌漫著絕望氛圍的房間內，在對上帝最懇切的仰望裡，瑪格莉特死去了，嬰兒莎拉奄奄一息數天也病逝㊵。亨利．史密斯滿腔悲傷憤怒，越想越消極負面。他剩下的女兒也會死去嗎？莫非，神是因為他暗地裡想要個兒子而懲罰他的小女兒？又或者，事實上是他拒絕雇用休．帕森所招致的邪惡報復？

全鎮的人都參加了史密斯家女孩的莊嚴葬禮，也使得其他為人父母者對自己骨肉更添擔憂。三週後，休和瑪麗的鄰居約翰、喬安娜．朗巴德迎來頭一個小孩，是個兒子。他們為了讓他活下來熱切祈禱，然而又出現更多古怪徵兆。七月下旬，指尖大小的棕色飛蠅鑽出地面，發出嘈雜的嗡鳴聲。牠們不只充塞春田的林地，甚至整個新英格蘭都無所不在。飛蠅吃掉果園裡的嫩枝，雖說好心留下玉米和小麥。接著八月，收割之後，成千上萬的鴿子烏雲一般從天而降。牠們遭到射殺，並以網子捕獲，也注定以烤叉串起、放入鍋裡或做成派。在波士頓的宗教會議裡，長老席位出現了一條蛇，約翰．溫施洛普將之視為天堂降下的徵兆，示意魔鬼正警醒，準備在暗中削弱虔敬者的信心㊶。

撒旦一如往常樂見清教徒受苦。一六四八年整個九月，威廉．品瓊努力保持春田的供貨量，雖然拒絕支付對他不利的河稅。打從去年冬天的一場大火，塞布魯克便急需資金來重建堡壘，可是品瓊不為所動[42]。同時，英國傳來的消息也令人憂心：保皇派士兵再度出征。實際上，為了前往科爾切斯特（Colchester）甚至取道春田。所幸他們兵敗科爾切斯特。品瓊十月時寫信給約翰．溫施洛普，急於探知更多消息，並且對舊英格蘭的憐憫更勝新英格蘭。「在我眼中，那片國土正處於最堪憐的景況，」他說，「慈悲的上主令小人道消，而真誠愛主的人有如升起的太陽，光輝烈烈。」唯有虔誠和對罪孽降下懲罰能說服上帝制止魔鬼誘惑人們，損害他們的靈魂以及殖民地[43]。

說到魔鬼，有句諺語訓誡道：「他就在你身旁。」[44]而瑪麗的鄰居發現她常提起魔鬼和女巫。一點點的閒話是一回事，但如果太多，就會替散播流言的人招來非議。英國牧師把長舌——也就是在社區中散布怨恨——當成女巫的行為[45]。史密斯家女孩死亡的悲劇進一步傷害瑪麗的思緒，讓她更加糾結紛亂。這是她原本可能照料到的孩子，也許可以救活的孩子。她是否應該自責？或者該怪別人？她鎮日關在屋內，心裡縈繞著一切可能性。然而在諸多揣測中一個女人的身影浮現，她叫茉西．瑪什菲爾德，是一名中年寡婦，最近才帶著青春期的孩子山繆和莎拉從溫莎搬來。但是瑪麗認為，她把魔鬼也一起帶來了[46]。

約翰．溫施洛普與瑪什菲爾德一家熟稔，他在他們命運波折的故事中看到殷鑑。茉西在一六四三年和丈夫湯瑪斯離開德文郡的艾克希特（Exeter）前往美洲。湯瑪斯．瑪什菲爾德十分虔誠，因為太窮而無法移民，直到一位富裕的市民考慮了他的困境，心生憐憫，替他支付他和妻兒的旅費。瑪什菲爾德一家隨後在多徹斯特的斯寬特姆地峽（Squantum Neck）落腳，就在威廉．品瓊第一個家附近。茉西在那裡生了一個女兒，普莉西拉（Priscilla）。他們在一六三七年搬去溫莎，湯瑪斯和茉西等同當地教會聖徒般的支柱，就和在多徹斯特時一樣。然而不出兩年，普莉西拉就死去，她的父親也惹上麻煩。根據溫施洛普所說，人總會將厄運歸咎於罪孽，瑪什菲爾德「突然越來越有錢，接著便失去虔敬之心，不久則失去財富。」一六四〇年初，在一項新事業倒閉後，他的債權人提出訴訟，迫使他賣掉土地。他剩餘的資產都遭查封，沒多久便過世。可是這也沒讓他人結束殘忍瓜分他剩下的遺產。長女平安出嫁後，如今身無分文的茉西搬到春田，想要逃離瑪什菲爾德在溫莎留下的恥辱名聲[47]。

溫莎和哈特福當地的債權人空手而返，於是這兩地的人都認為瑪什菲爾德一家違反與鎮上締結的盟約。對於巫術的供認——特別是東英格蘭那些案例——就像鏡子，反映出可怕的倒影，表示違背盟約等同與撒旦結約。瑪麗・帕森的懷疑源自於溫莎的謠傳，當地人非常畏懼魔鬼（以及予以鼓勵之人），生活的困境和嚴厲的講道更加深了這種憂懼。他們的牧師約翰・威爾漢姆和艾弗瑞姆・休特（Ephraim Huit）的布道經常著眼於撒旦對驕傲、忘恩負義、偽善的開發及利用[48]。一六四七年夏天，在哈特福吊死的女巫愛麗斯・楊便是來自溫莎。這兩個城鎮（溫莎、哈特福）都被困在基督和敵基督的殊死戰中。饑荒和疾病都被歸因於罪行，印第安人和惡魔被簡化為敵人，而生存的機率多少，取決於恩寵慈悲的特赦。他們跳動的心臟就是聖人反覆傳達的訊息：「此時此刻魔鬼就在汝輩之中。」[49]

發現女巫必會傳遍整個康乃狄克山谷。一六四八年冬，韋瑟斯菲爾德的一名婦女遭人揭發是女巫，這是另一個因衝突而傷痕累累的鎮區。瑪麗・強生（Mary Johnson）臭名遠播，兩、三年前曾因偷竊而受鞭刑[50]。她被逮捕後，由於懷了一名私生子，便交由山繆・史東（Samuel Stone）照顧。史東是清教徒牧師，並與埃塞克斯移民湯瑪斯・胡克共同創建哈特福。史東就像胡克，對「靈性治療」特別在行。這等同另一種名稱的驅魔，這樣耗人意志、淨化靈魂的嚴刑拷打，為的是讓罪人掙脫撒旦的掌控[51]。瑪麗・強森沒有讓史東失望。她坦承自己是個心懷不滿的僕人，經常以撒旦之名口出咒罵，因此撒旦現身幫她完成那些乏味的例行工作。她很喜歡做這些事——殺死孩童、「與男人和魔鬼犯下不潔之罪」。如今，她對這些罪感到過意不去。十二月的第一週，在哈特福一個極為寒冷的法庭上，瑪麗・強生因「親近魔鬼」遭到定罪，並且判處死刑。但是她並未馬上被吊死，而是等到生下孩子才行刑[52]。

一六四九年一月冷得令人窒息，冬天又回到十年前那種堅不可催的冰冷。新英格蘭的河結了廣大的冰，有些人冒險走在上頭。波士頓有數人溺斃，孩童因流感死亡。約翰和潘黛蔻絲特・馬修在失去第一個孩子後，投注絕大寄望在第二名女兒莎拉身上，花費數天誠摯懇切地禱告，希望神不會也把她帶走。可是最終還是只能認命地將她帶進墓園，放進凍如硬鐵的土中劈鑿出的墓穴裡。其他人也感染了他們的焦慮。安・史密斯這時有個三個月大的女兒，名叫瑪格莉特——也就是先前被上帝帶走（或在上帝的允許下被女巫帶走）的女兒的名字。休和瑪麗家再過去三戶，布蘭琪・貝多薩去年五月才失去兒子約翰，如今三度懷孕，已七個月，並迫切祈禱這次能生下得以存活的孩子。她的人生就如許多其他婦女，總在努力和疲憊、希望和恐懼之間徘徊[53]。

與此同時，瑪什菲爾德寡婦開始結交新朋友，以取代她在溫莎失去的友誼。另外，還有一名帶著孩子的窮女人也得指望這些朋友，才能存活。她與布蘭琪變得親近，在布蘭琪快生時提供協助和建議。那個月，小鎮南端還有兩名嬰兒要出生：以利亞敬·庫利（Eliakim Cooley）和協西巴·瓊斯（Hepzibah Jones）。他們名字意思分別是「上帝的復活」和「我的喜悅在她身上」，對天堂當權者表示尊崇，也乞求祂的保護、抵禦邪惡。女巫在社區中十分活躍，而且往往嫉妒能生育的婦女，這些婦女也常淪為其凶殘魔法的犧牲者。每一位母親的憂慮，都在女巫的形象上找到根據[54]。

整個冬季，帕森家都和從多徹斯特來的房客關在一塊兒。莎拉·多徹斯特患有肺癆，瑪麗疲倦又滿臉病容。孩子永遠黏在身後、礙手礙腳，餓著肚子、無所事事。由於製磚工作，意味休在播種季之前都還有事可做。他接受委託製作煙囪，並得檢查他挖來的黏土，看看冰凍的氣溫是否已把水分吸乾。他仍嚮往成功、也希望受到尊敬。他擔任圍籬檢查員的工作已屆期滿，也證明自己合格，並在二月六日受邀宣誓效忠小鎮，是要表明他獲得接納，而非懷疑他的忠誠。然而，每在運勢和地位上前進一步，都像織布機上織錯一道，其中的瑕疵終導致分崩離析[55]。

一日，休在布蘭琪的家中商討磚頭訂單。協商的時候只要牽涉到休，氣氛向來緊張，這種情形越來越頻繁。布蘭琪如今只差一個月就要臨盆，實在沒耐性繼續聽這位惡毒的鄰居講話，不禁挖苦了幾句。休立即回罵她「老嫗」，厲聲說道，「這裡有妳說話的餘地嗎？我又不是在對妳講話。就算妳忘了今天的事，我也不會忘記。」她的丈夫里斯驚駭不已，沒想到這男人竟然罵他妻子「老嫗」，這是指老女人，對布蘭琪這樣的年輕女性根本等同侮辱。休甚至就在他的家裡威脅她，但為了保住交易，里斯僅能溫和抗議，表示「這話不太好聽」。休離開後，里斯．貝多薩得到六先令價值的磚塊。這場衝突卻讓臨近產期的布蘭琪十分不安，認為休果然是一個可怕又反覆無常的鄰居。她開始擔心，不曉得他會以哪種方式「提醒」他們[56]。

之後不久，布蘭琪天黑後獨自在家寬衣。她的床以掛在繩上的墊子與廳內其他地方隔開，這樣也可避開壁爐的火光。當她走去將粗絨棉背心掛在釘上，一縷蜿蜒發光的煙霧引起她的注意，像是沼澤的鬼火，卻在背心上閃爍著。害怕之餘，她舉起衣服，見到一片像是燭焰的冷調螢光在衣服裡頭竄上竄下。這讓她迷惑又驚慌。她試著把背心對著火源舉起，想複製出那個效果，但是沒用。她再也沒見到那股冷光[57]。

一個月後，三月初，布蘭琪為期兩週的產期開始，外頭依然到處可見風吹積而成的雪堆。茱西．瑪什菲爾德負責張羅一切，而且鎮日留守在她身旁，直到日落。產期的頭一週結束時，在某個週四傍晚，茱西一如往常離開。布蘭琪疲憊不堪地睡著了。但是大約一小時後，她驚醒過來，左胸下一陣疼痛，她認為應該是在心臟附近。此時疼痛更加劇烈，開始朝肩頸蔓延。這股痛強烈得彷彿有把利刃將她刺穿——她非得用長靠枕撐起上半身不可。然而疼痛仍未緩解。早上寡婦瑪什菲爾德抵達時，她發現布蘭琪極其痛苦，怕她快要死去，接下來一連三天茱西都寸步不離。布蘭琪的痛苦卻益發劇烈，直到週一中午疼痛才緩下來。星期二，布蘭琪已經康復。但她堅信「這惡魔」乃是「休．帕森威脅所致」，令她為未出世的孩子十分擔憂[58]。接下來的星期四，三月十五日，約瑟夫．貝多薩出生，母子平安熬過磨難[59]。他們很幸運。此時多徹斯特傳來消息說「在新舊英格蘭公開宣稱是耶穌基督的僕人」其實是魔鬼偽裝。然後又有個惡毒的產婆被控殺死分娩的母親和嬰兒[60]。

當月接近尾聲時，春田鎮從冬眠中醒來，開始清理溪流中的垃圾、修補圍籬，替獨木舟重新塗上黑松膠防水層。沒有多久，羊隻便需要剪毛，又得開始忙清洗和羊毛晾乾的事。休．帕森幹勁十足地開始攪拌黏土，清洗他的鑄磚模具。每季要忙的事情都一成不變，可是在春田南部卻出現了某些變化。由於布蘭琪．貝多薩受苦受難的痛苦產期、背心上的火焰，這使得休在鄰人間的壞名聲坐實了。此時有更多的人出外走動，猜疑的話語便在巷內、田間、家家戶戶散布開來。茱西．瑪什菲爾德認為可能是巫術造成布蘭琪的症狀，而且她也許為了不讓自己的名聲沾上汙點，想移轉人們對她的疑慮，她鐵了心和休．帕森作對。或許是她，也或許是布蘭琪．貝多薩，告訴了隔壁鄰居格里菲斯．瓊斯發生什麼事，此舉也加深了他的危機感。

春天某個週日，早晨講道結束後，瓊斯、妻子莎拉和他們的女嬰協西巴（Hepziba）去拜訪一名鄰居。莎拉．瓊斯接受了共度午餐的邀請，用餐完再返回聚會所，聽第二場講道。出於某些理由，格里菲斯留下家人，返回自家用餐。獨自在屋內時，他隨意取了些食物，把盤子擱在協西巴的搖籃上去找刀子。奇怪的是，他怎樣都找不著，最後不得不用修鞋籃裡那把生鏽的刀。他吃完後，清理妥當，又把剩飯拿去餵豬。他回到桌前，切了些菸草，卻大吃一驚：生鏽的刀旁擱著三把好刀。在他嚇得無法動彈之際，努力鼓起勇氣回頭看身後，希望能看見某個闖入的印第安人——什麼人影也沒有。他坐下來，伸手要拿菸斗。就在那時，前門敞開：是休・帕森。「人呢？」他喊道，「你要去聚會所了嗎？」格里菲斯支支吾吾說他想先抽個菸斗，希望休自己去、不要等他。但休沒有離開。他進來了，在桌前坐下，和格里菲斯一塊兒抽起菸。之後彷彿什麼也沒發生一樣，兩人便一同前往聚會所㊶。

隨著每件古怪的小事持續發生，情況就越來越嚴峻。瑪麗・帕森與她的暴躁丈夫感情疏離，而且滿腦子都在想女巫的事，卻又不敢公開指責茉西・瑪什菲爾德。她擔心指控，又擔心不指控，不意間顯示出自己心中的偏執。四月的某一天，瑪麗與其他鄰居婦女坐在家中壁爐邊閒聊邊梳毛——拿刷子把羊毛刷蓬。茉西・瑪什菲爾德出現在門口，瑪麗猜想她看到她們之後很是吃味。當天稍晚，婦女都離開後，瑪麗發現羊毛不見了，便去告訴潘黛蔻絲特・馬修。潘黛蔻絲特很有耐心願意聆聽（此外她也教孩子們閱讀），「我很好奇，」潘黛蔻絲特問，「那半磅羊毛是去了哪兒？」瑪麗說她也不知道，「除非女巫把它變不見了。」接著，潘黛蔻絲特問瑪麗她為何老把女巫掛嘴邊。「妳認為鎮上真有女巫嗎？」瑪麗很確定，並說那卑鄙的傢伙甚至到過她家。潘黛蔻絲特問她到底在說誰，卻無法得到直接明確的答案。瑪麗說，安・史戴賓（Anne Stebbins）表示「懷疑罪魁禍首是溫莎的一個女巫」時（她也很怕女巫），那人也在亨利・史密斯家。這便顯示她說的是瑪什菲爾德寡婦。瑪麗說，打從瑪什菲爾德來後，長草地上就一直出現不祥的「強光」。瑪麗見潘黛蔻絲特未吭聲，膽子更大，說瑪什菲爾德確實怨恨其他有孩子的婦女，因為她女兒都沒有㊷。

這裡的女兒是指茱西．鄧伯頓，她仍住在溫莎，出嫁超過一年，卻都沒懷上孩子[63]。潘黛蔻絲特沒再說話，因為瑪麗的偏執令人不安[64]。於是瑪麗索性放手一搏，這陣子瑪什菲爾德也正好說過那些抱怨。於是她告訴潘黛蔻絲特，「妳的孩子死了，妳的牛也死了。」[65]

沒多久，瑪麗也和潘黛蔻絲特的先生約翰．馬修聊起相關事件，以匿名的方式提及茱西．瑪什菲爾德，說到一名過去住在溫莎、「現在住在春田的寡婦」。但此刻又發生了別的事。瑪麗聲稱這名婦女曾告訴她如何辨認女巫。瑪麗並未細說，可是意思明顯：如果妳自己是，才會知道別人也是。馬修知道瑪麗意有所指，便堅決地告訴她「他認為沒這種事」，這名可憐的溫莎寡婦不會如此。眼見自己占了下風，瑪麗反擊道：「你不必替瑪什菲爾德太太說這麼多，」然後便是殺手鐧——她說，瑪什菲爾德的女兒終於生了個小孩。但在那之前，這寡婦妒忌每一名有孩子的婦女。她的妒恨解釋了他女兒以及他重視的小母牛的死亡。「我認為——」瑪麗說，「他們遭到施咒。」她還補充說在溫莎，眾人皆知茱西．瑪什菲爾德屈服於撒旦，撒旦「說不定……也跟著她來到了這裡。」[66]

麻薩諸塞州之父約翰．溫施洛普於一六四九年三月過世的消息傳抵春田。根據他的墓誌銘，他是一個「公正無私……非常謙恭有禮，對於攸關社會福祉之事勤奮好學」的人[67]。新英格蘭的長者將這顆明星的殞落視為某種懲罰。然而，骨子裡極為務實的品瓊卻看見了機會。長久以來，他持續思索的書中異議觀點終於可獲闡述。過去他沒這麼做或許是怕和老友之間發生爭論（前一年，韋斯特菲爾德的亨利・史密斯牧師過世時他可能也有此感觸，其布道比品瓊頓悟的時間早了三十年）。如今，品瓊已準備將三年所思所讀進行整合，不只《聖經》（日內瓦版和詹姆斯一世版），外加喀爾文、路德以及他們的追隨者，還有許多其他體系的人，甚至學識淵博的天主教徒的作品。品瓊另一個與眾不同的興趣是稱義教義（Doctrine of Justification）：釘十字架如何將人從原罪的詛咒中解救出來。他也和舊英格蘭的學者書信往返，尤其是反對長老教會的湯瑪斯・蓋特克（Thomas Gataker）。他與其在基督為救贖人類所付出的救贖代價上——又是這個名詞——抱持不同看法[68]。

可能正是這些書信中的其中之一替品瓊帶來了更可怕的死亡消息。一六四九年一月三十日，查理一世被視為叛徒、遭到斬首。品瓊對英國國王沒有愛戴的心，只在他們身上看見「在宗教和操守上的腐化墮落」。儘管如此，他還是主張無論身處世上何處，英國人都應該以國王之名立法，因為只有法律能限制僧侶的絕對權力。「我們不是一個自由國家，」他在一六四七年提醒過溫施洛普，新英格蘭也不追求此事，特別是殖民者一直在波士頓進行抗議，以維護「作為英國國民應有和自然的權利」，並且以充分的理由強力主張對《大憲章》和英格蘭「古老憲法」的尊重[69]。正因踐踏了此神聖傳統，獨裁的查理一世才被判叛國罪，說他背叛人民——而結果顯示，人民的主權甚至高於他的神授王權。由於國王「邪惡的意圖」和「敗德的實踐」——這是他被控的罪名——使得他和任何一名變節者同罪。有些人已預見此結果，但品瓊和其他人依舊對這個審判處決震驚不已。就連議會中許多人都希望和王室和解，稱這令人髮指的弒君行為是失序時代糟透的象徵。不僅國王死去，就連英國君主政體也遭完全廢除。使得連結大西洋兩岸世界的父權制度成了基石不穩、搖搖欲墜的梁柱。

宗教正統性是另一根正嘎吱作響的秩序棟梁。教會和政府當局拒絕接受異議的存在和預示的災難。一六四七年二月，英國議會頒布反異端和褻瀆法令——例如質疑永恆的三位一體真理。在接下來的一個月裡，某個齋戒和祈禱日有名牧師告訴英國下議院，異端邪說是如何散播毒素，「逐步破壞心智的覺醒之光，吸引並迷惑那些信仰這些思想的靈魂。」另有人撻伐，表示異教徒藉由「憎恨的惡毒靈魂」推動陰謀和謀殺。接下來的一年，一名神職人員認為異端就像魔法，是撒旦本人逐步滲透人心的「邪惡妄想」[70]。異端是病，就像壞疽，以手術切除和灼燒才是正確的處理方法——或者就像小孩的佝僂病，雖使代表頭的教會壯大，卻令其身體衰微。處決異教徒就像拆除房屋以消滅大火，能夠一勞永逸[71]。

當生活狀態越來越詭異，人們也越來越能接受詭異的想法，也因此異端的汙漬變得更深。如今新英格蘭也受到教派成員蠱惑，「那群烏合之眾，打著獨立派的名號，無論是重洗派、反律法主義、家庭主義教派、宗教追尋者皆然。」[72]無論是哪一種顛狂的非正統想法，只要在舊英格蘭沒有受到懲罰，就不會來到新英格蘭。關於這件事，殖民地政府態度堅決。這便是威廉·品瓊開始撰寫著作時的社會氛圍。此舉不啻對波士頓當局的違抗。有些人覺得這會引誘魔鬼到鎮上，就如同女巫邀請魔鬼走入生活。同時，喬治·莫克森的布道明顯變得嚴峻，充分反映春田的黑暗歲月，而且或許也因為特立獨行的品瓊開始動筆，令他感到焦慮。莫克森以生動的譬喻方式講解罪和罪惡感，還有撒旦會如何讓人失去理智、做出惡行，並效法他的墮落生活。他說，罪在人的內心沉睡，就像冬眠中的野獸，一旦甦醒，就會開始蓄勢待發，「如同脫韁的野馬衝入戰場，在貪念驅使下做出惡行。」莫克森要求春田的信眾想像那些在塵世中遭欲火焚燒、死後又被拋入火湖燒灼之人的尖叫。莫克森勸告眾人日日都該懷著憂懼與希望度過。受選之人必須擔憂自己是否真能得救。遭棄之民則得希望能在自己身上找到恩寵。他偏離嚴格的喀爾文教義，暗示人人都有選擇，而且是一個簡單明瞭的選擇。「假如你未能進入天堂，」他警告，「不可避免，你將墜入地獄。」⑺⑶

5 我聽見我的孩子死了

一六四九年某個春天夜晚，日落後兩小時，瓊恩・布朗奇（Joan Branch）被驚慌的丈夫威廉吵醒。他一直睜著眼睛躺在黑暗中，突然之間，房中亮起一道強光，光中浮現一個「臉紅似火」的小男孩。男孩走近床邊，朝他伸出手，把發光的手放在布朗奇頰下。布朗奇不禁驚呆，一句話也說不出來。後來他告訴妻子，他感到一陣熱辣辣的疼痛沿背滑下——「就像被滾燙的水澆過」——並且聽到一個聲音說道：「完成了、完成了。」接著，屋內又在瞬間變暗，男孩也消失身影。隔天，夜裡這些景象始終盤據在威廉・布朗奇心頭，揮之不去。他開始猜想這究竟是怎麼回事。布朗奇是鎮上的理髮師，住在格里菲斯・瓊斯隔壁（就是刀子不見又冒出來的那位），也是貝多薩家隔壁的隔壁。因此，他已經對「沒事找事」的休多有提防。而且，她的妻子瓊恩在茱西・瑪什菲爾德還住在溫莎時就認識她了①。

此時休・帕森已經成為鎮民眼中的討厭鬼。只要他在場，人們就可以感受到他令人嫌惡的影響力，一如布蘭琪・貝多薩和格里菲斯・瓊斯意識到，就連他缺席時這影響也無所不在。休甚至把自己都弄得擾亂不安。他晚上也睡不好，被焦慮的夢境折磨。儘管威廉・品瓊在書中提出質疑，但無可否認，基督贖罪期間曾被迫降至地獄已成為普遍接受的信念，而休的感覺就是那樣，他的靈魂恍若被拖到比月黑風高的夜晚還要陰暗的洞裡，以金屬巨爪和犁刺折磨。劇烈痛苦的胃痙攣讓他狂叫不停，驚醒了瑪麗。他告訴她，覺得自己彷彿被人捅死，而她很清楚原因②。

瑪麗臆測茉西・瑪什菲爾德從溫莎帶來的魔鬼此刻就在他們床上。倒不是說她丈夫這個方面就無可指摘。同時，瑪麗繼續對瑪什菲爾德抱持懷疑。她已在約翰・馬修心裡播下懷疑的種子，質疑他孩子和牛的死亡。但是這樣的指控永遠都有逆轉的風險。瑪麗此刻意識到，人們不得不選邊站。約翰和潘黛蔻絲特・馬修選擇了瑪什菲爾德寡婦，便通風報信說帕森太太說她是女巫。她本就是一名脆弱的女人，被深深埋在恥辱中，而且亟需保護她脆弱的名聲。茉西・瑪什菲爾德隨即跑去找威廉・品瓊抱怨，說自己竟受到誹謗！這樣她未來會怎樣呢？品瓊知道春田可能有巫術在蔓延，一如舊英格蘭的虔誠地區，以及波士頓、溫莎和韋斯特菲爾德等地。可是單純從一名地方治安官的立場考量，他覺得這案件似乎只是瑪麗說了有損茉西名聲的話，屬於妨礙名譽。於是便在當月底擇定一個日期開庭審判③。

時值五月，正是耕種的時節。牛隻產犢許久，飽含乳脂的牛奶與去年秋天屠宰後取出的凝乳酵素正在大汽鍋中加熱，從凝乳中提煉出乳清，再拌入新鮮奶油。乳酪用平紋棉布包起，放在架上乾燥和熟成。只要是任何做得出來又不用送去下游銷售的東西，春田人都吃④。此時已有更多的男人在長草地上成家——亞歷山大・愛德華茲、喬治・科爾頓、理查・埃塞爾（Richard Excell）和其他人。這些房屋都離聚會所很遠——這也是威廉・品瓊擔心的。他認為，等安息日時這些人「可能會用睡覺來禮拜上帝，而非按照規矩到場參加。」⑤但是，住在長草地對於放牧和耕種倒是很便利。其他在長草地有地卻住在鎮上的人——如休・帕森——都得騎馬或是走上數英里才能抵達。

隨著天氣逐漸和暖，休選擇在戶外搭個簡陋的床，而不是跋涉回家，然後於破曉時再度啟程。尤其此時又是晝長夜短，這件事本身並無古怪，男人為了伐木和製作乾草，多半離家老遠，會沿原始小徑穿越樹脂香氣四溢的幽暗森林。在這種情況下，於薄暮之中紮營十分合理，就連堅強的樵夫都只會在光線充足時才有安全感，而且，他們無論如何都不會單獨露宿。可是休不一樣。他性格憂鬱又渴望獨處，在黑暗之中置身野外，他已有心理準備忍受不斷的蟲咬，還有狼甚至印第安人的攻擊。此外，因為家裡有個拖著病體的莎拉・多徹斯特和生了心病的妻子瑪麗，能從那棟窒悶又過度擁擠的屋子逃出來，也算是鬆了口氣。他可以躺在野外思考，凝視亮如銀盤的月亮，看著暗如海狸皮的夜空星子密布。然而家中，瑪麗在窗前徒勞等待，有時她會以為看見休的燈籠光暈透過薄霧閃耀，結果卻是沼澤之上躍動的鬼火。⑥

某天早晨，當妻子瑪麗出庭的日子將近，休在草地上醒來，非常想喝新鮮牛奶。太陽還低垂在地平線上，灰暗的青草上掛著露珠。他悠然走到亞歷山大・愛德華茲家——亦即在瑪麗提出結婚許可請求時替她擔保的威爾斯男人。愛德華茲早已出門，但是妻子莎拉在家。這陣子很少有人想看見休的面孔，因為他來總沒好事，除非他們需要磚塊。但即便是這樣，與他的聯繫也往往會變得不愉快。休去提醒莎拉她欠的債務，想交涉換取牛奶。莎拉嘗試和平解決，說自己僅能挪出半便士的牛奶。畢竟，他們就像大多家庭，也只養了一頭牛。她是否可以用別的東西償還他呢？休堅持只要牛奶，但是她也不讓步，最後休憤怒離開。[7]

下一回，等到莎拉去擠奶，小母牛只剛剛好產出兩品脫，而非平常的六品脫，而且看起來不太對勁。黃色的牛奶很是濃醇，適合做奶油。但這回擠出的奶卻是橘黃色，裡頭還帶點血，可能是拉扯得太用力所致，當下莎拉並未多想。除此之外，牛看起來都好。但是後來牛奶又變成其他顏色。亞歷山大和莎拉拿去給長草地的鄰人喬治．科爾頓和理查．埃塞爾看，大家都覺得怪，莎拉開始懷疑是巫術造成。變色不太正常，有人藉由破壞農產品來攻擊她的家庭。而那個擁有動機（或怨嫉）的人最近才剛找上門。[8]她的先生告知威廉．品瓊，表示他和妻子認為休．帕森對他們的牛施法。品瓊推測牛奶只是「某種危險疾病的徵兆」，但是當牛隻看起來健康如昔，他便不得不重新思考。品瓊個人恐怕早晚會提出「這類突發改變不可能出自自然因素。」[9]

五月二十七日星期日早晨，鎮民魚貫進入聚會所，聆聽莫克森牧師講道，他們帶著猜疑和積怨前來——雖然他們仍把想法放在心中、千言萬語吞在肚裡，但漸漸蓄積了爆發的能量。兩天後就是品瓊的開庭日，屆時就會決定帕森太太說瑪什菲爾德是女巫到底算不算詆毀。一等信眾坐好，莫克森便將沙漏翻過來，開始講道。他所講的經文是《希伯來書》第二章，描寫以色列人在沙漠和群山間流浪、尋覓家園。這個結論淺白易懂：新英格蘭人等同他們靈性上的迦南傳承者。

許多牧師都用這種說法取悅信眾，不過總會加上一條告誡——因為「多給誰，就向誰多取」。⑩莫克森提醒春田鎮人，他們必須依照神的話語行事，方能榮耀神。在下午的聚會中，莫克森重複稍早講道所傳遞的訊息，表示選民應該與鄰居互助互愛，「才可能獲得更圓滿的救贖保證。」撒旦會令選民忘了積蓄、得到恩典的證明。像是本來必須在地窖儲糧過冬，卻把時間揮霍在「可能使得靈魂變得非常不幸的誹謗式罪惡」上。當沙漏中最後的沙粒流光，莫克森以眼神掃視聚會所，躊躇片刻後做出結論：「必須非常留意，才能阻撓撒旦。」⑪

開庭前不久，瑪麗將心有懷疑的鄰居約翰・馬修帶到一旁私下說話。她的話題（一如以往）還是女巫。然而這回她並未再指控茱西・瑪什菲爾德，而是提出一個更具毀滅性的控訴。這個控訴更清楚證明了她的精神混亂和痛苦、她對巫術日益增強的執念，以及性格怪異的丈夫灌輸給她的強烈恐懼。在馬修的驚愕之中，瑪麗指控休本人就是巫師。在那張冷酷嚴厲的面孔後面，沒說出口的總是比說出口的更多。而且他越來越沉默寡言，也不參加莫克森先生的聚會。這可能是因為他在長草地工作才不想去——但也可能是因為基督徒禮拜莫名令他感到痛苦。所以，沒錯，休就是巫師，她非常確定這點。但是她何以如此確定呢？馬修這麼問道。她則回答：撒旦經常在夜裡去找他，吸取他身體的精髓，因此他「腸胃很痛，並且時常大叫，彷彿有人拿針和匕首戳他」。她相信他深陷羅網、極為痛苦，至今無法逃脫。一如某句俗語——請神容易送神難。而說到春田這個小鎮發生的令人髮指的罪行，也同樣適用。瑪麗如此向約翰・馬修傾吐，並順手放了一把火。⑫

二十九日星期二，全部鎮民回到聚會所參加庭審，一張張肅穆的面容下都暗藏興奮。品瓊正坐在講臺上，將判定瑪麗・帕森是否說謊——倘若不是，是否意味她對茉西・瑪什菲爾德的看法其實有一絲半點是事實。但首先，人們得先聆聽前一年頒布的麻薩諸塞法令《法和自由權》的誦讀。導言之後，是一連串死罪，第一條便是信奉除了上帝之外的任何人或事。接下來是這條——「假如任何男人或女人是巫師，亦即擁有或曾徵求使魔的意見，將遭處死。」[13]此時此刻，瑪麗・帕森和茉西・瑪什菲爾德或約翰・馬修——或瑪麗自己的丈夫——可曾交換心領神會的一眼？整個空間必定泛起陣陣戰慄。對於茉西來說（如今對休也是一樣），瑪麗的指控可是會讓他們付出生命代價。

宣告結束，品瓊的法庭宣布開庭。由於離波士頓很遠，春田自一六四一年起便享有法理上的權力，可審訊非死刑的罪。由於春田規模較小，僅須挑選六人而非一般的十二人進入陪審團。無論如何，這是殖民地第一樁誹謗訴訟，使用中傷人的語言雖然撕裂和平，但嚴格說來算不上犯罪，因此不需要陪審團，品瓊會獨自做出裁決。[14]品瓊雖害怕魔鬼，但也清楚惡魔更常將惡意注入眾人心中，而非煽動他人施行巫術。然而品瓊性格一絲不苟、審慎正直，公正到近乎迂腐，因此他讓兩邊都可以在公共論壇發表看法。

茉西・瑪什菲爾德一派謙遜地站在聚會所前方，抗辯自己絕非女巫，而是瑪麗・帕森以惡意相待的受害者。品瓊允許她傳喚約翰和潘黛蔻絲特・馬修當證人。他們說瑪麗曾暗示瑪什菲爾德寡婦把惡魔從溫莎帶來，並且對他們的女兒和牛施咒。隨著證據累積的份量越來越多，聽審必須延續到週三。瑪麗則是激動地否認誹謗，卻沒有得到任何支持，也沒有證人可傳喚。由於她不時碎唸女巫的行徑和陰沉個性讓她遭到孤立。另一方面，瑪什菲爾德不僅有朋友和家人，與鄉親的人際網絡也不斷擴增。更是拜休的不當行為所賜，這些鄉親都對帕森家觀感不佳。因為丈夫討人厭，瑪麗又反覆無常，這種婦女做出魯莽指控的確不無可能，而瑪什菲爾德犯的罪是行巫術，這是最難以查明的罪行。相較之下，品瓊發現相信前者還比較容易。此外，訴訟中的證人都得發誓，但是作為被告的瑪麗卻不需要，以避免她自己負罪。訴訟近尾聲時，品瓊判瑪麗「鞭打之刑」。於週五的七月一日受二十下鞭刑，判決可易科罰金三英鎊，又或者瑪麗也可折合銀幣支付給瑪什菲爾德寡婦，或者在收割季時支付二十四英斗玉米。於是她選擇罰金。[15]

休勃然大怒。他如此辛勤工作，賺來的錢已經夠少，現在又因瑪麗腦袋不清楚浪費他勞動的果實。同一時間，他也因在街上抽菸斗——這有引起火災的風險，因此遭到制止——繳了十先令罰款。再加上瑪麗的事，更讓他產生受到迫害的不公平感。作為反擊，休舉報街上抽菸事件的一名證人在他自家後院抽菸——完全是白費工夫，甚至讓休所剩無幾的名聲更加狼籍。[16]作為這樣不可靠的製磚工人和渾身缺陷的家長，無能讓妻子順服已夠丟臉，甚至還是不受歡迎的訪客、不識趣的鄰居，是必須為丟失刀子、壞掉牛奶和隨處放火負責的巫師。此刻春田鄉親對他的厭惡表情只是加深了他的不滿，休恍若行走的噴火器。一位牧師如此描述：「對他的敵人發火、對朋友發火；為小事發火，沒來由也發火；對自己的環境發火，對他的食物發火。健康也發火，生病也發火。」憤怒有高尚的那種類型，可以糾正錯誤。即使基督也對法利賽人（Pharisees）、撒都該人

（Sadducees）和聖殿裡做買賣的人動怒。但是不正當的怒氣屬於女人家的行為，撒旦會加以煽風點火，進而發展成惡意、報復和內戰。⑰據說倘若不斷屈從於自身強烈情緒，就等於男人自我閹割，對他最畏懼的邪惡敞開心門。人們總結，認為休完全是這個樣子，正是怒火磨損了他和妻子的關係，同時也危害了社區的關係。無人能夠脫離這個社區，這裡也仍在持續變得更火爆。⑱

瑪麗不是天生易怒的人，但是品瓊的裁決也令她深感冤枉，並且開始表示馬修夫妻作偽證。她的這番議論只招來鄰居更進一步的譴責。然而就連這些鄰居也需要磚塊，這只有休能供應。因此，當約翰．馬修想要在家裡建造兩座煙囪，別無選擇只能僱用休。休提出報價，要求收取一英鎊十四先令六便士的頭款，因為馬修應該要分得清好歹。⑲

一六四九年五到八月，困擾新英格蘭五年的乾旱威脅到當地整體收成。「數不清的毛毛蟲大軍」重新歸來，吃掉所有剩餘的綠色植物。包括樹上的樹葉，直到冬天的蕭索景色再現。可是情況有些蹊蹺。這些生物光吃豌豆嫩芽，卻留下豌豆。⑳這似乎不太自然。不過話說回來，如一般大眾認知，自然和超自然之間的界線模糊。春田人感到自己捲入天使和魔鬼的宇宙陰謀，可是人人認分，無人假裝知其奧祕。他們禱告，同時也做好心理準備得不到回應。歉收意味必須依靠印第安人，得和他們談判。至少在這點上，品瓊經驗老到。那年夏天，他獲准不必出席波士頓的投資人大會，以便把心力投注在家鄉事務。同時，康乃狄克的投資人大會敦促他「以愛與和平的方式，按照真理」解決和塞布魯克的爭端。然而品瓊卻專心處理春田內部和外部的問題。天堂射下武器，將他們的食物變為塵埃，而他人民心中的尖酸與刻薄，正在汩汩湧出。㉑

全新英格蘭的殖民者苦思著自身的罪孽和不端，同時譴責他人，渴望團結一致，但是其中又摻雜著自以為是的怒火、緊張不安的愧疚感，還有公然的偽善。喬治．莫克森的布道和演說繼續詳述天堂慈悲的力量、慈善的美德，還有靈性方面因恩得救、獲得緩解的憂愁。同時，莫克森就像一名嚴厲的醫生，也仔細察看他們的病症，做出神聖而嚴格的診斷，並開立悔改的藥方——「默默禱告，檢視自己的靈魂，使心謙卑，多多深思，並多與上帝和你的靈魂相處、力抗墮落之勢。」那年夏天，聚會所若有人缺席（包括休．帕森），都會適時受到關注。六月，莫克森責備那些用軟弱藉口不來參加聚會的人。例如惡劣的天候、沒有帽子或鞋子。他更全面譴責懶惰。「懶漢不耕地，收割時他將落得乞討，並且一無所獲。」諷刺的是，許多人之所以遠離是為了挽救收成，忙得不可開交。可是禮拜至關重要，不允許有任何妥協。㉒

一股疑雲籠罩春田上空。瑪什菲爾德寡婦已在法庭上獲得平反，但這般指控不論對指控者還是被指控者都留下了汙點，尤其，指控者本身還來自一個風評不好的家庭。或許是心有缺憾，七月八日星期日的講道，莫克森牧師便宣講了誠實的價值，並誓言解決爭端。兩週後，他命令聚會所內的忠實聽眾（瑪麗．帕森也包含在內）分辨魔鬼和上帝的聲音，以此抵抗惡魔。牧師認為，情勢從未如現今這般險峻。八月五日早上，莫克森把忠誠的春田比做一艘船，錨定於希望，卻在風雨中飄搖。「人或許虔誠，」他如此推論，「但是仍會遇上各種詭異的試煉、起伏跌撞，不論外在和內心皆然。」一顆純潔的心會面對許多麻煩，並且受到誘惑。然而他們仍須信守於主。[23]

專注聆聽的心靈能在講道之中發現隱藏的訊息。莫克森是否想到了哪個特別虔誠的人，儘管經歷起伏跌撞、麻煩誘惑，仍該被視為純潔？倘若如此，那麼講的便不是休·帕森，而是本鎮的創建人威廉·品瓊。對於品瓊的神學觀，莫克森不至於不贊同，可是若寫書傳揚，他認為便是對麻薩諸塞政權的公然挑釁。無論距離多遙遠，春田仍是受其管轄的城鎮。製作出版品會對小鎮帶來不良影響。

儘管品瓊因更遠的事件心情激動——大西洋對岸，舊英格蘭繼國王處決後陷入動盪，其中包括新一波的獵巫。最嚴重的當屬英格蘭東北和跨蘇格蘭邊界處。但伍斯特郡（Worcestershire）、格洛斯特郡、赫特福德郡、埃塞克斯、肯特和其他縣郡也未能倖免。在這些地方，男人和女人同樣都受到指控。[24]

同時，他也受到最近剛來到美洲的一本新書啟發。理查·巴克斯特（Richard Baxter）《稱義的格言》（*Aphorismes of Justification*）批評新模範軍的熱情，巴克斯特曾在該軍隊擔任過特遣牧師，敦促基督徒單純敬拜、服從上帝即可。或許，恩典終究是普世的，基督的正義屬於每個心中擁有信仰的人。就像巴克斯特，品瓊在神的身上看見更多的愛，而非憤怒，而且是那種能把基督徒團結在一起、形成擁有廣大包容性的信眾團體的愛。藉由公開告解，能夠區分溺斃者和得救者，巴克斯特推測，這樣相當於「只取極少數比其他人更能言善道者，讓他們組成教會。」[25]那年夏天，品瓊搭船至下游處的溫莎，聆聽約翰·威爾（John Wareham）海姆布道譴責巴克斯特。威爾海姆覺得他贊同天主教因善行稱義的觀念。品瓊則站在溫莎的聚會所裡，與威爾海姆意見相左。他認為後者「過於激昂。」[26]因此，並非只有春田的人察覺到品瓊的異議觀點，品瓊似乎已做好準備，要在他選定的時間地點捍衛對神聖三位一體真正本質的信念。可是他無法逃避這麼做招致的後果，而且品瓊就像其他人一樣，他的駁斥冒犯了威爾海姆。威爾海姆繼續爭辯，一如哈特福和其他地方的正統派牧師，他們認為只有經認可為聖徒的人才能在盟約中生活。威爾海姆做出結論，認為假如他們放棄此原則，上帝的心將變得冷硬，地獄將把他們所有人吞吃入腹。[27]

自此，莫克森在聚會所展開與品瓊的某種對話，雖然公開，卻充滿暗示。八月十二日星期日，在講述虔誠之人經歷忽高忽低的起伏後，莫克森還宣講了基督的犧牲，並且再次熱切叮囑春田鎮民——包括瑪麗．帕森。她繼續前來參加教會，即便丈夫不來——要在希望中錨定，並在撒旦的暴風雨中屹立不搖。至少到這個部分的內容都很熟悉，而且容易消化。但同一天下午的布道卻與麥基洗德有關。這是《創世紀》中一名鮮為人知的人物，他的重要性或許只有品瓊——和瑪麗，以及她在蘭瓦奇斯的教友同伴亞歷山大．愛德華茲——會了解。前一年，品瓊曾在一本宗教小冊中撰寫有關麥基洗德的短文，探討長老教會教徒——如他自己——與獨立派信徒的差異；還有遠方在鬧革命的舊英格蘭與那些受政治動機驅使的新模範軍士兵之間的差異。[28]

一週後，講臺上不見莫克森身影，只出現品瓊本人，信徒莫不詫異。由於牧師出差遠行，品瓊公開回應的機會降臨了。他講述的內容是《馬太福音》第五章一之十二節，基督的山上寶訓——亦即品瓊搭船來美洲船隊出發之前，約翰．溫施洛普發表的那篇動人講稿的靈感來源。品瓊使用二十年前溫施洛普的語氣：虛心的人是有福的，因為天國是他們的。他說，溫良的人是有福的，因為他們必承受土地。締造和平的人是有福的，因為他們必被稱為神的子女。如身體飢渴食物般飢渴慕義的人，是有福的。他也補充道「餓和渴的欲望有種不尋常的強烈熱情，能讓人突破障礙」。品瓊在此大膽引入自己的神學觀，說起神不求回報降下的恩典，賜人祝福，而基督以中介身分將這份禮物帶來人世。這是詮釋三位一體、救贖道路截然不同的方法，與春田常宣講的那套不同，而且十分危險。它打從根本改變了神和基督的身分，以及祂們彼此與人類之間的關係——此說偏離了喀爾文教派的正統觀點，波士頓那些虔誠的菁英會將之視為明目張膽的異端。品瓊還引述《羅馬書》，認為基督不僅滌淨罪行——「我們會藉祂從憤怒中被拯救出來。」㉙由於這個講道是關於世俗行徑和救贖、愛和服從，就像基督的贖罪在於祂對神忠誠的服從，是以，無論春田的人之間存在何種憤怒，品瓊的教誨都說其出自撒旦的詭計。對於尋常聽眾（如瑪麗・帕森之輩）倒是某種苦中帶甜的安慰。因為那意味魔鬼正到處肆虐。如今鎮上已有幾戶人家有理由相信這個說法，知曉魔鬼是如何綁縛他們的生活，侵入思想和夢境，並且讓某些邪惡之人對他們不利。魔鬼誘使他們感到憎恨和憤慨，就像曾在各各他（Calvary）對基督做的事情。㉚

春田的居民不需要聽懂品瓊神學裡更具體的論點，就足以因為聽他吐露異端而心神不寧。異端邪說和巫術是不同的罪，可是都源自魔鬼，並且據信能行使邪惡的力量，分裂國家、街坊甚至家庭——一如《聖經》所警示，「若一家自相紛爭，那家就站立不住」㉛。自宗教改革早期開始，正統派的教士就深恐魔鬼偷偷溜上講道臺，從那裡腐化易受影響之人的靈魂。㉜莫克森相信品瓊說的是真理，可是不出所料，作為一名地方治安官和民眾眼中的領導人，他言詞中帶有的非法性有損其權威。父權是管理春田的基礎原則，而且所有事物皆依仗著該原則的完整才存在。如今，它卻暴露在風險之中。此外，這也是父權體制衰敗的一年。英國國王因叛國遭斬首的恥辱更凸顯了這一點。春田對品瓊的信任產生動搖，再加上查理一世落得不道德又丟臉的下場，轉而激起了對鎮上那個最最無可救藥的戶長，休．帕森的敵意。㉝

在人們躁動的時刻，此時家庭、教會、社區和政府也同步失衡，巫術——原本總是虛無飄渺、引人疑竇——就會變成貌似最可信或真實的事物。這便是在全新英格蘭、在春田裡面的公開談話，也是個體在生活中——如休．帕森的鄰居威廉．布朗奇——所感受到的。威廉．布朗奇在晚上碰見一個燃燒著的男孩，因此心裡和腦中都非常不舒服，甚至認為自己可能會死。那年夏末，他去長草地途中經過帕森家大門，又經歷了難以解釋的痛苦折磨。就像他對妻子所說，他「忽然莫名渾身僵硬……就像有兩根樁子綁在兩條大腿上，」最後他使盡全力才得以艱辛地拖著自己走過大街。這個奇怪症狀持續了兩天，最後還伴隨腳底產生的燒灼感。這一切的一切，他都強烈懷疑是休．帕森的巫術所致。㉞

那年九月，牧師口中「大流行」的天花奪走許多新英格蘭人的性命。一如既往，成員眾多的家庭最為恐懼，尤其是那些家有嬰幼兒的人。安東尼．多徹斯特和妻子莎拉及三名幼童仍和休、瑪麗及他們的小孩同住。漢娜已經三歲，而山繆才一歲大，莎拉．多徹斯特則離死不遠。幾週前，她的丈夫買了無法負擔的肺病藥：五顆藥丸加一個催吐劑，接著又五顆藥和膏藥，然而藥石罔效。瑪麗幫忙照顧病婦，卻自己累得半死，還因為各種矛盾且悲觀的念頭心情不佳。休沒有任何體諒，並覺得瑪麗竟把時間浪費在一些增加不了家庭財富的事情上。像是安慰莎拉・多徹斯特、分享寶貴的食物等，於是大為光火。欠瑪什菲爾德寡婦的罰金要以玉米支付，而且早已逾期，這已經夠糟。休甚至還得餵飽家人，於是他宰了一頭價格七英鎊的牛（可能是品瓊的其中一頭），和安東尼及另兩人每人買下四分之一，抽籤決定誰拿哪個部位。最好的肉會拿去賣，留下較硬的小塊肉和內臟自己吃。休想要舌根，因為煮熟後小心保存可以吃整個冬天。當安東尼抽到，休一點也不掩飾惱怒，即使他很清楚安東尼想要牛舌以供妻子營養，她的病況日趨嚴重。特別是後來牛舌存放到了休的鹽缸裡，更是引發怨恨。㉟

壓抑的不滿情緒爆發成一連串令人心焦的事件。一天下午，休正盤算該如何賺到更多錢時，他派瑪麗去喬納森・泰勒家，說要替泰勒做工。瑪麗覺得奇怪，因為通常這種事休會親自跑一趟。不過她還是沿著家後面的河邊小徑動身前往，等她回來時已是黃昏。在黯淡的天空之下，山丘蜿蜒的曲線分明，然後她看見了什麼：有道黑影一閃而過、跳離路徑，接著，一條彷彿巨大沼澤狗的形體森然逼近。驚恐之際，瑪麗慌忙往前跑，不時回頭張望，直到安全抵達家門才鬆了口氣。狗沒追來，而是重新沒入了暗影中。㊱

其後數小時甚至數日，瑪麗都沒把這件事告訴丈夫。她已深信這絕非自然界生物，而且是丈夫所造成的。那簡直是因他激烈的暗黑情緒召喚而來、一個圖謀不軌的幽靈。此時她已不再和休事事分享，更喜歡和少數幾名尚未與她反目、可能會同情她、覺得她明顯生了病又無法擺脫那個男人的女性私下傾吐。不過，瑪麗以為的「私下談話」似乎沒那麼私下，因為休後來表示，她說的一切他都很清楚。她的朋友應該可以信任吧？不是嗎？於是，在瑪麗心裡只有一個解釋：有超自然現象在偷聽。[37]

近日休做的每個舉動看起來都十分不祥，所有動機都非常可疑。有時他會消失整整二十四小時，而且如果他晚回家——偶爾他會午夜之後才回來。在休進門前一刻，她會聽見整間屋子周遭響起轟隆聲，這種神祕現象只會在他不見人影但在附近時發生。這不可能是天氣造成的，因為煙囪裡沒有風，屋梁也沒有嘎吱響，也非自然現象，彷彿休破壞了她家房子的體液平衡。瑪麗對丈夫的恐懼不僅表現在這類無法解釋的事件上，在世俗層面，也發生火爆的衝突，無論是在家中或公共場合。她會當面批評他，而休對於自己遭到的指控似乎一概默默接受——或至少沒有否認。可能他曾經反擊，但關係的破裂並非一日之寒，夫妻彼此已經逐漸習慣。另一方面，鄰居也不斷被這種典型的情緒爭執惹毛。男人相互竊竊私語，表示女人斥責先生就是不合禮教，會擾亂自然秩序，軟弱的休竟然無法甩開妻子綁在他背上的鞍，無能對她進行反制。[38]

猜疑是雙方面的，瑪麗越是確信丈夫施行巫術，休也越懷疑自己的妻子。假如心胸坦蕩、沒有什麼好隱藏，會這麼熱切地指控他人嗎？然而，一如茉西．瑪什菲爾德的案子顯示，沒有證據指控就無法成立。眾所皆知，英格蘭會搜找嫌疑犯身上私密部位的發紅小圓塊，那就是用來餵食惡魔的地方，並且從而證明該人與魔鬼親近。這個想法在休腦海中醞釀，直到再也無法按捺。他要求檢查妻子的身體，得到的回應卻是他最擔心的反駁：瑪麗十分驚愕，並且予以拒絕，稱這是

「厚顏無恥之舉」。或許她真有這些印記——生過孩子的婦女通常都有——而且擔心被當成對她不利的證據。他沒有強迫她，也不再多說。然而這次交談卻在瑪麗心頭縈繞不去。就像她告訴約翰．馬修的那樣，她確信休的胃痛是因為他在地獄的主人所致，地獄之王總在他睡眠時折磨他。有一次，他又大叫出聲，瑪麗當時嚇壞了，認為一定是因為「惡魔在夜裡來床上找他，並且吸吮他。」㊴

在山坡上從赤褐變為金黃的森林守護下，鄉親朝聚會所前進。莫克森吩咐每個人都要遠離罪惡，保持思想純潔，這話好像在針對休和瑪麗．帕森。㊵不過，即便瑪麗聽出這些話中的告誡，也沒往心裡去。之後不久，某個夜晚，她確定休已入眠，便掀開了床單，稍微等了一下看他有無動靜。接著，她掀起他的亞麻罩袍。無論透過爐火或燭光，此時的光線非常明亮，足以讓她看清他赤裸的身體。她開始仔細檢查，有些期待找到個非屬自然的疣或乳頭，可是卻什麼也沒有。然而，她並未檢查「他的私處」——也就是外生殖器。通常那正是有惡魔印記的地方。這麼做太過困難（或說令人羞恥），又或者兩者皆是。她或許又轉回信仰之上，想起牧師的教導，就像與基督的盟約那樣，與撒旦的盟約也是屬靈的，哺育魔鬼的想法根本是令人作嘔的障眼法。莫克森近期的講道也如此警告勿屈服於強烈的情緒。「人從來無法在想滅火時就能滅火，」他這樣提醒，因此最好永遠不要點燃那一把火。然而對瑪麗來說為時已晚，她的那把火已經燒得太旺了。㊶

約莫此時，在玉米成熟之際，小山繆．帕森病倒了。為了照顧這名男嬰，外加三歲的漢娜和莎拉．多徹斯特，瑪麗耗費許多時間，超出了休的忍耐極限，因為要做的事實在太多了。某天，喬治·科爾頓（長草地的一名農夫）到家裡來找休，他卻不在。瑪麗則一如既往坐在壁爐旁邊，生病的嬰兒臥在她膝上。當科爾頓問起怎麼回事，她便給他看男孩的身體。科爾頓發現山繆的生殖器萎縮，而瑪麗因為疲憊反而沒有那麼消沉。她並未掩飾自己認為一切不幸都是休所造成。「即使我小孩都病了，為了照顧他我這麼忙碌，」她說，「我的丈夫卻不斷刁難我，要我幫他處理玉米。」科爾頓可以理解。他有兩名稚兒，妻子黛博拉馬上就要再生。「你的丈夫更該做的是出手幫妳，」他拘謹地說，「而非刁難妳要妳幫他。」㊷

沒多久，瑪麗和休被山繆的夜哭驚醒，他們急忙奔去搖籃旁點燃蠟燭、掀開被子，目睹孩子從腳趾開始顫抖，然後是身體，當症狀來到喉嚨，他開始吸不到空氣。驚慌之中，他們將他頭部抬高，讓呼吸道通暢，休跑到再過去兩戶的庫利家用力拍門、懇求幫助。莎拉·庫利急忙從床上爬起，看見休絕望地流了滿臉熱淚。㊸她隨他跑回去，同行的還有布蘭琪·貝多薩，她也被這騷亂驚動。沒多久，另外兩名婦女也趕到了。她們一起將手放在山繆身上，他很快又能再次呼吸。雖然這些女人的育兒經驗救了孩子的小命，可是並不代表她們不認為山繆狀況反常。莎拉·庫利聽說巫術的受害者常在窒息而死前感到胸口堵塞，彷彿壓了塊大石頭。㊹他們徹底檢查嬰兒的身體，而且就像喬治·科爾頓一樣注意到他的「私處」生病。對女巫來說，攻擊一個人的生殖器等同攻擊殖民地的新生命，也就是殖民地的未來。他們全都心知肚明，只是沒說出口。唯有軟弱惡毒之人才會考慮這種事。㊺

九月最後一個週日，休和瑪麗準備前往聚會所，安東尼·多徹斯特也要過去，不過是單獨前往。莎拉已經不能行走，如果無人幫忙甚至無法坐起身。出門前，安東尼決定燉些肉湯，這樣等他回來就能給莎拉吃些有營養的熱食。他走向鹽缸，拿出牛舌清洗。瑪麗看著他忙活，便和休帶著小孩離開。漢娜牽著母親的手，休抱著山繆；他依舊虛弱。安東尼把肉放入釜中加水，然後吊在火上。接著他把自己打理乾淨，留下三名孩子陪伴臥病不起的母親，匆忙趕往聚會所。㊻

此時的休和瑪麗已至半途，休似乎心情不錯。他的妻子事後回憶，「對她非常好，他已經好長一段時間不曾如此」。或許在差點失去山繆之後，兩人都覺得該對彼此好些。看，他們這一家人正和睦地前往聚會所。可是即便如此，還是有些什麼不對勁。她知道他依然因為沒拿到那一小塊牛舌生氣，也猜想等他回家，聞到那股可口的香氣，一定會爆發怒火，也就是「無情的心靈風暴」。他們抵達湯瑪斯・梅里克的家（他現為春田的警官），就在聚會所附近。此時休突然把孩子往地上一放、走了開來。這到底是為什麼，瑪麗毫無頭緒。她也不知道他要去哪兒。瑪麗抱起小山繆，繼續帶著孩子往聚會所走，沒有等他。㊼坐定之後，她試著專注在莫克森先生的講道上。今日的講道取自《約伯記》，主題是罪惡的代價。罪人——欺騙者、驕傲者、不貞潔者——必須等著遭受永劫，莫克森語氣激昂地說道，不過，首先他們的人生會遭天譴。他舉出一個又一個的例子：墮落的所多瑪和蛾摩拉的滅絕；只有諾亞一家獲救的大洪水；猶大吊死自己；希律王被蟲咬死；嘲笑以利亞禿頭的孩子遭熊咬傷。「如果你將犯罪，」莫克森結論道，「不妨先想想會招致何種毀滅。」㊽

聽完後，安東尼・多徹斯特比瑪麗先抵達家中。他把沸騰冒泡的鍋子從火上取下、攪拌一番——結果那塊牛舌卻不見了。他震驚又憤怒。瑪麗回來時（休仍不在），他告訴她發生了什麼事，她完全不知道該如何解釋。安東尼的妻子一直躺在那兒，他的小孩又太小了，無法去鍋裡拿牛舌。然而不管有沒有用，瑪麗仍幫著安東尼滿屋子找，包括鹽缸也看了，想說他說不定忘了放進鍋裡（但安東尼堅持他放進去了）。瑪麗想起自己看見過他把上面的鹽洗掉，還承認「擔心她先生可能把它變不見。」她告訴安東尼，在前往聚會所路上，休莫名其妙轉眼消失，並補充說聚會結束時她有短暫地再看見他一下，但僅此而已。下午，他們回去聽莫克森先生的第二場講道，其中包含了言猶在耳的提醒。「雖然你可以在人前隱藏邪惡，」他這麼說，「但在上帝的面前不行。祂知道，並且會留意。你無法玩弄戲法欺騙上帝。」其勸誡之中的先見之明再次切中要害。「玩弄戲法」意指魔術花招：把東西變不見。㊾沒有多久，小鎮便開始熱切討論起這所謂「牛舌離奇消失」的話題㊿

休沒有回家。打從他在聚會所前短暫現身後，瑪麗直到隔天才再看見他。她整晚都在替山繆哺乳，孩子的情況惡化極快，以至於她和多徹斯特家都擔心會發生最糟的狀況。與此同時，她的先生則躺在長草地的冰冷星光之下，天剛破曉便起身，繼續幹活。在八到九點之間某個時刻，他正在一棵顯眼的大橡樹附近工作，瞧見鄰居喬納森．伯特踩著堅定步伐朝他走來。伯特還沒開口，一臉愁苦的表情早已宣告了壞消息：山繆死了。休沒說什麼話，而且令伯特訝異的是，他沒顯露任何情緒。休從容地晃過草地，就這麼走進喬治．科爾頓家裡。51

科爾頓和妻子黛博拉在家，她正在替兩人剛生的小女嬰瑪麗哺乳，外加兒子以撒（約三歲）以及十八個月大的以法蓮。在這麼早的時候看見休．帕森令兩人十分吃驚。由於知道他兒子病重，喬治心想，休應該在家陪著他太太，像個好丈夫那樣當她支柱。雖說現在他已經摸清了休的個性。然而，休這樣事不關己的態度仍讓喬治和黛博拉困惑。「聽說我的孩子死了，」他說，「但是回家之前，我得先切一管菸草，」他拿出刀，從一團菸草上削下一些，塞進菸斗，並拿點火用的芯條點燃。他們全注視著他。休站在那兒抽了一下菸，彷彿陷入沉思，過了一會兒才離開。科爾頓一家和喬納森．伯特一樣，對於他沒有任何悲痛甚至平靜的態度震驚不已。[52]

休跋涉回家，穿越田野，經過下碼頭直到抵達家中。他見到瑪麗抱著山繆的屍體坐著，安東尼．多徹斯特和布蘭琪．貝多薩在她身旁。他依然什麼也沒說，而且似乎並不低落，和他在山繆生病時的發狂狀態很不一樣。過了一會兒，他起身，又要回長草地工作，留下因為他的漠不關心驚訝得說不出話的每一個人。這已不叫遲鈍，而是徹頭徹尾引人懷疑。[53]瑪麗覺得自己知道丈夫在想什麼：既然山繆死了，她就有空可以幫他了。而安東尼．多徹斯特也猜得出她心中念頭。[54]

他們告知莫克森牧師，並且知會掘墓工，山繆當天下葬。休稍晚回到家，並到鄰居家敲門，邀他們參加兒子的葬禮。山繆．帕森小小的身軀用一條亞麻裹屍布包起，被抱著走過整條大街，後頭跟著他的雙親和弔唁者。沒有鳴鐘，因為這個小鎮根本買不起。在墳墓旁，莫克森遵循清教徒習俗進行默禱。既無禱文，也無講道。一條曾活生生的生命變包裹被放入洞中、再鏟土蓋上。山繆的墳墓有個簡單的墓碑。有些新英格蘭人會選擇威爾斯石板，對瑪麗來說，那等同家鄉的一個碎片，不過需要進口，價格高昂。她的兒子只能選木頭，而木頭將會變黑或腐朽。或選砂岩，那不要多久就會因暴風雨和冰霜而風化。55

人們在墓園聚集，滿懷憂傷地思考下一個會輪到誰。山繆的葬禮是星期一，一六四九年十月的第一天。星期二，羅蘭．史戴賓的妻子莎拉死去。她的遺體被平放著，四肢清洗乾淨，擺在適當位置，再用被單捲好。這場悲傷而絕望的安葬儀式重複如前。在充滿發燒和流感的那個月，魔鬼和女巫的謠言入侵白日對話和夜晚念頭。基於此，莫克森便於十一月四日默想《馬太福音》十五章二十二節，其中迦南婦人對著耶穌大喊：「主啊，可憐我……我女兒被鬼附身得甚苦。」莫克森提出警告，表示即使虔誠雙親的孩子都可能遭魔鬼附身，無論他們對天堂力量的信仰有多堅定。因為撒旦向來是用以糾正罪人的懲罰手段。56

沒多久，死神再度造訪帕森家農舍。莎拉．多徹斯特在十一月八日過世，並於隔天下葬。一如以往，喬治．莫克森安慰失去妻子的丈夫安東尼，然後亦對自己的家人——尤其是他的孩子——直發愁。包括了兩名一同帶來春田的女兒，和三名在這裡出生的兒子，最小的僅有兩歲。他自己家裡也有人生病。那年夏末，他買了超過三十三顆藥丸，用以治療某種不知名疾病。57而且，身為社區的梁柱，他自然對去年六月亨利和安．史密斯的女兒——也就是威廉．品瓊外孫女患上的致命疾病記憶猶新，深深記得他們是怎麼為得救祈禱，而當這些禱告未獲回應，他們又是如何哭泣。誰敢說上帝一定會再度垂憐呢？

並不是所有人都喜歡喬治．莫克森。他與品瓊交好，人人都敬畏品瓊。他在思想和行為上給予每個人指引；他名利雙收，並在春田擁有算得上最好的房子。可是他似乎不再全心全力為春田的救贖盡力，思想產生了矛盾，五十五英鎊薪水已受到爭議，但他還想提高到七十英鎊。而且他不加掩飾表示考慮搬離小鎮——不是要去其他殖民地，而是回舊英格蘭，現在那兒的君主政體已被清教徒政府取代。他想像自己或許可以過上太平日子。然而時值十一月，時間已經太遲，這是一年中不適合航行的季節。隨著牧草稀少，莫克森也像其他人一樣帶著牛過河去放牧，牛會在那裡吃玉米稈。一如春田鄉親之間遭遇的所有闖入和打擾，造成了農民之間的「失序」。[58]

有人推測，靈性失序的源頭都得歸咎於威廉．品瓊和他的異端思想，甚至連喬治．莫克森也有責任。因為他沒有出手制止。十八日星期日，亨利．史密斯效法繼父威廉．品瓊，發表他的門外漢布道，與籠罩全鎮的晦暗氛圍相互呼應。史密斯引用《詩篇》八十五章第八節（「我要聽神——耶和華所說的話……給他的聖徒；他們卻不可再轉向愚昧」），藉此提醒人們在等候自己的禱告應驗時必須經歷天堂的磨難。他沒有重複品瓊強調的恩寵與無須付出的恩典，而是改為著重群體之間不和諧造成的巨大惡果——神的嚴厲懲罰。他痛斥鎮上的每個成員，要求眾人檢視自身內心，找出神聖喜樂的源頭。「神使我們憂慮的原因是什麼？」他不禁思忖。「試想，在某些悖逆行為中，在某些與蒙召的恩不相稱的行事為人上，我們是否真的無辜？」他們比以往任何時候都需要直面長串罪行，並為此做出補贖。史密斯是在暗示巫術甚至異端嗎？眾所周知，如《撒母耳記》十五章二十三節所教導：「悖逆的罪與行邪術的罪相等。」[59]

針對一般民眾和特定幾位領導人發出的譴責持續到下午，接著換教堂執事山繆．萊特

（Samuel Wright）登上講道臺。他援引《以斯拉記》八章二十一節，談及危險、齋戒和禱告的必要，以及人們有責任找出通往神的正義道路——殖民者不慎走岔，好比在黑暗中失去方向，受到鬼火虛假的光明所誤導。他說無人能夠否認神在新英格蘭栽下上等的葡萄樹，然而它結出的卻是什麼果子？「驕傲、不信、抱怨而且不知足的野葡萄，」萊特痛定思痛地說。這在在致使上帝拔除植物，拆除花園和荒野間的樹籬。「對我們來說，」他繼續以不祥語調說道，「你們很清楚降臨在我們身上的是何等的災厄。」此時蠟燭突然熄滅，人們在幽暗之中摸索，並因此把萊特的講道推上振奮人心的壓倒性高潮。「多少學識淵博之輩都任其靈魂遭引入歧途——而且還敗壞了眾多追隨他們的人。」他直截了當地補上一句，言下之意恐怕就是說魔鬼誘惑了品瓊（或許還有莫克森），說他犯下極嚴重的宗教謬誤，並且透過宣講感染了全春田的心靈。至少這個部分對所有聽見他的話的人來說，意思再明確不過。⑥⓪

隨著冬季降臨，斗篷也縫上狼皮內襯，靴子和木屐或塞或裹稻草。細雪先是勾勒在風景的細節及小鎮的林木線，接著便是紛飛大雪，把一切變得朦朧。地上積雪越來越深，男人開始修補圍籬，使勁拖著身後的雪橇；牲畜從冰凍的沼澤和草地被帶回室內，開始消耗穀倉裡堆疊的乾草。由於冬季較長，穀倉也建得比在舊英格蘭時大。就和悶熱的夏天與天寒地凍的冬日一樣，距離聚會所最遠的家庭便不再來參加聚會。來的人則會帶上扁平的石頭和跪墊，好讓腳不用直接踏在冰冷地上。當活絡的商業行為逐漸沉寂，人們退守室內，紡紗、織羊毛及亞麻。柴火熊熊燃燒，毯子掛在窗上。家家戶戶都吃秋天儲存的食物，像是燻魚和豬肉、燕麥和烤玉米，硬乳酪和醃漬物。[61]休・帕森沒有工作，因為冬天很難製磚，收入也變少，更因為安東尼・多徹斯特在妻子過世後便搬走。[62]休跑去亨利・史密斯家乞求乾豌豆和其他物品，但遭拒絕。他盛怒返家，二度發誓要報復史密斯。休也並非唯一和鄰居齟齬之人。十二月二日，他被法庭傳喚，替鎮民之間一樁土地買賣糾紛作證人。春田之中各種分合的關係界線錯綜複雜、且不斷變動。眼見這些不斷發生的爭執，莫克森牧師在當日稍早曾頌讚慈善和虔誠的美德，提到「不信的邪惡的心」會使人背棄神，無法撲滅撒旦的火焰箭。[63]

莫克森的不信指的不是無神論，而是對神的不順服，以及使基督蒙羞。祂既是救主、也是典範，人應效法祂充滿耐心和仁慈的良善生活。從這個角度來看，休・帕森確實有副邪惡心腸。他善妒又報復心重，依舊對馬修夫妻作證指控妻子一事懷恨在心。布蘭琪・貝多薩則是在談磚塊生意時對他出言批評；亨利・史密斯拒絕給他工作和食物；還有其他傢伙。此外，他還積欠茉西・瑪什菲爾德因為被自己妻子誹謗得給付的傷害賠償。茉西在那之後，她的家人紛紛挺身幫忙，像是她成年的兒子山繆和十六歲的女兒莎拉；她在那年十月嫁給了湯瑪斯・米勒，品瓊一位諾森伯蘭的僕人，並因此在鎮上站得更穩。米勒提前解除十八年的工作合約，他們一家在更富裕的北端安家落戶，靠近上碼頭，離品瓊住的地方不遠。莎拉會在店裡掛帳購買布料和鈕釦，製作里斯・貝多薩和其他人訂購的外套。[64]湯瑪斯・米勒才沒時間理休・帕森和他那些無謂的威脅，反正他的新岳母對休的妻子也無好感，畢竟她詆毀她是女巫。

有了她身後那些親戚支持（其中可能也包括品瓊），現在的茉西・瑪什菲爾德可說是底氣十足，堅持休一定得償還他——或者更正確地說，是瑪麗欠她的錢。在天寒地凍的冬季某日，休．帕森以請罪者的身分來到寡婦家門口，心不甘情不願地放下玉米——更精準地說是二十四英斗的玉米。她則讓他在刺骨寒風中站在門階上。休懇求茱西能少收三分之一，想著她或許會願意高抬貴手。茱西表示她絕對不會，因為他的妻子瑪麗說她的證人發假誓。此時情緒已十分緊繃的休突然怒火高張、出口咒罵，說假如她拒絕降低罰金，她的玉米永遠不會真正屬於她。休仿效聚會所裡的莫克森，引用了某段他依稀記得的經文如此預言：「你的房子將著大火，衣服也會被蟲咬。」這話聽起來確實很像詛咒。休把玉米摔在她的腳邊，踏著深雪怒氣沖沖地回家。[65]

茱西．瑪什菲爾德現在覺得休．帕森可能會對她的家人下蠱。這個念頭不斷困擾著她。她意識到自己與帕森家之間的爭端並未了結。瑪麗誹謗遭到定罪不僅讓她與可怕的休為敵，還煽動了茱西的支持者——其中有些人也懷抱自己的委屈。將這整件事從聚在一起竊竊私語變成公開高聲談論。約翰．馬修因受瑪麗詆毀作偽證，只好放棄在夏天時向休訂製煙囪、取消合約，並要求退回定金。[66]但是隨著遭指控的內容不斷擴大、扭曲，瑪麗和茱西倒是有了一個共識：她們深信休．帕森是邪惡的。因為山繆死亡時休的冷漠，瑪麗和他對立。瑪麗也對莎拉．庫利的先生班傑明如此表露。因為她有所懷疑，所以曾要自己像獵巫人或產婆那樣趁休睡覺時搜查他的身體。即便瑪麗什麼也沒發現，她還是無法不去思考休為何表現得如此淡漠。尤其，他對山繆的死似乎毫不意外，這點甚至更糟。逐漸地，她的這些想法導出一個可怕的結論，沒有多久，鎮上的每個人都曉得了對瑪麗而言已漸趨明確的事：她的先生用巫術殺死了他們自己的孩子。[67]

6 奇怪的夢

帕森家的床鋪如同戰地。一個曾讓休與瑪麗因愛與信任如膠似漆的地方，如今成了迫使二人維持親密關係的桎梏。他們躺在觸手可及的距離內，聽著彼此的呼吸。一六四九到五〇年的冬夜漫長且不安寧，瑪麗的心中翻攪著和兒子相關的辛酸回憶。她夢見他了嗎？如同母親經常夢見她們死去的孩子？山繆的靈魂有來看她嗎？又或者，那只是惡魔殘忍的喬裝。①魔鬼會來找休，這點她很確定。他經常胃痛到身體蜷縮成團，或者在淺眠的狀態不斷翻身呻吟。如今兩人開始互相譴責，而且此時巫術更染指了整座小鎮，即使白日清醒時都像身在惡夢中。最糟的是，沒有任何方式可以抵抗或逃離女巫。無論多厭惡休和瑪麗都無所謂，他們還是在，還是每天過著同樣的日子，頑強地存在。他們不是可以設陷阱捕捉的猛獸，或可以射殺的印第安人，甚至不是能拉上法庭的殖民地殺人犯。他們就只是尋常鄰居，在相互依存的社會結構裡避無可避。

鄰居一方面畏懼休，一方面又被他惹惱。他約束不了老婆的舌頭，自己又常開口罵人。他的威嚇眼神並不屬於那種凶神惡煞的壯漢，而是背後有邪惡靠山的無能小人嘴臉。巫術是弱者的武器。而根據《聖經》教導，軟弱的器皿即為女人。休的言詞尖酸刻薄，如果他沉默——尤其是在遭妻子訓斥時——更顯出他毫無男子氣概。②瑪麗還在其他方面詆毀先生的聲譽，儘管她曾保守祕密，此刻卻把懷疑他是巫師的想法與所有人分享——她後來宣稱分享的人多達四十個。而這些人又告訴其他人。在春田這個互動密切的小世界，流言傳布的速度就像在一艘擠滿人的船上散布天花。③休無力中止，也無法做任何事來改善名聲。在生意上，他又常說話不算話。一六五〇年二月初，正是風雪肆虐的時節，他被約翰·馬修控告，對方要拿回取消合約的預付定金。陪審團成員包括亨利·史密斯、班傑明·庫利和湯瑪斯·史戴賓，這些人都投票贊成馬修。威廉·品瓊命令休歸還一英鎊十四先令六便士的錢，並且支付一先令的損失和十便士的費用。此時的休還在為欠茉西·瑪什菲爾德的債務火大，這麼一來更是勃然大怒。為什麼事事都和他作對？密謀蠶食他的金錢和時間？④

如果情況真如瑪麗猜測，休之所以殺掉他們的孩子，是為了讓她可以有更多的時間工作，那麼這個詭計也失敗了，因為她三度懷孕。同樣也懷上孩子的還有莎拉·米勒，也就是帕森的仇敵茉西·瑪什菲爾德的女兒，她才十七歲。由於期待許久的外孫終於來臨，瑪什菲爾德自是心滿意足。但是無論她多高興，這份心情都被擔憂給破壞了。休·帕森在她家門階上發出的詛咒令人難以忘懷。除了緊張，莎拉也十分害怕。一六五〇年的春天降臨，莎拉突然患病，身體飽受痙攣折磨——「詭異怪病」——家人如此形容。莎拉尖叫著說休·帕森正在折磨她，還直稱休為「小子」（sirrah）和「爾等巫師」（thou witch）⑤。她完全變了個樣，身體也不屬於她自己，她內心與超自然領域間的薄膜已被捅破。⑥

喬治・莫克森替莎拉・米勒祈禱。春天的來臨重新喚起了他離開春田的念頭，但品瓊說服他留下來。莫克森明白小鎮需要他屬靈方面的指引，因為罪惡邀請惡魔進入社區、家庭和個人的靈魂，亦即亨利・史密斯說的所謂「與蒙召的恩不相稱的行事與為人」。此時，某些鄉親開始認為品瓊的神學見解就是這類的邀請，一如萊特執事在講道中所暗示。然而，莫克森持保留態度，並且依舊忠於他的贊助人。不僅如此，他還幫助品瓊。當品瓊著作完成後，莫克森把手稿寄給倫敦的親戚（對方是一位專門印清教徒小冊子的印刷工）、將書付梓出版。⑦他們在等書橫越大西洋寄回來時，疾病在新英格蘭擴散開，症狀是發燒和「腸絞痛、劇烈嘔吐和腹瀉」，最後結果往往致命，尤其是孩童。這就是牧師口中的「覺醒的天道……讓我們思考並檢視自己或許做出某些一般或罕見的罪行，激怒了主。」⑧人們應該如何安撫上帝？六月，瑪麗・強森，這位十八個月前遭到定罪的韋瑟斯菲爾德女巫終於在哈特福吊死。她死前做了悔悟，而且據說「畫面令觀刑人極度滿意。」⑨

一六五〇年，夏季轉秋時分，休・帕森和威廉・品瓊的運氣一起墜到谷底，儘管是逐步遞減、而非陡降。然而有一陣子，兩人仍繼續和鎮上其他人一起工作，並且履行鎮民責任。品瓊手中的權力和皮草生意獲得的利潤都來到顛峰，生意更是前所未有地深入荷蘭商人地盤，成為他們心頭的一根刺。他運至下游的某些貨物就包含了多達兩百張、重達三百磅的毛皮——就平常標準來看可說數量驚人。[10]在商業方面，他在碼頭上與印第安商人碰面，好修正其資產負債表。研究方面，他閱讀所有能找到的資料，與《聖經》譯本相對照——品瓊似乎渾身都有恩寵，並且受神引領。也是在這同一期間，輪到休擔任守衛，負責與鄰居約翰．朗巴德一起巡邏主要街道。七月的一個星期日，他和朗巴德注意到品瓊的僕人山繆．泰瑞（Samuel Terry）靠在聚會所前自慰，而當時莫克森先生正在裡頭講道。儘管此事不常發生，卻等同對權威的大膽侮辱。他們向主人品瓊舉報泰瑞，後者選擇私了。他拿了根棍子在這名年輕人的光裸後背上結結實實地抽了六下。這件事沒必要讓人知道——尤其是亞麻織布工班傑明．庫利。他正準備在十月收泰瑞作學徒（以九英鎊的費用）。或許，品瓊是想趕走這男孩，又或許只是想減輕他期待已久的煽動書籍抵達麻薩諸塞後要負的責任。[11]

他沒等太久。書已經離開倫敦的印刷鋪。六月初，威廉．品瓊所寫《我們救贖的功勞代價》（*The Meritorious Price of Our Redemption*）在皇家交易所（Royal Exchange）附近的康希爾（Cornhill）上架銷售。在這改革的時代各種各樣的書名應有盡有，從國外消息到畜牧產業、從烹飪到宇宙起源論，都可在市面上看到。不過並非每個人都喜歡這種多樣化，尤其當主題是宗教，而作者又是業餘愛好者。「相較那些老手的作品，」一位評論家如此控訴，「何曾見過比這更不厚道、更不像基督徒的胡謅。」[12]西敏會議（The Westminister Assembly）——英國國教改革會曾在此召開——成員喬治．沃克（George Walker）暗示魔鬼可能會冒充作者，對這些遭到迷惑的群眾「大談險惡的謊言和捏造言論」，沃克把這些民眾比喻成遭到「各種各樣新穎陌生教義之風」[13]吹散的雲朵，也毫不猶豫地將這些謊言與異端、褻瀆、魔法和邪術連結在一起。⑭同一時期，五月花號的先鋒愛德華·溫斯洛（Edward Winslow）在倫敦推廣新英格蘭吸引人的地方，對任何挑戰殖民地權威之事都保持高度警覺。他眼觀四面、耳聽八方。或許留意到《我們救贖的功勞代價》、並且一眼就覺得這是異端的人正是他。「基督並非為了贖回我們的靈魂，」扉頁寫道，「才替我們承受那些因神怒而產生的無以言表的苦難。」而是作為中介，完美表現出對父的順服——父後來將祂接至天堂，這才把人類從亞當的詛咒中拯救出來。⑮

品瓊花了一百五十八頁的篇幅描述此概念：贖罪來自於基督對上帝的順從，而非因為背負了世上所有的罪而惹怒祂。全書論理清晰，但充滿生硬沉悶的註解，綜合了各神學家、譯者、歷史學家和古典權威的論證。透過自學的品瓊使用了簡單樸實的譬喻，就像喬治·莫克森講道時那樣。品瓊藉著自己對兒子約翰的愛，幫助他想像神對基督的情感。他決心把基本真理（像是神的完美）和單純的寓言分開，並且駁斥天主教對地獄的建構，其中也包括煉獄。他還認為在聖餐禮方面，天主教徒和路德新教徒都是錯的，「因為他們把救贖的功勞代價放在基督之血和肉的粗俗物質上」，然而「奇蹟」完全是象徵的，一點也不是靈性或神祕的。⑯《我們救贖的功勞代價》理性的程度令人振奮而且現代，又極為異端。倫敦有哪些人讀過這本書（除溫斯洛外），或他們的反應是什麼沒有留下任何紀錄。但這些都沒有一件事重要——書已寄出，正運往一艘即將啟程、橫渡大西洋的船，很快就會抵達新英格蘭。

回到春田。眼下尚無人知曉此書出版。此外也還有其他的事要煩惱。收割的時節已至，瑪麗．帕森的肚子已經很大，離產期不遠。由於自己的妻子無法下田工作，休只能仰賴其他人——而他們也仰賴著他。儘管這些人對他不為人知的財力和意圖心有疑慮。然而，如果想度過接下來的寒冬，眾人都得團結起來。可是許多人不願幫忙休．帕森，或者雖出手幫忙，仍滿心防備、勉強為之。休設法把穀物送去磨坊，但要把麵粉搬回家非常費勁。磨坊離他家並不遠，可是麵粉袋很重。他在磨坊看見品瓊的僕人賽門．畢曼（Simon Beamon）坐在一匹馬背上，便要求幫忙，畢曼拒絕，此舉惹惱了休。畢曼騎上他「溫馴安靜的馬」掉頭沿著大街慢慢往前跑，將自己那袋麵粉隨意掛在鞍上。然而沒跑多遠就摔了下去，麵粉袋重重砸到他身上。畢曼打起精神檢查馬的狀況，馬十分鎮定，而且沒有受驚，也沒有閃到一旁。他重新把麻袋放回鞍上，再爬上去，拉緊韁繩離開。但不過走個三十英尺又再度跌落，雖然他像上次一樣坐得很穩，而且馬極為鎮定。接著，他三度跌倒，「馬還是安靜地杵在原地」。畢曼別無他法，只能繼續嘗試，雖然此刻他已滿身瘀傷、心慌意亂。最後他終於平安到家。這已經不是他最後一次在惹毛休．帕森後發生意外了。[17]

休的存在已成為眾人景色之中永恆不變的河流或森林，而最難以忍受的當屬離休最近的鄰居。約翰．朗巴德是休巡邏小隊的夥伴，和妻子及小男嬰住在隔壁，屋宅坐落在大街及往下通往碼頭的小徑角落。碼頭位在小鎮最遠的南端，大概在長草地之前。朗巴德的妻子喬安娜就像他們的鄰居瑪麗那樣鄰近生產，預產期在十月。就像其他人一樣，他們都在為過冬做準備，避免冰霜侵入屋子灰泥中，撐大裂縫。朗巴德向喬治．蘭頓借了把抹刀，動手用泥或混了貝殼粉的糞替牆補強。他已經工作了好一會兒，之後來了兩名印第安人找他商量一些事。當時朗巴德就把抹刀放在門檻上。他們談完事後，印第安人離開，他又回頭工作，卻怎麼也找不著工具。他本能覺得是被印第安人偷走。第二天，他向休．帕森借抹刀，並繼續抹牆，直到他看見前天來過的兩名印第安人。朗巴德對他們大喊，他們似乎沒有聽見，但休聽見了，便過去詢問鄰居與他們之間發生了什麼事。「他們偷了我的抹刀，」朗巴德回答。對此，休便簡單指著地上說：「不是在這裡嗎？」蘭頓的抹刀還真的就在那裡，位於朗巴德原先擺放的門檻上。這件插曲使得約翰和喬安娜．朗巴德十分不安：休竟能把抹刀悄悄塞回門檻，卻沒被他們任何一人看見？這實在太不可思議了。這可能只是玩笑，但在他們看來，卻表示休很愛插手他人之事——自己的家搞不定，就去管別人的家。[18]

另一名春田人威廉．品瓊則在波士頓掀起了另一種騷動。他的書在十一月初抵達，正是投資人大會的地方治安官召開會議之時。《我們救贖的功勞代價》被當成緊急事件討論，他們擔心的不只是它對新英格蘭產生的影響，還有倫敦的清教徒政府是否認為麻薩諸塞支持此書。尤其令人惱怒的是，品瓊在扉頁自稱「新英格蘭的紳士」。這把地方治安官嚇壞了，他們將此視為背叛宣言，對「舊英格蘭已經不少的大量謬誤和異端」再添一筆。他們寫了一封信給英國議會，聲稱「他們信仰正統，並反對所有具破壞性的悖論和危險的革新」。此信一如預期加緊送往港口，在那裡，一艘橫跨大西洋的船隻正等著出發。[19]譴責《我們救贖的功勞代價》變成新英格蘭的一個信條，就連品瓊的老友約翰．艾略特都批評它是「充滿錯誤、漏洞和異端的一本書」。這番言論重複了一六三○年代中葉波士頓對反律法論的指責，同時表達出他們心中的擔憂，深恐任何公開背離正統喀爾文教派的行徑，都可能造成英格蘭祖國強行派任一名新總督來管理他們，如同一六四六年提出請願書那次，人人都知道品瓊曾為其辯護。[20]

一六五〇年十月十六日，投資人大會發表一項聲明反對品瓊的書，因其在三位一體和基督救贖力量方面對正統見解的質疑是「虛妄、錯誤而且異端的。」此書作者將在下一次會議召開的第一日被傳喚到庭，並且告知必須發布撤銷聲明，而且聲明要在舊英格蘭印行周知。麻薩諸塞伊普斯威奇的一名牧師，約翰．諾頓（John Norton）也受命代表殖民地撰寫一本書予以駁斥。身為受過大學教育的學者，諾頓以截然不同的理解來宣講基督作為天堂和人世的中介身分，並且已先出版一篇布道以作為反制，避免「身處這令人眼花撩亂時代的可憐靈魂，受到凡人學說之誘人言詞蠱惑和俘虜。」如今，他的任務是要掃除品瓊那些無用且紊亂的理論，就像為了開拓森林小徑，印第安人會焚燒灌木叢、只留下健康的樹木。以品瓊的作品來說，這完全是字面上的意思。法庭下令必須把一本《我們救贖的功勞代價》交給政府的劊子手。四天後，在演講結束的安息日，群眾紛紛聚集在市集觀看劊子手燒毀品瓊的言論。同時，約翰．諾頓則逐字逐句閱讀他拿到的那本，在其中找到三大「可惡的異端邪說」。[21]

二十三日，消息傳抵羅德島，那是一個聞名於「能容納許多不同觀點」的殖民地。清教徒的自由思想者羅傑．威廉斯（Roger Williams）——他的書在一六四四年於倫敦被焚——寫信給波士頓當局，要求閱讀《我們救贖的功勞代價》。他打趣地預測，品瓊一案就要揭露「這塊土地上的宗教信仰有多自由。」[22]當品瓊的書遭焚燒的消息傳抵英格蘭，一六三〇年代動亂期間的麻薩諸塞總督小亨利・范恩爵士（Henry Van Jr,）同樣感到憤慨。作為一名心胸寬大的擁護者，范恩公開發言替激進分子約翰・畢多（John Biddle）和約翰・弗萊（John Fry）辯護，他受到三月發表的一張名為〈發現英格蘭新鎖鍊〉的宗教傳單啟發。該短文作者是約翰・李爾本（John Lilburne），是個信奉主權在民的平等主義者，主張掌管全國的克倫威爾軍隊不過是另一種暴政。果不其然，最後此舉引發群情激憤。范恩認為像畢多和弗萊，李爾本和品瓊這樣的人有權發表自己的想法，他也幫助羅傑・威廉斯替羅德島取得特許狀，同意該殖民地設立法人組織，並且特別在宗教上享有自由。[23]范恩相信基督徒之間的「幸福聯合」，重視其單純的核心信念——信任、誠實、仁善、寬容，更勝會分裂他們的複雜信念。[24]對范恩來說，異端只是會逐步演變成信條的觀念。正如一名神職人員曾說過：「每個時代都有可被社會接受的真理，那是之前的時代所無法明白的。」[25]即便如此，言論箝制和自由之間的戰爭，還有得打了。

然而，你無須閱讀《我們救贖的功勞代價》，又或者站在遭議論的另一方，也會因為它遭禁而被激怒。對後者的陣營來說，它象徵異議者對專制的挑戰，威廉・品瓊只是這些紛爭之中最新的一名傀儡。自由思想者發現《聖經》裡充斥著所謂的像品瓊的「異端」。「他們怎麼沒說我們的救世主是騙子、魔術師或褻瀆者？」某個人問道。路德和喀爾文也曾是異端。異端分子怎麼可能會是「靈魂殺手」，羅傑・威廉斯如此譏嘲。此外，有哪個終歸一死的凡人有足夠的純潔和智慧能批判他們？他堅稱我們應該准許人類暢所欲言，並且隨心所欲地做自己。隨便他們想「當異議分子、或巴蘭[*1]，或精神上的女巫……說出反基督的褻瀆言論」。[26]再回到春田。這裡的消息已經傳開：他們的領袖寫了一本書，其中包含了他曾口頭表達的觀點云云。聽聞消息的人都萌生一個念頭：此事絕無好下場。假如連波士頓的虔誠領導人都予以譴責，上帝為何不會？這種不順服帶來的惡果就是天堂被荒地奪回、玫瑰遭荊棘絞殺。品瓊的非正統對小鎮是個威脅。這個小鎮仍在咬牙苦撐，卻受到自己屬靈審判的伏擊。

十月二十六日，瑪麗・帕森生下一個兒子約書亞。對這些身在美洲迦南地的新以色列人來說，這是一個充滿希望的名字。[27]然而，瑪麗身心上的感受及婚姻帶來的壓力比從前更大。即使是最微不足道的家庭瑣事，家務、烹飪或照顧孩子都導致她和丈夫間的誤解和積怨。在其他人家中，能使得兩人相互尊重的日常生活到了瑪麗和休身上卻成為對峙和衝突的狹道。兩人迷失在彼此譴責和動輒得咎之中，只看見彼此最糟的一面，於是爭執變得越來越大聲，也越來越頻繁。他們不再相愛，也控制不了自己的生活，而他們的街坊都認為控制是必須的。丈夫的憂懼和弱點會體現在妻子身上，反之亦然。於是，這便陷入永無止境的惡性循環。配偶完全無法忍受彼此，假如一方墮落，絕無可能不把另一方一起拖下水。

休的糾紛經年不減。他對鄰居班傑明・庫利出言不遜，而班傑明正在為擴增資產努力工作；他與詹姆斯・布利基曼（James Bridgman）為一棵樹起口角，也持續責怪約翰・馬修為瑪什菲爾德案做出的論斷。[28]他冷漠、過度敏感、吹毛求疵而且易怒。這幾乎已經成了習慣，無論何時何地，只要有人惹惱他，他就揚言要和對方算帳。[29]無論對誰，休都沒有一點寬厚。他現在很少參加公共集會，包括莫克森的布道。這既是他壞脾氣造成的後果，也是證明。

儘管休沒有比鄰居貪婪多少，他們卻在他身上看見某種反常的貪欲——又或許是他們自身罪惡欲望的一種縮影。殖民者必須堅毅頑強，可是鮮少有人獨占欲到達這麼強烈的程度。打從一開始，清教徒在新英格蘭的冒險就需要有產業有獲利——但多少算是太多？無人知曉。而且說實話，每日生意往來時根本沒什麼人在乎，尤其是春田鎮民。但即便如此，這種欲望下隱藏令人不安的情緒仍難以緩解，因此更容易無意識朝著這個小鎮喜怒無常的製磚工人發洩。對休的敵意甚至可能是象徵，鄉民從無法企及的領主品瓊身上感受到挫折，又或者是對他權威的質疑，這些全轉移到休的身上。他們攻擊反父權制的代表人物，是因為為首的族長本身已遭腐敗的異端之說闡割。㉚

印第安人教導英國農夫從玉米外皮的厚度預測冬季的寒冷程度。因此，或許他們可以預知一六五〇至五一的冬天會有多極端。萬物都被凍僵了，大雪使得所有道路都封閉，清澈的夜空為早晨帶來冷冽的霜凍，牛隻在畜欄中扭擺身體、跺著四肢；豬在豬圈裡呼呼冒蒸氣。馬向來是最後

1 譯注：Balaam。《聖經》人物，因違背上帝命令最終自取滅亡。

才牽進畜棚的動物，牠們艱辛地在雪堆中穿行，直到或因馬蹄腐爛而瘸腿，或是染上泥熱病而累倒。品瓊的家僕法蘭西斯・派普養的小母牛生了病。㉛當氣穴裡的壞空氣開始燃燒，糞肥堆詭異地冒起煙來，並搖曳著紅色火焰，田野和菜園籠罩在霧中。風好比懷著復仇的怒火那樣呼嘯橫掃家園，繞著門窗緊閉的房舍尋找裂縫或缺口。被迫關在家中的人們往床上堆疊墊子和毯子，並在餘燼熄滅後有如僵屍那樣躺著一動不動，以保存殘留的暖意。

就是像這樣蕭瑟淒冷的夜晚，喬納森・泰勒家窗外發出巨響，迫使他從溫暖的窩中起身，走到門外。他繞著後院察看，甚至走入巷中，發現鄰居約翰・馬修的桶子掉下來了。是什麼原因造成的？由於當時太黑，無法判斷。可能是風，也可能是一匹四處覓食的狼。等到泰勒回到屋內，他感覺有人在門的另一邊，就在他鬆手之時，對方抓住門把，門嘎吱一響打開：是休・帕森。他背對著月光，儼然一道陰森逼近的剪影。他走進門，要泰勒坐下。接著休逕自告訴他說，山繆・泰瑞——就是班傑明・庫利從品瓊那兒帶回的丟臉學徒——打了他的牛，倘若他的主人不打算好好管教，那麼就由他來。大半夜來傳遞這種訊息實在詭異，而且這甚至是休離開前唯一說過的話。約莫一天後，莎拉・庫利派泰瑞去跑腿，他卻沒回來。她出門找人，半途遇上泰勒，她便請他幫忙找戶外廁所和乾草棚，「扯開嗓門大喊」。泰勒詢問庫利太太休・帕森是否已確實教訓過那男孩。她表示不清楚，但這話卻令她起疑。當山繆・泰瑞終於回家，他指控帕森把他頭朝下方扔入一座「大地窖」，然後突如其來痛揍他一頓。㉜

此外，春田還流傳了其他暴力事件。威廉・品瓊把兩名在夏天來到小鎮的蘇格蘭戰俘交給亨利・史密斯，在他的田裡工作。[33]他們同樣帶來了戰爭和迫害的故事。在去年整整十二個月中，蘇格蘭低地燒死了三百名女巫。而在遙遠的歐洲大陸情況更是可怕。由於發生大量巫術處決，人們因此被劃分成兩派，一派對證據抱持懷疑態度，一派堅持滿街都是魔鬼崇拜者。這種故事使得新英格蘭本就緊繃的氛圍更加濃烈。在馬布爾黑德（Marblehead）港口，有個婦女被人目睹以貓的形態出航，並揹上破壞水果收成的罪名；在多徹斯特，四名小孩的母親因和撒旦立約遭到處決，孩子需要有人收養，父親也因此事所帶來的恥辱身敗名裂，獨自逃往羅德島。[34]各地的厄運和絕望在在餵養了此種妄想——尤其是在與世隔絕又脆弱的康乃狄克河谷。一六五一年一月，由於深切感受到荷蘭人、印第安人和狼群帶來的威脅，春田的行政委員投票表決，認為小鎮應該把更多寶貴的資金投在火藥、火槍彈藥和火繩上，牛隻主人也應該付給屠狼者賞金。春田最迫切需要的便是強而有力的領導，而且在過去數年裡他們也確實擁有。但是如今，領導階層隨時都有瓦解的可能——一個招來異端指控的地方治安官，外加一名老巴望著遠走高飛的牧師。雖然品瓊替莫克森加薪，開出每年七十英鎊的可觀數字說服他留下，接著卻傳出品瓊自己想回舊英格蘭的謠言。[35]

此時，每隔幾天就有掘墓工人得出門一點一點掘開墓園冰凍的地面。約翰和潘黛蔻絲特・馬休的獨生女莎拉在她第四個生日之前過世，她悲痛的雙親無法原諒瑪麗・帕森曾把其姊妹艾比蓋爾的死亡歸咎於茉西・瑪什菲爾德的巫術（可以追溯到一六四六年夏天）。而此事過後沒有多久，瑪麗三個月大的嬰兒約書亞便在搖籃之中病倒。[36]

瑪麗已經失去了一個孩子，她認為那次的死是丈夫行巫術所致。如今，當她望著生病的孩子發愁，身為母親的痛苦再次像把利刃抵在心上。她該作何感想？最近丈夫的睡眠比從前更混亂，而且會彷彿精神錯亂一樣含糊說著夢話。瑪麗會靠近他，耳朵貼近他的嘴巴，試圖搞清楚他在說什麼。假如他猛然驚醒，她會問他到底掙扎著想說什麼。可是他總是一臉困惑，只回答自己做了個「奇怪的夢」[37]。

休不得安寧的夜晚持續為紛擾不斷的白天增色。那年二月，他與品瓊僕人賽門．畢曼間的過節終於浮上檯面。[38]休並未忘記畢曼拒絕替他搬運麵粉；畢曼也未忘記從馬上摔落。畢曼在雜貨店工作，當時一直替品瓊打穀的休進來替「他主人」跑腿——至少他是如此宣稱。他說要找一小塊白鞣皮來更換連接打穀棍和把手鉸鏈或鉸練蓋。畢曼表示沒時間替他服務。休則懷疑他拒絕幫忙的真正原因是他顯然不喜歡他。畢竟，身為店內員工，又是鎮上的皮革工人，無論任何時候，只要他想就可以拿到皮革。但是畢曼道了歉，解釋他正要離開店裡去森林載木材，馬匹都已經套上貨車，並且答應下次再幫忙。休厲聲責罵畢曼，說他最好馬上替他服務，然後怒氣衝衝地走出店門。很顯然，這又是一次邪惡的威脅，正是遇到挫折的失敗者可能採取的魔法手段。[39]

休怒氣沖沖地回家，發現喬納森．泰勒過來他家跑腿，在和瑪麗說話，瑪麗已做好心理準備，要聽新一波的激烈抱怨。雖然她越來越直言不諱地表達她對丈夫的不滿，無論是在他人面前還是私下。休講了在店內發生的事，堅持賽門．畢曼應該抽空替他服務。「他別以為這樣就沒事了，」他怒吼道，「我一定會以牙還牙。」泰勒一語不發，但是瑪麗試著和他講道理。「丈夫，你為何要這樣威脅那個男人？他聽起來真的很忙。」休冷笑著說，假如來的是班傑明．庫利或「任何他喜歡的人」來找他要皮革，他的反應一定不是這樣。不過都無所謂，他表示「我會讓他記住的。」說這種話實在很危險，畢竟威脅威廉．品瓊的僕人嚴格來說就是威脅品瓊本人。[40]

當日稍晚，畢曼沿森林裡的老路返回鎮上。當馬猛衝跑走——牠好像受到了驚嚇——鋸下的木材被甩了下車。畢曼用力拉扯繫在車轅上的馬，試圖穩定下來，結果卻讓自己被往前一拋、摔下車，重重跌落地面。當他跌下來，及時踢了馬一腳，讓牠把貨車拉向旁邊，逃過被車輪輾過的命運。於是，車輪邊緣斜切過他的夾克邊緣，撞上一棵樹椿後猛地停下。畢曼瞥了一眼周遭林木參天的寂靜森林，實在看不出到底有什麼會驚嚇到馬匹的異常現象。他於是平躺在森林的地面上大口喘氣，渾身不住戰慄，打從內心深處感到恐懼。[41]

一六五一年前幾週，來自英格蘭和其殖民地的女巫消息更多、也更深入地滲透到春田鎮民的心中。他們可能聽說了百慕達群島的大恐慌，當地宗教的分裂和改革狂熱刺激了清教徒殖民者進行獵巫，並採用與大西洋彼岸同樣的判斷方式。[42]另外，也有新聞從較近的地方傳入家園。一個名叫約翰．卡林頓的木匠和妻子喬安來自恐巫的韋瑟斯菲爾德，因為「討好神和人類的大敵撒旦，並與之親近」，做出「違反自然進程之事」受審，兩人都被吊死。[43]休．帕森似乎認識卡林頓。他從一位鄰居家回來，那家人正好在談論卡林頓家的事，並把這個消息告訴妻子。虔誠的瑪麗義憤填膺地說道：「我希望上帝能把這類邪惡之人都找出來，並且快些肅清新英格蘭的所有女巫。」他則用嫌惡的眼神看她——無聲地怒瞪她一眼。自妻子指控茉西．瑪什菲爾德惹出的麻煩後，他曾發誓，絕對不再讓她這樣瞎攪和。然而她卻懷疑他的凶惡表情沒那麼單純。搞不好是心虛，因為他體內也住著惡魔。後來他勃然大怒，抓起壁爐邊一塊木頭高高舉起，彷彿就要砸向瑪麗。她猛地縮了一下，俯身閃躲。但是他只是垂下了手臂，把木材擲入火中。㊹

新英格蘭的男人禁止打老婆。這種暴行不僅被視為違背神聖盟約與破壞和平，更是對父權責任的失職。以身體上的脅迫來獲得尊重的男人是失敗的丈夫兼戶長。㊺言語和手勢也會打破在婚姻裡對等的權力鎖鍊。至少一整個世代或者更多世代的男人都畏懼女人和他們的地位互換、牝雞司晨。㊻「打從亞當開始，女人從未如此陽剛」，一名諷刺作家認為。假如男人無力表明立場，不如聽命於「野蠻的愛爾蘭人」和「赤身裸體的印第安人」。㊼瑪麗．帕森對休產生輕蔑，而休對瑪麗的鄙視也不遑多讓。此外，在與社會地位更高的人往來時（如威廉．品瓊），他也毫不遮掩不尊重的態度。至少，從品瓊的僕人賽門．畢曼就能間接窺見。他還威脅過亨利．史密斯。有些人認為他曾對史密斯的女兒施法，導致她在一六四八年夏天死亡。而對於喬治．莫克森，起初他是不再出席他主持的禮拜，然後是接下他的生意，卻擅自違約。

此生意無庸置疑與磚塊有關。莫克森事業有成。為了說服他不要離開春田，品瓊不只替他加薪，還把他的掛帳和信用額度提高到七英鎊十六先令四便士，如此一來，他便能替家中增建煙囪。莫克森還想替聚會所的牆加釘木板，因為冬天實在太冷，他還替自己訂製了一張舒服的座椅。他與休．帕森談妥交付磚塊的所有事宜，可是交貨日到了又過。當莫克森問起，兩人卻發生爭吵。後來，依舊滿腔怒火的休對著瑪麗瘋狂咒罵——她早就習慣，也早預料到——「假如莫克森先生真要強迫我按協議交出磚塊，我就要他好看。」之後沒多久，約翰．馬修來到休的院中，想撿些還軟的半燒磚塊填補空隙。他問休是否打算履行和牧師的合約。「他現在要留下來了，」馬修說道，「我相信他一定會想把煙囪蓋好。」休沒吭聲，因此馬修繼續說：「你開始做了嗎？」「就我這邊是沒有。」這名製磚工人咕噥道。馬修說，他覺得莫克森牧師一定會要求他兌現合約——聽到這話，休倒是做了回應。而且他的態度之強硬，完全意料之中「如果他敢，我就叫他好看。」[48]

接連幾天之內就傳來更多生病的消息。喬治·莫克森的女兒瑪莎和麗貝佳都病了，在床上翻滾啼哭。由於太清楚亨利·史密斯在惹惱休·帕森之後發生在他女兒身上的事，莫克森焦慮地譴責磚塊師傅的「邪惡意圖」。[49]牧師一家人熱切且專注地為孩子的康復禱告，但上帝的考驗——又或許這是對莫克森性喜奢華的懲罰？——不會那麼簡單。瑪莎和麗貝佳的痙攣變成發抖，而且頻率逐漸增強，來到瘋狂抽搐的程度，就像莎拉·米勒曾出現的症狀。作為一名被授予聖職的牧師，莫克森主動擔起責任，與女兒身上的魔鬼正面對決。他熱切呼求天堂的力量將它們驅逐。假使魔鬼真的干預凡塵俗事，那麼眼前就是最好的證據。[50]

許多訪客出於關切（或許病態）的好奇心，以及不想錯過好戲的欲望紛紛來到莫克森家裡。這些觀眾站在女孩的臥房內，雖近距離與撒旦對峙，情緒卻免於受擾：他們感覺得到撒旦力量的灼熱，卻能退後以免遭到捕捉[51]。山繆·瑪什菲爾德判斷女孩的發作比莎拉·米勒更為嚴重，儘管自從女孩生病，莎拉抽搐和出現幻覺的狀況也變得更嚴重。[52]某些鄰居認為瑪莎和麗貝佳都遭到魔鬼附身，但是莫克森和妻子更傾向認為有人行邪術。這個判斷強調出受害人的無辜，並排除了這些痛苦源自於他們信仰不夠堅定的嫌疑。[53]等賽門．畢曼發現備受煎熬的女孩呈現垂死狀態，眾人已一致認定這就是有人施咒。那麼他們是否曾採用任何不合法的反制巫術治療？可想而知應該是有。就算不是莫克森安排，也會有其他人這麼做，只是沒有留下紀錄。重要的是最後女孩都康復了——她們的康復讓所有人鬆了口氣，並且歡欣鼓舞。[54]

但是，到了一六五一年二月的最後兩週，春田的屬靈危機卻有如被湍流衝下瀑布的獨木舟逐漸失控。等莫克森家的女孩恢復知覺，這波感染卻蔓延至聚會所。據後來的一名清教徒描述，那裡的鄉親「應該是被一隻邪惡之手控制住」。意指若非附身，就是下咒。事態在十六日星期日莫克森兩場講道間的休息時段瀕臨危急存亡關頭。瑪麗．帕森與鄰居坐在羅伯特（Robert Ashley）和瑪麗．艾希禮（Mary Ashley）經營的酒館，兩眼發直、一臉茫然，並開始沒完沒了地亂扯安．史密斯女兒的死亡「令她非常難過」。當艾希禮太太問為什麼，瑪麗回答。「因為我丈夫曾要我去當她孩子的保母」，瑪麗審視兩人的憂慮臉龐，並且問說誰會「認為我適合當她們的保母？」眾人沉默不語。艾希禮太太打破安靜，問休為什麼會想要她去做史密斯家的保母？「為了錢和收入，」瑪麗回答，「他的理由不難想像。」然後沉重嘆了口氣說：「根本沒什麼人知道那些孩子的死對我有什麼影響。」然後她又嘀咕了一些事，暗示她把這些死亡都怪在丈夫頭上，並補充道：「最好由別人來揭發他，而不是我——但我可以提供很多他的消息，假如有人想揭發他的話。」[55]

後來，品瓊的僕人法蘭西斯．派普也來加入。他才剛照顧完生病的小母牛。瑪麗抬眼看他，並立刻用一種焦慮的口吻對他說牛被詛咒了。而她是怎麼知道的呢？派普問道。我先生，她回答，我先生對牠下咒。「現在，」她繼續說，一掌拍在大腿上，「他又對我下咒。他現在知道我說了什麼，所以怕我。」她很清楚這段談話不可能保密，休永遠都可以透過巫術竊聽，即便當時他人完全不在附近。可是不知為何，這反而促使她把內心所有困擾和盤托出。休在工作方面脅迫她，瑪麗說，就像她前任丈夫在信仰方面對她百般欺凌。他舉起一塊木柴要脅她，而且這分欲望已將邪惡帶入他們的生活。這難道不怪嗎？瑪麗質問她面前這一小群聽眾，此刻的他們全都既害怕又著迷，全神貫注聽著。他竟「無法忍受任何反女巫的言論？」[56]

就在此時，瑪麗似乎又陷入恍惚狀態。她眼神呆滯、沒有反應。酒館裡的同伴不知道的是，瑪麗腦海中正響起一陣來自地獄的宏亮聲音，只有瑪麗能聽見。撒旦告訴她自己已進入休的身體，但不是透過肉體的接觸，而是以一種無法看見的凶猛力道。瑪麗顫抖地低聲對魔鬼承認，要不是太過害怕，她以前也有變成女巫的可能。「我不會以任何幽靈形式出現，」撒旦以強勢的命令口吻要她放心，「而是會像一陣風般進入你的身體，只會讓你不適片刻，隨即離開。」她無須承受女巫常描述的惡魔交媾——熾熱的呼吸、潮溼的皮膚、冰冷的精液。也不會有惡魔之爪劃破肌膚、沾取她的血液，往他的紀錄本——像是品瓊的帳簿一樣——畫押。此時此刻，瑪麗頹然倒回艾希禮酒館的椅子，在心中應允了撒旦，並且陷入忘我狀態。她的身體留在了屋內，靈魂隨即來到女巫在約翰．史戴賓農舍的集會處。那裡很黑，但在火光的映照下，她能認出先生和另外兩名女巫：警官之妻莎拉．梅里克，和貝絲．蘇爾（Bess Sewell），另一位鎮民的老婆。有幾道由人類變為動物形體的身影正興高采烈地狂歡作樂，女巫卻氣惱瑪麗洩漏太多，便要她赤腳踩上布滿碎石的路面，去撿拾生火的枝條。長久以來，她一直都是難以管束的僕人外加差勁的妻子，就連到了這避世的奇幻世界，仍得受到她殘忍的丈夫和動輒批評人的女性鄰居懲罰。[57]

這種下咒狀態被聚會所的鐘響打斷。同伴陪著瑪麗從酒館出來，穿越街道，走向聚會所。由於瑪麗仍在晃神，她暫時沒將剛剛發生的事說出口。講道開始後，喬治・莫克森卻發現很難讓群眾靜下心，抓住他們的注意力。接著臺下出現某些動靜，緊接的聲響讓人倒抽一口氣：約瑟夫・帕森的妻子（這是另一位瑪麗，非常容易混淆——這是深夜神智不清地在長草地上漫步的那位）昏倒在地，身體不停抽搐。兩名男子努力把她壓住，緊接著，她附近的其他婦女也開始紛紛倒下，全都抽搐起來，就和莫克森的女兒一樣，並且一個接一個從聚會所被抬出來，四肢僵硬、渾身顫抖、口吐白沫，吊著白眼。撒旦在喬治・莫克森做禮拜的場所以這種方式嘲笑他。[58]受害人被親友搬回床上。據說，她們就像瘋子一樣，魔鬼在她們體內以黑色的體液沐浴。[59]而當她們張口說話，這些可憐人吐出的往往是各種褻瀆和猥褻的言詞。其他人議論紛紛、語無倫次地討論這狠狠擊打在她們靈魂上的龍捲風暴。老鼠和其他害蟲在她們體內逃竄；浪潮起落、沖刷她們的身軀；各種幻覺和聲響不斷地輕柔煽動著違法犯紀。[60]

致命的恐懼有如沼澤大霧滲入每個家庭。聚會所的歇斯底里事件過後，一六五一年二月十八日星期二，休在長草地上工作直到日落。天氣很冷，但他習慣了。待在家中的瑪麗依然清醒。當漢娜（現在四歲了）和生病的約書亞睡著時，她的心智就遭到圍攻。火焰映照在四周牆上，投射出陰影。除了屋簷下的風聲和壁爐裡樹脂燃燒的劈啪聲之外一片靜謐。但是霎時間震耳欲聾的轟轟聲充斥全屋，「彷彿外頭有四十匹馬」一樣，然後又戛然而止，徒留瑪麗驚恐顫抖。片刻之後，休緩緩走入門內。她則用指控的眼神看著他，但他未加理會，逕自爬上床。直到當晚夜深，瑪麗依然因為巨大噪音的驚嚇無法入眠，而丈夫則斷續翻身，睡得很不安穩。早上，瑪麗問他被什麼糾纏，他竟然出人意料地坦率。休說夢見自己在和魔鬼抗戰，「而且魔鬼差點將他擊垮，可是最後他勝利了。」這實在令人迷惘又焦慮。倘若如牧師所教導，所有靈魂都是陰性，那麼休就等同受困於受虐的屬靈婚姻：一種和撒旦之間的夥伴關係，雖能反抗，卻無法逃脫。清教徒的理想是發自內心地去愛基督，保持與基督合一，這可說是最可怕的反面情況。[61]

休白天都和鄰居約翰·朗巴德一起工作。如今，每個人都和休相處不睦，沒人想再和休有任何接觸。但話說回來，要避開他並不容易。喬治·蘭頓經過時，兩人抬起頭。蘭頓是名木匠，兩年前結婚，育有一名女嬰。他就像所有的鎮民一樣必須設法賺錢供養家人。因此，當休要蘭頓賣他乾草，他拒絕了。休自然感到受辱且委屈，他滿腔不平地回到家，氣到第二天。星期四，他人到了現場還在生氣。[62] 朗巴德試圖安撫，解釋蘭頓只是沒有多餘的乾草，否則他幹麼回絕鄰居呢？但是聽在休的耳裡，只意味朗巴德站在蘭頓那邊一起反對他。無論小鎮鄉親覺得休多麼偏執，他那翻騰怒火的內心都不會這麼認為。[63]

二十一日星期五下午，漢娜·蘭頓正在做袋裝布丁，這是殖民地餐桌上偶爾會出現的豐盛晚餐：平織細紋棉紗袋裡塞滿內臟、燕麥或搗爛的玉米，紮緊之後拿去蒸。蒸熟後布丁會從布套中脫落，變得和骨髓一般油光誘人。這是漢娜第二次嘗試這道菜，她十天前做過，卻失敗了。而且狀況之慘，甚至是令妻子羞於端上丈夫的飯桌的程度。此時，她緊張地從釜中拿出冒著蒸汽的包裹，攤放在桌上，布丁就和之前一樣輕易就從袋中滑出，不過卻從上到下齊整地裂開一道，「裂口有如刀切般光滑平整」，她這麼想。這絕對不可能是她的錯，而且她丈夫也沒有怪自己，她鬆了口氣。喬治．蘭頓深知休．帕森還在為乾草的事生氣。當天早上休向約翰．朗巴德大發牢騷，這已經是第三天了。而且朗巴德還是沒能安撫他。這時，有個鄰居在門口探頭，漢娜便把布丁拿給對方看，幾經思考，三人一致認定是巫術搞的鬼。該鄰居建議切一片下來放入火中，因為這是召喚女巫的施法方式。這麼做是違法的——牧師教導過，反制魔法本身也是巫術——但她們知道這樣或許有用，不然他們還能怎麼辦？在這充滿壓力的緊繃時期，人們為達目的可以不擇手段，即便那表示得以撒旦之道還治其身。[64]

當布丁切片在爐架上滋滋作響，貝絲．蘇爾來到蘭頓的家。她正風風火火四處奔走，想要平息瑪麗對她和莎拉．梅里克的中傷。蘇爾太太可能是女巫嗎？蘭頓夫妻如此懷疑。貝絲來的時機不巧，但她沒被責怪，因為眾人的著眼點放在其他地方。很顯然他們更在乎的是確認事實，而非揭發真相。貝絲加入了正義的一方，和他們一起等待咒術生效。過了大約一小時——這背負了眾人期望、十分凝重的一小時——天已全黑。最後，漢娜．蘭頓覺得自己聽見「有人在門口嘀咕和喃喃自語。」由於貝絲離門最近，便去提起門栓。

是誰？蘭頓太太問。

休．帕森。貝絲低聲說。

喬治．蘭頓依舊不發一語，只是躲在看不見的地方。在漆黑的門框中，休的危險身影正陰森地杵在門檻上，位在不善的夜色與門廳中溫暖火光的邊界。喬治在家嗎？他問道。漢娜鎮定自若，撒謊說他不在。休轉身離開，沒說他要幹麼，也沒留下什麼要轉告的話。他們心裡可能猜到了休這趟來訪是為了什麼，但從他乾脆的態度看來，似乎就只是又一趟的沒事找事。蘭頓夫妻和在場鄰居都同意，認為帕森先生這樣毫無明確目的刻意跑這一趟，實為古怪——彷彿是被他們的反制魔法強行拖來這裡。因為巫術反噬的痛苦，會從他的身體轉移到布丁上。㊅

到了早上，喬治和漢娜．蘭頓去找威廉．品瓊投訴。他們就像大多數人，倘若率先採取行動反抗巫術，恐懼和憤怒會催化懷疑、變為指控。倘若休的確破壞了他們的布丁，他們定要討回公道。可是短期之內，他們只希望能消除休對自己家人——尤其是家中幼兒——的威脅。品瓊雖然全副心思都放在他被控異端的著作上，此時還是得善盡地方治安官的職責。他細聽蘭頓夫妻的說詞，並且認真記下他們的憂慮。這只不過是開端，不用多久就會有其他鄉親找上門。聽見蘭頓家已採取行動，茉西．瑪什菲爾德便成了下一個站在品瓊家中起居室的人。她看來不太像是為了自己，而是代表布蘭琪．貝多薩。布蘭琪懷疑休在她分娩期間對她施以折磨。㊅

第二天是星期日，二十三日，蘭頓夫妻認為這正是嘗試再做一個布丁的好時機。假如成功，漢娜就可以讓喬治享用一頓完美晚餐；倘若失敗了，他們便有更多的證據可證明休．帕森施法害人。這回，袋子一打開，他們就發現布丁裂成三塊大小均等的長片。他們先找來鄰居羅傑．普理查德（Roger Pritchard）當場見證，才去找地方治安官。品瓊表示接受，卻保留個人看法，心中暗自斟酌，衡量著這些人的盲目情緒與一般大眾情結到底孰重孰輕。整個小鎮議論紛紛，那種激動期待的氛圍幾乎形成了一種盼望。原先對休．帕森的巫術不堪一擊的幻想，現在成了鐵一般的事實。㊷

二月二十五日，星期二，休．帕森和幾個男人去林地工作。砍伐及鋸木都非能單獨完成的輕鬆安全工作。同樣在場的還有湯瑪斯．伯恩罕（Thomas Burnham），他來春田作客。以及木匠湯瑪斯．庫伯和湯瑪斯．米勒，湯瑪斯相信休對他妻子施了巫術。正午時分，男人放下斧頭和鋸子，打開午餐盒。米勒覺得他們原本「開開心心在一起」，直到休爬上一根大樹枝上吃午餐。有人問他為何爬到那上面？「為了看我們都吃些什麼」，米勒如此譏笑，意指帕森太過善妒，連別人的老婆替他們準備了什麼都非知道不可。於是輕鬆的氣氛頓時沉了下來。米勒並未就此打住，關於布丁的一切他定要問個水落石出。於是他話鋒一轉，提起蘭頓家詭異的烹飪事件，庫伯開始局促不安，深恐這般挑釁會把場面搞得很難堪。㊸男人全看向了休，試圖解讀他的表情變化，他卻一臉木然，只是坐在木頭上俯瞰他們，嘴裡沒停不斷咀嚼。㊹休息結束，男人繼續工作。米勒拾起鋸子，再也沒說隻字片語，一刻鐘後卻發出大聲喊叫。其他人一轉頭，便見他因為刀子一偏，鋸齒便嵌進了他的腿上，血流如注。他們讓他躺下，把布撕成條做繃帶，抬著他走下山坡、回到鎮上。雖然傷勢並不嚴重，但是出事的潛在原因——亦即休的巫術——卻很嚇人。㊺

同一天，休．帕森的前房客安東尼．多徹斯特來拜訪品瓊。多徹斯特最近剛從哈特福回來，他在當地再婚，娶了名寡婦，叫瑪莎．奇樹艾爾（Martha Kicherell），帶著她和她的小孩一起來春田和他自己的孩子同住。此時的多徹斯特各方面都逐漸獲得改善，也買了房產，位於格里菲斯．瓊斯（Griffith Jones）的農舍。他搬走了，移到喬納森．泰勒和里斯．貝多薩中間。此外還有小溪東方的一塊溼草地，以及阿加萬和康乃狄克河對岸的一塊耕地，而那是休最近不得已售出的。多徹斯特對品瓊說起他第一任妻子生命垂危那時的牛舌消失事件，並且發誓「我從那時就相信沒有任何人把它拿走，而是巫術讓它消失了。」他也補充瑪麗．帕森「深深懷疑」是如此。如今品瓊的紀錄已積累成一整個投訴休．帕森的檔案。當天稍晚，格里菲斯．瓊斯跑來替這份檔案再添一筆，說他過去住在休和瑪麗附近時曾發生刀子消失又出現的事件。他坦承說此事「讓我滿臉通紅」，意思是當時他驚慌到滿臉通紅。[71]

傍晚，休靜靜地和眾鄰居坐在一塊兒，他們也很難阻止他的加入。[72]在場者中也包含那位訪客、湯瑪斯．伯恩罕以及班傑明．沐恩（Benjamin Munn）。沐恩是一名工人，兩年前從哈特福搬來春田，娶寡婦艾比蓋兒．波兒（Abigail Ball）為妻，她本人也在場，聽見了他們的談話。伯恩罕轉頭看休，「鎮上出了些怪事，」他說，「關於被切開的布丁，以及在夜裡磨的鋸子。」這話其實是詢問，但他裝成陳述句，而且有那麼一瞬間，他們覺得休會不予理會，但他們感覺到他的焦慮。一會兒後，休回答：「我從沒聽過這些事。」伯恩罕假裝吃驚，「那就奇怪了，」他說，「我在鎮上只是陌生人，可是就連我走到哪兒都聽說了。」休垂下眼神看著地面。最後，當眾人繼續閒聊，休再度加入，他「就和任何在場者一樣開開心心」談天說地，伯恩罕想著，雖然「他對布丁一事隻字不提」。伯恩罕無法對布丁一事放任不管，又把話題轉回去，還加上休在安息日當夜磨鋸子的謠言。休依舊閉口不言。班傑明・沐恩十分虔誠，表示希望所有在主日工作的人都該感到羞恥。對此，伯恩罕說這得由大夥兒決定該做何種處置。沐恩和其他人再度把焦點轉回休身上，紛紛同意他們以前也從未聽過這般怪事，並直截了當地問他有沒有聽過。休仍保持沉默。(73)

休的平靜日子就快要到頭了，就和講道快要結束時沙漏裡即將漏完的沙一樣。那是二月二十六日星期三，五天前的布丁裂開事件替獵巫拉開了序幕。春田裡的「奇怪幻想」終於發展成「奇怪事件」。目前，瑪麗・帕森的祕密尚未曝光——亦即她已把自己交託魔鬼，並且參加魔鬼的集會。即便她指責的人是莎拉・梅里克和貝絲・蘇爾。但儘管如此，她的某些不當行為還是受到強烈質疑：這樣一個對女巫有偏執的女人，卻嫁給一個連她都懷疑行巫術的男人，包括他對史密斯家女孩下咒導致對方死亡。至少這些事情在春田已是眾所皆知。

威廉・品瓊感到需要重新釐定小鎮道德界限的壓力——雖說這界限連他自己也不曾遵守——他簽發令狀，下令逮捕瑪麗・帕森。小鎮警官湯瑪斯・梅里克——其妻子如今也受汙名之累——押送瑪麗前往品瓊家接受訊問。然後休聽聞消息，去尋找梅里克，人沒找著，卻發現喬納森・泰勒正在梅里克的穀倉裡幹活。兩人這次碰上，導致接下來發生關於莎拉・梅里克地窖中啤酒的難堪女巫笑話。當晚最後則是恐怖至極的惡蛇闖入家中，蜿蜒爬過地板，威嚇他的家人。泰勒是被魔鬼選中的受害者。他被咬噬、精神受創，並遭到一個說著「去死」的聲音詛咒——那顯然是休·帕森的聲音。⑭

一等品瓊審完瑪麗，便把她交由警官收押。梅里克替她安排了拘留處（可能是他家門廳），還交代前景大好的安東尼·多徹斯特和班傑明·庫利密切監視她，確認有無異常舉動。這將是一個令人焦慮不安的長夜。

7 那隻啞巴狗

女巫坦承遇見魔鬼，接受其提議，甚至與之交媾。但是魔鬼是無法出現在任何地方的，因此必須仰賴大群小惡魔。這些小惡魔有著各種形態——昆蟲、嚙齒動物、爬蟲類、狗——甚至小孩。而且都被認為須以乳頭餵食撒旦的手下，才算達成協議。這種經歷兼具母性與性行為的特質，一般來說不會是多舒服的體驗，甚至令人痛苦。為了吸取血液，這些小惡魔（有時稱使魔）會聽從差遣、前去尋仇，而這能令女巫感到自己強大無比。①有些使魔甚至會進入女巫體內，進行最親密的結合與最完全的掌控。然而，小惡魔真正的目的卻是要提醒女巫所立下的契約，並且不讓她思考自身行為的後果——遭到吊死，或在永遠的業火中焚燒。這些在英格蘭無人不知的使魔概念也傳到了美洲。②

即便如此，這種小惡魔也可能是惡魔詭計中脆弱的環節。要想證明女巫的身分，訣竅就在於當場逮住她的使魔。數年以前，東安格利亞進行了一場驚人成功的獵巫行動，便是因為這樣。當時參與的人皆親眼看見了甲蟲、蟾蜍和兔子跑進嫌犯遭扣留的房間。倘若使魔不曾前來，就表示撒旦可能拋棄了那名女巫——如他一貫的行為。畢竟魔鬼的承諾很少兌現。傳聞，曾有貪心的女巫在夜裡受贈成堆成堆的閃耀黃金，卻在白天神智清明時發現那不過是一堆枯萎的樹葉。③

對虔誠的牧師而言，女巫的盟約在屬靈上與基督的合一相互悖逆，因此會排斥這種寄生使魔的想法，認為那只是一種下流的迷信——或許就是這種想法使得瑪麗・帕森沒有徹底檢查丈夫的身體。然而，眾人還是把希望寄託在對嫌疑犯的監視，還有找出惡魔印記、使其認罪。女巫曝光將迫使撒旦放棄他那一方的協議，把女巫丟還天堂和人間代理人手中處置。只有在那個時候，靈魂方能掙脫綑綁，留下懺悔罪人的涕泗縱橫、得到教化的場面。當然，女巫還是得死——可是她將以順服姿態被基督贖回，因祂對神、對天父的服從得救。這也是威廉・品瓊所理解的救贖本質。喬治・莫克森對於所謂的小惡魔是否有任何看法，並未留下紀錄。然而，品瓊卻願意援引英國獵巫人的方法來處理瑪麗・帕森案。因為一六四八年波士頓的瑪格莉特・瓊斯案就用過了。在艾希禮酒館的插曲後，瑪麗可能就要指證自己丈夫，甚至坦承她也是女巫。然而，品瓊知道她有憂鬱症狀——可能還有幻覺。他需要證據才能繼續進行審判前的調查。在波士頓，當局也會這麼要求。根據律法，巫術這種嚴重罪行在該地向來會遭到起訴和審判。

當晚並無任何生物急忙趕至瑪麗關押處。她的看守者班傑明・庫利和安東尼・多徹斯特在昏暗的光線下連眼都沒眨，卻發覺瑪麗除了疲憊外並未因任何事恍神。魔鬼既未藏在她的衣服下，也不在她的腦海中。相反的，她直視著這些熟識男人的雙眼——總是想擁有更多土地的鄰居，他的妻子還幫過她照料垂死的兒子、還有她野心勃勃的前房客，她則反過來照顧過他垂死的妻子。等她終於開口說話，談的不是她自己，而是休，這個真正與她締結盟約的惡毒男人。她表示他和在威爾斯的前夫一模一樣，都令她失望。而且戀愛時的溫言軟語已全數化為灰燼、陰暗和絕望。休對誰都不守承諾，就像惡魔一樣違背誓言、撕毀合約。

瑪麗開始對她的看守人說話。她首先說的便是眾人都極為熟悉的事：她的丈夫總是信誓旦旦地表示要報復每個惹惱他的人。但凡遇到詆毀和侮辱，確實是需要捍衛名聲，可是這也是有限度的。關於此事，休多半逾越，因為他習慣出言報復，而非得到平反或彌補。然後瑪麗又吐露更多，簡直像在控訴丈夫衝動好鬥，對仇敵（而且似乎也包括他自己的妻兒）抱持著具毀滅性的熾烈恨意。瑪麗說，恐怕施咒殺死兒子山繆的就是休，這麼一來她才能有空幫忙收割玉米。然而，無論她多忙多疲倦，他永遠希望她出手幫忙，還惱怒「她的時間被孩子占用」。他野心之強，因而善妒，他「渴望得到全世界」，套句她說的話——超過了良知可以接受的程度，甚至超過可能實現的地步。眾人從東安格利亞獵巫學到的經驗之一，就是魔鬼會讓「貪求世俗財富，或害怕貧窮的人」變成女巫。於是在大西洋岸彼端也根據如此去查驗。換到春田，焦點便被放在了休．帕森身上。④

然而，儘管休的嫉妒心強烈，可是他做出的一切並未讓他真正實現抱負。至少他自己從來都不滿意。他克服不了現實生活上的不足（這是最主要的悲劇），無法放大他的公眾形象，亦即春田每個男人都嚮往的樣貌。瑪麗聲稱他做的每個東西——主要是磚塊——都不合格，而且顧客從未因為向他購買物品而獲利。他對此毫不在意，正代表他一點也不敦親睦鄰，就像他對公眾集會、宗教或市民聚會的厭惡。他對自己或瑪麗必須前往聚會所如此不情願，逼得她只能威脅說要去向威廉．品瓊投訴。要不然她覺得「他恐怕一年也不會讓她去一次。」她還向庫利和多徹斯特提起那揮之不去的噪音、休不安穩的睡眠狀態、他是如何與魔鬼打鬥，「對方幾乎制服了他」，直到他像個男人一樣取得優勢。⑤

第二天，氣力放盡反應遲鈍的瑪麗．帕森被帶到威廉．品瓊面前，他聽取了數名鄰居的陳述。約翰．馬修站在地方治安官的會客室裡，描述在誹謗案審判前瑪麗如何與他說起有關女巫的事，並透露她丈夫是名巫師。接著，瑪麗．艾希禮講述瑪麗在酒館流露的悲痛，她是如何為史密斯家女孩傷心，並認為休必須為她們的死負責。就算提起品瓊的孫女會令他心痛，品瓊也沒有流露出來。一等艾希禮太太坐下，他便轉而詢問瑪麗．帕森，想知道關於她臆測丈夫對孩子施咒可有任何依據？瑪麗回答：「我丈夫常說要報復史密斯先生。」當他的要求沒得到回應，感覺不受尊重，他就想找他算帳。品瓊特別記下，好確定自己沒有聽錯。沒錯，瑪麗如此重複道，她丈夫確實常說「我一定會找他算帳。」這裡的他指的是品瓊的繼子，亨利．史密斯。⑥

品瓊一行接一行地記下證詞，不時調整坐姿，也因為不斷寫字，握筆的手僵硬起來，於是甩了甩。部分做過陳述的人先行返家，然而還有許多人有話要說。莎拉．愛德華茲再提起品瓊近兩年就聽過她丈夫亞歷山大說的事，亦即休要求他們還錢後，他們的牛奶就變成「番紅花的橙黃色」。喬治．科爾頓站起來，對此做出證明。當日最搶眼的證人便是班傑明．庫利和安東尼．多徹斯特，負責瑪麗被監禁的晚上的守衛。庫利重複了一次瑪麗的故事，說她是如何趁丈夫入睡時檢查他的身體，找尋他哺餵使魔之處。接著，多徹斯特根據自己當帕森家房客時的回憶，提出休是如何威脅他人、連續消失數天、似乎知道瑪麗和其他人的「私下對話」，然後讓屋子發出轟隆聲響。他證實庫利所言——瑪麗懷疑她丈夫是巫師。接著，兩名看守人又敘述了前晚和瑪麗的交談內容。這原本只是普通談話，但當著品瓊的面陳述之後，便成為休的命運分水嶺。⑦

休．帕森當天稍晚在小鎮北端被逮捕。⑧看見警官梅里克押著囚犯走過街道時，所有人都鬆了口氣——直到兩人經過約翰和安．史戴賓屋前，發生了某件事。安．史戴賓身體纖弱，經常感到不適。或許是她從未由幼子的死亡恢復過來，孩子過世時才兩歲，一六五〇年四月下葬。她的丈夫掛帳買藥，包括一品脫薩克（雪利酒舊稱）加入烈酒來做牛奶甜酒。安心中一定思考過關於女巫的事，亦即就是她在亨利．史密斯家和瑪麗說起瑪什菲爾德寡婦的閒話。而今，休被領著走過她家門口，她大喊著「啊，巫師！啊，巫師！」旋即昏厥，她的丈夫連忙趕到她身邊。梅里克正好是約翰．史戴賓的舅子。他並未停步，直到抵達自家。他把休拴在壁爐旁，休在那裡待到了早上。與此同時，小鎮另一頭的安．史戴賓持續發作，每發作一次都會看見一個只有她能看見的幽靈。由於覺得煙囪裡好像躲著什麼，她嚇得呆若木雞，費勁仔細往上看，然後驚呼著說：「喔天哪……休．帕森吊死在上頭了！」她一面往後踉蹌，一面嚎哭著說他會落在她身上，接著便昏了過去，身體抽搐抖顫。⑨

當天唯一遭幽靈嚇壞的人不只安一個。在小鎮南端，兩歲大的約瑟夫．貝多薩受到母親對休恐懼的影響，爬到父親膝上哭喊著說：「我好怕那隻狗！」⑩里斯和布蘭琪環視房內，卻不見任何一隻狗。牠去哪兒了？約瑟夫憂懼不已，勉力回答說床底下。他們停頓一會兒又再次去看，仍是什麼也沒有。是誰的狗呢？里斯輕輕問道。約翰・朗巴德的，約瑟夫結巴地說。接著，當他的父親告訴他朗巴德沒有狗時，小孩卻說那是帕森先生的。可是休也沒有狗，男孩卻依舊非常害怕。他站在那裡發抖，伸出手朝著除了他以外誰也看不見的生物指去。幽靈狗，貝多薩夫妻如此判斷，可能是小孩虛構出來的想像動物，又或是「休・帕森弄出來的某種邪惡物體。」⑪

休被拴在梅里克的屋中，由莎拉・梅里克拿食物和水給他，可是卻不再如當初從地窖裡拿啤酒時那般輕鬆愉快。他畏懼第二天的降臨，因為屆時他將被帶到威廉・品瓊面前，對方會告知他因何罪受到指控。而且這裡不會舉行審判，只有波士頓才能舉行，這就只是個審前會議。但是以休對法律的常識讓他足以了解，春田聚會所裡所說的一切，很快便會在殖民地另一端的法庭上引發迴響。

一六五一年三月一日星期六——蘭頓家、貝多薩家、賽門・畢曼、安東尼・多徹斯特、喬治・科爾頓、格里菲斯・瓊斯和其他人全聚集在春田的聚會所。前方坐著威廉・品瓊，旁邊是他的盟友喬治・莫克森。他之所以在場是為了維持訴訟進行時的秩序，並緩和眾人情緒——因為他和休・帕森也有恩怨。亨利・史密斯也在——因為他的雙重身分：既是小鎮的書記，又是被認為遭巫術施咒致死的孩子父親。至於品瓊，就算異端的汙點曾對他身為鎮上領導人的地位發生不良影響，但他身為地方治安官的權威暫時還是毫髮無傷。真相、正義，符合神的意旨便是他的目標。無論如何，雖然同樣遵循英國律法，但與麻薩諸塞灣殖民地其他地方治安官相比，品瓊沒那麼激進，不會像西班牙、法國及神聖羅馬帝國宗教裁判所的法官那樣威逼嫌犯。品瓊謹守他那一本地方治安官手冊忠告，該手冊——亦即達爾頓（Dalton）的《國家正義》（*Countrey Justice*）——已被翻閱得有些破舊，*nullus tenetur sepisum prodere*——無人該被屈打成招，而是要由證人自願給出的證詞定罪。⑫

湯瑪斯．梅里克把他的囚犯帶進來，品瓊叫室內眾人遵守秩序。休端詳他鄰居的臉孔，表情有鬼祟也有挑釁，他們不再躲在一旁交頭接耳，或聚在一塊兒訴說祕密。如今，所有事情都可以公開說出口。休發現自己的妻子並不在場。品瓊打算稍晚再把瑪麗帶來，重複整個審訊程序，看雙方說法是否一致，也可增加對夫妻二人的壓力，促使他們吐實。⑬首先被傳喚的是里斯和布蘭琪．貝多薩。兩人並肩站好，描述兩年前發生在家裡的事：休威脅布蘭琪，說她拐彎挖苦他。被告就站在屋子前方，在品瓊、莫克森和史密斯的座位旁，一語不發。為了讓休細想「這個威脅過後不久發生的邪惡事件，」品瓊要求布蘭琪描述她遭遇的磨難。她強調自己是如何萬分恐懼、承受怎樣的嚴重疼痛。「後來我突然想到，」她回憶道，「我之所以會碰上這麼邪門的事，或許就是因為休．帕森說了那些威脅的話。」⑭

貝多薩夫妻坐下，接著換另一位苦主喬治．莫克森。品瓊問休是否認為莫克森的孩子罹病與巫術有關？為免犯錯，休謹慎地回答：「我不確定其中是否牽扯巫術，但我希望能找出真正的罪犯。」這個回答看似禮貌，卻話中帶刺。「誰是真正的罪犯？」品瓊問。難道有他們沒聽說過的可疑人物嗎？休有些退卻，只說自己是無辜的，「我也沒有懷疑其他人。」但品瓊繼續追問，休是否懷疑過自己的妻子是女巫？休不耐地搖頭說：「沒有，我不認為我對她有過這樣的看法。」休的否認讓他產生進退兩難的風險。假如不該歸咎瑪麗，那麼，或許他知道到底是誰有罪？是瑪麗指控過的其中一名婦女嗎？是貝絲．蘇爾？或莎拉．梅里克？或者更可能，就是休本人？喬治．莫克森還沉浸在女兒受苦的痛苦記憶中，深深相信就是他。⑮

品瓊決定稍後再傳喚莫克森，轉而要求蘭頓夫妻重複此時已人盡皆知的失敗廚藝故事。或許是因為作丈夫的害怕當眾承認，遂由漢娜．蘭頓獨自講述他們的反制魔法：他們把袋子布丁的一塊切片放在火裡燒得滋滋作響，把休．帕森誘來他們家門口（那次來訪無論在當時或之後都顯得非常莫名其妙）。她十分謹慎，沒有明確指出由誰負責執行咒術——或許就是她本人。可是品瓊卻沒有記錄下來（無論哪種情況，在聚會所的人都知道這類的魔法是迷信而且違法的。但是倘若能因此誘捕到一名女巫，要譴責就比較困難）。目前為止，至少品瓊是被說服了。因此他寫下「休來到蘭頓家」沒有任何理由，只因為「對布丁施法的邪靈把他帶到那兒。」⑯鄉親在聚會所的長椅上擠成一團、熱切觀看。他們聽了這麼多的女巫故事，知道他們總是無情地胡作非為，接著就被繩之以法。舊英格蘭如此，新英格蘭也越是這樣。此刻的他們正在上演屬於自己的降魔過程，即時在身邊演出。工作什麼的可以等，這個場合他們卻不能缺席。

如今品瓊詢問休為何要去蘭頓家。休微微挪動雙腳，轉移話題。於是品瓊又問一次。對此他再度閃爍其詞，「不針對問題回答」。品瓊逐漸失去耐性，再問一遍，這一次強迫休要正面答覆。休抬起雙眼，坦承自己想要乾草——對於此事，儘管約翰・朗巴德曾建議他別再提起，但他沒有問出口，因為蘭頓不在家（雖然他其實在，只是躲起來了），既然如此，品瓊要求詳情，他要知道在那之後他是否為了乾草的事責備過喬治・蘭頓？休聳聳肩：他甚至沒見到蘭頓。旁觀者中有人大喊，說里斯・貝多薩和賽門・畢曼堅持在第二天看見了休和蘭頓一起。喬治・蘭頓突然插嘴，表示休沒提到乾草只是讓他顯得更像在撒謊。品瓊暫時擱置此事——只是暫時。目前還有太多事情待決。⑰

接下來品瓊傳喚莎拉・愛德華茲，讓她唸出口供證詞。那是兩天前做的，關於她壞掉的牛奶的事情。接著他又要求休對此作答。休回想一六四九年夏天，確定自己當時並未睡在長草地，因為他只有春天時會。例如三月，或者最遲到四月初；當時他一直在那兒建籬笆。他承認自己有向莎拉・愛德華茲要些牛奶，但是懷疑她那頭瘦骨嶙峋的小母牛真的產過她所宣稱多達三夸脫的牛奶。變色的牛奶或許不是休行巫術最具說服力的證據，不過他拋下家人、單獨夜宿在外卻令人覺得很不尋常，甚至懷疑他做了什麼見不得人的事。但凡有點見識的人都會同意這一點。逕自遠離社區，等於自願從結合眾人的盟約之中放逐。詹姆斯一世國王本人曾在五十年前寫了一本關於女巫的專著，他在書中提醒臣民要對女巫「天生的黑膽汁體液」有所警覺，此體液的標誌之一，便是「渴望獨處」。⑱

迄今，品瓊根據預審證詞準備的五項指控都指向休．帕森，現在還有三項要審。格里菲斯．瓊斯確認了那起神祕的刀子事件的陳述。對此，休的答覆是他完全不知道還有這種事情，上帝為證，他絕對沒有良心不安。他為什麼要說「良心」而不是說「名聲清白」？這不是更適合嗎？難道他確實良心不安？不曉得品瓊有沒有留意到這個口誤，他沒有繼續盤問，但是顯然覺得事情有些不對勁。他對休說——這話他在審布丁咒術時也說過，「這種怪事就在他走進來時出現，使得行邪術的懷疑顯得更合理了。」休死守著法規提出反抗，巧妙指出瓊斯是這件事唯一的證人，而只有一名證人是不夠充分的。⑲鄉民面面相覷，因為休說得有道理。⑳

第七項指控是艾希禮太太的證詞，品瓊概述給休聽。「你的妻子，」一開頭他便這麼說，指瑪麗．帕森，「懷疑你是巫師的理由之一，就是你無法忍受任何反女巫的言詞。」接著品瓊提醒休那是在什麼時候。根據他的妻子，當時他們正在討論約翰和瓊恩．卡林頓在哈特福被吊死的事，然後瑪麗說希望上帝能把新英格蘭這類邪惡禍首一一肅清，他便勃然大怒。當時他是否在憤怒之際高舉一塊木頭、彷彿要砸她一樣？他否認後，品瓊又問，「你之所以這麼憤怒，是因為她希望毀滅所有女巫嗎？」起初休表示不記得有恐嚇她，接著在品瓊逼問下，他承認曾這麼做過一次，可是不記得時間和理由。稍作停頓後，他補充自己可能說過這種話，「因為生氣時會不耐煩，並且說出不該說的話。」㉑

最後一項指控與休和瑪麗死去的兒子山繆有關。從長草地來的喬治．科爾頓敘述在聽聞小孩死訊後休來到他家的情形，他和妻子都對「他的輕快舉止感到訝異，因為他完全沒有流露出悲痛的情緒。」這十分不正常，而且聚會所裡沒有任何一個人覺得這是對的。安東尼·多徹斯特接著描述休回到家的情況，當時他的行為態度「就和其他時候一樣」，似乎完全沒受到悲傷影響。布蘭琪·貝多薩確認了此事的真實性，品瓊便靜候休的開口。[22]

此時一片靜默。休深吸了一口氣，然後開口說話。他的話像利刃一般劃開了聚會所裡的緊張氛圍。他說，對於兒子的死他感到「悲痛至極」，但是「那是在私下的，而非在公開場合。」當然，他就像任何一位父親，失去孩子也是「憂傷不已」，但在那最教人崩潰的震驚時刻，他因為過於驚愕，沒能反應過來，只是直接把發生什麼事情告訴科爾頓夫婦，並沒有——如今他承認——表現出適當的、所有人都預期他該流露的情感。[23]在那一刻，時間與空間在此刻停滯，彷彿再也沒有其他事情可說。由於太陽已低垂在天空，品瓊決定休庭到下週一。休被帶回梅里克家，重新鎖在那裡，由梅里克太太負責提供食物。天氣依舊很冷，他算幸運，因為春田沒有監獄，不然每年此時牢房應該和冰凍的墳地無異。他躺在壁爐前方，胃痛令他很不舒服，但他也累壞了，於是很快入睡。

週日平靜地過完。但在當晚，休反覆思量鄰居那些具毀滅性的言語，他們就像樵夫揮斧那樣劈砍著他名譽的樹樁。休腹部發脹和刺痛的情形越來越嚴重。週一接近黎明時分，湯瑪斯和莎拉·梅里克被極度痛苦的叫喊聲驚醒，兩人點亮蠟燭後，梅里克看見他的囚犯在壁爐邊扭動，緊揪胃部。「先生，」休懇求道，「拜託過來切開我的肚子，我快痛死了。」梅里克在驚駭之餘予以拒絕。休不斷懇求，梅里克只好提議替他鬆開綁縛的鍊子，讓他至少可以去解手。但是休搖頭反對道：「我不需要。」一股令人無法忍受的壓力在他體內不斷升高，就像沸騰過頭的布丁那樣幾乎爆開。[24]

第二天早上，三月三日星期一，湯瑪斯．梅里克帶休回到聚會所，把胃痛的事告訴品瓊。此時他的狀況已有緩解。難道是他的小惡魔在提醒他要對魔鬼忠誠嗎？莎拉．梅里克也來了，她來幫助丈夫，並且澄清瑪麗說她也是女巫的謠言。[25]當談話進入尾聲，品瓊下令——或者至少批准按獵巫人嘗試的做法那樣搜查休的身體，妻子可能也要一起。[26]

這一切發生時，瑪麗被拘禁在自家之中，和女兒及男嬰一起。星期二約書亞卻突然死去，眾人立刻認為是遭他的母親殺害。然而她也沒否認，或許，在極度驚慌、懊悔的瞬間，她的雙手做出致命舉動。瑪麗的默認使眾人沒對男孩死亡做進一步調查。屍體用一塊布裹起來後便被帶去埋葬。小鎮書記亨利．史密斯寫道：「約書亞．帕森，休．帕森的兒子，被其妻子瑪麗．帕森所殺。」[27]春田的另一樁悲劇就以這般平淡無奇的方式留下紀錄，不帶一絲情緒、也沒有吞噬了約書亞失常母親和心碎父親的痛苦與混亂。

漢娜．帕森，也就是休和瑪麗的第一個孩子如今已四歲七個月大。她的遭遇又如何？她知道些什麼？又或者她在哪裡？一切都很難說，或許是因為當時幾乎沒人注意到她。她還在家裡嗎？又或者被某個好心的鄰居帶回去了？在別的地方，按照習俗，當孩子的雙親從生命中消失，孩子就該被收養，這是基督徒的責任。假如春田真有哪個人受到詛咒，並且應受憐憫，那一定就是漢娜。她的父親被上了鎖鍊，母親罹患精神疾病，迷失在精神分裂的漩渦中。人人都喊說她的父親是巫師，殺了她的弟弟山繆。而今，她的小弟弟也死了，據說是她母親所殺。她的母親也被控施行巫術。漢娜可能已大到懂得祈禱，也能理解身邊發生的事。可是要求她將這些痛苦片段拼湊成合理的故事，或者是像其他在聖潔勤勉的家中成長的小孩一樣有安全感，著實有些強人所難。

威廉・品瓊並未提及漢娜，至少不是以提筆寫下的方式。這些事件逐漸吞噬春田，帶著此地走出野蠻的神聖光芒也黯淡了下去。就這件事情上，一如在許多方面，品瓊等同春田，不但是父親一般的創始人，也是其精神方面的體現。然而如今，這位推動一切的行動派到了六十高齡，變成被一切推著跑。在這方面他別無選擇。既然他已透過書籍發表意見，這本書又已遭燒毀，接下來他的命運如何就全看上帝了。他擔心還有更糟的事在後頭等待，而在這段期間內，他唯一能做的便是繼續履行地方治安官的職責。約書亞・帕森死後一星期，針對他受到指控的父母收集證據的艱鉅工作被暫時擱下。三月十二日星期三，審前會議重新召開，但是休和瑪麗・帕森都未到場。首先發言的是瑪什菲爾德一家。山繆・瑪什菲爾德告訴品瓊，帕森先生曾詛咒他的母親，時間就在打贏官司、判他妻子賠償損失後的冬天。然後，瑪什菲爾德又繼續說，春天的時候，他的姊妹莎拉「怪病發作」。當莫克森家女孩也受到類似折磨，症狀更是加劇。[28]

第二天，換威廉・布朗奇上場，他很害怕休，而且深信休對他施咒。布朗奇住在長草地上，當他回想自己還住在大街的時候，竟然只離巫師幾戶遠而已。他經常聽見休・帕森大發雷霆，也老把一些要報復別人的難聽話掛在嘴邊。布朗奇回想起休是如何咒罵他人，包括為了「磚塊買賣」咒罵約翰・馬修。布朗奇述說他見過的幽靈——光和火般的男孩——還有這些事情如何毀了他的生活。「在那之後我就一直生病，」他對品瓊說，並補充表示自己「認為休無足輕重」，卻也無法擺脫他，即便搬到長草地上。他聲稱，休莫名其妙跑到他家那麼多趟、要東要西，他卻不知該怎麼拒絕他。接著當他經過休的家門前，雙腿突然一個僵硬，長久以來他都認為這是「他施了某些咒術所致。」[29]

同一期間，在遠離聚會所的地方，木匠湯瑪斯・庫伯正奉命看守瑪麗——這麼做不是擔心她會逃跑，而是品瓊仍希望她的使魔會來找她、誘使她認罪。[30]到目前為止，瑪麗或許還完全沉浸在當一名女巫的祕密幻想中，因為知道撒旦已昇華她的靈魂（雖然至今尚未揭露），讓她可以在人不離開酒館的狀況下來到史戴賓的土地上玩耍。或許施展巫術——甚至殺人的罪惡感已不自覺轉化成一種因惡名昭彰產生的刺激快感。然而，基於必然會下地獄的未來，這種快感可說是絕望且不顧後果的。因為倘若成為女巫，勢必會排除她成為聖徒、獲得救贖並且進入永生天堂的一切可能性，也就是曾賦予她生命意義的可能性。[31]

庫伯並不相信巫術，但明顯能看出瑪麗的焦慮。她在悔恨與憤怒之中煎熬。畢竟，這個女人受到（不管是什麼樣的）邪惡絕望影響，殺死自己的孩子。她毫無顧慮地和他交談，承認自己所說的一切對丈夫不利的話都「阻礙了」她，對於那些話，她也感到抱歉。可是他的沉默讓她別無選擇。「要是那隻啞巴狗肯說點話，我的處境就會好一些，」她這麼說。他為何不認罪，只是站在那裡像個傻瓜一樣喃喃自語?他到底是個什麼樣的人?當她的唉聲嘆氣變成發怒咆哮,庫伯才發現她已不再為任何事情感到懊悔。相反地,她對於下次開庭十分迫不及待,因為她將與休對質。「要是我能在品瓊先生之前和他當面談談就好了,」瑪麗抱怨,「我一定會讓那隻啞巴狗張嘴說話!」啞巴狗,這是用來形容無知傳教士的名詞,瑪麗在蘭瓦奇斯時聽威廉·羅斯這麼用過。如今這個詞從她的過往記憶重新浮現。假如休是無知的教士,她就扮演悔罪的聖徒,向鄰居和她有罪的自身尋求屬靈上的和解,就算她的塵世生命已經結束也無所謂。關於對待悔過的殺人犯,新英格蘭地方治安官素以心懷同情聞名,他們會將最終的審判留給上帝。(32)

就像喬治·科爾頓,庫伯害怕聽見瑪麗羞辱她丈夫。她是眾所公認的殺人犯,光是這點就夠嚇人。但是這樣十惡不赦的罪行據信來自違反自然的反叛,而這樣的反叛又是因為失序的家庭和心智。庫伯認為,瑪麗對休的詆毀必須受到挑戰。「依我看,如果他是巫師,一定會有某些明顯的特徵或標記,」他告訴瑪麗,「因為他們說女巫身體的某個部位都有乳頭。」他接著說休已經被檢查過,並沒有見到這類標記。對此,瑪麗回答,「並非總是如此。」然後她打住,又隨即改口說她怎麼會知道呢?——「我又不會巫術。」但接著她心想,或許休的魔鬼經驗和她那日在酒館的經歷相似。「魔鬼可能就只是像一陣風般進入他的身體,然後又以同樣的方式離開,」她解釋道,「因為那晚魔鬼就是這麼告訴我的。」然後,她頭一次把自己在酒館發生的事完整說出來。她說,撒旦來找她,緩解了她對於成為女巫的恐懼:「於是,」她說,「我就答應了。」庫伯驚恐地聽這全新揭露出來的祕密。瑪麗繼續描述她與休、蘇爾太太和梅里克太太在黑暗中的嬉戲,他們臉上映照篝火。「我們有時候像貓，有時候則是自己的模樣，」她似乎十分自得其樂地說——雖然其他女巫會因為她發言不慎、予以斥責。庫伯震驚得幾乎說不出話——但起碼他確實有個新故事可和威廉．品瓊分享了。㉝

三月十七日星期一，約翰．朗巴德出現在品瓊家中要做筆錄。他先告訴品瓊自己不見的抹刀是如何在休．帕森面前重新出現。他說，「我真的認為是巫術讓它出現的」。接著他說自己無意中聽見休和瑪麗說他們「為了誹謗付給瑪什菲爾德寡婦的玉米，一定不會讓她得到什麼好處」，而且對於喬治．蘭頓拒絕給休乾草，休也感到不滿。在朗巴德做筆錄時，離品瓊家不過幾戶遠的莎拉．米勒癲癇發作得更頻繁。屠夫麥爾斯．摩根的妻子普魯登絲和格里菲斯．瓊斯在她不停抽搐、又打又踢時緊緊抱住她。「滾！休．帕森，快滾！」她咆哮著說，「你要是不走，我就去找品瓊先生，他會把你趕走的！」㉞

第二天，十八日星期二，鄉民成群湧回聚會所。休．帕森被帶來進行第二次預審。這一次是當著他妻子的面，她已坦承殺人和施行巫術，現在只是以丈夫的檢方證人出席。或許她並不是最可靠的證人，可是鎮上還有誰比她更了解休．帕森呢？反正又不是說一切都取決於瑪麗。目前為止，多數家庭中都有個人對他心存懷疑，至少有三十五名鎮民指證或者就要指證他，有些人甚至是第二甚至第三次作證。經過兩週的推理，品瓊必須查清這些指控。貝多薩按指示重提證據，但是休還是沉默不語。茉西．瑪什菲爾德回憶布蘭琪生產時所受的「悲慘折磨」，想起她是如何尖叫，彷彿「有刀往身上戳」。瑪什菲爾德見過多名婦女因嬰兒胎位不正、生雙胞胎、死產和畸胎痛苦受罪，但從未見過有人痛苦到這種程度。她當時很怕布蘭琪會這樣死去。貝多薩家也述說兒子看見有幽靈狗蹲在凳子或嬰兒搖籃下。對此，貝多薩太太表示他們見到的一定是休．帕森搞出來的某種邪惡現象。她的丈夫強調男孩徹底嚇壞，「他經常提起，而且非常認真地指著它，令我也經常感到害怕。」[35]

儘管這全是舊聞，品瓊仍決意採用英國地方治安官的方式，藉由非正式而且憑直覺、甚至有些隨意的訊問程序收集證據，而不像大多數歐洲國家按照規定的法則，使用拇指夾和肢刑架。在舊英格蘭和新英格蘭，重罪的證明主要取決於證人發誓的證詞，一切信任都寄託於這類誓言上。所以當初品瓊才會在瑪麗．帕森誹謗案上支持瑪什菲爾德。可是對於波士頓的法庭來說，在牽涉巫術的犯罪時，發誓的證詞並不夠充分。因為，巫術和其他令人髮指的罪行不同，具有專家所稱「並未實際存在的事實」。它鮮少留下重要的實物證據，而其犯罪者也從未被當場抓獲。[36]

因此，休．帕森恐怕必須違背本人意願進行懺悔，或是不小心認罪才行。雖然休是個寡言的男人，咒罵和威嚇倒是容易脫口而出。然而，如果要他解釋自己的行為舉止，他卻悶不吭聲。品瓊受的教育讓他從小就曉得言語比沉默更容易冒犯人，只要能控制舌頭，就能夠控制自己的情緒，並且維持好的狀態。然而另一方面，沉默也可能是因為愚鈍。正如詹姆斯一世的某位作家所說，「你看小丑或愚笨之人，他們都無法在大庭廣眾面前說話。」[37]雖然，休絕不愚笨，他其實很機智，而且從來不說出自己的想法或意圖。然而，這種沉默反而更加深了他與鄰居之間的隔閡，給人一種有罪的印象。達爾頓的《國家正義》讓品瓊知道，女巫「對所有嘗試突破的接觸」都會

如此「強硬且封閉」。就算在審訊之中，他們也可能什麼都不說。他反而應該特別留意那些「臉紅、低垂眼神及沉默」的反應。㊳

品瓊一面用精明的眼光審視他的囚犯，一面潦草記下：「休．帕森在第二次審問或預審中聽到這些沒有充分證據的證詞後，和第一次一樣文風不動地站在那兒，閉口不語。」接著，他翻閱他的文件，找到瑪麗指控丈夫的證詞。「你的妻子表示她懷疑你是莫克森先生孩子身上發生災禍的原因，」品瓊說道。畢竟休曾因為牧師堅持他必須按合約提供煙囪磚塊而惱怒，不是嗎？品瓊繼續，「瑪麗說你發誓要報復他，否則他不會受到教訓。」聚會所安靜得不得了，眾人滿懷期待，終於，休開口了。他溫和地反駁自己的妻子。「我沒有說我要報復他，」接著他說出他對莫克森的答覆，「我是這樣說的：如果他硬要我遵守協議，我也可以魚目混珠，讓他搞不清楚發生了什麼事——我的意思是要騙他。」此時約翰．馬修插嘴，表示自己也聽見了休威脅莫克森。對此，休不予置評。㊴現在，品瓊帶來了莫克森本人，他證實就在兩人爭吵完後，女兒瑪莎便開始發作。然而，莫克森也承認關於誰對誰說了什麼，細節他記得不是很清楚。他記得休拒絕遵守兩人的協議，可是不確定他是否真的有出言咒罵。即便如此，莫克森卻十分確定「他先前懷有不良的意圖，出言恐嚇。」㊵

品瓊在紙上確認了這項指控，接著質問休關於莎拉．愛德華茲說他睡在長草地的發言。由於休很清楚莎拉的丈夫會發誓此事為真，於是坦承「大約在五月底的種植期，他在那裡躺過一晚」。很顯然，他的記性就和莫克森一樣，並非百分之百可靠。威廉．品瓊接著講述亞歷山大．愛德華茲告訴他的詭異牛奶事件。「他深信牛遭到休．帕森施咒，」品瓊回憶，「但是我當時並不相信他。我更傾向於認為這頭牛罹患了某種危險疾病。」然而，當牛的健康狀態依舊良好，品瓊改變了想法。「這麼突然的改變不可能出於自然因素。」他做出結論，而且他當時也是這麼告訴休．帕森的。[41]

聽完格里菲斯．瓊斯描述抹刀事件後，休再次否認一切。品瓊轉而詢問關於休發怒的實際事件。他又問了一次：他到底有沒有拿一塊木頭威嚇他的妻子？此事終於有了答覆，然而卻不是在她所說的場合，可是一定就是在那個時候。品瓊堅持表示，難道休沒有對她說，要是他遇到麻煩，一定是因為她的關係，雖然她說自己有辦法讓他被吊死？她當然可能那麼說，休表示，畢竟「仔細想想我們的關係——她可以說是我最大的敵人。」休繼續說。每當有人說他壞話，瑪麗只會歡天喜地地加入，而品瓊堅持，難道不是因為瑪麗希望所有新英格蘭的女巫都毀滅，休才生氣嗎？關於這點，休以他一貫的沉默回應。[42]

現在，品瓊問起瑪麗對她丈夫的看法，她躊躇不語，群眾紛紛向前傾身，瑪麗便清了清嗓子。「我經常懇求他坦承到底是不是巫師，」她認真地回答。「我告訴他，假如他願意承認，我會跪在地上求上帝子民為你禱告。」接著她討好似的複述品瓊對於救贖的功勞代價的悖論。「我們不是自己，」她說，「我們是用代價買來的。」這是神為了從撒旦手中解放人類，並抹除他們罪惡所做的買賣。[43]

品瓊再次回到休．帕森身上。這是真的嗎？他問。你妻子要你坦承你施行巫術？休和瑪麗兩人現在都站著，像是悲劇角色那樣獨自站在舞臺上，面對著一群目不轉睛的觀眾。休說他不記得聽過這種懇求，瑪麗卻突然反駁道：「我的孩子過世時我難道沒有這樣對你說過？那時我是不是告訴過你，我恨你對自己的孩子下咒、把他弄死？」她怒不可遏的話語迴盪在空氣中，卻沒有得到回答。為了保持審訊的氣勢，品瓊趕緊詢問安東尼．多徹斯特，是否在當他們房客時就知道瑪麗的懷疑。他回答她從未直接對他說過，但他知道她的想法。接著瑪麗說，被休施咒的不只山繆。約書亞生病時，她也告訴休自己懷疑他也對約書亞施咒。關於這個感受，她也不曾隱瞞，而是四處去傳揚，鬧得整個小鎮無人不知。㊹

對身處這種誇張事件中的鄉親來說，這可以說是他們在春田見過最怪異的事。一名不掩飾身分的女巫竟然指控自己的丈夫犯下同樣罪行，可真是前所未聞。為了更進一步施壓，品瓊對休說「他很可能有對自己過世孩子下咒致死的嫌疑，因為他對孩子的死沒有流露絲毫悲傷之情。」到了這個點上，休完全意識到自己失當的情緒處置成為指控關鍵。其他一切都是間接、都缺乏佐證——但是對於一個早有巫師之嫌的人來說，看似缺少感情與悲痛的淡漠外表，謀殺意圖彷彿昭然若揭。無論他內心有何感受，在眾多外人眼裡，對這個小受害人——亦即他自己的骨肉，只有看得見的情感表現才算數。休認真解釋他「不願在妻子面前表露任何悲傷情緒，因為她的狀況已很脆弱。」他努力克制自己，只在回到田地才獨自哭泣。由於處於混亂中，他第一個反應是家人和鄰居如果見他哭泣，會覺得他沒有男子氣概——不像男人該有的表現。他認為自己情感上受到的重創顯而易見，他當然是傷痛欲絕，還需要明說嗎？㊺

此刻，莫克森不懂察言觀色，愚蠢地插嘴問道：假如休和妻子在山繆生病時就共同承擔痛苦，又何必「在她面前隱忍、不宣洩出悲傷？」他為什麼會覺得自己的眼淚會令她更傷心？休反駁道，瑪麗很可能會納悶他為何試圖隱藏真實情感，可是自己想保護她「才是真正的原因。」品瓊則問，既然他如此擔憂，為何不給家人更多尊重，反而「在孩子瀕死之際前往長草地，整晚睡在哪兒？」對此，休沒有答覆。[46]

品瓊的軍需官喬治・科爾頓和他的雇主一樣不解。他見過山繆・帕森縮小而乾癟的生殖器，知道休是怎麼碎唸瑪麗的，對她的要求越來越多，也和湯瑪斯・庫伯一樣擔心她「當他的面用非常難聽的話語批評他……因為對一般人而言，這樣評論別人是不尋常的。」可是，更加令人擔憂的是，休竟然一聲不吭，完全沒有反駁刻薄的妻子。因此，科爾頓想，「如果他真的是無辜的，一定會因她說的話責備她。」品瓊看著休問他覺得如何？休無奈地聳聳肩，說自己早就習慣這種辱罵。「平常就常聽她這樣說，所以我只當耳邊風。」休也否認需要她幫忙收割，而且他「不讓她碰工作」，除了要她把他堆在門邊的玉米拿進屋。相反，由於擔心她過於勞累，他還「吩咐她少做一點。」[47]

帕森的前房客，安東尼・多徹斯特能夠證明這種寬宏大量的精神嗎？多徹斯特回答，他從來不知道休要瑪麗不要工作——除了在她照顧他的病妻時。「因為那個工作無法替他帶來任何好處。」那麼，休所謂壓抑自己情緒、免得讓瑪麗太過脆弱呢？多徹斯特對這個說法嗤之以鼻。「不管是讓老婆傷心或不高興，他從來沒有擔心過。」品瓊轉向休，詢問在瑪麗的孩子死去之後，你有沒有做些什麼來安慰妻子呢？他沒有回答，因此瑪麗替他發言：「沒有，他什麼也沒做，依舊在回家時繼續斥責我，要我把玉米搬進來。」這絕非待妻的方式，至少與會眾人都很清楚這一點。事實上，瑪麗補充說，休還讓情況變得更糟。「每當我看見自己的丈夫處在這個情緒狀態，」她說，「只會讓我更加悲從中來。」多徹斯特點點頭證實這全是真的。品瓊詢問科爾頓，休對山繆死亡有何反應，科爾頓說「他完全沒有流露任何該有的傷心情緒」，關於此事，把消息捎給休的喬納森・伯特可以證明。[48]

科爾頓很有自信地談起春田鎮民想看見什麼樣的情緒表達，並且拒絕相信休在難過時還可以表現得如此鎮定。此時，寡言的休突然渴望有人能理解自己。他央求班傑明・庫利替他的痛苦作證；當時他去邀他參加山繆的葬禮，「休幾乎泣不成聲。」所有人都定睛注視庫利。真的有人見到休哭泣嗎？這十分重要，特別是女巫擁有不平衡的體液和乾涸燥熱的身體，被認為流不出眼淚。[49]庫利不記得他出現時有那麼悲傷，只記得他一直漫不經心地抽著菸斗。休氣惱地向品瓊發誓自己非常在乎山繆。他哀求莎拉・庫利告訴大家山繆頭一次生病時，自己曾「赤著腳、光著兩條腿、滿臉的眼淚」跑去她家。庫利太太僅回答，他們確實懷疑山繆被施咒，因為他的喉嚨像被東西堵住一樣不能呼吸。還有其他種種跡象都證實這孩子的病非自然所致。瑪麗・艾希禮和莎拉・蘭納德（Sarah Leonard）紛紛證實他們所說的嬰兒「私處」已經腐爛。[50]

這天便按照這樣的模式繼續發展：證人重述各自的懷疑，並要求休當著妻子的面對這些嫌疑發表意見。艾希禮太太敘述瑪麗在酒館發生的不尋常插曲，庫利和多徹斯特描述休在夢裡與魔鬼打鬥。[51]法蘭西斯·派普說，瑪麗告訴他自己的丈夫對他的牛施咒。當約翰·朗巴德說起他的抹刀，休只是像「啞巴似地站在那裡，不再做出任何回答。」他承認他想要安東尼·多徹斯特的肉，可是並不知道——他說自己知道的不比未出世的孩子更多——它的下落。當有人提議可能是瑪麗偷走時，品瓊說他認為她當時在聚會所，有合理的不在場證明。此話帶出了休把家人拋在街上逕自離開的瑣事。他去哪兒了呢？品瓊問道，為何直到聚會結束才回來？休則一臉茫然。他想不起自己去了哪兒，或許是去梅里克家抽根菸？再說，誰能確定他是在結束時回來的？他搞不好一直在，站在門口看不見的地方。對此，無人能夠反駁。[52]

接著，這一刻終於到來了。品瓊要求瑪麗·帕森總結為何認為她的丈夫是巫師，她的回答令聚會所裡的群眾陷入激動。首先，她堅稱休總是知道她和別人說了什麼——包括品瓊的女兒安·史密斯，安無庸置疑是守口如瓶的。其次，休在很久沒回家後每次回來之前都會先出現奇怪的噪音，而且回來後的他「心情總是很差，會對她發脾氣」並辱罵她。品瓊問她是否知道休在做「任何超自然力量的事」，如哈特福的卡林頓夫妻遭定罪的指控。她說自己曾在暮光之中看見沼澤狗，而且懷疑「是我丈夫的巫術造成的」。關於休的敵人之不幸，她表示可以提供更具說服力的證據。她瞥了湯瑪斯·米勒一眼。打從森林的意外過後，他的腿仍裹著繃帶。「對於那位可憐的男士……我感到非常抱歉。」她說，並指出他的受傷就發生在他與她先生為土地買賣爭執的兩天後。休則面無表情，在米勒親自瘸著腿走到群眾前述說自己的狀況時亦然。[53]

聚會所的那個漫長的星期二最後結束在身軀受到折磨的故事中。米勒述說妻子莎拉如何四肢僵硬的發作，再佐以其他人的支持，證明當她看見休・帕森時是如何尖聲叫喊。54約翰・史戴賓描述妻子看見休・帕森掛在他們的煙囪裡面之後，也發作了。他的父親——和威廉・品瓊一樣，他在一五九〇年代生於埃塞克斯，當時該地的女巫審判正值高峰——也發誓此事為真。55和史戴賓合租一房的威廉・布魯克（William Brooks）看見史戴賓太太在警官帶著休・帕森經過她家門口時昏倒。梅里克證實此事，然後和妻子莎拉一起告訴屋內眾人，休是如何要求他刺破他腫脹的胃以釋放壓力。對於這件事，休似乎相當困惑，他只記得自己「肚子很痛」。56

品瓊結束審訊，聚會所人去樓空。可是預審程序尚未完全結束。四天之後，三月二十二日星期六，喬納森・泰勒（也就是惡魔之蛇的受害人）去見威廉・品瓊。和他一起的還有茉西・瑪什菲爾德、約翰・朗巴德和湯瑪斯・梅里克警官。品瓊立刻派梅里克去帶囚犯，好讓他們也能聽聽自己受到什麼樣的指控。泰勒尤其渴望看見休・帕森受懲罰，他已三番兩次來找品瓊，這是最近的一次。梅里克帶著休和瑪麗回來。泰勒心懷警惕地盯著他們說，在瑪麗被逮捕的那天，休在梅里克的穀倉中告訴他「他常擔心妻子是女巫」，並且希望她能讓自己搜查身體。品瓊把這件事記錄下來，並轉向瑪什菲爾德寡婦，她則再次趁此機會說休曾「憤怒地對她語出威脅」。瑪什菲爾德繼續說道，第二年春天，他的女兒因「大量的巫術」性命垂危，朗巴德證實這件事。停頓半晌後，兩名犯人卻都沒回應。之後，休皺眉看著茉西・瑪什菲爾德，說「我什麼時候那樣威脅過妳了？」他這樣問。品瓊則代她回答：就是你把妻子因誹謗案被判賠償的玉米拿去的時候。休想不起來，說如果他真的對瑪什菲爾德嚴詞抗議過，也只是因為他認為妻子是被誣告的。57

那麼妳呢？帕森太太？品瓊問道，妳對此說有何看法？疲憊且混亂的瑪麗在雜亂無章的思緒和記憶中翻找，回憶起那個冬天。瑪什菲爾德寡婦不肯讓步、休怒氣衝天回到家。然而真相是她確實詆毀了茉西．瑪什菲爾德——而且仔細一想，竟然如此諷刺，如今她自己坦承和撒旦打交道，她身邊的丈夫也同樣遭到指控。[58]

隨著外頭的光線暗下，安息日到來了。威廉．品瓊將文件收成一落，將座椅往後一推發出刺耳的聲音。在下週以前，他不會再聽到更多證詞。他指示喬納森．泰勒監視瑪麗、直到拂曉。畢竟她的使魔或許會來找她餵食，就像在波士頓遭到處決的瑪格莉特．瓊斯。又或者會威脅她不准再亂說。[59]但是，如今這件事也已經不再重要。品瓊已把他認為投資人大會需要的一切都記在檔案中，因此，接下來整個訴訟程序將移轉到波士頓。休和瑪麗所犯下的罪行變得太過重大，已經超出了這個躁動不安、充滿憤怒的春田小鎮能處理的範圍。

8 與魔鬼對話

三月二十四日，日出時分，舊曆年的最後一日，黯淡的冬季與復甦的春季之臨界。瑪麗與她丈夫並肩坐在運貨馬車上，雙手都被綁住，準備移送波士頓接受審判。他們荒棄的屋裡已積了灰塵，壁爐的爐床冰冷又油膩。因為沒了屋主妨礙，囓齒動物如今更加大膽。休躺在上面痛苦扭動的床現在空空蕩蕩，還有山繆逐漸衰弱且病逝其中的搖籃亦然。瑪麗曾是如此辛勤工作，把這個地方打造成一個家——她縫紉、清掃、製作、修補；她挑水，餵小孩、洗滌、晾乾，還燙平桌布床單等等一切亞麻製品。傍晚，休會從田裡返家，在壁爐旁舒展痠痛的四肢，將她倒給他的啤酒一飲而盡，而她也會坐下，望著沉默的他，試圖臆測他的心情。她會狀似隨意地告訴他白日裡發生的瑣事，渴望引起他的興趣，希望得到他善意的回應。如今，被留在過去的——雖然也不到那麼久，可是彷彿已成為不可考的傳說——還有他發脾氣的那些日子。那時他大吵大鬧，她想，也像著魔一樣。她曾若有所思地凝視徒然四壁，直到它們變成怪物和魔鬼的模樣，因此，她表示想要看到所有女巫都毀滅。並且抱著那分渴望，承受壓抑心中的憂鬱，也在休的怒火加身之下讓她自己成了女巫。有些人會看見幽靈，有些人的惡魔會進入人的身體，令他們心緒不寧。但是休和瑪麗很了解鬼魂：如今，悔恨的靈體正不斷繞著他們打轉。

休和瑪麗在木然且駭人的靜默之中等待，命運被綑綁在一起，與彼此、與世界反目成仇。漢娜無疑正在某個地方，只差正式認定就會成為孤兒。因為父母的罪行，更凸顯了她的無辜。馬夫握著韁繩、馬匹邁步前進，貨車喀啦喀啦緩緩穿過主要街道，駛向草叢沼澤上的堤路。這是沿著海灣小徑前往波士頓的長路起點，這趟共有一百英里，全程顛簸非常，直教人渾身散架。

威廉・品瓊已經知會休和瑪麗，告知他們將面對殖民地地方治安官的審判，他們被指控的罪名太過重大，已非品瓊能獨自裁決。此外，品瓊也意識到自己在社區中（或許包括社區外）的權威已遭到他背負的異端指控破壞。而他也快要前往波士頓為此罪行進行答辯了。如今，春田的人比較能夠冷靜地繼續日常作息，彷彿膿瘡已被刺破，有毒的腐爛液體排盡。鎮民並未流露明顯的疑慮，沒有一絲虛偽懊悔的刺痛。只不過，鄰人皆以渴盼的眼神望著休和瑪麗空出的房產。喬納森・伯特老早對帕森家的房子和花園感興趣，湯瑪斯・梅里克警官一心想擁有其他土地。要是那片地產拆開來賣，搞不好可以到手。對鎮民來說，唯一徘徊心頭的不安只剩下一個——在那些被驅逐的人遭絞死前，生活無法完全恢復正常。

在春田人的眼中，目前休和瑪麗的巫術效果依舊十分強大。這可以從同名同姓的瑪麗・帕森身上窺見，也就是那位會在夜晚失控到處遊蕩的女人，約瑟夫・帕森的妻子。她和其他婦女在聚會所突然倒下，發作仍一如既往的嚴重。她丈夫說她是「發瘋的女人」。她會瘋狂地四處亂跑，然後「像死了一樣倒在地上」。意識恢復後她又會無法控制地瘋狂亂罵，打自己也打別人。現在，約瑟夫會在晚上把妻子關在地窖，她則在裡面把床單被褥全往上鎖的活板門上砸，並用來自德文郡的口音尖聲喊著「地窖裡都是鬼」。可是鬼不只在夜裡來訪。有一次，她連在溪裡洗衣服都看見他們現身，好比一排破布娃娃，靜靜注視著她。她因驚恐引起發作，然後在草地匍匐時突然恢復意識，完全不明白自己怎麼會去到那裡。這種情形益發頻繁地出現。還有一次，她尖叫著說「女巫會殺了他們」，除非他們躲起來。她的婚姻狀況和另一個帕森家同樣堪虞。約翰．馬修在無意中聽見約瑟夫譴責妻子受到「邪靈引誘」，對此她咆哮著說，倘若真是這樣，那也是他的過錯，因為是他把她和魔鬼關在一起的。她確實瘋得厲害。①

莎拉．米勒的發作也同樣更加頻繁，她看見了更多鬼魂。三月二十七日，休和瑪麗被帶到波士頓三天後，她在普魯登絲．摩根家中突然開始渾身抽動和顫抖——就在她家對面，位於通往上碼頭的小巷裡面。稍微恢復正常後，她盯著外頭湯瑪斯．庫伯的農莊。「你們看，」她邊說邊指著那裡，「庫伯先生穀倉裡有個男人。」可是普魯登絲什麼也沒看見。「只要想，妳也可以看得見，」莎拉喝叱道。「但是他現在不見了。」短暫發作過後，她再次看見那道邪惡身影。莎拉的兄弟山繆趕來，並且向她保證庫伯家土地上沒有別人，但她不相信。普魯登絲要她描述他的模樣，「穿著紅色背心，戴著有襯裡的便帽，」她這樣回答。「很像休．帕森。」她說他正勾起一根手指呼喚著自己，並且「要我過去他那兒。」那確實像他的穿著。對此，普魯登絲承認道。然而正如所有人都清楚，休目前人在波士頓，可能已被關進監獄。[2]

不久，普魯登絲・摩根去找威廉・品瓊討論莎拉令人不安的行徑。和她一起去的還有貝多薩夫妻。布蘭琪再次講述她是如何打斷先生和休的談話，里斯堅持他「非常生氣」，不過早習慣了休那樣說話。品瓊先前就聽過這一切，但還是認真記錄下來，彷彿深知休和瑪麗的罪行引起的巨大動盪接下來必有餘震。[3]

春天來得早，四月天候溫和涼爽，工作的腳步變快了，河道的往來也恢復活絡，很快便充滿了鯡魚和鮭魚。威廉・品瓊開始精簡身邊事務，能賣的東西就賣，並把各種責任移轉出去。他仍持續記錄帕森家的零星證詞，諸如湯瑪斯・庫伯回憶，在看守瑪麗時她曾聲稱參加過在約翰・史戴賓土地上舉行的女巫安息日。[4]這些額外的證詞將會在適當時候送抵波士頓，替先前就跟著囚犯前往波士頓的檔案進行補充。對品瓊來說，帕森家的事務現已交在上帝和法庭手中，雖然就像他自己的審判一樣尚未做出裁決。事實上，他不僅得代表他的證人擔任檢察官，還得公開駁斥自己的書好替自己贖罪。有流言蜚語流傳，說春田小鎮上的巫術和異端邪說暗指兩者之間存在著隱約卻確實無誤的魔鬼勾結。在波士頓，此種關連從未闡明，但對於品瓊即時且嚴厲的譴責，卻彰顯出當局對撒旦在新英格蘭西部的大勝多麼憂心，[5]而且春田迄今仍未脫險。

那天是安息日，一六五一年四月六日星期天，喬納森・泰勒心裡揣著兩件事情。坐在聚會所中的他正在仔細回顧五週之前發生的可怕事件，準備在第二天詳細對品瓊報告他和休在梅里克穀倉中的對話。他心中惦記的第二件事是陣痛中的妻子，她正在家中分娩，有女鄰居前來照料。如今已十八個月大的同名女兒也在一旁觀看。終於，產房傳來消息，泰勒夫婦喜獲另一名女兒，而且母女均安。⑥

星期一早上，喬納森來到威廉・品瓊的會客室，地方治安官已經坐在那兒等候，手中拿著筆，桌上擺著一令紙。他命泰勒開始述說，泰勒回憶，當時是二月二十七日星期二，瑪麗已遭逮捕，但是丈夫仍是自由身。休問是誰指控他，泰勒回答：「我不能說。」帕森接著用命令語氣暴躁地說：「你為何這麼說？你可以說的，我知道你可以。難道你聽過有人遭到指控、卻不知道告他的是誰？告訴我是哪些人！」泰勒很不情願，但休繼續逼迫，並且發誓守密。把這些寫下來後，品瓊問泰勒他後來跟休說了什麼。泰勒記得他的原話是：「我很納悶你為何這麼迫不及待要我告訴你，反正你很快就會知道。我什麼也不會跟你說，但是……我相信你的妻子會是你最大的指控者。」就在那時，兩人看見警官護送瑪麗經過。「看來我現在就要被審問了。」休只說了這些話。⑦

泰勒繼續敘述那天傍晚在莎拉・梅里克家地窖的情形。因為啤酒桶的拴子很緊，所以他拿了塊木頭去敲，卻依舊轉不動。梅里克太太笑著說道，「我用小拇指就可以拔出來了，」她也真的這麼做了。此時休正巧出現。泰勒詢問他，他的內人——如今是個可疑分子——是不是女巫，雖說他不真心認為她是。泰勒其餘的陳述都與惡毒的蛇魔有關。蛇在夜晚現身，咬了他一口，「像針戳一般刺痛」，一起出現的還有同樣惡毒的休・帕森的聲音。泰勒當時非常擔心，要是讓他有孕在身的妻子看見，可能會發生危險。事實上，泰勒確實受到折磨，「彷彿四肢被撕扯開來」，而且從那之後便承受著「腸胃痙攣絞痛之苦」。品瓊也聽說了泰勒看守瑪麗那晚的新證據。凡此種種，皆令他確信泰勒可能是波士頓審判的關鍵證人。⑧

喬納森・泰勒回到家人身邊，因為能把這些陰暗的故事和盤托出鬆了一口氣，也很開心自己能為伸張正義盡分心力。但或許，這樣多項證據齊發、猛烈轟炸他的大敵後他也感到焦慮。畢竟，只要那人還有一口氣在，這分邪惡就不會消失。事情就這樣傳了開來。兩週後，泰勒的小女嬰安娜（剛滿一週沒多久）便染上一種疾病——他們怎麼也不認為是自然發生。喬納森和瑪麗痛苦而彷徨地祈禱，卻完全沒用。安娜過世了，而且就在安息日，她四月二十日下葬。女嬰焦慮萬分的雙親認定就是休・帕森幹的，或許是和他的妻子聯手，藉由麻薩諸塞的空氣散布了某種復仇魔法。⑨

距離審判還有數週，泰勒如今鐵了心要看到休被吊死。品瓊邀請他和其他證人同往波士頓作證，只是並非人人都同意。他們必須離開數日，男人很難放下工作，女人則難以割捨孩子，即便法庭會補償損失。⑩但是泰勒同意了。其他覺得不去不行的人包括了茉西・瑪什菲爾德，因為她和休與瑪麗結下的宿怨在心頭不斷翻騰，就當是為了她自己，還有女兒，女婿，及朋友布蘭琪・貝多薩，他們全都受到折磨。茉西的兒子山繆會陪她前往，並且決定親自作證。漢娜・蘭頓也同意前去，就和賽門・畢曼要去支持主人一樣。亨利・史密斯則留在春田、擔任地方治安官，儘管他尚未獲得品瓊替他向波士頓提出的申請授權。喬治・莫克森也留在家中，即便其中一項指控與他的女兒有關。品瓊對他忠誠的朋友保證，定會守護他的權益。四月底，一眾人等準備出發。⑪

有個春日祭典叫五月節，傳統上會用遊行和舞蹈來慶祝。這個節日在新舊英格蘭都被視為「異教徒的浮華行為，往往流於迷信和邪惡」[12]而受到壓迫。魔鬼與偶像崇拜之間密不可分——此外，《聖經》中也沒有任何節日。時間最好是運用在對抗撒旦，而非討好撒旦上。春田這一小批嚴肅的證人在那週抵達波士頓，當然不可能是為了慶祝。雖然，在他們承諾克盡基督徒職責的表面下隱藏的卻是想要一雪仇恨的渴望。當威廉·品瓊一行人在法院附近的寄宿地落腳，五月初的天空明澈而晴朗。只要一想到即將作證，眾人就萬分緊張，不過品瓊仔細對他們說明會遇到什麼狀況，他的心思則在休和瑪麗·帕森的案子與高懸頭頂的異端指控來來回回。品瓊心裡有數，畢竟這個時機未免太過巧合。在同一週內同時以檢察官和被告的身分出庭，根本等同羞辱。這無疑是當局的一種策略，等同證明他在美洲已不可能有未來。

在麻薩諸塞灣殖民地，投資人大會和總督法院共同組成二級制的審判暨上訴裁判庭，就像一個聯合了全英國法院權力的管理機構。[13]投資人大會主要功能為立法，但是當地方治安官——亦即總督法院的助理無法取得共識，或與陪審團意見相左，他們就負責審理上訴。[14]大概是因為瑪麗·帕森已經認罪，她的案子直接提交投資人大會，其春季會期將於五月八日早上八時開議。

當天清晨，品瓊領著喬納森·泰勒，茉西·瑪什菲爾德和其他人穿過早已熙來攘往的街道，走入特雷蒙特街（Treamont Street）和康希爾街（Cornhill）之間的廣場。相較於春田簡陋粗野的環境，波士頓是個充滿自信又宏偉的首府，充斥形形色色的聲音、氣味和色彩，令他們心生敬畏。此時，他們緊張地經過森冷而高大的監獄，休和瑪麗正在裡頭等候命運發落。

法庭令人膽怯，漆成白色的四壁和深色的木頭裝潢懾人又散發不幸。證人席對面是陪審團席位，由十二名該市的自由地產保有人組成。旁聽者擠在嘎吱響的旁聽席，對於即將舉行的這場轟動社會的審訊極為興奮。書記官下令「全體起立」，嘈雜聲頓時平息。三位法官身穿肅穆的黑袍、頭戴黑帽，魚貫走入室內，坐在他們的高臺上，面前的桌子堆滿紙和書本。首席法官是約翰．恩德考特（John Endecott），英國西南部人，接替約翰．溫施洛普擔任總督。比起舊英格蘭，新英格蘭較沒那麼倚重陪審團成員。畢竟他們不像地方治安官，擁有上帝的特別授權，能夠發現真相。他們更像盤問者，會認真地探究品格、關係和事件的真實性，並往被告的內心深處找尋罪咎感。認罪可能會令人壓力過大，但是這些抗拒都會因罪犯吐實之後得到的憐憫而瓦解。新英格蘭高度重視這套懺悔的儀式：在涕泗縱橫之中，僕人再一次變得順從，平息了主人的憤慨，便能看見恩典，而不是只有感覺。[15]

目瞪口呆的觀眾想看到女巫大搖大擺地走過眼前，卻大失所望。法官收到監獄傳來的消息，說瑪麗病倒了——事實上甚至重病到無法出庭。法官勉強接受，但前提是她必須盡快受審。他們擔心倘若等得太久，她會過世。於是，恩德考特給予她一天的寬限。[16]

瑪麗．帕森的巫術案與手邊的另一樁事務密切相連：威廉．品瓊的異端案。當天稍晚，法官邀請品瓊與約翰．諾頓會面，諾頓已受委託，要駁斥品瓊《我們救贖的功勞代價》一書中錯得離譜的論證。約翰・卡頓（John Cotton），一位來自波士頓林肯郡的可敬神職人員也會列席。卡頓曾撰寫麻薩諸塞法典，主張異教徒理當處死，如偶像崇拜者和女巫，因為他們「試圖把靈魂從主的身邊推開」。諾頓和卡頓提議品瓊可以選一位牧師加入。該議程包括一份對品瓊書的簡短明確的撤銷聲明，他們敦促品瓊從善如流，以還他清白。品瓊若拒絕遵從，可能會有何後果並未闡明。但是流放、監禁，甚至更糟的情況都在考慮之內。傍晚，當他們碰面，密會小組在聽見品瓊接受正統立場——至少表面接受——莫不感到如釋重負。⑰

第二天早上，法院繼續開庭審理。但是恩德考特再次收到告知，瑪麗・帕森無法接受審訊。法官不情不願地延期至十三日。四天後，因為要伸張正義感到興奮又緊張的春田證人在失望之餘只好等待，盡可能留在波士頓——雖然有些人覺得非回家不可。留下的人中有喬納森・泰勒，他會待到最後。現在來到了星期五，案子排定在星期二審理。品瓊也得留下，這麼一來才能讓泰勒受到傳喚，此外，他還得完成自己的撤銷聲明。法庭希望該聲明能在十三日簽署完成、並且蓋印。他已經做好站上被告臺的準備，就和他親手送上法庭的女巫一樣站在那同樣可恥的位置，而且還是在同一天。⑱

波士頓監獄是座陰森的石造堡壘，有三英尺厚而且會滴水的牆，有鐵鉚釘的橡木門，碰地關上時會發出雷鳴般的迴響。當代人將之比喻為活人的墳墓、死蔭幽谷，以及地獄的城郊。它散發出人類排泄物和絕望的臭氣。牢房以厚重的木板分隔，並且垂直排列，沒有玻璃的小窗戶有著鐵條窗櫺。⑲約在五月十三日星期二早上七點，看守人打開瑪麗・帕森過去七週受關押的房間，然而她的健康狀況本就不好，如今更是惡化。她躺在一張潮溼的床上，草已壓得扁平，鮮少更換。角落放了只可怕的木桶。除了原本的精神疾病，她究竟患上何種身體疾病，沒有人清楚——或許是斑疹傷寒，因過度擁擠、骯髒及蝨子所致，亦即俗稱的「監獄熱」。這天早晨她依然不適合受審，但法庭不能再等。獄卒領著瑪麗走出監獄、穿過廣場、走到對街。他們進入議會大樓，然後走入主室。

從死氣沉沉的地牢來到喧鬧的法庭；從充斥糞便和汗水味來到為預防感染而瀰漫的蜂蠟和香草氣息；從哭天搶地到竊竊私語；從陰鬱幽暗到挑高天花板和素白牆面帶來的明亮。瑪麗被室內素雅且恢宏的氣勢震懾，瞇起眼睛看向周圍的座席，那些戴著帽子和假髮的腦袋不時輕點；在高臺之上，穿著厚重袍子的法官們全繃著一副石頭般的臉面。他們都是懷抱堅定信仰的敬虔之人，可是也有著冷酷的理性。他們從虛幻的情緒之中——亦即主導春田整個訴訟程序的情緒——找到（或無法找到）不容爭辯的事實。

瑪麗以模糊的視線打量室內。她看見威廉．品瓊和亨利．史密斯。品瓊緊抓著口供證詞的副本，棄絕異端的聲明就放在口袋。瑪麗．帕森拖著腳步走向矮欄杆後的被告席，獄卒將在這裡解開她的鎖鍊，以便按照傳統讓她以自由的身分受審。她的頭髮蓬亂，衣衫不整，身形佝僂。她在牢房裡度過的時間似乎讓她蒼老了幾歲。書記官要她抬起頭看陪審團員，問她是否反對其中任何人列席。她搖搖頭。他接著宣讀兩份起訴書中的第一份：一份是施行巫術，另一份是謀殺兒子。⑳書記官先是唸出她的名字——瑪麗．帕森——再以殖民地政府的名義控告她不敬畏上帝，任憑自己受魔鬼誘惑。如今她因與使魔立約，並於去年二月底在春田使用「各種邪惡的巫術傷害名叫瑪莎．莫克森和麗貝佳．莫克森之人，違反上帝的誡命，以及此司法管轄權的所有律法」，因而遭到提審。㉑

法庭突然鴉雀無聲，當書記官要求她為自己辯駁，所有視線都落在那個靠著隔板、困惑不已的身形之上。春田代表團希望瑪麗再次供認自己施行巫術，這麼一來便可省去他們被傳喚作證的麻煩，並由法官直接進行判決。但她沒有：她不認罪。法庭頓時一片譁然，眾人驚愕不已，瑪麗虛弱地舉起右手，並且依照慣例喃喃說出她願受上帝和鄉民審判。畢竟，她從未招認自己傷害喬治．莫克森的女兒，她把那件事怪在丈夫身上。再來，雖然她執意指控休、貝絲．蘇爾和莎拉．梅里克，卻否認自己是女巫。儘管，她承認在春田時曾允許魔鬼進入身體。而今，就算有明星證人喬納森．泰勒，若想說服波士頓沉穩而冷靜的法官瑪麗有罪，品瓊恐怕得經歷一番鏖戰不可。三年前，打從瑪格莉特．瓊斯案之後，麻薩諸塞灣殖民地便再未處決過任何一位女巫。當時品瓊就是該案的審理法官之一。㉒

接著，法庭開始聽取三十位鎮民的證詞。這在春田早是耳熟能詳的故事，但在抱持懷疑態度的波士頓，卻是第一次講述。然而，在這三十名證人之中，只有七名在場，其餘都只有提交口供證詞。雖然品瓊已做過調查，也證實過。這個在春田感覺起來罪證確鑿的真實指控，又有這麼多慷慨激昂的證詞加持，當來到這一切根據法律機制評量真相的城市，卻似乎顯得更為可疑。㉓

漢娜．蘭頓首先發言。法官專注且耐心地聆聽，等待從一堆瑣事和推論的大雜燴中浮現能當成證據的素材。漢娜說服大家的重點主要來自燒掉一塊被下咒的布丁——可是這幾乎無法被投資人大會採納，因為反制魔法本身也違法，就算這個咒語能夠說服品瓊。㉔接下來上場的是喬納森·泰勒。他的故事之前只有品瓊聽過，更是強而有力。他先描述在瑪麗·帕森被送往波士頓的兩晚之前，他負責看守她。她向他透露了兩件事：其一，她原諒他對她的任何不公平待遇。其二，他見過的蛇是「三位女巫」，其中之一便是她的丈夫。她並未說出另外兩位的名字，但顯然指蘇爾太太和梅里克太太。她以為泰勒不會相信，說不定沒有人會相信。「在眾人眼中，我被當成一個胡思亂想的人，」她說，「可是等到這個人被吊死後，記得我對你說過的話：這個小鎮還沒有清理乾淨。」「你聽見的聲音，」瑪麗繼續說：「假如你相信它的詛咒——亦即死亡——你鐵定會死。可是只要見你對它說話、反抗它，它就殺不死你。」泰勒大惑不解，她則向他保證自己的丈夫恨不得他受傷。㉕

這是來自曾遭受這般劇烈痛苦的人做出的有力見證，他發誓要聽見瑪麗親口說出這些話。姑且不論瑪麗本身是否是可靠證人，泰勒的主張好像都是真的。此外，雖然這次她不承認自己是女巫，但瑪麗之所以曉得，而且消息可靠，必定來自與她丈夫某種不聖潔的連結，而她丈夫在春田證人眼中百分之百是巫師無誤，就算在波士頓法庭上還不算是。

不過，儘管簡單有力，泰勒的證據還是有瑕疵。這種見證的日常細節是它們之所以具說服力的原因——可是只證實了證人信以為真，而非藉此證實他們相信的就是事實。當時的趨勢是對於構成可靠證據的原因持懷疑態度，如同在舊英格蘭，有四分之三的女巫起訴都以失敗告終。就算法官被泰勒的故事打動，也無法從中查出太多強而有力的證明。例如，重罪案件中所需的第二名證人又在哪裡？這與休．帕森受審訊時對威廉．品瓊提出的異議相同——或許這也解釋了法庭書記官愛德華．羅森（Edward Rawson）何以寫下泰勒「誓言無效」㉖。此外，難道瑪麗那晚的坦白就是可信的嗎？在春田，無人可以公然發誓她心智健全。泰勒的真誠真的是來自憤怒和悲傷以外的理由？蛇有沒有可能只是個夢或者幻覺？甚至是撒旦變出來的？關於他的女兒，會不會只是上帝把一個靈魂召回天堂而已？這類疑問太多，而且沒有一個法官或陪審團員希望自己的雙手沾上無辜的鮮血。威廉．品瓊在埃塞克斯成長的歲月（那是伊麗莎白一世統治的最後幾年）幾乎在每一次巡迴法庭的開庭期間都有一名女巫遭到吊死。但是近日在新舊英格蘭，都不再容許只因為其罪行十惡不赦，就恣意無視合理的疑慮。㉗

關於瑪麗．帕森案還有另一個問題。在和其他法官商議之後，約翰．恩德考特以博學多聞之士的超然態度宣布，真正的問題出在親自在場作證的春田證人太少。根據英國普通法，證據提供的方式會影響其可信度，潦草記在紙上的文字會讓真相變得扁平，若能當著聽眾面前發言，帶著激昂的情緒，以及指責的手勢，也許能讓法庭得到所謂的「明確發現」。但儘管如此，還是需要從許多的證人那裡獲取足夠證詞，才能至少做到一半的確定。況且這可是巫術，無論在什麼情況之下，都是最難被證實的罪行。㉘

審判似乎就要進入尾聲，瑪麗仍站在被告席，身體看起來好像隨時都會癱倒，灰槁的面容盡顯疲憊和絕望，對於正在發生的事情幾乎無動於衷。恩德考特總督要陪審團退場思考一下與第一份起訴書有關的罪行，該起訴涉及對麗貝佳和瑪莎．莫克森施咒的事，並且做出裁決。旁聽者留在座位上交頭接耳，或是轉身和周圍的人討論目前為止的案情，直到陪審團回來。恩德考特要眾人安靜，而陪審團也並未讓庭上等得太久。對這些明智的市民來說其實很容易就能做出判決。陪審團團長站了起來，在眾人的屏息期待下清清喉嚨。儘管瑪麗．帕森嫌疑重重，團長卻宣布，他們仍姑且選擇相信她，並判定證據「不足以證明她是女巫。」在春田經歷了數年痛苦、恐懼和相互指責後，恩德考特宣判瑪麗無罪開釋。㉙

法庭一片譁然，瑪麗面無表情地待在原地，雙手無力地放在欄杆上。品瓊和他的證人沮喪地面面相覷。他們在春田家鄉認為是真的事情，來到波士頓卻被公然宣布是假的。現在事情會如何發展呢？恩德考特再次呼籲眾人安靜，嘈雜再度褪去。

書記官拿出第二份起訴書，指控瑪麗在自己家中或附近「蓄意並且極為敗德」，在魔鬼的教唆下謀殺她的嬰兒約書亞．帕森。庭內眾人再次緊張地等候她的答覆。瑪麗仍然一語不發。恩德考特催促她回答，或許此時她腦中是一片空白——又也許，她想起約書亞毫無生氣地躺在她懷中的模樣，並且突如其來感到恐懼與不解。然後，她頂著室內眾人朝她拋來的期待，終於用盡渾身力量說出——認罪、我認罪。瑪麗．帕森招認了，所以不必再審。㉚

殺嬰是違反天性的。據說，就連蛇和狼都會照顧幼崽。恩德考特很了解安．海特（Ann Hett）和桃樂西．塔爾比（Talby）的案子，他的前任總督約翰．溫施洛普做了紀錄。海特是一名桶匠的妻子，因「擔心她的罪不可饒恕」，於是「在一種抑鬱到近乎瘋狂的狀態中」把孩子扔入溪裡。海特免受極刑，塔爾比便沒那麼幸運。她曾是塞勒姆一個教會的成員，因為「憂鬱或精神上的妄想」試圖殺死丈夫和小孩。塔爾比遭判鞭刑，但依舊「被撒旦附身」，於是在一六三八年判處絞刑[31]。法官能看得出來，瑪麗．帕森和上述二位不幸的婦女擁有同樣的抑鬱病症，或許是某種應受譴責的軟弱所致，這種軟弱使得撒旦得以進入她的體液，藉由體液，撒旦得以「攪亂我們的想像，令其反覆無常。」[32]在瑪麗的妄想之中，她了解了自己犯下的罪，並相信魔鬼助她一臂之力，否則究竟該如何理解這一切？把撒旦引入生活、使她殺死自己的孩子，就像那個承認邪神住在她心中的可憐人所說，他是「如此飢饞、貪婪……她甚至餵得不夠快。」[33]

對春田來說，那長得太大的罪惡果實如今已經比世界更大。瑪麗只能夠交給天上的法庭。於是，約翰．恩德考特做出判決，「你將被送回你來的地方，」他宣告道，「並從該處再次前往刑場，你將在那裡被吊起來、直到死亡。」此時的瑪麗搖搖晃晃，站都站不穩，這使得恩德考特心生憐憫，允准暫緩行刑，到了五月二十九日。如今波士頓人有兩個星期的時間能夠期待這一場無與倫比的絞刑奇觀。[34]

對虔誠的地方治安官和神職人員來說，在重罪案的訴訟中，大家更渴望獲得的結果與其說是悔罪，不如說是處決。悔罪能免除報復性的相互指責，並讓上帝的慈悲湧入。但是波士頓的人民——住在那兒的商人、工匠、水手和碼頭工人可不這麼想。對他們來說，懲罰是刺激的，悔罪的衝擊性則沒有那麼強。他們喜歡看瑪麗這樣的重罪犯被拉上運貨馬車，載往波士頓山，然後在鼓聲之中被拖下馬車，推上通往絞刑臺的梯子。她會在那裡面對群眾，頸間套著繩索，臉用麻袋罩起。傳教士所說的話會因耳中鼓動的脈搏變得隱隱約約，接著這位已經悔罪的兇手會被推下去，旁觀者將在毛骨悚然的反胃感中看著她窒息，並拚命掙扎。控制她膀胱和腸道的能力都將消失，但是誰也無法確定情況到底會演變成怎樣。假如瑪麗悔過，那將會是個非常動人的場面。可是反抗也會同樣迷人。桃樂西・塔爾比便毫無悔恨之意。她還把頭上的布袋扯掉，拒絕接受牧師的精神慰藉。當她吊著脖子擺盪，兩度抓住梯子彷彿想要自救，可是之後還是像其餘人一樣掙扎死去。㉟

瑪麗・帕森被押回監獄後，威廉・品瓊被傳喚至被告席，他將在那裡呈交他的書面撤回聲明給庭上。聲明中，他向殖民地的權威和約翰・諾頓的智慧屈服，承認犯了一定程度的錯誤，並且樂於有機會在卡頓和諾頓面前替自己辯護，向他們解釋他的理念，「以破除那些糟糕的表述結構」或對他理念的意義進行詮釋。他接受基督的死亡並非只是對慈愛父親的順服之舉，而是上帝「在人類救贖上為了讓神的公義得以完滿，對我們的罪惡施予的適當懲罰。」法庭接受品瓊撤回先前主張的聲明，「以充滿希望的方式……作為他別出心裁的結果，並獲得更為充分滿意的保證。」意指他們希望在今年晚些收到他更完整、更不模稜兩可的棄絕宣告。然後品瓊獲准在下週返回春田，「顧及到他家人目前所遭遇的困境」——這個困境或許是指他的女兒安已懷有八個月身孕，又或許是他捏造的某些事由，好由波士頓令人窒息的氛圍中逃離出來。㊱

品瓊離開前，約翰・恩德考特命他在十月十四日返回，而且諾頓還送他一份自己著作的草稿，品瓊欣然收下。表面上，為了讓他能好好閱讀諾頓的論文，品瓊正式請求授與他繼子亨利・

史密斯——亦即春田的副地方治安官——完全的治理權力。庭上雖然批准，然而卻要求卸除他職責，真正原因其實是要給予品瓊足夠的時間妥善準備離開新英格蘭，並且在離鄉二十多年後重回故國。這可能是庭上一直在尋求卻未明言的結果。㊲

威廉．品瓊再也沒回到投資人大會，瑪麗．帕森也沒有走上絞刑架。在未經記錄的某一天，可能是五月十三號到二十九號之間，她孤獨且無人安慰地死在監獄，就在一堆骯髒的稻草上。瑪麗當時大約三十七、八歲，或許四十。自她兩個月前離開春田，就再也沒見過她五歲大的女兒漢娜。在那段時間裡她也不曾見過任何一位認識的人，除了法庭上寥寥無幾的證人。唯一的慈悲（儘管幾乎算不上安慰）是她免於承受公開絞刑的殘酷和醜惡煎熬。她的遺體後來怎麼處置，我們只能臆測。或許被埋在監獄的土地上，或附近特里蒙街墓地的某個遙遠角落。在那裡，她將被粗魯地倒入坑裡——也就是她最後的安息地，沒有標記，無人探望，也無人記得。㊳

這便是可憐的瑪麗．帕森艱辛旅程的終點。她從威爾斯一路走到美洲的曠野，經歷兩次精神淩虐的婚姻，失去兩名嬰兒，患有糾結難解的妄想、怨恨與懊悔。在她死亡的那一刻，或許她看見了天堂——或羅斯先生的身影，蘭瓦奇斯的好牧人，替她指引明路。他是她生命中真正正派的人。他勇敢地制止逼近的魔鬼，對所有人都仁慈寬厚，並且在基督之愛的光照中得到喜樂。

威廉．品瓊回到家時，亨利．史密斯已經按照繼父指示，任職地方治安官，而隨著品瓊的歸來，如今也獲得正式委任狀。鄉親持續去找史密斯，提供指控休．帕森的證詞——傳言說磨坊裡的磨石不肯停止碾磨。其實沒有什麼新鮮事——馬兒忽然躍起、抹刀消失、牛奶變質。但是在亨利・史密斯面前，證人有了新的地方治安官能聽他們控訴。況且，休・帕森尚未受審，而且鑑於控告其妻的證據無法扭轉波士頓一絲不苟的法官和陪審團印象，似乎值得盡量替檔案多添些紙張。[39]瑪麗・帕森死亡的消息在小鎮傳開，不過鎮民會有何反應誰又說得準？這感覺或許十分複雜——鬆一口氣，因為她走了；不滿，因為她逃過了劊子手。抑或，對於這名重病又受欺壓的悲慘女子心生憐憫。

也是在這同一時期，波士頓投資人大會下令獎賞約翰・諾頓二十英鎊，以表彰他推翻品瓊論著的大作。這項舉措之後，則頒布了一道命令，在六月十八日，民眾齊聚一堂，遵守一日祈禱和齋戒，「畢竟目前為止，撒旦已藉由巫術在我們之間取得了極多勝利，還讓某些人偏離真理，發表、實踐各種詭異的觀點。」[40]

來到一六五一年六月中旬，休・帕森已在波士頓的監獄裡待了將近三個月。等候審判的日子漫長且一成不變，每隔一段時間，獄卒就會帶來壞掉的麵包、骯髒的稀粥和難聞的水，分量幾乎不夠維持生命。但是話說回來，這裡也無須勞動，不會耗損體力。某些囚犯受僱製作硝酸鉀——這是火藥的主要成分——在監獄院裡一間護牆板蓋的小屋裡進行。但是最令人髮指的罪犯，如殺人犯、女巫和巫師通常會被「牢牢」禁錮，這裡指的是捆上鎖鍊。囚犯會被以浸過瀝青的繩索毆打當作懲罰，又或者受罰根本毫無理由。[41]折磨人的無聊和麻木幾乎令人無法忍受。休・帕森曾經從日出忙到日落，是個勤奮的勞工。然而他的肌肉早已萎縮，曾經他的心智可專注於手邊進行的工作，如今茫然所失。很有可能他已收到瑪麗死去的通知，他也一定想過女兒漢娜如今身在何處。他失去了一切：他的家、他的田地、三個小孩，還有妻子。或許他會後悔當初為何要離開英格蘭，跑到美洲重新開始。這對他一點好處也沒有。

約莫此時，為了起訴休，亨利・史密斯以地方治安官的身分抵達波士頓。這使得他的繼父威廉・品瓊——他仍受異端之累、信譽受損——不必再回到這裡，承受恍若凌遲的羞辱之苦，同時也能讓他專心把家裡的事安排妥當。和史密斯一起前來的還有喬治・科爾頓、喬納森・泰勒以及賽門・畢曼。只有理想出庭人數的十分之一。可是沒有更多人願意或是能來。六月十七日星期二，史密斯拿著品瓊口供證詞的副本以及他所聽聞的新證詞走進投資人大會，並且坐下來靜候春田眾人已期待數月的審判展開。㊷

休・帕森被押入法庭，隨他一起的還有監獄的惡臭。他站在被告席上，頭髮鬍子凌亂，衣衫油膩破舊。他努力讓自己看起來有點尊嚴，認真聆聽指控他的起訴書——其中說他不敬畏上帝，還與魔鬼勾結。他深吸一口氣，不肯認罪，審判因而啟動。接著，約翰・恩德考特要求書記官傳喚第一位證人賽門・畢曼，他按照程序，正確完成宣誓。畢曼複述他是如何因沒有立即去取帕森打穀工具要用的皮革得罪了他，還有隨後貨車發生的意外。「我認為這多少是休・帕森蓄意造成的，」他這樣告訴庭上，「因為我的馬經常走那條路，以前從未那樣，之後也沒有過。」接下來換喬納森・泰勒，他證實這件插曲之後帕森是怎樣咒罵要報復畢曼，並且提起另一件事，即帕森想把當時的房客安東尼．多徹斯特的那份牛舌分給他，即便多徹斯特需要牛舌來替垂死的妻子補充營養。[43]

多徹斯特本人並未來到波士頓，因為他的繼子幾天前過世。對於檢方來說，這十分不幸，因為他對帕森一家的洞見原本是獨一無二的。[44]如今，關於舉證的重擔就這麼落在亨利．史密斯提交的書面文件上。書記官愛德華．羅森在證人於公開法庭上重複的少量證詞旁俐落寫下註解。[45]喬治．科爾頓的證詞最具說服力，他描述了休對於自己兒子之死無動於衷。[46]但由他人敘述的故事——在春田感覺起來栩栩如生、永遠聽不膩——卻很快就結束。史密斯對於其餘事件的誦讀聽起來也毫無感情。

終於到了陪審團考慮判決的時刻。他們再次退場，然後再魚貫走回充滿期待的法庭。他們的團長站起身對法官致詞，他解釋道，雖然證詞讓他們「深深懷疑有行巫術」的印象，可是判定此案「並無充分證據」。就算有更多證人親自到場作證，他們的說詞仍缺乏佐證——這也是帕森對品瓊提出的法律觀點。例如，團長如此闡明，雖然泰勒的證詞暗示了超自然的惡意傷害，但就只有他「一個證人」。他還補充說陪審團員也深受約翰．馬修證詞所吸引——但是非常不幸，馬修無法到場親自說明。法官斟酌這個陳述，並宣布訴訟目前處於無罪開釋和有罪判決之間的微妙階段。約翰．恩德考特中止旁聽，靜待總督法院的意見。[47]

第二天，十八日星期三，麻薩諸塞執行規定的公開悔罪行動——祈禱齋戒日——以平息上帝怒火並恢復正義。命令的副本已送達殖民地各處，同時也一路送至春田。對身在該地的威廉．品瓊而言，其中提及的不僅有「巫術」，還有針對他個人所謂「發表、實踐各種詭異的觀點」。這一切全讓品瓊更加鐵了心要離開美洲。那年夏天，他收到對他表示同情的信件，大多來自舊英格蘭，當地人都知道波士頓高層燒了他的書。品瓊的支持者中有前麻薩諸塞總督亨利・凡恩爵士（Sir Henry Vane），他十分震驚，並且急忙要捍衛良心和言論的自由。[48]

事實上，品瓊並未改變見解。在法庭上他只是稍微——甚至有些不夠誠實地對約翰・諾頓的反對讓步。如今，當他有機會閱讀諾頓的書，書中竟毫不避諱地揭露品瓊在學識上的缺乏、謬誤的推論、自相矛盾和修辭上的窘迫。諾頓堅持，基督感受到了上帝的憤怒，唯有透過憤怒，祂才能替自己背負的罪做出補贖。諾頓還說，品瓊將上帝之怒和被釘十字架的責任轉給魔鬼，此舉等同說魔鬼比任何一位基督徒擁有更多力量。這樣將撒旦或人視為神的不幸器皿以外的行為，都是異端。[49]

不過，就算約翰・恩德考特和麻薩諸塞投資人大會能迫使威廉・品瓊下臺，也算不上什麼勝利。殖民地內外許多人都認為當局在現狀上展現出的不是優勢，而是其固有的弱點。藉由壓制品瓊和他前人的發表權，他們所維護的正統——亦即某種信仰的壟斷——永遠也不會長久。[50]在新英格蘭，人們越來越渴望在教義和接納教會成員方面擁有更自由、更寬鬆的政策。在許多鎮區，教會的出席率已然衰減，而因缺席遭到罰款的情況也降低了。康乃狄克河谷的新移民抵達時，不再帶有前教堂的特許狀，或是准許加入新教堂的推薦函。這類事務已經變得無關緊要。隱藏在這種偏離正統的想法之後的不只是冷淡，而是英國理性主義傳統思潮根深蒂固。威廉・品瓊不僅繼承了這個傳統，甚至是鼓吹者。他在屬靈方面並沒有多異端。相反的，那只是對於寬容和一般咸認的救贖真相理性的論證。這具有兩個方面的革命性：不但重提早期教會的樸實與單純，還期望著變革。它也仰仗對《聖經》經文的常識與理解，同時避開反動派天主教徒和清教徒叛逆分子的神祕主義。[51]

約翰・卡頓和波士頓的其他三名長老收到舊英格蘭寄來的一封信，上頭有數位人士的簽名，其中可能還包括亨利・范恩爵士。該信要求他們向投資人大會說項，基於品瓊是位「虔誠且值得尊敬的紳士。」此信本意在平息風波，卻招來了反效果。長老把信拿給地方治安官看，治安官以書面回覆，只要是支持品瓊的人，必定沒有讀懂他的書。如果他們有，就會發現「此書根本上的錯誤，並且應當及時反對。」卡頓和他的主內弟兄祈禱基督幫助他們「站在破口之中，抵禦當前時代所有如洪水氾濫的錯誤與異端。」這個說法隱約暗示品瓊的書正是這股濁流的一部分。他遭到新英格蘭的宗教界放逐。[52]

到一六五一年初秋，品瓊已把他大部分的財產移轉給兒子約翰。其中有他的莊園和房舍，在河流和主要街道之間共有五十四英畝可耕種的高地和溼草地以及其他土地。約翰・品瓊拿出產權冊，上面清楚記載著這一切，他把出現在頁首和頁底的父親名字刪掉，寫下：「上述土地如今歸約翰・品瓊所有。」磨坊和其屋、位於米爾河口的十七英畝土地，還有位於阿加萬河口的另一塊土地，由約翰・品瓊和他姊夫亨利・史密斯及伊利祖爾・霍利奧克（Elizur Holyoke）共同擁有。品瓊把十年前從一位印第安人那兒買來的一大片土地留給春田。[53]撇開實際考慮因素，這著實是個傷感的時刻——有些反省，或許還有些懊悔，外加下定決心。品瓊一家共同在春田度過最後一個夏天，和親戚朋友、史密斯一家、霍利奧克家及莫克森家一起。亨利．史密斯將在沒有繼父相伴的情況下回到波士頓，如今他有了一個兒子——在生了九名女兒之後，一直期待的男孩來了。品瓊則要拋下他喜獲不久的孫子和所有家人，獨自航向故里。(54)

這是品瓊二度橫越大西洋。然而，二十年前在南安普敦，他是冒險探索未知的世界，如今卻是他在美洲度過三分之一的人生後重返舊英格蘭，儘管在政治上，這是一個和他拋下的地方截然不同的國家。十月第一週，他詳細交代了繼子亨利．史密斯，並祈禱神恩充滿他心中，然後在史密斯從海灣小徑出發、前往波士頓時與他道別。休．帕森案繼續審理中，史密斯將代表小鎮出庭。品瓊則還會在春田待一陣子，身上背負著異端的印記，這是議會烙印在他身上的汙名。但是他不會被吊死或燒死，或被扔進仍住著休．帕森的監獄。他還在等待當局收集到能站得住腳的證據、將他起訴。這就是階級的特權。品瓊是紳士、是探險家，曾對新英格蘭做出卓越貢獻，可以算是他的前功，後來才發生醜聞。然而，帕森二者皆無。

然而在一年中的此時渡海已太晚，寒冷的北大西洋海域很危險。品瓊會在接下來的數月低調地在春田生活，躲避來自波士頓的任何強烈反擊，然後在隔年春天，一旦天氣許可便啟程。同時間，異端和巫術的陰影將繼續籠罩新英格蘭。在林恩鎮區，霍利奧克，也就是品瓊在春田的女婿伊利祖爾的親戚，聽見他們的牧師將異端當成巫師，「假裝出於良知，藉著迷人的學說蠱禍人靈、使之喪亡。」(55)

議會在十月十四日重新召開會議，約翰．恩德考特和他的法官十分訝異亨利．史密斯竟單獨出席，不見威廉．品瓊身影。無論如何，與其譴責，法庭更願意耐心待他，以便他將來還可以「聲明放棄他書中發表的錯誤和異端思想」——一如約翰．諾頓的批判中所指出，後者的文集很快也會在倫敦出版。恩德考特打發史密斯回春田，並把兩條口信帶給他的繼父：在一六五二年五月回到波士頓，做出完全的棄絕聲明，並繳納罰金一百英鎊，並且帶來能指控休．帕森「最重要的證人」。如今，在總督法院的日程上，帕森的審判就排在同一月分，依然在起訴中，不過並未定罪。現在他得在監獄裡處於未受審判的狀態繼續被關七個月。史密斯答應把口信帶到，並請求無須在議會會期中再次出席。地方治安官應允這個請求，因為他「來此必須長途跋涉，而且返家理由迫切。」[56]

一六五一至五二年冬天冷得驚人。就像大西洋對岸許多被關押在嚴酷冰寒監獄裡的囚犯，休非熬過去不可，否則只能放棄受死。他禱告祈求，希望至少能堅持到案子重新開庭，因為他知道自己那時會得到機會。春天帶來溫暖和希望，還有斑疹傷寒和痢疾的流行。每當這類疾病傳入監獄，幾乎無人能夠倖存。一六五二年五月十二日清晨，此時他總共被拘留了一年，休被帶出牢房，邊眨著眼邊走入陽光，來到總督法院的法庭上。休這樣一個渾身髒汙襤褸的可憐人掃視法庭，發現威廉．品瓊不在，只剩意圖復仇的亨利．史密斯。他還認出幾個前鄰居，包括山繆．瑪什菲爾德。他來這裡是為了告訴庭上關於他家人所受的詛咒，以及他姊妹所見到那向她勾起手指的鬼影。[57]

法官對大陪審團示意，他們的團長站起身，確認仍有一樁司法案件要答辯，於是休．帕森的人生再次受到審判。書記官宣讀起訴書，指控休「與魔鬼有著頻繁且邪惡的交談」，並且「施以惡毒的魔法和巫術」傷害他人。就像在議會裡一樣，助理訴諸於被告「天生的良知」以揭露真相，同時也感化他們的靈魂，令他們在看見自身墮落的同時感到羞辱。這和殖民者為了受到信眾接納必須經歷的步驟相似。在法庭和在教會無異，如若抵抗，將會阻撓上帝的計畫、加劇祂的憤怒。許多被告面對不利於他們的證據，往往缺乏繼續否認的力量。[58]

陪審團隨後聽取證詞，大部分仍是由亨利．史密斯提交的書面證詞，而且多半是由並不在場的品瓊記錄。春田裡有關休．帕森的故事明確地集中在邪術上——亦即以巫術造成傷害。然而根據法律，女巫指的是一名女性或男性「擁有使魔，或向使魔諮詢」。然而，並無絲毫證據能證明休曾諮詢過使魔，或和撒旦有任何牽連。他或許曾被魔鬼纏擾，因而睡不安寧，但是從未像女巫一樣向魔鬼下跪屈服。聽完證詞，陪審團退下商議這一起必須小心處理的案子。當他們回來，團長（名叫愛德華．哈欽森〔Edward Hutchinson〕）起立，面向法官席。法庭內的喧嚷隨之消褪。

休心臟狂跳，感到一陣暈眩，而且頭和身體都很疼痛。在經過如此磨人的等待後，他將得知自己的命運。哈欽森宣布，麻薩諸塞灣自治政區的陪審團員一致通過，倘若投資人大會在沒有證人出庭佐證的情況下，能接受瑪麗．帕森認罪的謄本、所謂的受害人指控，以及「依法為可靠證詞」的其他口供，那麼，他們願意做出休．帕森犯下行巫術罪的裁決。[59]休目瞪口呆地被帶回監獄等候，而波士頓的市民早就做好觀看絞刑的準備，迫不及待引頸企盼，可惜瑪麗在行刑之前便死去，未能滿足他們。

兩週之後，休．帕森站在投資人大會面前，必定以為自己很快就會痛苦且恥辱地死去，情況卻有了新的發展。約翰．恩德考特的法官對於未能到場親自說明的書面證詞感到不滿，因而無法同意總督法院通過的判決。而且更驚人的是，指控休最主要的證人——他的妻子已經死去。[60]就算對休有諸多懷疑，法官認為這些懷疑在沒有與惡魔締約的證據下都無關緊要。「細究那些指控他的證據後，」投資人大會的法官做出結論，「他們判決休並未犯下施行巫術罪，因此按我們的律法，他不該死。」如同許多其他的巫術審判，由於此類罪行隱晦、難以發現的特質，書面文字只能構成薄弱的證據。法官和陪審團員並未表示懷疑巫術存在，對於被告的罪責甚至沒有疑慮。然而，必須在法律上證明有罪才是至關重要。於是，一六五二年七月一日，在經歷十五個月牢獄之災後，休．帕森掙脫司法的魔掌，一等繳清監獄的費用後即可獲釋。終於，休自由了。[61]

9 女巫新天地

自從一六四七年新英格蘭執行首次處決後，女巫的消息便如燎原星火那樣燃遍這片土地。這股恐懼甚至蔓延至土著的社區。一六五〇年秋天，莫西干酋長烏卡斯（Uncas）要求殖民者幫他找出攻擊他族人的女巫，這樣一來「他才能討回公道」。[1]然而，不可避免，帕森家事件的消息同樣也傳到印第安人和英國人耳裡。這真是聳人聽聞。在同一週追究休．帕森和威廉．品瓊的責任，並要求他們為巫術和異端做出公開的告解，波士頓當局模糊了兩樁罪行的界線，使得其中一方看起來像是另一方的禍源惡首。可以想見，兩者都挑起了原始的恐懼。在荒野中生活會令殖民者特別擔心被自然界的階級制度擊垮，而巫術和異端邪說都屬非自然——違背上帝和人類的罪——就像反自然的性行為和雞姦，這兩者的審判比起英國更常在美洲出現，並且具有特殊的道德訓誡作用。紐黑文有名男子因性犯罪被說成「披著人皮的怪物」，這也完美地定義了女巫一詞。[2]嚴厲的儀式重新畫出了界線，但是他們卻無法阻擋非正統信仰的浪潮，尤其隨著一六五〇年代中期貴格會和浸信會教徒的到來，人們更是憂心忡忡，其中，在巫術和性向偏差方面激起的全新恐慌更是顯著。③

將擁有不同宗教觀點者視為異端的迫害，在整個十七世紀的大西洋世界引發了專制與自由之間的爭議。在一個社會中，正義和良善的標準何在？宗教的寬容究竟是正義的基石？抑或腐敗的溫床？麻薩諸塞灣的自由思想分子搬遷到羅德島和其他較不壓迫的殖民地居住，這些人認為自己知道答案。而且他們也和異端與巫術建立起自己的連結。亦即，這兩種罪行在現實的層面上是不存在的。在春田事件的餘波中，以及其他地方的女巫審判裡，這些異議人士咒罵狂熱分子「用女巫罪將人處死」。他們說清教徒狂熱分子在譴責所謂受到指控的異端和女巫之前，應該先檢視自己的內心。說不定，讓他們如此驚嚇的怪物就住在裡頭。也許，撒旦矇騙正義之士和假想的怪物戰鬥，藉此把他們變成真正的怪物。④

新英格蘭女巫的消息持續傳到故國岸邊。有個經過斷章取義、含混不清的故事傳到了布爾斯特羅德．懷特洛克（Bulstrode Whitelocke）那裡。此人是西敏寺的國璽掌璽大臣。懷特洛克收到從波士頓寄來的一封信，得知有三名身分不明的女巫：兩名女性、一名男性。男子聲稱用他的「乳頭」哺育一個模樣像雞的使魔，還露出來給他的審訊者看。他也供稱自己和婦女一起在魔鬼的帳簿上簽名。英國人會嘲笑新英格蘭人虛偽的假虔誠，竟愛聽這種墮落的故事。舊英格蘭在一六五〇年代仍有女巫，政治和宗教也有持續分裂的跡象。一六四五至四七年的獵巫行動後，引發了較小規模的恐慌，包括在泰恩河畔新堡的肅清，該地至少有三十名婦女被確認為女巫。老春田附近的一名工人妻子遭指控，說她餵養一名蝴蝶使魔，在一六五一年春天提審——同時，三千英里外的威廉．品瓊也正對休．帕森提起訴訟。祖國和殖民地，不過度謹慎，也不太過輕信。切爾姆斯福德的大陪審團駁回了關於埃塞克斯一名女人的使魔的證詞，她獲得釋放。⑤

一六五一年七月，約翰．艾略特（John Eliot），前埃塞克斯人，如今是新英格蘭「向印第安人傳教的使徒」。他寄了封信到倫敦，可能是給該地的殖民地代理人愛德華．溫斯洛（Edward Winslow）。艾略特認識品瓊多年，始終留意撒旦在美洲爭奪屬靈領地的進展。他說，最近他們感到「上帝悲傷地對我們皺眉，主要與魔法和巫術有關」。然而無可避免，當上帝與祂的兒女「以可見和明確的盟約」交流時，女巫就會出現。春田這裡揭發了四名：他認為那個殺了自己的孩子已遭處決，她「無疑就是女巫」。還有瑪麗．帕森，儘管他沒說出她的名字。艾略特繼續敘述，別處也發現了更多女巫，其中一名來自多徹斯特，已被判刑。在伊普斯威奇還有其他嫌犯。但在春田，他十分有把握地表示，無庸置疑是個毒窟。他的信被印成小冊，提醒讀者魔鬼已建立了自己的聖所，以擊潰正義之士的教會。⑥如同某新英格蘭的清教徒所說，殖民地是如此深受鬱結之情和巫術所苦，因為「在最憎惡魔鬼和魔鬼最憎惡之地」，他必定也最惡毒。儘管擁有這麼多的不確定性，巫術仍是一個嚴重的問題。就像殖民地本身，這可以說是攸關生死的大事。⑦

在精神生活中，巫術遠非某種起不了作用的迷信，而是長久以來思考社會、宗教、政治和法律矛盾的工具，界線明確又持久。一六五一年四月，正好是休和瑪麗．帕森的訴訟開庭時，倫敦一位哲學家湯瑪斯．霍布斯（Thomas Hobbes）出版了《利維坦》（*Leviathan*）一書，對中央集權的強大統治做出省思。十五年來，春田一直是霍布斯深感興趣的地方縮影，尤其它又地處美洲（「到處都是野蠻人」）之中，其「無政府狀態」有助於將它所渴望的對立面，亦即「主權」理想化。品瓊主張，藉由不成文憲法的專制方式，加上對佃戶、雇員及債務人的尊重，可達成對土地和貿易的最高控制。而且他試圖像霍布斯所建議的那樣結合公共和私人利益，以工作來穩定其社會。然而，因為貪婪，人們冒著「無止境與鄰人爭鬥」的風險。這樣的爭端源自霍布斯所謂「當沒有實際力量使他們心生敬畏，出自人類天性的情感就會出現」。而在春田，那股力量被品瓊的異端和他表態對巫術的相信而削弱。[8]

事實上，霍布斯贊同品瓊的觀點，認為「雖然他不能在理性上相信女巫，卻無法完全滿足於世上沒有女巫的答案。」否則他們為何要自願且毫無保留地認罪？女巫或許在現實中不會對任何人造成傷害，可是無論如何都很該死——「因為他們擁有令其造成此等危害的的錯誤信念，還促使他們這麼做的意圖。」[9]於是巫術變成一種思想犯罪，一種牽涉到犯意——亦即傷害意圖——的罪行。雖無犯罪行為，卻實際造成傷害。在法庭上，此見解一旦成立，那麼可起訴的巫術重罪就此確定。屆時剩下的只會有鄰人對女巫傾洩而出的怨恨和怒火——在這方面，新英格蘭人的表現與他們的英國親戚幾乎沒有差別。約翰・艾略特說女巫逐正義之士而居的暗示，不過是想試圖粉飾逐漸浮現、令人不舒服的真相：清教徒自私且見利忘義，和其他人沒有兩樣。

一六五〇年代早期，清教徒作家愛德華・詹森（Edward Johnson）準備撰寫一部新英格蘭史。其中，他提到自己相信春田女巫「施法害過不少人，也包括牧師長老的孩子。」[10]這名先人的遺贈將流傳下去。一六八二年，皇家水文地理學家約翰・賽勒（John Seller）出版著作《新英格蘭記述》（*Description of New England*），在書中把春田描述成「因該地的女巫惡名昭彰」⑪的地方。但春田並非唯一揹此罵名者，它的危機也不代表康乃狄克河谷獵巫行動的結束，這一帶的鎮區持續受到敵意所擾。一六五〇年代，溫莎、韋瑟斯菲爾德和哈特福突然全部陷入「分裂……和可怕的偏見」，先是分化成眾多派系，最後因此摧毀。起爭議的永遠是土地、權力和宗教。⑫十年前流傳的同一個謠言加劇了殖民者和印第安人間的緊張關係，印第安人與荷蘭人共同密謀，「想切斷對英國人的供應」。波士頓擔心春田的安危，警告即將發生襲擊。等到一六五四年，已證明這些謠言為假，可是對於攻擊的憂懼卻仍在持續——恐懼的不僅是外國和土生土長的敵人，還有荒野之中大家信以為真的所有敵人，無論是自然或超自然的。⑬

對於女巫的恐慌，以及想要擺脫他們的強烈欲望一波接著一波湧現。⑭瑪麗・帕森並非春田最後一個被控施行巫術的婦女，甚至不是最後一個叫瑪麗・帕森的女巫。因為瑪麗・布莉絲・帕森（Mary Bliss Parsons）——約瑟夫・帕森患有精神問題的妻子，注定成為嫌疑犯與受害人。一六五〇年代，瑪麗和約瑟夫搬到上游二十英里處的新城鎮北安普敦（Northampton），在那裡與鄰居失和，包括詹姆斯・布利基曼（James Bridgman），休・帕森在春田的另一個前敵人。一名女孩生病，一頭豬死在沼澤，一頭牛被響尾蛇咬了舌頭。布利基曼的兒子因膝蓋脫臼萬分痛苦，說自己看見瑪麗・布莉絲・帕森坐在一塊擱板上，旁邊伴著隻黑老鼠。男孩的母親聽見碰的一記敲門聲，說那聲音「讓我覺得這地方有些邪門。」這個指控使得北安普敦產生分裂。一六五六年夏天，在兩名春田人的支持下——威廉・品瓊的兒子約翰，以及他的前僕人賽門・畢曼——瑪麗打贏了這場誹謗官司。[15]他們暗示她是女巫的受害人，而非女巫。畢曼說，瑪麗發作的狀況就和五年前喬治・莫克森女兒患上的一模一樣。[16]

黑暗力量的擴散不只如此。約翰・品瓊的妻子艾美因病喪失行為能力，與小約翰・溫施洛普在新倫敦生活一年。他既是殖民地總督，也是一名醫生。一六四五年，艾美的藥師姊夫威廉・戴維斯（William Davis）向他們推薦了紅珊瑚，一種可以使女巫退散的符咒，用以保護她和她的男嬰。不過到處都買不到紅珊瑚，孩子在那年夏天死去，稱得上是對他父親「最沉重、最傷痛的打擊」。他不像休・帕森那樣知道如何表露悲痛。艾美也同時接受以玫瑰和海狸肛門腺分泌的油脂製作的珍珠粉治療。[17]她的症狀和那些被施過法的人很像，尤其是男嬰山繆・帕森，他胃部腫起一大塊，一路蔓延至喉嚨，造成「渾身無力、懶洋洋」的症狀。當時並未明確將巫術指為病因——儘管四十年後，她過世時會這樣指認[18]。一六五四年的溫莎還見證了居民與莉蒂亞・吉伯特（Lydia Gilbert）的夙怨，莉蒂亞是瑪麗・布莉絲・帕森的親戚，最後結果則判決她是女巫。然而，此時疑慮已逐漸浮現：不僅吉伯特注定成為溫莎最後一名被定罪的女巫，其他各地的意見也產生分歧。一六五四年，在紐黑文的刑場上，一名躲進絞刑架上的鄰居裙下窺視的婦女表示：「假如這些就是身為女巫的標記，那麼她自己恐怕就是女巫」。甚至鎮上一半的婦女都是。[19]

儘管如此，巫術風雲還是延燒了數十年，沿著九十英里的山谷從北方的哈德雷（Hadley）來到塞布魯克的要塞。一六五九年，塞布魯克要求哈特福幫忙調查一對「遭懷疑行巫術」的夫婦，此案已經開庭審判，陪審團員卻出現兩派意見。一六六二年，哈特福的安．柯爾（Anne Cole）承認自己款待一名魔鬼，他像幼鹿般跳躍而來、誘惑了她，還與其他女巫會面，其中包括她的丈夫，他則在她身邊遭到吊死。魔鬼答應柯爾舉辦聖誕派對，可是新英格蘭不會那樣過節。一六六八年，凱薩琳．哈里森（Katherine Harrison）——韋斯菲爾德街頭公告員的遺孀，她被控施用各種邪術，還有喚出她的幽魂，還對一群蜜蜂發號施令。在被判有罪前，她兩度造成陪審團意見分裂。但即便如此，議事會還是推翻判決，雖然下令哈里森必須為「她自身安全和人民意願」離開韋瑟斯菲爾德。她逃往紐約的威徹斯特（Westchester），儘管當地居民高聲反對。一六七〇年，約翰．品瓊駁回哈德雷控告一名年輕人行巫術的訴狀，改判其鞭刑，因為他「為人所不齒地肆意撒謊」。⑳

北安普敦也並未放下過去、展開新生。在首次受到指控，經歷嘲諷和苦毒的漫長二十年光陰後，瑪麗．布莉絲．帕森在一六七五年受審，說她謀殺一名婦女和自己女兒。她否認犯下此罪。約翰．品瓊將此案送交波士頓總督法院，在那裡，有六名搜查過她身體的「理智且審慎婦女」作證，史戴賓家也站出來，說瑪麗位於春田的農莊曾是女巫嬉戲之處。陪審團判她無罪㉑。一六七九年，約翰．史戴賓在鋸木廠發生意外死亡，此事被歸咎於女巫所為。鎮上所有女人都被帶到屍體面前，碰觸到屍體的若是嫌犯，屍體便會流血。約翰．品瓊把此案送交波士頓，案情在該處陷入膠著狀態。㉒其他訴訟繼續進行。一六八三年，品瓊審判春田的詹姆斯．富勒（James Fuller），後者獲無罪釋放。那年冬天，哈德雷的瑪麗・韋伯斯特（Mary Webster）因與小惡魔立約遭起訴，小惡魔的模樣就像森林中的黑色野貓。她就像富勒一樣獲得釋放，並且回到哈德雷。那裡的年輕人把她從家中拖出，先將她吊起，接著把她埋入雪中。這樣嚴峻的考驗讓她險些丟了性命。品瓊還主持漢普郡（Hampshire）的最後一場女巫審判，被告為另一名春田居民瑪麗・朗德爾（Mary Randall），該案也悄悄獲得撤訴。㉓

若只以定罪數量來看，巫術似乎日漸式微，但是這類控告仍持續對弱勢群體——主要是婦女的生活造成無法彌補的傷害。而且，有關女巫的故事在社區中更是引發迴響。一六七七年，賽門・畢曼在春田過世後，一名哈德雷的男人詆毀畢曼的遺孀愛麗絲，說她是女巫，並補充說她青春期的兒子看起來也是。愛麗絲・畢曼的血統彷彿受到詛咒——她來自溫莎、其同名母親愛麗絲・楊是新英格蘭第一名被吊死的女巫㉔。這些故事接著流傳到下一世紀。一七〇二年，春田的商人小裴拉提雅・格洛弗（Pelatiah Glover Jr）告發貝蒂・奈格羅（Betty Negro），她是一名非洲奴隸，因為她說他的岳母是女巫，並且殺了約翰・品瓊的妻子艾美。上述女巫就是瑪麗・布莉絲・帕森。而身為她女兒的格洛弗妻子漢娜則是「半個女巫」——套黑人貝蒂的說法。㉕

很顯然一六五一年的女巫肅清並未讓春田重新走上正義的道路——至少就當地傳說的方面而言。「在眾人眼中，我被當成一個胡思亂想的人，」在喬納森・泰勒看守瑪麗・路易斯・帕森的當晚，她曾這麼說，「可是等到這個人被吊死後，記得我對你說過的話：這個小鎮還沒有清理乾淨。」結果她說得沒錯：無論她的死，或是她丈夫的身敗名裂，都沒有解決任何問題。㉖

春田持續發生的巫術指控與其經濟上的貪欲有關。約翰・品瓊在剩下的十七世紀持續領導小鎮。他是一名冷血的資本家，利用在韋斯特菲爾德、哈德雷和北漢普敦的貿易站擴張皮草生意。同時，品瓊也擴大其莊園，在一六五〇年代從較貧窮的鄰居那裡購買土地，如湯瑪斯・庫伯和威廉・布朗奇，以及印第安人。包含至一六六六年時河流西岸的所有草地。一六七二年，他從一名「老婦人」渥塔瓦龍克桑（Wuttawwaluncksun）的母親那裡，用一些海狸皮、兩件外套、六十英尋的貝殼串珠搶購到一塊小小的地皮。同年，他在名為薩菲爾（Suffield）的新殖民地上找兩名奴隸建起一座磨坊。他已經在米爾河蓋了一間鋸木廠，並且向西印度群島出口木材、肉品、羊毛和玉米，出口交易逐漸在他的事業占據大宗，慢慢取代他的皮草生意。他還在波士頓投資了一艘船。品瓊進口糖蜜、蘭姆酒、糖和菸草。一六七九年，他興建了一座鼓風爐，如此一來，春田就能自己冶煉製鐵。他可以說是所向披靡、勢不可擋。[27]

然而春田之中不知足又愛發牢騷的蜂群再次出動：新的城鎮，尤其是北漢普敦，在一六五三年被升為鎮區。隔年，北漢普敦和春田因諾諾塔克（Nonotuck）殖民地的邊界起了糾紛。為了解決爭端，明確劃定了此二地的疆界。[28]沃羅諾科曾經是春田的一部分，在一六五八年成為獨立城鎮，名為韋斯特菲爾德。在接下來的歲月裡，韋斯特菲爾德的人將抗議他們的春田鄰居闖入其土地伐木和製取焦油[29]。一六七〇年，春田的人向議事會請願，在春田和韋斯特菲爾德之間建立了薩菲爾德。這些請願者包括當年指控休・帕森的班傑明・庫利，山繆・瑪什菲爾德，安東尼・多徹斯特和麥爾斯・摩根。新鎮區的邊界引發了無止境的爭執。[30]

那些試圖吊死休・帕森的人後來都怎麼了？一六五一年，他還在候審期間，長草地釋出了更多的土地。喬治・科爾頓、亞歷山大・愛德華茲、安東尼・多徹斯特、湯瑪斯・米勒、威廉・布朗奇和湯瑪斯・梅里克默默等候。㉛其他先前指控休的貪婪證人還包括班傑明・庫利和喬治・蘭頓。㉜這些人都生活得比先前為了被施法的抹刀和布丁大驚小怪時更好。他們有更多的肉可吃，買了放大鏡、紙、墨水、澱粉和肥皂。㉝家中散發富裕與成功的氣息。在休・帕森離開後，春田向北漢普敦的法蘭西斯・哈克靈頓（Francis Hacklington）購買磚塊。約翰・品瓊訂購了五萬塊，以擴建父親的房子。這項工程還需要一百五十六車的石頭和五十六棵樹。休・帕森的隔壁鄰居喬納森・伯特的家也整修得更為堅固。一六六五年時，伊利酒館（Ely Tavern）採石造風格興建，隨著與印第安人之間逐漸加劇的緊張局勢，這樣的改變能夠提供安全保障。一六六八年，春田終於等到了自己的監獄，就像曾經等待聚會所那樣。㉞

這個時候，牧師已改由老裴拉提雅・格洛弗（Pelatiah Glover Sr）擔任。他是一名商人的父親，一家來自蘭開夏郡的普雷斯科特，喬治・莫克森曾在那裡擔任助理牧師。他的同名兒子娶了瑪麗・布莉絲・帕森的女兒。㉟莫克森離開後，春田起初努力想招來一名傳教士，格洛弗抵達時卻發現此地處於「悽涼而絕望的狀態」，人們在心理上極為抑鬱。㊱格洛弗在鎮上度過三十年的悲慘歲月，不斷捲入難解的紛爭，又無法觸及偏遠地區的信眾。那些信眾對於必須付錢給一間遙遠的聚會所感到不滿。㊲最惱人的莫過於眾人不斷對他的財產擁有權提出質疑。他聲明，那些產業都合法且永遠分配給他和他的繼承人。這是教會在亟需牧師的情況下倉促做出的妥協。可是在一六八

一年時，這一點受到了質疑。「我和他們一起承受很大的苦，」格洛弗抱怨道，「也因為他們受了很大的苦。」㊳

從違約、籬笆被破壞，一直到走失的家畜和危險的狗，諸多紛爭呈倍數增長。結果卻證明製磚工人法蘭西斯．哈克靈頓和休．帕森一樣難搞，然後被一名春田供應商山繆爾．鮑爾（Samuel Ball）取代，換他替格洛弗牧師及其他人蓋煙囪。㊴控告休和瑪麗的證人彼此爭吵，喬納森．伯特指控約翰．馬修「用令人震驚的態度痛罵他」，另外湯瑪斯．梅里克則稱喬納森．伯特為「騙子」。伯特作為行政委員和陪審團員，負責維持秩序，可是作為農夫，他漫長的一生卻都在妨礙秩序。㊵湯瑪斯．梅里克在一六五一年時是巡警，履行其他公共職責，但在人生的盡頭也捲入了官司。㊶在其他人的婚姻問題中，也見到了休和瑪麗躁動的靈魂特質。尤其是奧貝迪亞．米勒（Obediah Miller）和其妻子瓊之間「悲哀的爭吵和衝突」。她打他、抓他，叫他「蠢蛋」、「癩蝦蟆」以及「害蟲」，並且說她一點不愛他，甚至從來沒愛過他，以後也不會愛他。㊷

一六五一至五二年的女巫審判，其他的參與者際遇也各有不同。帕森家的前房客安東尼．多徹斯特租下品瓊的部分磨坊，接著變成全部。但是他們也投資了土地和牛隻，並在阿加萬河下方經營渡船。他還出口小麥到巴貝多，並且在過世時成為春田最富有的人之一。㊸班傑明．庫利以亞麻織布工起家，最後積攢了價值超過一千英鎊的財產。里斯．貝多薩沿著米爾河和康乃狄克河西側擴展資產，並從約翰．品瓊手中買下一間製革廠。他在一六八三年和兒子、媳婦和孫女一同溺斃，當時他們的獨木舟翻覆。他的妻子布蘭琪也在差不多的時間過世。㊹一位後裔稱讚里斯「虔誠、開明、勤勉、謙遜……是能讓鄰人信任的人」。相較之下，休・帕森則是個「一文不值的傢伙」。喬治・科爾頓，也是休在兒子過世時曾求助的人，成為一名富裕的農夫和傑出的民兵中尉。㊺然而，其他嫌疑犯似乎沒有受到任何影響：貝絲・蘇爾，以及莎拉・梅里克。即便如此，女巫危機還是對她們造成了傷害。之後沒多久，貝絲、丈夫和女嬰離開春田，遷居羅德島的威克福德。那是一個能夠俯瞰納拉甘西特灣、對宗教信仰較包容的社區。大約在同一時期，莎拉過世。部分或許是因為指控的壓力。其後，她那位愛吵架的丈夫便再婚。㊻

看見蛇魔異象的喬納森・泰勒發展就沒那麼好了。他的妻子瑪麗又生產了五次，家裡越來越窮。泰勒從未還清債務，還失去了房子，並被迫搬去薩菲爾德。當喬納森和瑪麗在一六八二年相隔幾週去世，資產不過四十七英鎊，可是在清償債務後僅剩七英鎊㊼。桶匠約翰・馬修喝醉後辱罵牧師，並因為工作進度落後，失去了約翰・品瓊這名客戶。於是品瓊要他清償債務，就和他每回生產力下降時一樣。這迫使馬修必須再次進行抵押。他的妻子潘黛蔻絲特藉由給品瓊兒子教書平衡收支，但在她過世後，留下馬修和他們唯一的兒子。因馬修的無能，孩子只能交託他人監護。馬修在一六八四年過世，債務是他總資產的五倍。㊽品瓊還毀了山繆・瑪什菲爾德，山繆為了五十四英鎊的債務失去資產。他的母親茉西在帕森事件過後沒多久旋即過世，年約五十，並且健康狀況不佳。㊾還有許多人既不風光，也無落魄，卻永難脫離品瓊的掌控。即便如此，每個人還是過得比休・帕森好。除了女兒和性命外，他什麼都沒了。

一六五二年六月出獄後，休．帕森和此時已近六歲的女兒漢娜待在波士頓。春田是不可能再回去了。休和漢娜在波士頓度過的第一個夏天便遇上該市爆發流行病，也許是天花。疫情一直延續到冬天。十一月十日，深受疾病困擾的波士頓發起一日守齋，再一次試圖藉此為巫術和異端的雙重禍害平息上帝的怒火。休和漢娜只能盡力避開有症狀的人，懷抱希望、並潛心祈禱。(50)

休到底如何養活漢娜，我們並不清楚。或許他在碼頭或城裡的磚廠工作。他沒有錢。前一年的四月，也就是他被送往波士頓受審的三週後，約翰．品瓊便侵吞了他的資產：農舍、六英畝的林地、跨了兩條河的八英畝地和另一塊七英畝地。亨利．史密斯及行政委員同意將部分「拆開的休．帕森土地」以價值十二英鎊的「可銷售玉米」賣給湯瑪斯．梅里克。下一個月，梅里克便在工作上得益，由伊利祖爾．霍里奧克接替他成為巡警。那年夏天，約翰．品瓊處理了休．帕森的財產，並清償他的債務。到了十一月，部分土地已經成為梅里克所有，不過大部分在喬納森．伯特手上。此時，喬納森．伯特已住進休和瑪麗過去的家，鄰居常來走動，其中包括亨利和安．史密斯的女兒漢娜，她的妹妹被懷疑遭到前任屋主施法。(51)或許休和瑪麗的物品仍留在屋內，並未表列。除了他的山羊、豬和母雞外，還有一把打穀器、犁鏈、火槍、製磚器具、鹽缸、一張桌子——以及發生諸多婚姻衝突的場景：一張床，和它的床框、靠枕和毯子。所有他們為之努力最後又失去的物品。(52)

一六五二年秋天，休收到約翰．品瓊寄來的一封信，說休欠了十三先令六便士的款項，但在哈特福和春田的債務還清後僅餘五先令。品瓊還要休支付他入獄後被侵占的農地的租金和維護費。這樣七扣八減，加上休財物的總值，他只剩一英鎊五十八先令八便士半的可憐餘款。品瓊將這錢折算成六英斗半的小麥，外加從休自己土地收割來的兩英斗半。品瓊再次提筆寫信，提議可將這九英斗的穀物送至波士頓，假如休願意出運費。帕森回覆，倘若品瓊能免運送來，他願意只拿六英斗。品瓊同意，並且在一六五四年五月（距他首封信的十八個月後）將小麥船運到他藥師姊夫威廉・戴維斯那裡，休可以去他的店裡取貨。約翰・品瓊在帳簿劃去休的帳戶，並在旁邊註記：帳目結清。[53]

休和漢娜最終還是離開了波士頓。他們不是去了羅德島的渥特敦（Watertown），就是樸茨茅斯（Portsmouth）。[54]紀錄顯示非常可能是後者，那就表示他們在一六五八年，亦即漢娜十二歲時抵達該地。樸茨茅斯是個能夠包容各種意見的快樂小鎮，整個羅德島的其他地區也大多如此（後來舊英格蘭曾有報導，說羅德島的領導人「允許所有守秩序的文明人享有良心和宗教上的自由」，包容各種宗教團體、分支或派別，甚至還有貴格會——事實上包含「麻薩諸塞無法忍受一同共處」的每一個人）。作為受迫害者的避難所，樸茨茅斯以「普遍遭到其他殖民地憎恨」而聞名。一六五四年，約翰・懷特曼（John Wightman），其父親在一六一二年被處決，他是最後一位被處決的英國異端分子。他帶著小兒子定居在紐波特（Newport），並與知足快樂地住在普羅維登斯（Providence）的大兒子團聚。普羅維登斯是一個不會燒書也不會燒人的庇護之所。[55]

休在春田之所以一敗塗地，正是因為他不遺餘力地投入工作。可是這卻能幫助他在樸茨茅斯重建生活、甚至發跡。[56]他買下約翰·伍德（John Wood）莊園旁邊的土地（伍德是約翰·溫施洛普旗下的一名船長），娶了伍德的寡婦伊麗莎白，視如己出地撫養她的女兒，儘管這些女兒的丈夫後來為了遺產對他提出告訴。因此，漢娜·帕森，這個長久以來在某種意義上的孤兒，再度擁有了雙親和手足，並且在經歷童年的創傷後，總算在穩定而健全的環境中建立某種類似穩定的安全感。只是，她的父親不時會惹惱鄰居。休擔任陪審團員、議會副議員和騎警，是新英格蘭受到尊敬的榮譽市民典範。[57]即使休的過往謠言跟著他傳到此地，似乎也不曾對他造成任何困擾。在樸茨茅斯，無人會迫害女巫。事實上這裡根本沒有女巫。二十四歲時，漢娜·帕森嫁給某個名叫亨利·麥特森的人（Henry Matteson），生了七個孩子，並度過漫長而滿足的一生。休似乎也是。他在一六八五年七月十八日過世，留給漢娜四頭母羊。而且，或許是因為遺產訴訟之故，他將其餘財產全留給繼女。[58]

載著威廉和妻子法蘭西斯·品瓊回到舊英格蘭的船在一六五二年春天抵達南安普敦（Southampton）。[59]當他們的四輪馬車穿越農村，經過漢普郡和薩里郡（Surrey）朝倫敦駛去，景物彷彿與二十年前離開時無異。路上一如既往滿是車轍，緩緩起伏的田野依舊翠綠，停下來吃茶點的地方見到的人還是那樣粗俗。可是舉止和流行卻變了，其變化的程度就像民謠中開的玩笑，真正的新英格蘭並非位於大西洋對岸，而是眼前經歷重生的這一個舊英格蘭。政府徹底轉型。當品瓊出發前往美洲，英格蘭是君主制國家。如今它卻成了共和與自由之國家，除了名稱，已完全成為清教徒共和國。君主制已然廢除；樞密院、上議院和國教亦然。議會的權力靠軍隊擔保，由國務院頒布行政法令。然而前路有許多挑戰。蘇格蘭在前一年夏天已被擊敗，可是仍和愛爾蘭持續征戰，又即將與荷蘭人開打。經濟衰頹導致失業，持續回流、想找工作的復員士兵讓情形更是雪上加霜。

品瓊一家借宿哈克尼（Hackney），這是倫敦城牆東北的一個郊區，和麻薩諸塞霍里奧克家的親戚共居。[60]夏天很熱，乾旱威脅當年收成。有消息傳來，稱肯特郡的女巫審判涉及六名婦女。據首都報導，其中一名還在法官面前「陷入狂喜，整個身體嚴重腫脹，到了極為巨大的程度。」政治哲學家羅伯特·菲爾莫（Robert Filmer）對證據提出質疑，議會亦然，同時也發出緩刑令，結果卻太遲，六名婦女都已處決。[61]同一時期，議會試圖抑制宗教派別，主要是浸信會、貴格會和咆哮者（Ranters）。據某名時事評論者表示，他們的行動「比我們的內戰更具殺傷力」。國家選擇的武器是新律法，藉由將褻瀆入罪，以打擊異端。市面上開始販售一本小冊，上面寫道，一名咆哮者婦女的異端思想已經轉成無神論——「根本沒有上帝、沒有天堂、沒有地獄，」她這麼說，然後生下了「前所未見、最為醜陋的畸形怪物。」駭人聽聞的罪行就此被操弄成為警世寓言，從而揭露出思想自由、言論自由和不順服的邪惡。[62]

可是一六四〇和五〇年代毫無節制湧現的印刷品，也意味當時有兩派觀點，而且雙方立場十分公開。正是在這樣的新脈絡下，品瓊的案子引發共鳴。羅傑·威廉斯，亦即羅德島普羅維登斯的創建人，他在某次走訪英格蘭期間出版了一本書，駁斥異端是為犯罪的說法。威廉斯懷疑撒旦是否矇騙了約翰·恩德考特和他在波士頓那幫同夥的地方治安官。「因為巫術帶有更為強大而且超自然的力量，能夠控制自然界，」他這麼寫道，「使上帝最聰明的受造物變得渺小無力。」[63]同時，威廉斯的英國盟友亨利·范恩爵士又寫了封信給恩德考特，對品瓊所受到的迫害深感遺憾。不久，范恩出版了一份傳單，重申威廉斯的論證。地方上的地方治安官無權審理良知問題，范恩這樣陳述，此外，意圖懲罰異端的欲望比異端本身更為墮落。「毒蛇最狡猾之處，」范恩寫道，「正是在於他總試圖讓我們的眼珠向外轉，望著他人。如此一來，我們便看不見自己的內心有著什麼。」[64]

一六五二年秋天，恩德考特閱讀了范恩的來信——而且無疑還包括他和威廉斯的出版品。品瓊的對手約翰·諾頓也讀了。十月七日，波士頓北方三十英里處，伊普斯威奇有一群人齊聚一堂，聆聽諾頓週四的演說。而在伊普斯威奇，異端和巫術也如野草蔓生。這個小鎮遭到「多到令人無法容忍的邪惡／無法容忍的放縱」所詛咒，甚至最近才有個男人因被懷疑「與惡魔交好」受到譴責。諾頓譴責的是把自己對《聖經》的詮釋與上帝想法混為一談的人。「敗德書籍的作者，」他這樣抨擊，「對這個時代造成的嚴重道德淪喪，他們必須高舉雙手認罪。」[65]兩週後，議會寫信給范恩，說品瓊可能會選擇保留觀點，一如他過去三十年那樣「品德高尚、極受尊崇和愛戴地與我們一起生活」。長老對品瓊所受到的鼓勵表示悲傷，並補充道，他們只是「按照良知、遵從上帝之命令」做了必須做的事。[66]

同年十二月十一日，湯瑪斯·克蘭登（Thomas Clendon）在西敏神職人員大會（the Westminster Assembly of Divines）上宣講基督並沒有承受上帝的憤怒，並且心甘情願替天堂與人間斡旋，這也正是品瓊的觀點。克蘭登繼續說，盲目堅持傳統就是專制，以及對人類判斷力的制約。「近期，」他說，「新英格蘭議會對那位年高德劭、虔誠又深謀遠慮的紳士品瓊先生提出的訴訟，正好是個明證」。[67]或許是受到這分支持的鼓舞，同月，威廉・品瓊出版了另一本書，他在書中高度頌揚了愛的力量。上帝對人的愛，以及人對鄰人的愛。[68]《巫術真相》（*The Discoverie of Witchcraft*）的全新版本中也注入同樣的精神，這是伊麗莎白時代的懷疑論者雷金納德・斯科特（Reginald Scot）所寫的專著，他如此論證。事實上，這些認罪的女巫只不過是需要食物和藥物、完全無害的憂鬱症患者。[69]據說詹姆斯一世曾燒了斯科特的書，但在今天，思想家更能接納這樣的看法。「在把女巫和巫師等刻薄名詞加諸他人身上時，必須發揮基督徒的中庸精神，」一名神職人員指出，「好讓我們在他們身上看見人類苦難的化身……並且心懷憐憫。」[70]

一六五三年因與荷蘭人開戰，政治上也動盪不安，議會遭到解散。此外，在又一次乾燥的夏季中，有個較小的新議會召開會議。十二月，藉由代議制政府維持國家穩定的希望破滅，英格蘭成為發展完全的共和國，奧利佛・克倫威爾（Oliver Cromwell）出任護國公，儘管克倫威爾絲毫不感興趣，卻依然舉行了更多場巫術審判，但是都以失敗告終。該年，在東南巡迴法庭中被提審的五名婦女有兩名獲得釋放，兩名宣判無罪，第五名雖然認罪，卻得到緩刑。[71]然而，彷彿為了替多疑且偏執的思想火焰添柴加薪，諾頓的書在倫敦出版，警告眾人慎防假教師，並敦促讀者「必須看穿撒旦，儘管他已化身為光明的天使。」書中還收了約翰・卡頓和其他人所寫反駁品瓊論點的一封信。雖說建構真理的條框已然改變。[72]

品瓊忙得不可開交，一方面要回應諾頓和其他的評論家，一方面還要和他在春田的兒子約翰通信。他也和外孫約翰．霍里奧克魚雁往返，教導他成為基督愛的典範，並且抵抗「吸取我們心中邪惡思想的魔鬼。」一六五三年十二月，他利用清算美洲資產所得，向一名倫敦商人買下位在白金漢郡的莊園，亦即坐落泰晤士河畔雷斯伯里（Wraysbury）村的雷茲伯里莊園（Wyardisbury House）。在三英畝大的土地上有著附屬建築物、鴿舍、花園和果園。[73]河的對岸是蘭尼米德（Runnymede），亦即約翰國王同意《大憲章》之地。發生在許久以前的一個事件卻在近代激發英國普通法律師，以及美洲殖民者的抗議；他們認為自己是生而自由的子民，而非君主和地方治安官的奴隸。[74]長久以來，品瓊一直是倡導自由的人，站在專制的對立面，其實從未完全支持無限制地對宗教寬容。如今，他同情心更豐富，親自體現了自己倡導的思想，並成為新英格蘭的偉大宗教異議者之一。

喬治．莫克森在品瓊離開後不久也回到故國。雖然他從未替朋友的見解辯護，但是傾向顯而易見。休．帕森被宣判無罪，加上品瓊危機所帶來的不安，或許讓莫克森心生不滿。此外，他考慮離開也有段時間了。一六五二年九月，春田的行政委員開始把莫克森的所有權移轉到春田教會名義下，以永久保留。他並未等待行政委員計算出收益，對方承諾之後會寄給他。[75]莫克森清償了他大部分的債務，買下渡海行李箱的鉸鍊。有一首未具名的告別詩讚頌了他的辛勞、勇敢與剛毅，即便是在「你自己和朋友周遭充斥錯誤」以及「惡人和魔鬼」肆虐之時。十一月，莫克森一家回到英格蘭，他為他荒僻的社區鋪了一條能獲得屬靈醫治和救贖的道路，以增進人們對神的愛與為基督犧牲的信心。如今，他必須在自己出生的母國再度從頭開始。⑯

品瓊的繼子亨利．史密斯也在一六五二年秋天永遠回到英格蘭，先留下了妻子，之後才跟著遷回。兩夫妻期待已久的兒子在六月，亦即滿周歲的前一週過世。但是史密斯一家仍保留在春田的產業，由安代為全權處理。約翰．品瓊接任首席地方治安官。一六五四年秋，安．史密斯帶著孩子動身前往英格蘭，並把磨坊的收益和大部分其他財產讓給兄弟約翰。⑰他們在十二月中旬抵達倫敦，安的父親威廉．品瓊前往倫敦迎接，可是他們全都病倒了。品瓊匆匆將他們送往雷斯伯里，放棄與理查．巴克斯特碰面，即便他是如此景仰那位清教徒傳教士。品瓊近來時常參加巴克斯特在聖保羅大教堂內辦的聖保羅十字架（St Paul's Cross）布道，該布道壇是當時最重要的公共講壇，用以激勵群眾對抗撒旦。撒旦毫無顧忌，不僅與聖徒為友，還有女巫。「所有邪惡之人，」巴克斯特如此撻伐，「都是與撒旦更全面而且持續親近、在靈魂方面討好他，而這些女巫則是在身體方面。」⑱

由於未能見到巴克斯特，品瓊改為寄信和寄書，其中包括他針對約翰．諾頓推翻《我們救贖的功勞代價》論點所寫的四百四十頁回應。題獻給民訴法庭首席大法官。這般機智的反駁訴諸於自然的道德法則，然而其中伴隨歉意。鑑於這個主題的嚴重性，品瓊希望能由一位比自己更有能力的神學家來撰寫。因為他說，「我不是一名受過正規學術養成的學者。」至少，他希望這能夠「洗刷我前一本書可憎的異端惡名、澄清真相。」⑲

就像巴克斯特，亨利・范恩爵士主張築起泛新教的壁壘以抵禦敵基督勢力，[80]范恩覺得，解決之道不是清教徒威權主義，許多英國人都對新英格蘭的狀況難以忍受。然而在一六五五年夏天，英格蘭自己就變成了那樣。克倫威爾任命十一位「少將」治理地方政府，其中最嚴苛的人提倡處決異端、褻瀆者和女巫，全部「同等看待」。[81]這個實驗持續到一六五七年他們的權力被廢除的時候。該年，威廉・品瓊請人替他畫了肖像，據一位十九世紀的作家所說，這幅畫「刻意塑造出沉著、高尚、優雅且德高望重的男性形象。」[82]

此時，喬治・莫克森已在前蘭瓦奇斯教會的沃爾特・克拉多克的幫助下重新成為公理會牧師。[83]就像在春田，莫克森是一位極具包容性的公理會教徒，並且與身在柴郡（Cheshire）紐伯爾德・阿斯特伯里（Newbold Istbury）民政教區的長老教會牧師共享布道壇。一六六〇年，查理二世復辟，英國國教也再次復興，重新沿用傳統的宗教禮儀，不信國教的傳教士也遭驅逐。莫克森如預料之中被逐出，在國王同意給予不贊同國教者寬容，之後於康格爾頓（Congleton）度過剩餘的傳教士生涯，也是身為「合格教師」最後的十五年。一六七四年，依舊支持品瓊非正統思想的莫克森因其「和取悅基督相關之事」的見解遭到譴責。但他仍繼續奮戰、直到倒下的那一刻。由於他中風，有些不良於行，所以這是他人生中第二次由會眾替他建立一個禮拜場所。該處比春田的更簡樸，但依舊是一個他能用自己的方式帶領祈禱的地方。莫克森在一六八七年九月離世，其葬禮是新聚會所舉行的第一個禮拜儀式。[84]

此時，瑪麗・帕森在威爾斯的前教友們早已四散。內戰初始，「蘭瓦奇斯聖徒」便逃往屬於議會派的布里斯托爾（Bristol），威廉．羅斯的學生威廉．厄伯里就是幫助瑪麗前往美洲的人，他也在此地為自己人提供庇護。待城市落入保皇派手中，他們繼續大批逃往倫敦。[85]而厄伯里在加入新模範軍、擔任隨軍牧師後，巡迴全國，推廣獨立教會，就像在威爾斯和新英格蘭的教會一樣，是一種「純粹的民主」，和長老教會的「貴族體系」截然不同。此舉導致他被控為咆哮者，並在一六五三年三月被譴責是異端和褻瀆者。[86]當他在次年去世，妻子和女兒加入貴格派，成為該派的積極倡導者。賓夕法尼亞州創始人威廉．佩恩（William Penn）對她們的傑出貢獻，以及對貴格會運動各種開創性的深遠影響讚譽有加。[87]

威廉．品瓊從未撰寫關於巫術的文章，儘管——或者正是因為他在春田的經歷。他位於白金漢郡的新家有女巫——但是不多。[88]這位重要的老人反而一如他前十年那樣書寫具煽動性的神學，並替這本內容重複的書籍加註。他永遠都是自己最認真細心的讀者，並以此度過最後的歲月。[89]整個一六五〇年代，他都仍是反異端運動的目標。那些人將他疑似棄絕神聖三位一體的行為，拿來與撒旦締約的女巫相提並論，甚至指控他試圖復甦英國人對多神教的崇拜。[90]

品瓊的妻子法蘭西斯在一六五七年十月於雷斯伯里逝世，只比他們留在春田的女兒瑪麗．霍里奧克早幾天。品瓊孤零零度過冬天，他最親近的親人亨利和安．史密斯幾乎無法提供任何慰藉，這兩人自回到英格蘭後精神上一直飽受折磨。「我感到更加寂寞，」品瓊哀嘆，「因為女婿史密斯沉默無語、抑鬱寡歡。我女兒安則是瘋了。」[91]品瓊未經要求，主動寄出更多書籍，不但簽了名，還有題獻。從約克郡小教區的教區牧師到羅徹斯特的座堂主任牧師，紛紛收到他所寫的守安息日的論述。然而他渴望被當成神學家認真看待的心願從未實現。92

當時出現了更多的預兆和不尋常的自然現象。品瓊這一生早已見識過這種情形。這表示時代依舊混亂失序。一六六二年春天，西部小鎮赫里福德（Hereford）傳來地震的消息，教堂尖塔倒塌，巨大的冰雹砸死牛群，天空中出現異象，伴隨著巨大聲響，迴盪著「邦國啊，大禍將至！大禍將至！」93該年，品瓊完成探討贖罪的最後一部作品，並且最後一次對約翰．諾頓發動猛攻。同時，諾頓則繼續聲討「異端橫流」，這是最糟糕的一種絕症，受感染者無法治癒。他認為，品瓊是此種疾病最強而有力的傳播媒介，無論在春田和他處亦然。94

新英格蘭擊敗了品瓊，但它的權威正在式微。當年謀逆之人逃往新英格蘭，查理二世痛斥那些包庇殺害他父親的兇手。一六六二年，約翰．諾頓加入一個代表團前往白廳，懇求國王寬大為懷，對殖民地施恩未果。回到波士頓後，諾頓深受憂鬱症所苦，沒有多久便離世。也是同年夏天，亨利．范恩爵士以叛國的罪名遭到斬首，他對公民和宗教自由的倡導惹怒查理二世，國王判定他「過於危險……不能繼續活著」。范恩死時正值清教徒失勢。一年之內，新英格蘭如野火燎原的女巫恐懼便趨緩。統計自一六四七年起，十七年內有七十九人被控、三十三人受審、十五人被判絞刑。95

威廉．品瓊在一六六二年十月二十九日在雷斯伯里去世，遺產由位於新舊英格蘭——亦即串起又截斷他人生的兩個世界——96的親戚繼承他的兒子約翰是主要受益人。隔年春天，透過繼兄的來信，他得知自己繼承了雷斯伯里莊園。信中除了安慰說他們的父親在經歷一生的考驗後，已在天堂中找到完美結果，史密斯還告訴約翰，身為遺囑執行人，他必須解決遺囑繼承上各種錯綜複雜的問題。於是在十一月，由於「不知道上主會如何待我」，他在動身返回英格蘭前立下了自己的遺囑，將擁有的一切分給妻子和三名小孩，並且把一些小紀念品遺贈給姊夫和裴拉提雅．格洛弗（一位春田的牧師），並拿三英鎊救濟鎮上「誠實的窮人」。[97]

十多年後，一六七五年十月五日，約翰．品瓊在騎馬返回春田途中看見小鎮上空黑煙高竄。六月，新英格蘭各地爆發戰事，萬帕諾亞格人的酋長梅塔卡姆（Metacom）帶頭起事，反抗英國人占領印第安土地。此時約翰．品瓊一直在北方二十英里的哈德雷作戰，便迅速往前方趕去，非常憂心即將看見的情景。這裡和當地印第安人的關係已經緊張了好一陣子。雖然某些人被認為是好鄰居，「普遍穿著英國服裝，也照英國人的樣式修剪頭髮」。但其他人——主要是莫霍克人——會偷玉米、殺牛隻。民兵巡邏、布置崗哨，民宅也派兵駐守，包括帕森舊家的農場。但是當約翰抵達他父親建立的小鎮，他發現這些都做得不夠。春田一片傾圮：房屋遭劫掠，死傷遍地。包括許多年前帕森家獵巫案的關鍵證人。湯瑪斯．庫伯和湯瑪斯．米勒在外頭被抓，未能成功回到安全藏身處；潘黛蔻絲特．馬修在自己家中遭到殺害，其他人則跑去聚會所。裴拉提雅．格洛弗的富麗宅邸當初是喬治．莫克森所建，和其藏書同遭毀壞，扔成一堆，最後放把火全燒了。長久以來，這個不斷為了提防巫術和其他邪惡而自我撕裂的小鎮，此刻卻任由邊界外的敵人帶來世界末日。[98]

這場災禍的原因似乎再明顯不過：印第安攻擊者是「宗教上如魔鬼一般的仇敵」。可是一如以往，魔鬼不過是天堂復仇的工具。就像約翰．品瓊寄到倫敦給兒子的信：「上帝因我們的罪，因我們對先前的恩惠不知感激，享有可貴幸福卻未能珍惜善用，與我們產生嚴重衝突。這顯然是他對這個國家心懷憤怒的明證。」品瓊明確譴責春田竟寬容「可恥的滔天大罪」。「……那簡直有如洪水一般，威脅著要將我們淹沒。」[99]若想倖存，就得聽從來自天堂的鄭重警告。然而，這個小鎮就和整個新英格蘭一樣，決心走上工業和貿易之途，越發偏離第一代移民珍視的公義價值觀。儘管，認為新英格蘭道德逐漸式微或「淪喪」的古老看法早已證實是無稽之談，清教徒一向樂於擁抱商業。可是猖獗的資本主義還是對這個虔誠社區構成危害——即約翰．溫施洛普在一六三〇年的理想遠景。當時他對於美洲這個「建在山上的城」懷抱如此想像。[100]因此，當春田有如自灰燼重生的浴火鳳凰那樣重建並安居樂業，罪孽也隨之氾濫。因為追求財富等世俗欲望而生的驕傲、貪婪以及自我中心。「土地是新英格蘭的偶像。」一位牧師激昂地表示。「基督徒遺棄了教會和宗教禮儀，這一切都是為了土地。」[101]

理查．布林曼，也就是把瑪麗．帕森引介給威廉．品瓊的人，在復辟之前回到了威爾斯小鎮切普斯托。一六七七年八月，他寫信給波士頓一名名聲顯赫的清教徒神職人員因克瑞斯．馬瑟（Increase Mather）大肆抱怨，「上帝對英格蘭降下的可怕天譴幾乎沒有引發任何改革。」但是威爾斯和英格蘭也處在危機之中。多雨的夏天徹底摧毀了作物，這是罪惡和荒淫劇碼招致的審判。

布林曼如此認為。「身穿朱紅衣裳的妓女讓國民喝下她的淫亂之酒，」他語氣激昂地說道，「主加速了她的毀滅。」[102]這是一名年邁清教徒祭出的地獄之火。然而，在他對殖民地的擔憂背後潛藏著真正的危險——聖徒委靡不振的威信，將在塞勒姆的悲劇中找到助燃媒介，並將之推上高峰。

在帕森家受審之前，遭印第安人和魔鬼襲擊就已是春田人的夢魘。但是梅塔卡姆在一六七五至七八年發動的戰爭——春田只是受害地之一——使得殖民地的敵人相互融合成一個「他者」。梅塔卡姆本人遭到妖魔化、被殺死、肢解。[103]一六八〇年代，因克瑞斯·馬瑟和兒子卡頓（他保存了梅塔卡姆的下頷骨，當作紀念品）撰寫書籍，將「不信教的殖民者與土著迷信」扯上關係。[104]隨著新英格蘭的危險大增，巫術的發生率也提高了。一六八六年，一名來自英國的訪客震驚地發現這片土地上竟有這麼多女巫。[105]一如既往，政治的不確定性會餵養妄想。一六八八至八九年，新英格蘭和舊英格蘭先後爆發光榮革命（其中只相隔一小段時間），使得人們對法律和政府的合法性產生質疑，並重新激起與印第安盟友法國人之間的敵意，後者正在歐洲與舊英格蘭交戰。隔年，新英格蘭受到天花傳染重擊，一蹶不振，敏感易怒，社會鏈結於是應聲斷裂。

一六九二年初，歐洲巫術審判達到高峰過後許久，塞勒姆爆發獵巫行動。麻薩諸塞皇家總督威廉·菲普斯爵士（Sir William Phips）抵達該地，發現當地「受到極為可怕的魔鬼附身荼毒，許多人處在一種抑鬱不平、躁動不安的詭異狀態。」當塞勒姆法官無視那些可疑證據，菲普斯不得不出手干預。「魔鬼披上無辜者的外衣，」他說，「有部分被告其實過著無可挑剔的生活。」[106]

塞勒姆獵巫行動造成二十人死亡，原因是各家之間的夙怨、宗教政治、法律混亂以及純然的恐懼[107]。如同春田，人們相互投射的憤怒無法在基督徒的義務和個人野心的驅策之間取得平衡。即便在當時，塞勒姆也因「罪孽深重且無法控制的情緒，諸如對鄰居心懷嫉妒、惡意或怨憎」[108]飽受責難。清教徒領導地位的崩毀，主要肇因於公民權從教會成員移轉到地主手中。但是塞勒姆的公民不正義遠遠壓過宗教異議的威脅。原先虔誠的「曠野中的使命」已失去光明，慈善精神遭到商業野心磨蝕。無論是何種狀況，只要個人利益擺在利他主義之前，引發怨恨、焦慮和某種罪惡感，巫術便很容易蓬勃發展，危害社會道德風尚和秩序。一六九四年，一名商人約書亞·史考托（Joshua Scottow）寫下「那些著魔、被控制和被施法者可怕的刺耳尖叫」已將道德高尚的新英國人變成可憎的舊魔鬼。殖民地或許應該重新命名為「新女巫之地」，史考托如此嗤笑。在塞勒姆之前，沒有任何地方比春田更當得此名。[109]

一七〇三年約翰·品瓊去世時，春田的財富在經歷梅塔卡姆戰爭洗劫，超過四分之一世紀後，又重振雄風。不僅約翰·品瓊得以留下一筆財富來鞏固自己的王朝，該鎮人口也成長至八百人，並且可望在一代之中翻倍。房地產價格飆升。一七〇七年時，休·帕森的農場已值八十英鎊的鉅額。[110]約翰·品瓊過世前不久，小鎮七十戶家庭獲准在東向新殖民地耕種。康乃狄克河以西的春田人——在威廉·品瓊時期，這一帶並無人居住——取回喬治·莫克森購買的教會土地，並要求居住東側的鎮民也出資興建他們自己的聚會所。長草地居民也對此份具有獨立精神的請願書做出呼應，並且試圖在遠離洪泛區的山上建立鎮區。春田表示拒絕，抗議南方人不繳稅會造成「無法容忍的困難」。可是鼓吹變革者占了上風，朗梅多（Longmeadow）因此誕生。[111]

由於清教徒威信式微，新英格蘭的傳教士依然在信眾面前叨唸地獄折磨。一六九八年，春田一名婦女因為悶死自己嬰兒遭到定罪。在行刑布道中，牧師向兇手保證，她將與崇拜偶像者及女巫一起在火湖中受永恆業火炙烤。[112]甚至在一世紀後，春田的傳教士依然會警告人們勿被「驕傲、惡毒和嫉妒矇騙」，亦提及「邪靈隱藏在人類的激情和想像力裡面，暗中作祟」。[113]然而十八世紀的信眾都把這些話當成譬喻，假如他們真的有注意過。康乃狄克河谷在政治方面更趨穩定，城鎮的經濟發展多元，治理得更好，糾紛快速解決。鄰人間的衝突能藉由訴訟平息。[114]維持和平本身即是目的，並非安撫神的手段。地方治安官的簡易司法程序與對悔罪的熱愛，被陪審團的評判取代。因為容許多元化的存在，法律給了人們追求繁榮與成功的信心。同時，統治者在異議者身上感受到的威脅也變小了。[115]

其他的變化則包括對看得見與看不見的世界產生理解上的變化。在公民對話中——尤其是法庭上——人們對超自然現象感受方面的證據信任度下降。威廉·品瓊正是改變的先兆。他並非異端，只是一個自由思想者，就像哲學家約翰·洛克（John Locke），從中世紀經院哲學轉向世俗的經驗主義。在女巫議題上，品瓊或許天真又容易輕信，但他相信每個人身上都有神性，是真正的人道主義者。[116]而且，在塞勒姆的恐怖事件之後，留下來的是這一種人道主義，而非他被指控的迷信。在十八世紀初期，一名叫約翰·海爾（John Hale）的牧師揭露所謂巫術證據的真相，包括一六五一年春田相信的每一件事。幽靈只是幻想，惡魔不過是野獸，痛苦和疾病只是自然現象，女巫的印記沒有任何實際意義，而被反制魔法召喚出的嫌疑犯純屬巧合。這些事只有在人們心懷恐懼、輕信和惡意時才會恍若有真實性。海爾斷言，無辜的行為被套上邪惡的解讀架構，致使鄰居紛紛「懷著偏見注視別人的一舉一動」，並且「透過自身嫉妒的放大鏡來進行觀察，把鼴鼠丘看得像是一座山。」被鄙視者就是如此遭到抹黑和排擠的。[117]

塞勒姆之後，新英格蘭再也沒有吊死任何一位女巫，也再無異端分子遭到放逐。更多物質化而非宗教上的全新焦慮取代了舊的焦慮。[118]然而，魔鬼崇拜並未在一夜之間消失。不只歐洲的女巫審判繼續在接下來數十年內舉行——最後一次英國定讞的女巫罪在一七一二年。甚至，在法律對女巫證據並不採信的各個地區也無法證明女巫不存在。天國的捍衛者抵制那些懷疑論者，因為他們論述中帶著無神論的意圖，還主張弱化女巫心智的憂鬱症不會侵害神智清明的多數大眾，他們長久以來一直相信女巫犯下的罪真實無誤。[119]到最後，魔鬼之城——潘德蒙尼（pandaemonium），亦即米爾頓《失樂園》中的地獄之都——還是沒被拆毀。除非那些不如其父母和祖父母輩使用那麼多魔法的後代不再關注，它才有顛倒的可能。一八〇〇年之後，儘管基督教文明的惡魔仇敵尚未潰敗，巫術卻逐漸沒落，追隨者銷聲匿跡，彷彿人間蒸發一般從未存在。然而，在那一刻到來之前，還會有更多生命被心懷恐懼的男男女女摧毀。對這些人而言，毀滅所有女巫——瑪麗．帕森曾如此殷切期盼——的任務還未完成。[120]

後記

所有情感的終點

春田，二〇一五年五月三日，在一個潮溼的週日，約莫正午。我沿著遠離市中心的大街南段漫步。這裡是三百六十四年前喬納森．泰勒匆忙趕回妻子身邊走過的路。如今路已比當時高出六英尺，泰勒鬼魂的腦袋會是從我腳下飄過。這地方人煙稀少，古怪的低底盤車轟隆作響駛過，司機減速打量我。我看起來有如迷路的遊客，儘管春田算不上遊人如織的觀光勝地。我雙手拿了份二十一世紀城市的街道圖和一份喬納森．泰勒熟悉的地方地圖，亦即它在現代的前世草圖。

經過當鋪、自助洗衣店和迷你超市，店家多半關門。我停在洛林街（Loring Street），大街轉角，五旬節教會的紅磚正面與迪龍酒品店（Dillon's Liquors）相連，後者有著粉紅色的店面和「支票兌現」的霓虹燈標誌。就在這同一地點，一六五一年二月的夜晚，泰勒也停下腳步、準備上床睡覺，絲毫不知自己即將經歷多大的驚嚇。我繼續往前走，不想再繼續磨蹭，急著想找出休和瑪麗・帕森住過的地方——那是兩天前我來到此地後便不斷想像的一刻。

我是從波士頓搭火車來的，之前都一直在那裡的檔案館和圖書館作研究。待傍晚休館，我便會四處走走。像是爬上波士頓公園（Boston Common）的山丘，想像觀看行刑的群眾。沿著法院街（Court Street），就是從前的監獄巷，同時也是瑪麗・帕森過世的地方。而當我沿著州街（State Street）往前走，當年瑪麗來見約翰・溫施洛普時這條街較短，港口在更內陸的地方。溫施洛普的房子變成一間老證券交易所，並掛了一塊牌匾，標示此為原址。我覺得能摸清楚變遷狀況的感覺真好。而今日的波士頓極為繁榮，人口眾多，教人十分安心。我即將體會春田是如何在諸多對比中遭到忽略、敗下陣來。從火車窗向外望去，就連這裡的地勢都傳達出改變的氛圍，從濃厚的現代氛圍，轉為更不受時間影響、過目難忘的景觀。遠方如波浪起伏的山陵、灌木叢，瘦高的松樹和樺樹、匆匆一瞥的小溪和野草叢生的沼澤。這就是當時既威脅著品瓊等殖民者，又迫使他們產生馴服意圖的寂寞荒原。

太陽下山時，我從春田荒涼的火車站出來，匆忙穿越地下道，前往我下塌的飯店。我睡得不好，很早就出門。幾個街區外，門窗以木板封起的春田歷史圖書館和檔案館就在那裡。在地下室檢索室時，我遇到了檔案管理員瑪姬。她擔心我沒有租車，畢竟在這城市的某些地段行走可不是個好主意。她在一張地圖上圈出三家餐廳，全都離我的飯店很近，而且在白天前往都很安全。我在一張塑膠貼面的桌前坐下，瑪姬推來一輛手推車，上面堆滿羊皮捲軸和紙本文件。有些是一六三〇年從英國帶來的，其他則是在當地寫下。在這將近四世紀的時間，移動距離全都不出一英里。我正要開始閱讀，卻有動靜吸引我注意。安全鐵窗外有個男人正在張望，還從身上摸索出一卷紙鈔。瑪姬告訴我說我可能撞見了毒品交易。這真是教人分神又緊張萬分。但至少目前來說，閱覽室算是有空調的庇護所，可以把世界隔離在外。

辛苦翻閱這些文件時，瑪姬告訴我春田曾是個新興都市，公司行號、社團協會、學校、教堂隨處可見。它是籃球、硫化橡膠和韋氏字典的發源地，又稱「首創之城」。在獨立戰爭期間，喬治・華盛頓看出春田地理位置的優勢（就像威廉・品瓊那樣），便於一七七七年在此處建造美國兵工廠，負責製造美國內戰期間和之後需要用到的武器。一八五二年，春田鎮正式升格為春田市，並且在一個世代以內就變得信心滿滿。它的造紙廠供應全國所需。狄更斯也曾搭乘蒸汽船**麻薩諸塞號**造訪此地，品瓊家族失去卓越的社會地位，但是繼續從事醫生、牧師和律師等職業，因而在春田市政的建設上貢獻良多，致力將其打造成輝煌的模範城市。①

超自然的過往陰影猶存。一八一四年，肺結核患者的遺骸遭掘出焚燬，用以治療受感染的親屬。殺人兇手的鬼魂使得米爾河畔的一間房地產（就在帕森老屋附近）賣不出去。朗梅多有位女巫，據說有個醫生親眼看見她在打穀期間揚起一陣大風，把糠秕吹散。而一間小旅店內的神職人員聲稱女巫曾到他房內找過他，邀他參加夜晚盛宴。市民也很容易散布歇斯底里的流言蜚語。例如，把接二連三發生的火災歸咎於一名惡毒的縱火犯②。然而，在蓬勃發展的時代這些都只是不堪一擊的上世紀遺物，儘管這個時代終有一日將走向痛苦衰落。春田的黃金歲月又延續了一段時日，直到二十世紀，勞斯萊斯於一九二〇年代在此設廠生產。西奧多爾・蓋澤爾（Theodor

Geisel）——一名成功釀酒商之子，正是在那樣的大環境中長大。蓋澤爾後來成為兒童文學作家蘇斯博士（Dr Seuss），他依舊是此市最知名的孩子——那天早晨我為了甩掉一名想討錢買「藥」的人，才碰巧闖入他的紀念雕塑公園，得知此事。

蓋澤爾啤酒廠因禁酒令倒閉，其他許多企業也在經濟大蕭條中破產。一九三〇年代中期，極嚴重的洪水吞覆北端和南端的大片地區，這些地方從未完全恢復。這些年裡，品瓊在春田最後的直系後裔去世。③戰後，經濟衰退加劇，公民心中的自豪減弱。一九六〇年代投資枯竭，工作稀缺，越戰期間兵工廠的關閉加速敗落；一九九〇年代，該市獲得了衰敗、毒品犯罪和政治腐敗的壞名聲。

如今瑪姬告訴我，移民必須遷入同一區域居住，而且有許多年輕人（多半是西班牙裔）都成了邊緣人。某些不僅連高中都畢不了業，甚至沒有指望能活那麼久。這個情況在九一一事件後更加惡化。當時聯邦資金大量流入華盛頓特區和紐約的社會保障預算，致使大都會的販毒集團遷往更遠的小城市，如春田等地。我經過的半廢棄大樓早排定拆除，以騰出空間蓋超大賭場。瑪姬擔心這只會創造出毫無前途的工作機會，同時助長窮人的各種成癮。我曾在網路上看過圖片，乍看讓人覺得這是一個充滿自信的城市，城區的閃亮辦公大樓和綠化空間到現場一看卻是如此不同。

傍晚，我都在一間賣肯瓊料理[*1]的餐廳裡看書，這是瑪姬提供的訣竅之一。書單包括亨利·M·伯特（Henry M. Burt）——休·帕森鄰居喬納森·伯特的後裔——編輯的文獻雜記，以及史蒂芬·因尼斯（Stephen Innes）的《新土地上的勞工》（*Labor in a New Land*），書中將休·帕森熟悉的春田和如夢似幻的田園社區相對比。對許多人來說，後者依然是新英格蘭鎮區的特徵。因尼斯精準地將帕森描繪為「春田形象的可笑化身——渴望化為貪婪、個人主義變成報復心、偏差行為變成與惡魔的勾結。」④在春田當地重讀這些書感覺很怪，彷彿不斷提醒著我在周遭的環境中——也就是我享用韋恩主廚的什錦飯之處，正埋藏著一個在無聲中重述歷史的過往小鎮。

幾個月前，我吃力地讀完威廉．品瓊的長篇論著，以及一些啟發這些作品的神學學術論文。就算是在那個年代，品瓊的風格也可以說乏味艱澀、詰屈聱牙，因此並未留下長遠影響。他自己的書被當成稀奇的傳家寶傳給後代。⑤如今世上只能找得到九本《我們救贖的功勞代價》。我在春田檔案館偶然發現一本，那本應該是因克里斯．馬瑟的。然後是他兒子卡頓，他因塞勒姆審判而臭名昭著。馬瑟一家憎恨品瓊的異端邪說，就像憎恨女巫一樣。在品瓊主張基督不可能去過地獄的那段文字旁，卡頓．馬瑟寫下刻薄的評論。「就如某些盲目新教徒斷言。」⑥

隨著品瓊著作不再受到關注，他的社交世界也隨之消失。一代又一代，走向企業路線的春田人往四面八方拓展自己的社區，其他人則沿康乃狄克河谷往下游搬遷，最遠搬到了塞布魯克。里斯．貝多薩的後裔在溫莎舉足輕重，直到一九六三年，他們的碾磨廠被拆除，自此結束人們倚靠

1 譯註：Cajun，為路易斯安納州南部特色料理，為加拿大的法國移民，十八世紀為逃離英國統治，定居路易斯安納州，取當地食材，以大鍋烹煮的特色料理。

自家土地和湍急水流維持生計的生活。但是，對許多人來說，這類改變幾乎難以察覺。貝多薩檔案館的照片描繪了一座存在於十七到二十世紀間的古老橋梁，它顯示出的恆久特質更大過變化。那段說明文字寫著：「風景，穿過森林的小徑」、「犁過的田，遠方有籬笆和房子／小棚屋」、「站在屋外，戴著帽子的婦女」、「正在餵馬喝水的男人」、「在河上划獨木舟的人」。在這些描述的最後都寫著「日期不明」。因此，「不受時間影響」也同樣適用。⑦

春田早期的建築也消失了。在議會街和商業街交叉口，我在心中召喚出殖民者穿過堤道的畫面。你可以坐在威廉·品瓊宅邸原址的德國酒吧裡，想像警員押送瑪麗·帕森走來，可是幾乎找不到什麼景物能夠駐足欣賞。有三座教堂先後取代了喬治·莫克森的聚會所。目前這座興建於一八一九年，如今也廢棄不用。德懷特故居（The Dwight House）是最後一個殖民時期的農莊，在一九五〇年遷至迪爾費德（Deerfield）。墓園也消失在縱橫交錯的公路和鐵軌網絡中。其中，「聖徒的灰燼」在一八四一年遷至新公墓。約翰·品瓊的磚砌堡壘在一八三一年被拆除。六十年後，布利斯一家的住所（一六四五年左右興建於小鎮南端）也遭拆除。⑧倖存下來最令人回味的風景則是河流，它幾乎被高高架起的九十一號州際公路遮擋，你最多僅能以紀念大橋（Memorial Bridge）為起點測量它的長度，並想像清教徒農夫划著獨木舟前往西側的耕地。過橋往南五英里，便可抵達阿加萬。你還可以眺望河的對岸。那裡有個位於新犁過的田和自然保留區之間的地方。那正是休·帕森當年在長草地上的七畝地。

春田還有一些歷史標記。有塊匾額上寫著品瓊「舊堡」（亦即德國酒吧），一塊寫著一六四五年聚會所地點，另一塊則是酒館，而且幾乎可以肯定那就是當年羅伯特・艾希禮的酒館所在。瑪麗・帕森就是在那兒靈魂出竅，跑去參加女巫的安息日。春田還有兩座雕像：清教徒，一八八一年鐵路大亨和亨利・查平後人賈斯特・W・查平（Chester W. Chaper）委託製作。亨利・查平是威廉・品瓊手下的農夫之一。隔年，J・P・摩根（J. P. Morgan）的銀行業家族在法院廣場（Court Square）立起他們第一位祖先——麥爾斯・摩根的青銅雕像，麥爾斯是另一位品瓊的簽約工人，在一六九九年過世，只留下價值十四先令的沼澤地。由於不會寫字，摩根的簽名是一根箭頭，有點像印第安人所畫的符號。⑨

並無雕像紀念威廉・品瓊。雖然有幾條街道和建築以他命名。當康乃狄克河谷歷史博物館遷移到目前的地址，它所在的建物被更名為威廉・品瓊紀念大樓。一九一五年後，傑出居民會獲得威廉・品瓊勳章，是一枚青銅獎牌，上面描繪的品瓊便是根據他在一六五七年所繪製的肖像。如今，該肖像被掛在塞勒姆的一間博物館。其他懷舊的物品散落城市各地。麻薩諸塞州政府辦公大樓便裝飾著一幅繪自一九三七年，標題為「品瓊先生與定居春田」的壁畫。畫中的品瓊更像個風度瀟灑的騎士，而非乏味的清教徒。一名身穿黑衣的女巫騎著掃帚逃走，呈現出對巫術的一種幻想，其中隱藏著致命且持續發酵的懷疑，以及休和瑪麗・帕森的婚姻是如何「出現紛爭」，如一名十九世紀作家所說，「並且持續爆發，直至所有隔閡與怨憎讓情感走到終點」⑩。

我原本打算租一輛腳踏車從河邊開始仔細觀察原本的小鎮，然而路徑卻雜草叢生，被垃圾堵塞。我便改搭巴士前往北安普敦。如今那裡已是一片時髦的波希米亞風度假勝地，該地的福布斯圖書館（Forbes Library）保存著威廉・品瓊那本了不起的帳簿。除此之外，我還徒步旅行——就是因為這樣，我最後才會來到商業大街不對的那頭。我覺得自己很引人注目，而且因為正午的炎熱汗流浹背。

此時我更接近那些令我著迷的幽魂，還有絲毫不減真實的犯罪現場。因為印象大都來自記憶，而非眼前所見。目前為止，我喚出的鬼魂都很淡漠，駑鈍而無生氣。可是一想到要去看休和瑪麗的家就令我不安。有家折扣超市旁的牆上有幅彩色壁畫，畫中如此問道：「怎樣才算得上男人？」這也是休在當年努力迎合地方期望時想問的問題，然而，他終究未能提出令任何人滿意的答案。

我在榆木街（Elmwood Street）的電動工具店外頭停步。這裡就是帕森家曾經坐落之處。空氣遲滯，周遭的寂靜有股壓迫感，一如十七世紀時那樣。榆樹街是條很短的道路，有家租車公司和一間停車場。不過還有一間小房子，從它的護牆板及斜屋頂看來，可能就是帕森的屋宅，儘管看不出屋齡有多老。裡頭無人居住，牆面爬滿植物，還有個洞。那個位置可能是從前的樓上窗戶，我頸上的汗毛不禁都豎了起來。畢竟，休曾在這裡粗魯地扯下瑪麗的被單，也是她趁他入睡時搜他身、更是他們孕育孩子和孩子死去的地方。先是激情澎湃，隨後悲慘的耗盡一切，最終替瑪麗帶來死亡的結局。曾經，森林邊的一條大河旁矗立著一間小屋，然後就如許多民間故事——惡魔降臨，一切欲望都以死亡作收。

就在這些街道周遭，死去的人和被遺忘的人——大多是出生地位於三千英里外，並且生活在四百年前的旅人，他們曾夢想、曾密謀，曾有聲音與憤怒。他們是真實的，是活生生的，其足跡依然在時間長河中閃閃發光。他們以你能想像的每一種人類情感活過、愛過，直到最終歸於塵土。當我深受他們的回憶打動，站在他們曾經站過之處，我能感覺到休和瑪麗正緩緩從陰影中現身，堅稱我絕不可能知道他們是誰。如同溫弗里德·格爾奧格·澤巴爾德（W. G. Sebald）提過歷史那宏大的錯覺和自信的確證。「我們這些倖存者從上方鳥瞰一切，同時將一切盡收眼底，卻依然不清楚來龍去脈。」⑪

目前還不到結局。二〇一八年七月，我回到春田替研究收尾，再次到處逛逛。我發表的一篇文章讓春田聽起來像座鬼城，導致一名記者吉姆·金尼（Jim Kinney）發文回應，表示除了八億美元米高梅巨型賭場外，市政當局還在其他專案上投入二十七億美元。他表示，他在春田市中心時從未感到危險。當地區民則支持我的看法，邀請金尼與他們一起在晚上前往，其他人則對一座偉大的城市沒落感到遺憾，有些人則指出它創建時的非凡事蹟。但是我也有所讓步，覺得或許因為我是陌生人才會感到害怕。在波士頓，我聽說的是春田正欣欣向榮。

一陣暖風吹來，雲朵悠然飄在天空。我搭乘的計程車將我載到一間短租公寓，那是一間宏偉的仿都鐸建築，位在沿山坡而上的楓樹街，與商業大街平行。密碼門鎖的密碼莫名無效，我撥打聯絡電話，卻無人接聽。這時風吹起來，雷聲隆隆。有兩個路人停下來盯著我看。終於，一名管理員讓我進屋。屋內散發著陳舊氣味，不過很乾淨。從臥室窗戶可以眺望喬納森・泰勒曾工作過的林地，休・帕森派來在地面滑行的惡魔始終是他腦中揮之不去的記憶。

暴風雨的烏雲直到黃昏才分開。當時我正從商業大街的一家披薩店回來。街道上空無一人，幾滴圓胖的雨珠砸下。我才回到公寓，身後便倒下傾盆大雨。電視裡的天氣圖上布滿高溫警告，有些地方甚至來到華氏一百多度。坐在嗡嗡響的空調設備旁邊，我讀起一九七三年的小說《萬有引力之虹》（*Gravity's Rainbow*），該書講述命運和歷史看似完美運轉的軌跡。作者湯瑪斯・品瓊（Thomas Pynchon）讓他的直系祖先化身威廉・斯洛施洛普（William Slothrop），「一個特立獨行的怪傢伙」。這本異端書籍在波士頓被燒毀之後，他便淒涼地從美洲回到英格蘭。[12]我還翻了翻《海灣小徑》（*The Bay-Path*），這是一本一八五七年撰寫的小說，描寫性格陰柔的休・帕森和妻子瑪麗之間的關係，「心境上十分寂寞，抑鬱性格底下暗藏熱情」。瑪麗的行為舉止反而更像男人。[13]

清晨五點，我被滂沱雨聲和遠方火車刺耳的鳴笛聲吵醒。我從窗口打量這個城市，叉狀閃電劃過丁香紫外加炭黑色的天空。我出門時大雨已停，可是依舊悶熱。街道仍和我三年前記憶中一樣。縫隙間的雜草、排水溝裡的玻璃、油漆斑駁的木屋。往南走，我發現自己置身松樹街。這條街的狀態比較好。我再沿著彎路往下走，來到了米爾河沿線，這裡對春田的移民者來說曾經極其重要。你可以聽見它在下水道中轟隆作響，發狂湧入康乃狄克河。在一間殯儀館的停車場柵欄對面，我發現一小段彷彿帶著憤怒、飛沫四濺的水流——來自休和瑪麗世界的遺跡。實在令人精神為之一振。

商業大街路口聳立著一塊巨石，上頭掛著一面牌匾，紀念湯瑪斯．庫伯和湯瑪斯．米勒之死。他們在一六七五年十月五日於此處附近過世，成為梅塔卡姆攻擊（Metacom's War）中首批傷亡人員。迄今，那次戰爭在比例上仍是美國最血腥卻最少被人記得的衝突。我繼續沿著商業大街走，穿過長久以來滿是義大利人區域的南端，經過一座克里斯多福．哥倫布的雕像，一路走到榆木街。我回到帕森農家所在地，從對面的方向過來。但是那間廢棄的護牆板小屋消失無蹤。讓一間幽靈小屋從這片地景中消失感覺似乎也很合理，這樣也能鼓勵別人在那裡建屋。

漸漸，我開始對這裡產生比較正面的印象。我在市中心注意到新的樹苗和路緣石。建築工地十分繁忙，而用木板封起的建築物已清理乾淨或進行過翻修。這裡的步調似乎更輕快，氣氛更加積極進取。或許，春田正在走出後工業社會的陰霾。我參觀了漢普敦郡法院（Hampden County Courthouse），親切的職員替我拿來我想要的房產契據。之後我又穿過廣場前往市政府，在大理石和上了清漆的橡木走廊徘徊，直到找到書記官辦公室。我在那裡等待，注視人們索取表格，申請執照或繳付違規停車罰款。

書記官出現了，和我握握手。他似乎很忙，卻仍抽空和我坐在一間沒有窗戶的房間裡，房中滿是倒下的紙箱。他先為市政府未設檔案管理員道歉，然後迅速跑出去。當他回來時，手中抱著高高一落裝訂成冊的手稿。我在那裡待了三小時，把城鎮紀錄全拍下來，直到手機沒電。我將春田嗷嗷待哺時期的每一個細節都留下紀錄，從砍伐木材和轉租房屋的法規，再到證明巡警湯瑪斯．梅里克曾因休．帕森垮臺而受益的便條。

書記官偶爾會在房中走來走去，沒怎麼留意我，即便我在這堆不斷擴大的凌亂中實在很擋路。但接著我就發現了一個非常了不得的東西。我喊了他。那是威廉・品瓊替春田小鎮簽署的基礎協定，日期是一六三六年五月十四日。一八四六年該市的書記官如此註解：「保留這份紀錄——這是這座城鎮的開始。」這名書記官剎時呆站在那兒，驚愕不已，雙手捧著文件。我提議他或許可以公開展示，讓民眾看看春田的起源。他於是笑開，承諾會這麼做。⑭

或許，展示品瓊這褪色的憲章能讓人們想更進一步了解休和瑪麗・帕森曾參與興建的城市，還有他們的個人生活——他們的夢想、痛苦和毀滅帶來的深刻情感衝擊。目前在春田沒有任何形式能紀念他們。沒有在其他地方可見的那種一派正經的紀念碑，塞勒姆（亦即定罪女巫受刑的地方）也未還他們清白。⑮現在為止，春田對休和瑪麗之事的輕忽，其實該歸咎於歷史學家的躊躇不決，他們遲遲沒有做出完整可靠又權威性的論述，我衷心希望本書能拋磚引玉，成為某種起點。

謝辭

我非常感謝我的編輯湯姆・潘恩（Tom Penn）和他的助理，伊娃・哈吉金（Eva Hodgkin）。這兩人都帶著非凡的耐心閱讀本書草稿，並貢獻了非比尋常的心力與洞見。多虧他們敏銳的見解，每個段落幾乎都獲得了改進。我也很榮幸能與他們在企鵝的其他同事合作，尤其是編審大衛・華森（David Watson）、編輯部經理露絲・皮耶特羅尼（Ruth Pietroni）、產品經理伊摩根・史考特（Imogen Scott）、設計師薩曼莎・強生（Samantha Johnson）和校對史蒂芬・萊恩（Stephen Ryan）與路易莎・華森（Louisa Watson）。謝謝傑夫・愛德華（Jeff Edwards）繪製了美麗的地圖。

我也想感謝娜塔莎・費爾韋瑟（Natasha Fairweather），我在羅傑斯・柯律治與懷特（Rogers, Coleridge & White）的經紀人，以及彼得・羅賓森（Peter Robinson），也是娜塔莎的前輩，他是第一個相信這個企劃可行的人。彼得改變了最初的提案，凱特・桑默史蓋爾（Kate Summerscale）、麗貝嘉・華森（Rebecca Watson）和詹姆斯・布朗（James Brown）亦然。詹姆斯還貢獻了研究，並協助我表達出想說的重點。

我也很感謝英國國家檔案局、大英圖書館、劍橋大學圖書館、博德利圖書館（Bodleian Library）、皇家學會、威廉博士圖書館、威爾斯國家圖書館和各郡檔案局的職員。許多研究都是在美國完成的，因此我要特別感謝紐約公共圖書館手稿和檔案部的塔爾・納丹（Tal Nadan），他允許我借閱威廉・品瓊的口供證詞本。波士頓公共圖書館的金・雷諾茲（Kim Reynolds）和傑伊・莫斯榭拉（Jay Moschella）、哈佛法學院圖書館的珍・凱莉（Jane Kelly）、麻薩諸塞州歷史學會的諸位助理。多徹斯特麻薩諸塞州檔案館的約翰・哈靈頓（John Harrington），他提供了原始文件，而非迷你又難用的微縮膠片。此外，還有最重要的是：春田圖書館和檔案館的瑪姬・杭柏斯頓（Maggie Humberston），感謝她的知識和慷慨。在漢普登郡契據登記處（Hampden County Registry of Deeds），唐娜・布朗製作了「契據紀錄本」，而且就在法院廣場對面，春田市書記官安東尼・威爾森（Anthony Wilson）謙恭有禮的熱心相助。在北漢普敦，工作繁重的職員還抽時間找出裝十七世紀遺囑的箱子，而福布斯圖書館（Forbes Library）的茱麗・巴特雷—納爾森（Julie Bartlett-Nelson）和伊莉斯・博尼爾—菲利（Elise Bernier-Feeley）則允許我花一整個下午翻看品瓊的帳簿。

來自東英吉利大學、英國國家學術院和利華休姆信託基金會（Leverhulme Trust）的金融支援極為寶貴。在倫敦、諾里奇、曼徹斯特、都柏林、柏林和墨爾本的研討會和學術會議上，這些想法反覆受到檢驗。莎莉・加德納（Sally Gardner）和凱特・桑默史蓋爾對草稿提出各種批評與建議，並給予我極大鼓勵。多年來，凱莉・艾普斯（Kerry Apps）、凱西・卡米開爾（Cathie Carmichael）、莎拉・杜南（Sarah Dunant）、麥克・法拉爾（Mike Farrar）、史賓賽・弗利爾森（Spenser Frearson）、菲利帕・格瑞格利（Philippa Gregory）、克里斯・瓊斯（Chris Jones）、大衛・奇納森（David Kynaston）、希拉蕊・曼托爾（Hilary Mantel）、克里斯・馬什（Chris Marsh）、傑奧夫瑞・沐恩（Geoffrey Mumn）、羅莎蒙德・羅頓（Rosamond Roughton）、傑斯・夏爾基（Jess Sharkey）、愛蒙德・史雷特（Edmund Slater）、格雷姆・斯莫爾（Graeme Small）和安娜・懷特洛克（Anna Whitelock）的暖心話語也讓我受益良多。還有與我同領域的學術界朋友的支持：泰德・貝克（Tad Baker）、歐文・戴維斯（Owen Davies）、約翰・迪莫斯（John Demos）、馬里恩・吉布森（Marion Gibson）、理查・戈德比爾（Richard Godbeer）、史蒂夫・辛德爾（Steve Hindle）、羅納德・赫頓（Ronald Hutton）、蘿拉・庫寧（Laura Kounine）、布萊恩・萊瓦克（Brian Levack）、夏洛特—羅絲・米勒（Charlotte-Rose Millar）、艾莉森・羅蘭茲（Alison Rowlands）、吉姆・夏普（Jim Sharpe）、馬克・斯托伊爾（Mark Stoyle）、約翰・沃爾特（John Walter）、安迪・伍德（Andy Wood）、布萊爾・沃登（Blair Worden）和查爾斯・齊卡（Charles Zika）。特別感謝史都華・克拉克（Stuart Clark）和琳黛爾・羅珀（Lyndal Roper），寫了這麼多推薦信。羅傑・湯普森（Roger Thompson）是美國殖民史方面享有盛名的歷史學家，他容許讓我使用他的藏書，或說只要我能塞進車裡載走的所有藏書。我欠基斯・萊特森（Keith Wrightson）的恩情永遠也還不完。他除了教我如何發揮想像力，還讓我能經得起實際驗證，並且在保留過去的他者本質的同時又能展現同理心。

最後我要感謝我的家人。如果沒有他們的支持，我所做的一切都將失去價值，或根本不可能成功。我的父母奧德莉和艾迪・蓋斯基爾對我非常好，我不可能再奢求更多，此外，也包含我的岳父母。最後，還要提到我的妻子席娜・皮爾斯（Sheena Peirse），她是個擁有無比耐心、開朗又充滿著愛的伴侶，以及我們的孩子，凱特、湯姆和莉莉，與他們相比，寫書似乎只是個不值一提的成就。

資料來源與研究方法

一八二八年，喬治・布利斯的祖先在一六四〇年代來到春田，在一次演講中提及休和瑪麗・帕森，不過婉拒詳述，並且以「我們紀錄裡沒有針對這個主題的相關內容」帶過。這並不算確實。但是主要資料來源必定是在別處。今日，威廉・品瓊珍貴的證詞簿被保存在紐約公共圖書館，幾乎都用威廉・品瓊潦草難辨的字跡所寫，大小為十五乘十九公分，包含五十二張髒兮兮又沾滿水漬的頁面。古文物專家山繆・加德納・德瑞克（Samuel Gardner Drake）略帶誇張地寫道：「休・帕森案的訴訟程序和提供的怪異證據，可能是史上所有紀錄中最為異常的。」①

這些素材從未充分利用。德瑞克曾出版一份謄本，由大衛・D・赫爾（David D. Hall）加以現代化。然而，兩者都未解開日期和順序上的謎題，德瑞克甚至讓其更加複雜化。他相信口供證詞在十八世紀裝訂時便有錯誤。更可能的情況是，當初這些證詞是為了審判而錄入，本來就一團亂。馬里恩・吉布森對這些令人抓狂的文件倒是抱持樂觀態度，他的看法就是如此。他這樣寫道：「我們可以隨心所欲地對手中的文本進行解讀。」[2]顯然這其中必有所局限，但我用想像力填補其缺縫，並且做出貌似合理的推論。[3]我在此謹慎使用如「可能」和「無庸置疑」等限定陳述的語詞，同時避免過分杜撰。這本書旨在重建歷史，而非編造小說。然而，它卻以最困難的歷史任務為目標——屏棄後見之明，揭示「在經驗流中事件的鑲嵌性[*1]」。[4]

我的資料來源有很多：法庭紀錄、布道內容、小冊子、公告、信件、日記、契據和遺囑。關於春田的教會紀錄……唉，可惜全都沒有早於一七三五年。[5]我非常感謝大衛．M．波爾斯（David M. Powers）對莫克森講道筆記的謄寫，也感謝已故的史蒂芬．因尼斯（Stephen Innes）做了這麼多鋪墊的工作。我的目標是將「塞滿過去生活碎片的凌亂風景」清理出一個眉目，以便聆聽這些重新組合的片段，述說人們曾經的所見所聞。[6]這就是微觀歷史，藉由深度探掘，挖出人類意識的證據，不僅令人熟悉，又令人驚嘆。[7]在宏觀視野中，過去的生活是一大幅圖畫中的一小個、一小個圓點。然而，那些生活大多是在對歷史之力毫無意識——諸如不斷發展的個人主義、現代性或世俗化等等——的情況下度過的。這些窮苦而焦慮的人們心中只想著生存，或許還有逃脫。[8]

根據凱薩琳．哈德金（Katharine Hodgkin）的說法，巫術研究是「歷史對自身進行探問的地方」。它涉及了語言、再現以及敘事真相，就如同歷史。巫術（一直都）令人費解，並能在意義上打開無窮盡的可能性。「理性、某些知識、歷史和小說的概念」，哈德金這麼寫道，「全都得受到質疑，用以提醒我們其本身的暫時性，還有在時間和文化上的局限性。」我們無法確定，但也不會比當代的人更困惑。[9]

我的書並不是以直截了當的方式進行重述，沒有繁瑣的分析，不過也不具備「令人窒息的教育意義」。一如某評論家對《激情年代》提出的批評；那是亞瑟·米勒（Arthur Miller）描寫塞勒姆事件的劇作。其目的並非是要暗示現在的我們知道得更多，藉以看輕故事中的人物。[10]他反而就把巫術當成巫術：一個在一六五〇年代並不穩定的領域，並在之後於千驚萬險中被曲解為欺詐、歇斯底里或妄想。有時客觀的「現實」必須加以淡化，才能凸顯經驗的主觀特質。[11]唯有接受其不可思議的特質，才能在時間的脈絡中了解自己。這便是歷史的目的。當年我讀博士班的導師曾得到這樣的教誨，再由他傳承給我。這一直都是最重要的考量。[12]

1 譯註：經濟社會學裡一個重要的概念，泛指經濟活動受到非經濟制度的約束。

註釋

縮寫

AAS: American Antiquarian Society, Worcester, Massachusetts

AHR: *American Historical Review*

AWNE: Samuel Drake, *Annals of Witchcraft in New England* (Boston,1869)

BL: British Library, London

Bodl. Bodleian Library, Oxford

BPL: Boston Public Library

CJWM: Joseph H. Smith (ed.), *Colonial Justice in Western Massachusetts (1639-1702)* (Cam- bridge, MA, 1961)

CSL: Connecticut Archives, 1629-1820, Connecticut State Library, Hartford, Connecticut

CUL: Cambridge University Library

DH: David M. Powers, *Damnable Heresy: William Pynchon, the Indians, and the First Book Banned (and Burned) in Boston* (Eugene, OR, 2015)

Dow: George Francis Dow, *Every Day Life in the Massachusetts Bay Colony* (New York, 1988)

DWL: Dr Williams's Library, London

ESMC: Early Springfield Manuscripts Collection, Series 4-7 (in HLAS)

FCHS: Henry M. Burt, *The First Century of the History of Springfield: The Official Records from 1636 to 1736*, 2 vols. (Springfield, MA, 1898-9), vol. 1

GACW: David M. Powers, *Good and Comfortable Words: The Coded Sermon Notes of John Pyn-chon and the Frontier Preaching Ministry of George Moxon* (Eugene, OR, 2017)

GHNE: William Hubbard, *A General History of New England* (Boston, 1848)

Green: Mason A. Green, *Springfield, 1636-1886: History of Town and City* (Springfield, MA, 1888)

Hampden County: Clifton Johnson, *Hampden County, 1636-1936*, vol. I (New York, 1936)

Hawke: David Freeman Hawke, *Everyday Life in Early America*

(New York, 1989)

HCRP: Hampshire County Registry of Probate, Northampton, Massachusetts

HLAS: History Library & Archives, Springfield, Massachusetts

HLSL: Harvard Law School Library, Harvard University

Hosmer: James Kendall Hosmer, *Winthrop's Journal... 1630-1649*, 2 vols. (New York, 1908)

HRBD: 'Record Book of Deeds... for the County of Hampshire', Volume A-B, 1673-1704, Hampden County Registry of Deeds, Springfield, Massachusetts

JJW: Richard S. Dunn and Laetitia Yeandle (eds.), *The Journal of John Winthrop, 1630-1649* (Cambridge, MA, 1996)

LNL: Stephen Innes, *Labor in a New Land: Economy and Society in Seventeenth- Century Springfield* (Princeton, NJ, 1983)

LWP: Worthington Chauncey Ford (ed.), 'Letters of William Pynchon', *Proceedings of the Massachusetts Historical Society*, 48 (1914-16), pp. 35-56

MC: Massachusetts Collection ('Felt Collection'), Massachusetts State Archives, Boston

MHS: Massachusetts Historical Society, Boston

MS1649: 'Notes of the Rev. Mr Moxon's Sermons [1649], by the Hon. John Pynchon of Springfield', Simon Gratz Collection (0250A), Historical Society of Pennsylvania, Philadelphia

NEHGR: *New England Historical and Genealogical Register*

NEHGS: New England Historic Genealogical Society

NEQ: *New England Quarterly*

NLW: National Library of Wales, Aberystwyth

ODNB: *Oxford Dictionary of National Biography*

PP: Carl Bridenbaugh and Juliette Tomlinson (eds.), *The Pynchon Papers*, 2 vols. (Boston, 1982-5)

Pynchons of Springfield: Frances Armytage and Juliette Tomlinson, *The Pynchons of Springfield: Founders and Colonizers, 1636-1702* (Springfield, MA, 1969)

Records of Possessions: History Library & Archives, Springfield, Massachusetts, Springfield Municipal Records, Land Divisions: Records of Possessions, 1647-1709 (Book 16)

RLCR: *Report of the Record Commissioners of the City of Boston*, vol. 6: *Roxbury Land and Church Records* (Boston, 1881)

RO: Record Office

Savage: James Savage et al. (eds), *A Genealogical Dictionary of the First Settlers of New England*, 4 vols. (Boston, 1860-62)

Shurtleff: Nathaniel B. Shurtleff (ed.), *Records of the Governor and Company of the Massachusetts Bay in New England*, 5 vols. (Boston, 1853-4)

Sylvester: Nathaniel Bartlett Sylvester, *History of the Connecticut Valley in Massachusetts*, 2 vols. (Philadelphia, 1879), vol. 1

Thistlethwaite: Frank Thistlethwaite, *Dorset Pilgrims: The Story of West Country Pilgrims Who Went to New England in the 17th Century* (London, 1989)

TNA: The National Archives, Kew, UK

TRSR: Town Records, Volumes 1 & 2: Selectmen's Records, 1644-82, City Clerk's Office, City Hall, Springfield, Massachusetts

Ulrich: Laurel Thatcher Ulrich, *Good Wives: Image and Reality in the Lives of Women in Northern New England, 1650-1750* (New York, 1982)

VRS: Clifford L. Stott (ed.), *Vital Records of Springfield*, 4 vols. (Boston, 1944-5), vol. 1

WMQ: *William and Mary Quarterly*

WP: *The Winthrop Papers, 1557-1654*, ed. MHS, 6 vols. (Boston, 1929-92)

WPAB: William Pynchon's Account Book, 1645-50, Judd Papers, HKBC/P993, Forbes Library, Northampton, Massachusetts

WPDB: William Pynchon's Deposition Book, 1650-51, New York Public Library, Mss Col. 1900 ('Testimony against Hugh Parsons, charged with witchcraft')

Wright, *Early Springfield*: Harry A. Wright, *Early Springfield and Longmeadow, Massachusetts, with Special Reference to Benjamin Cooley, Pioneer* (Rutland, VT, 1940)

Wright, *Genesis*: Harry A. Wright, *The Genesis of Springfield: The Development of the Town* (Springfield, MA, 1936)

Wyllys: Samuel Wyllys Papers, 1663-1728, Brown University Library, Providence, Rhode Island

1 那個說著「去死」的聲音

1 關於喬納森・泰勒的口供證詞：WPDB, ff. 24v-25r (7 April 1651). 泰勒一家可能在一六四八年秋季後才抵達：*DH*, p. 100; *FCHS*, p. 43; *CJWM*, p. 217. 根據教區紀錄，喬納森是哪裡人有數種說法，從康瓦爾到肯特，後者最為可能。

2 WPDB, f. 7r (William Branch, 13 March 1651).

3 研究品瓊最好的綜合性著作有：David M. Powers, *Damnable Heresy: William Pynchon, the Indians, and the First Book Banned (and Burned) in Boston* (Eugene, OR, 2015)；Robert Anderson, 'William Pynchon', *ODNB*; Ruth A. McIntyre, *William Pynchon: Merchant and Colonizer* (Springfield, MA, 1961).

4 在史蒂芬・因尼斯的*Labor in a New Land*（*LNL*）中，認為品瓊幾乎是一位徹頭徹尾的世俗企業家。見清教徒學者：Philip F. Gura, *A Glimpse of Sion's Glory: Puritan Radicalism in New England, 1620-1660* (Middletown, CT, 1984),

ch. 11：Michael P. Winship，「在虔誠的信徒之間爭奪正統的控制權：重新檢視威廉．品瓊」，*WMQ*, 54 (1997), pp. 795-822. 他「敏銳、浮躁、而且極度自信……一個見識廣博並且野心勃勃的人，既愛金錢又愛冒險」：*Hampden County*, pp. 18-19.

5 在一五九六年獲錄取進入牛津赫福瑞書院（Hart Hall）的那位威廉．品瓊，可能是他堂兄弟：Donald Lines Jacobus and Edgar Francis Waterman, *Hale, House and Related Families, Mainly of the Connecticut River Valley* (Hartford, CT, 1952), pp. 723-4; Joseph Foster (ed.), *Alumni Oxonienses: The Members of the University of Oxford, 1500-1714*, 4 vols. (Oxford, 1891), iii, p. 1165; TNA, PROB 11/119/541 (William Pynchon, 1612).

6 例如品瓊在一六四七年所寫的信: MHS, Ms. N-760 (i).

7 *LNL*, pp. 6-8; *DH*, p. 45; Green, pp. 50-51.

8 Henry Morris, *History of the First Church in Springfield* (Springfield, MA, 1875), p. 7; Harry Andrew Wright, *Meeting Houses of the First Church of Christ, Springfield, Massachusetts* (Springfield, MA, 1945), p. 10; *DH*, pp. 89-90. 品瓊在一六五一年一月以五英鎊購買了鐘，卻希望能退款：TRSR, p. 102; *FCHS*, pp. 143, 183.

9 Peter Gregg Slater, *Children in the New England Mind : In Death and in Life* (Hampden, CT, 1977), pp. 35-6. 關於父母的悲痛：Michael MacDonald, *Mystical Bedlam: Madness, Anxiety, and Healing in Seventeenth-Century England* (Cambridge, 1981), pp. 80-84.

10 *FCHS*, pp. 11, 19, 46, 144.

11 *LNL*, pp. 14, 45-8; TRSR, p. 10; Ezra Hoyt Byington, *The Puritan in England and New England* (Boston, 1896), p. 213 n.3.

12 *FCHS*, p. 144; *DH*, p. 89; Green, p. 43; Morris, *First Church*, p. 7; *Wright, Meeting Houses*, p. 4; WPAB, p. 208.

13 Howard Millar Chapin, *Life of Deacon Samuel Chapin, of Springfield* (Providence, RI, 1908), ch. 4; *FCHS*, pp. 54-7; *Green*, pp. 17-19.

14 Mark Goldie, 'The unacknowledged republic: officeholding in early modern England', in Tim Harris (ed.), *The Politics of the Excluded*, c. *1500-1850* (Basingstoke, 2001), pp. 153-94. 延續性相關內容：T. H. Breen, 'Persistent localism: English social change and the shaping of New England institutions', *WMQ*, 32 (1975), pp. 3-28; David Grayson Allen, *In English Ways: The Movement of Societies and the Transferal of English Local Law and Custom to Massachusetts Bay in the Seventeenth Century* (Chapel Hill, NC, 1981), pp. 115-18; Phillip H. Round, *By Nature and by Custom Cursed: Transatlantic Civil Discourse and New England Cultural*

Production, 1620-1660 (Hanover, NH, 1999), ch. 2; Stephen Foster, *The Long Argument: English Puritanism and the Shaping of New England Culture, 1570-1700* (Chapel Hill, NC, 1991).

15 Robert Emmet Wall Jr, *Massachusetts Bay: The Crucial Decade, 1640-1650* (New Haven, CT, 1972), pp. 5-7, 17-19.

16 *GACW*, p.15; *CJWM*, p.203; *JJW*, pp. 280 n. 94, 282-3; William Lambarde, *Eirenarcha, or Of the Office of the Justices of the Peace*, 4th edn (London, 1599), p. 10; Bernard Bailyn, *The New England Merchants in the Seventeenth Century* (Cambridge, MA, 1955), pp. 54-5.

17 *LNL*, p. 149.春田實踐「集體個人主義」：M. M. Knappen, *Tudor Puritanism: A Chapter in the History of Idealism* (Chicago, 1939), p. 348.

18 *LNL*, pp. 112-13, 307-12, 461; *Hampden County*, p. 381; *Pynchons of Springfield*, p. 32.

19 Royal Society, London, RBO/2i/19, p. 81; *Hampden County*, pp. 246, 265; *LNL*, pp. 113-17; Thistlethwaite, pp. 86-7; Hawke, p. 37.

20 William Pynchon, Holy Time: or, *The True Limits of the Lords Day* (London, 1654), sig. U3r; Gura, *Glimpse of Sion's Glory*, p. 378 n.45.

21 Ulrich, pp. 22-3, 51-2; Hawke, pp. 34, 38, 159-60; *LNL*, pp. 117-21, 300-302; Thistlethwaite, p. 85; *Hampden County*, p. 76; Mary Beth Norton, *Founding Mothers and Fathers: Gendered Power and the Forming of American Society* (New York, 1996), ch. 5.

22 Carl Bridenbaugh, 'Yankee use and abuse of the forest in the building of New England, 1620-1660', *Proceedings of the MHS*, 89 (1977), pp. 5-7; Abbott Lowell Cummings, *The Framed Houses of Massachusetts Bay, 1625-1725* (Cambridge, MA, 1979), pp. 23-5, 29-30; Wright, *Early Springfield*, p. 20; *LNL*, p. 436; WPAB, p. 218; Wright, *Genesis*, pp. 21-2; John Demos, *Circles and Lines: The Shape of Life in Early America* (Cambridge, MA, 2004), pp. 2-4, 5-6. 一六五三年春田購買玻璃方面見：HLAS, ESMC, ESM-05-01-01, p. 95.

23 Dow, pp. 96-7; *Hampden County*, p. 76; Thomas Franklin Waters, *Ipswich in the Massachusetts Bay Colony*, 2 vols. (Ipswich, MA, 1905-7), i, p. 26.

24 Ulrich, pp. 94-5.

25 Robert Blair St George, 'Witchcraft, bodily affliction, and domestic space in seventeenth-century New England', in Janet Moore Lindman and Michele Lise Tarter (eds.), *A Center of Wonders: The Body in Early America* (Ithaca, NY, 2001), pp. 14-15, 18-19.

26 William Ames, *Conscience* (n.p., 1639), pp. 50, 93.

27 Increase Mather, *An Essay for the Recording of Illustrious Providences* (Boston, 1684), pp. 178-9; Ann Marie Plane, *Dreams and the Invisible World in Colonial New England: Indians, Colonists and the Seventeenth Century* (Philadelphia, 2014), chs. 3-4; Katharine Hodgkin, 'Dreaming meanings: some early modern dream thoughts', in Katharine Hodgkin, Michelle O'Callaghan and S. J. Wiseman (eds.), *Reading the Early Modern Dream: The Terrors of the Night* (London, 2008), pp. 109-24.

28 George Selement and Bruce C. Woolley (eds.), *Thomas Shepard's Confessions* (Boston, 1981), p. 86; Darren Oldridge, *The Devil in Early Modern England* (Stroud, 2000), chs. 2-4; Nathan Johnstone, *The Devil and Demonism in Early Modern England* (Cambridge, 2006), chs. 4-5.

29 Ulrich, p. 159; Deborah Willis, *Malevolent Nurture: Witch-Hunting and Maternal Power in Early Modern England* (Ithaca, NY, 1995), p. 14.

30 David Thomas Konig, *Law and Society in Puritan Massachusetts: Essex County, 1629-1692* (Chapel Hill, NC, 1979), pp. 177-82.

31 *Hampden County*, pp. 79-80; Mather, *Illustrious Providences*, pp. 155, 266-70; Deodat Lawson, *Christ's Fidelity the Only Shield Against Satan's Malignity* (Boston, 1693), pp. 64-5; Ulrich, p. 52; Richard Weisman, *Witchcraft, Magic, and Religion in 17th-Century Massachusetts* (Amherst, MA, 1984), pp. 60-61.

32 David D. Hall, *Worlds of Wonder, Days of Judgment: Popular Religious Belief in Early New England* (New York, 1989), ch. 2.

33 Thomas Hutchinson, *The History of the Colony and Province of Massachusetts-Bay*, 3 vols., ed. Lawrence Shaw Mayo (Cambridge, MA, 1936), i, pp. 399-400; *GHNE*, pp. 26-9, 34-5; Cotton Mather, *Magnalia Christi Americana*, 2 vols. (New York, 1967), ii, pp. 425-6. 喬治・艾伯特大主教認為新英格蘭的土著「對巫術和魔鬼崇拜痴迷」：*A Briefe Description of the Whole World* (London, 1656), p. 294.

34 在這問題上：John Rylands Library, Manchester, English MS 524, f. 9; George Gifford, *A Dialogue Concerning Witches and Witchcraftes* (London, 1593), sigs. B3v, I4r-K3r.

35 Richard Bernard, *A Guide to Grand-Jury Men... in Cases of Witchcraft* (London, 1629); Richard S. Ross III, *Before Salem: Witch Hunting in the Connecticut River Valley*, 1647-1663 (Jefferson, NC, 2017), pp. 19-21. 品瓊的法律書籍：*LNL*, p. 13; *CJWM*, p. 31; *DH*, p. 78; *WP*, v, p. 135; MHS, Ms. N-760 (iii), p. 22; HCRP, 遺囑 (John Pynchon, 1703).

36 William Perkins, *A Discourse of the Damned Art of Witchcraft*

(Cambridge, 1608), pp. 200-205, 210, 213-14, 218-19; 也見 Gifford, *Dialogue*, sigs. H3r-H4v. 品瓊可能未擁有這些文本，但約翰・溫施洛普有：MHS, Winthrop Library; New York Society Library, no. 78.

37 *An Abstract of the Lawes of New England* (1641), in Peter Force (ed.), *Tracts and Other Papers Relating to... North America*, 4 vols. (New York, 1947), iii, no. 9, p. 12. 在證據的問題上可見：Edgar J. McManus, *Law and Liberty in Early New England: Criminal Justice and Due Process*, 1620-1692 (Amherst, MA, 1993), ch. 3; Richard Godbeer, *The Devil's Dominion: Magic and Religion in Early New England* (Cambridge, 1992), ch. 5. 也見Sanford J. Fox, *Science and Justice: The Massachusetts Witchcraft Trials* (Baltimore, 1968), ch. 4.

38 日期是推測的，並不早於一六四七年，因為瑪麗・布利斯於一六四六年十一月在哈特福嫁給約瑟夫・帕森。找品瓊商量的威廉・布朗奇一六四九年三月時住在鎮上，並在一六四九年末或一六五〇年初搬到長草地：WPDB, f. 7r.

39 Sylvester, p. 21.

40 *JJW*, p. 153; Hosmer, ii, pp. 155-6.

41 Henry M. Burt et al., *Cornet Joseph Parsons: One of the Founders of Springfield and Northampton, Massachusetts* (Garden City, NY, 1898), pp. 11-12; *FCHS*, p. 40; *VRS*, pp. 12, 20, 60; Willard S. Allen, 'Longmeadow (Mass.) families', *NEHGR*, 31 (1877), p. 320沒有布利斯遺孀或她兒子在一六四七年時與春田土地有關的任何紀錄，但由納撒尼爾・布利斯的兒子於一六四七年十一月出生，可推測出他們大約在那時抵達。

42 HLSL, Small Manuscript Collection (Special Collections), 代表北漢普敦詹姆斯・布利基曼（James Bridgman）妻子莎拉的證詞，11 August 1656, f. 2.

43 William Perkins, *A Direction for the Government of the Tongue* (Edinburgh, 1593), pp. 3-5; Peter Elmer, *Witchcraft, Witch-Hunting, and Politics in Early Modern England* (Oxford, 2016), p. 104.

44 Anderson,'Pynchon'.

45 TNA, C 142 321/130 (7 Oct. 1611). J. C. Pynchon, *Record of the Pynchon Family in England and America* (Springfield, MA, 1885), pp. 3-5; Henry F. Waters, *Genealogical Gleanings in England*, 2 vols. (Boston, 1907), ii, pp. 846, 854-5, 866-7; McIntyre, *Pynchon*, pp. 5-6; DH, pp. 9, 16-17, 19. 也見 Essex RO, D/DGe P 2/1; D/DGe P3; D/DGe M100; T/G 209.

46 Peter H. Wilson, *Europe's Tragedy: A New History of the Thirty Years War* (London, 2009), chs. 22-3; Roger Thompson, *Mobility and Migration: East Anglian Founders of New England, 1629-1640* (Boston, 1994), pp. 20-23.

47 Brian P. Levack, 'Possession, witchcraft, and the law in

Jacobean England', *Washington and Lee Law Review*, 52 (1996), pp. 1613-40; G. L. Kittredge, 'King James I and *The Devil is an Ass'*, *Modern Philology*, 9 (1911), pp. 195-209. 驅魔政治學方面見：Michael MacDonald (ed.), *Witchcraft and Hysteria in Elizabethan London* (London, 1991).

48 Barbara Rosen(ed.), *Witchcraft in England*, 1558-1618(Amherst, MA,1991),p.376.

49 Helen I. Paynter, *A Short History of All Saints' Church, Springfield, Essex*, 3rd edn (n.p., 1949), pp. 5-6, 13-14, 22; Essex RO, T/G 209/1, p. 1; D/ABW 32/302; Q/ SR 227/13 (Epiphany, 1620); Q/SR 247/48A (Epiphany, 1625).

50 Frank Hugh Foster, *A Genetic History of the New England Theology* (Chicago, 1907), pp. 16-20; John H. Lockwood et al. (eds.), *Western Massachusetts: A History, 1636-1925*, 4 vols. (New York, 1926), i, pp. 101-10; H. John McLachlan, *Socinianism in Seventeenth-Century England* (Oxford, 1951), pp. 1-4, 12-15, 234-9. 也見Gura, *Glimpse of Sion's Glory*, pp. 311-12. 在一六二四年的一份傳單中，安東尼．伍頓（Anthony Wotton）說，「基督的順服是稱義立功的原因」：同前., p. 378 n.48.

51 William Pynchon, *The Meritorious Price of Our Redemption* (London,1650), p. 15. 一六五五年，品瓊談到他在一六五〇年所出版的第一本書時說道：我一六三〇年從英國出發時，便決心得空時要出版有關那主題的文章：DWL, Baxter Letters, 3.186-7 (1655), f. 186f.

52 Pynchon, *Meritorious Price*, sig. A4v; *Alumni Cantabrigienses, Pt.1, Volume 4* (Cambridge, 1927), p. 99; Henry R. Stiles, *The History of Ancient Wethersfield, Connecticut*, 2 vols. (New York, 1904), ii, p. 628.

53 Winship, 'Contesting control', pp. 795-7; Hugh Broughton, *A Revelation of the Holy Apocalyps[e]* (Middelburg, 1610), sig. B2r, p. 48; *idem*, *Declaration of General Corruption, of Religion, Scripture, and All Learninge* (London, 1604), p. 24; Charles W. A. Prior, *Defining the Jacobean Church: The Politics of Religious Controversy, 1603-1625* (Cambridge, 2005), pp. 49-50 n.108.

54 Sargent Bush Jr, 'Thomas Hooker', *ODNB*; David D. Hall, *The Puritans: A Transatlantic History* (Princeton, NJ, 2019), p. 162. 在胡克（Hooker）驅魔方面見：John Hart, *Trodden Down Strength* (London, 1647), pp. 119-29, 159-60.

55 E[dward] W[inslow], *Good Newes from New England* (London, 1624), p. 64; Thompson, *Mobility and Migration*, pp. 39-44; TNA, CO 5/902, pp. 33-6.

56 *WP*, ii, pp. 151-2; Samuel Eliot Morison, *Builders of the Bay Colony* (Cambridge, MA, 1930), pp. 68-70; 'Pincheon paper', *Collections of the MHS*, 8 (1819), p. 228; Francis J. Bremer,

'The heritage of John Winthrop: religion along the Stour valley, 1548-1630', *NEQ*, 70 (1997), pp. 536-8, 544-7.

57 Essex RO, D/ABW 50/45; *DH*, p. 20; Charles Edward Banks, *The Winthrop Fleet of 1630* (Boston, 1930), p. 3.

58 可能是珠寶號（Jewell），一定不是阿貝拉號（*Arbella*）：Samuel E. Morison, 'William Pynchon: the founder of Springfield', *Proceedings of the MHS*, 64 (1931), p. 72; Gura, *Glimpse of Sion's Glory*, p. 305. 關於四月二十三日，品瓊搭船去與溫施洛普共進晚餐。見：WP, ii, p. 294.

59 Abram C. Van Engen, *City on a Hill: A History of American Exceptionalism* (New Haven, CT, 2020), ch. 3; Thomas Dudley et al., *Massachusetts, or The First Planters of New-England* (Boston, 1696), pp. 1-5, quotations at pp. 2, 5.

60 Dudley et al., Massachusetts, pp. 12-18; Thistlethwaite, pp. 78-9; WP, ii, pp. 266, 312; Morison, *Builders of the Bay Colony*, p. 79.

61 John Cotton, *Gods Promise to His Plantation* (London, 1630), pp. 14-16. 此語出自《以賽亞書》61:3。

62 Francis J. Bremer, *John Winthrop: America's Forgotten Founding Father* (Oxford, 2003), p. 193; *DH*, p. 23; Dudley et al., *Massachusetts*, pp. 16, 20-21; *GHNE*, p. 136; Thistlethwaite, pp. 80-82; Hosmer, i, pp. 69-70.

63 BL, Egerton MS 784 (April 1630); Robert C. Anderson, *The Great Migration Begins: Immigrants to New England, 1620-1633*, 3 vols. (Boston, 1995), iii, pp. 1691-2; *RLCR*, p. 73.

64 Walter Eliot Thwing, *History of the First Church in Roxbury, Massachusetts, 1630-1904* (Boston, 1908), pp. v, x-xi; Theodore Dwight Bozeman, *To Live Ancient Lives: The Primitivist Dimension in Puritanism* (Chapel Hill, NC, 1988), pp. 284-5.

65 BL, Sloane MS 922, ff. 90-93v, quotations at ff. 91, 93v.

66 John Noble and John F. Cronin (eds.), *Records of the Court of Assistants of the Colony of Massachusetts Bay*, 1630-1692, 3 vols. (Boston, 1901-28), ii, pp. 1, 4, 26, 173-5; 'Pincheon paper', pp. 234-5.

67 John Josselyn, *An Account of Two Voyages to New-England* (London, 1674), p. 254.

68 *WP*, iii, pp. 86, 116, 169, 255; Roger Williams, *A Key into the Language of America* (London, 1643), p. 105; Nick Bunker, *Making Haste from Babylon: The Mayflower Pilgrims and Their World* (London, 2010), ch. 12; Lockwood (ed.), *Western Massachusetts*, i, pp. 89-91; *LNL*, pp. 5-6; *Pynchons of Springfield*, pp. 11-12; McIntyre, *Pynchon*, pp. 9-13.

69 *Dorchester Town Records, 1632-87*, 3rd edn (Boston, 1896), p. 7.

70 Lambeth Palace Library, London, MS 841, Pt. 7, ff. 4v-5r;

‘Pratt’s apology’, *Collections of the MHS*, 7 (1826), pp. 126-7; Sylvester, pp. 14-15. 也見Beinecke Library, Yale University, OSB MSS File 16794, ff. 1v-2r.

71 *GHNE*, p. 305; Thistlethwaite, p. 108; Mather, *Magnalia*, i, pp. 80-81.

72 Thomas Weld, *A Short Story of the Rise, Reign and Ruin of the Antinomians, Familists, and Libertines* (London, 1644), sigs. B3v-B4r; ‘Pincheon paper’, p. 236; Emil Oberholzer Jr, *Delinquent Saints: Disciplinary Action in the Early Congregational Churches of Massachusetts* (New York, 1956), pp. 85-6; Stephen Foster, ‘New England and the challenge of heresy, 1630 to 1660: the puritan crisis in transatlantic perspective’, *WMQ*, 38 (1981), pp. 624-60.

73 *FCHS*, p. 13; Hawke, p. 14; Daniel Howard, *A New History of Old Windsor, Connecticut* (Windsor Locks, CT, 1935), pp. 9-12.

74 Simeon E. Baldwin, ‘The secession of Springfield from Connecticut’, *Publications of the Colonial Society of Massachusetts*, 12 (1908), pp. 57-8; Sylvester, p. 29; PP, ii, p. 23.

75 Harry A. Wright, *Indian Deeds of Hampden County* (Springfield, MA, 1905), pp. 13-14; Sylvester, pp. 15, 21; *DH*, p. 37; Howard, *Old Windsor*, p. 14.

76 *WP*, iii, pp. 238, 254-5; Thwing, *First Church in Roxbury*, p. 45.

77 Byington, *The Puritan*, p. 131; Wright, Genesis, pp. 8-10; Stiles, *Ancient Wethersfield*, i, p. 182; Pynchon, *Meritorious Price*, sig. A4v.

78 Sylvester, pp. 31-2; Wright, *Early Springfield*, pp. 1-6, 12; *NEHGR*, 13 (1859), pp. 295-7; *Pynchons of Springfield*, p. 15; Wright, *Genesis*, pp. 11-14.

79 Sir Edward Hoby: BL, Add. MS 38,823, f. 6v.

80 Wright, *Early Springfield*, pp. 5-6; *GACW*, p. 14; Moses King (ed.), *King’s Handbook of Springfield, Massachusetts* (Springfield, MA, 1884), p. 10; Sylvester, p. 19.

81 Wright, *Genesis*, p. 11; Wright, *Indian Deeds*, pp. 11-14.

82 *WP*, iii, p. 314; McIntyre, *Pynchon*, pp. 13-15, 29-30; *Pynchons of Springfield*, pp. 22, 27. 販售火藥給印第安人的殖民者會被罰款，見：TRSR, p. 23.

83 *GHNE*, p. 308; Mather, *Magnalia*, i, p. 81（引文）。

84 *LNL*, pp. 8-9; *Records of the First Church at Dorchester in New England, 1636-1734* (Boston, 1891), p. 3; Green, p. 74; Savage, iii, p. 251; ‘’Pincheon papers’, p. 235; Maude Pinney Kuhns, *The ‘Mary and John’: A Story of the Founding of Dorchester, Massachusetts* (Rutland, VT, 1971), p. 3; Howard, *Old Windsor*, p. 14.

85 Baldwin, ‘Secession of Springfield’, pp. 63-4; *DH*, ch. 5;

Sylvester, pp. 37-8.

86 Sylvester, p. 32; Thistlethwaite, p. 108; MHS, Ms. N-760 (iii), p. 18.

87 Mark Valeri, *Heavenly Merchandize: How Religion Shaped Commerce in Puritan America* (Princeton, NJ, 2010), pp. 46-7; William E. Nelson, *The Common Law in Colonial America*, vol. 1: *The Chesapeake and New England, 1607-1660* (Oxford, 2008), pp. 57-8.

88 'Letter of William Pynchon, 1638', *Proceedings of the MHS*, 58 (1924-5), p. 387; WP, iv, p. 10; Richard S. Dunn, James Savage and Laetitia Yeandle (eds.), *The Journal of John Winthrop*, 1630-1649 (Cambridge, MA, 1996), p. 256.

89 Green, ch. 2; Michael W. Vella, Lance Schachterle and Louis Mackey (eds.), *The Meritorious Price of Our Redemption by William Pynchon* (New York, 1992), pp. xix, xix, xxiii-xxiv. 玉米危機讓品瓊著作隱含著一種世俗向度：同前., p. xix. 也見：Valeri, *Heavenly Merchandize*, pp. 47-8; Morison, 'Pynchon', pp. 86-7.

90 MHS, Ms. N-760 (iii), pp. 3-4, 13, 15-17; Green, p. 29; Hall, *Puritans*, p. 153.

91 *JJW*, pp. 151-2; Gura, *Glimpse of Sion's Glory*, p. 307; Hosmer, i, pp. 290-91; Baldwin, 'Secession of Springfield', pp. 72-4.

92 Edward Johnson, *A History of New-England* (London, 1654), p. 131; BPL, Ms. Am. 1506/2/13; Ms. N-791, p. 6; Nathaniel Morton, *New-Englands Memoriall* (Cambridge, MA, 1669), pp. 111-12; Hosmer, i, pp. 278-9.

93 Lancashire RO, DDKE/HMC/166（「美麗的殖民地」）：胡克（Hooker）的引文見Ross, *Before Salem*, pp. 68-9; Josselyn, *Two Voyages*, pp. 260-61.

94 LWP, pp. 37-8, 47-8; J. Hammond Trumbull and Charles J. Hoadley (eds.), *The Public Records of the Colony of Connecticut*, 15 vols. (Hartford, CT, 1850-90), i, pp. 11-20.

95 *WP*, iv, pp. 98-9; *JJW*, pp.152-3.

96 MHS, Ms. N-760 (ii); Hutchinson, *History*, i, pp. 131-2 ; 'Letter of William Pynchon', p. 388; Baldwin, 'Secession of Springfield', p. 65; Eric Jay Dolin, *Fur, Fortune and Empire: The Epic History of the Fur Trade in America* (New York, 2010), pp. 71-2, 82.

97 Johnson, *History*, p. 170; Edward E. Hale (ed.), *Note-Book Kept by Thomas Lechford* (Cambridge, MA, 1885), p. 85.

98 Douglas H. Shepard, 'The Wolcott shorthand notebook transcribed', unpublished PhD thesis, University of Iowa (1957), p. 210; *GACW*, pp. 2, 25, 36; TRSR, p. 25; Green, pp. 55-7; LWP, pp. 48-9, 49-51; *WP*, iv, p. 254.

99 BL, Egerton MS 2646, ff. 182r-182v.

100 Josselyn, *Two Voyages*, p. 261; *JJW*, pp. 211-12, 238-9; Peter N. Carroll, *Puritanism and the Wilderness: The Intellectual Significance of the New England Frontier, 1629-1700* (New York, 1969), pp. 92-3; *GHNE*, p. 264; *JJW*, pp. 151-2, 273; *WP*, iii, pp. 285-6; iv, pp. 495-6; Dow, ch. 12. 一六四〇年，亨利・史密斯告訴小約翰・溫施洛普，「我們手上的貨物無法換得任何金錢」：*WP*, iv, p. 296. 也見前文pp. 330-31.

101 William Hooke, *New Englands Teares, for Old Englands Feares* (London, 1641), p. 7.

102 CSL, Colonial New England Records, Hartford CT, Col. 52, 1643-70, p. 1. 也見MHS, Ms. N-1182, Carton 1: SH 113L S, Folder 1 (John Endecott, 26 July 1643).

103 Hosmer, ii, pp. 91-2; BL, Egerton MS 2648, f. 1v; *DH*, pp. 70-71; *FCHS*, pp. 19-20.

104 BL, Stowe MS 184, f. 125; Susan Hardman Moore, *Pilgrims: New World Settlers and the Call of Home* (New Haven, CT, 2007), pp. 64-72; *GHNE*, pp. 375-80.

105 在東安格利亞獵巫對新英格蘭帶來的衝擊方面，見：Francis J. Bremer, *First Founders: American Puritans and Puritanism in an Atlantic World* (Durham, NH, 2012), p. 258; Ross, *Before Salem*, pp. 22-4, 31-2, 35-6; Malcolm Gaskill, *Witchfinders: A Seventeenth-Century English Tragedy* (London, 2005), p. 272.

2 我們在這裡一定要快樂

1 安娜（約一六三二年出生），瑪莎（一六四一年生），瑪麗（一六四三年生），伊麗莎白（一六四四年生）。*DH*, p. 75.

2 Peter Charles Hoffer, *Sensory Worlds in Early America* (Baltimore, 2003), pp. 43-4, 75-6.

3 WPAB, *passim*，也見某人的口述紀錄抄本，1652-69: Burt et al., *Cornet Joseph Parsons*, pp. 18-42. 牙膏方面見：David Hackett Fischer, *Albion's Seed: Four British Folkways in America* (Oxford, 1989), p. 144.

4 WPAB, passim. 貝殼串珠方面見：WPAB, pp.245, 252-3; *LNL*, pp. 454-8; PP, ii, p. 77n. 一六三四到一六六四年間，新英格蘭人以七百萬顆的珠子交換價值五到一千萬英鎊的毛皮：Alan Taylor, *American Colonies: The Settling of North America* (London, 2002), p. 194.

5 Susan Dwyer Amussen,' "The part of a Christian man": the cultural politics of manhood in early modern England', in Susan D. Amussen and Mark A. Kishlansky (eds.), *Political Culture and Cultural Politics in Early Modern England* (Manchester, 1995), pp. 214-17, 227.

6 Ulrich, ch. 2，稱妻子為「丈夫副手」。

7 Josiah H. Benton, *Warning Out in New England, 1656-1817*

(Boston, 1911), pp. 27-8.

8 *LNL*, p. 401; *VRS*, p. 10.

9 Alice Morse Earle, *Customs and Fashions in Old New England* (New York, 1893), pp. 38-9; Fischer, *Albion's Seed*, p. 77; Alexandra Shepard, 'Gender, the body and sexuality', in Keith Wrightson (ed.), *A Social History of England, 1500-1750* (Cambridge, 2017), pp. 335, 339.

10 瑪麗．路易斯的出生地不詳。David M. Powers認為可能是布里斯托或東南威爾斯：*DH*, p. 41 n.10. 在蒙茅斯郡（Monmouthshire）教區紀錄裡有許多位瑪麗．路易斯，但沒有一位前往春田的瑪麗．路易斯：最早的一位出生於一六二九年，因此太過年輕。有一名瑪麗．路易斯（三十二歲）在一六三四年四月與她丈夫從伊普斯威奇搭船前往美洲，但她太老，而且伊普斯威奇也不太可能，見：P. William Filby (ed.), *Passenger and Immigration Lists Index*, 3 vols. (Detroit, 1981), ii, p. 1215. 有兩名婦女的受洗紀錄：一個在卡馬森郡（Carmarthenshire）的聖以實瑪利（St Ishmael），一六一二年四月一日（https://search.findmypast.co.uk/record?id=gbprs%2f b%2f855889934%2f1）；另一名在蒙茅斯郡的潘迪克（Panteg），一六一二年九月二十七日（https://search.findmypast.co.uk/record?id=gbprs%2fb%2f914040465%2f1）。假如這兩人中的任一人是春田的瑪麗．路易斯，她結婚的年紀應該落在十六或十五歲——年輕，但並不少見。

11 T. Gwynn Jones, *Welsh Folklore and Folk-Custom* (London, 1930), chs. 3-8; Edmund Jones, *A Relation of Apparitions of Spirits, in the County of Monmouth, and the Principality of Wales* (Newport, 1813), pp. 42-8.

12 John Penry, *A Treatise Containing the Aequity of an Humble Supplication*, in David Williams (ed.), *Three Treatises Concerning Wales* (Cardiff, 1960), pp. 1-46; Thomas Richards, *A History of the Puritan Movement in Wales* (London, 1920), ch. 1.

13 J. E. Neale, *Elizabeth I and Her Parliaments, 1584-1601* (London, 1957), p. 153; Thomas Nashe, *An Almond for a Parrat* (London, 1589), p. 13; John Waddington, *John Penry, the Pilgrim Martyr, 1559-1593* (London, 1854), chs. 8-10.

14 Richard Suggett, *Welsh Witches: Narratives of Witchcraft and Magic from 16th- and 17th-Century Wales* (n.p., 2018), pp. 14-15, 17, 25, 51-3; Henry Holland, *A Treatise Against Witchcraft* (Cambridge, 1590), sig. A2v; NLW, Cwrtmawr MS. 114B, ff. 243-65; Stuart Clark and P. T. J. Morgan, 'Religion and magic in Elizabethan Wales: Robert Holland's *Dialogue on Witchcraft*', *Journal of Ecclesiastical History*, 27 (1976), pp. 31-46.

15 C. L'Estrange Ewen, *Witchcraft and Demonianism* (London,

1933), p. 435.

16 *DH*, p. 98. 假如——看來很可能——路易斯是瑪麗夫家的姓，那麼有六件貌似可能的婚姻，都是瑪麗嫁給姓路易斯的男子：最可能的（鑑於蒙茅斯郡的關連）是瑪麗．里斯（Mary Reece）在一六二七年七月三十日嫁給蒙茅斯的大衛．路易斯（David Lewis），這是整個南威爾斯唯一條件相符者（https://search. findmypast.co.uk/record?id=gbprs%2fm%2f913136307%2f1）。然而，倘若路易斯是她娘家姓氏，就只有幾樁婚姻相符：一六一五年嫁給蒙哥馬利郡（Montgomeryshire）克里村（Kerry）的格里菲斯．休斯（Griffity Hughs）（http://search.findmypast.co.uk/record?id=gbprs%2fm%2f448039967%2f2）；一六一五年嫁給格拉摩根郡（Glamorganshire）溫沃（Wenvoe）的理查．愛普．伊凡（Richard ap Evan）（http://search.findmypast.co.uk/record?id=gbprs%2fm%2f16011598%2f3）；一六三〇年嫁給蒙哥馬利郡蘭得羅斯（Llanidloes）的歐文．愛普．伊凡（Owen ap Evan）（http://search.findmypast.co.uk/record?id=gbprs%2fm%2f448027033%2f2）；一六三二年嫁給蘭菲爾．凱潤林（Llanfair Caereinion）的大衛（不知姓氏）（http://search.findmypast.co.uk/record?id=gbprs%2fm%2f448005900%2f3）；以及在一六三三年，嫁給蒙哥馬利郡克里村的湯瑪斯．大衛（Thomas David）（http://search.findmypast.co.uk/record?id=gbprs%2fm%2f448040101%2f2）。

17 MC, vol. 3, pp. 2-2v. 根據亞歷山大．愛德華茲在一六四五年六月二日向威廉．品瓊所述說的證詞，「自從她丈夫離開她已整整七年」。同前p. 2.

18 Stephen K. Roberts, 'William Wroth', *ODNB*; Hall, *Puritans*, pp.283-4; NLW, MS 13072B, 'An epitaph upon old dotard Wroth', f. 155r; J. D. Griffith Davies, 'Protestant nonconformity in Monmouthshire before 1715', *Monmouthshire Review*, 1 (1933), pp. 359-64; Edward Whiston, *The Life and Death of Mr Henry Jessey* (London, 1671), p. 9; Benjamin Brook, *The Lives of the Puritans*, 2 vols. (London, 1813), ii, p. 469; NLW, LL 1641/40.

19 NLW, File A76, 'Carolls English & Welsh' (unfol.); NLW, MS 128C, Thomas Charles, c. 1800, ff. 78b-80b.

20 Leo F. Solt, *Church and State in Early Modern England, 1509-1640* (Oxford, 1990), p. 116; Waddington, *Penry*, pp. 30-32, 100, 191.

21 見https://familysearch.org/photos/artifacts/17484543，愛德華茲鐵定是威爾斯人，可能住在蒙茅斯郡的小鎮阿斯克（Usk），而且可能來自相鄰的蘭巴多克（Llanbadoc）村（如此宗譜網站所述，非蘭佳多格〔Llangadog〕，那是在卡馬森郡：https://www.geni. com/people/Alexander-Edwards/6000000008300659021）。

22 Ivor Waters, *Chepstow Road Bridges*, 2nd edn (Chepstow 1980); H. G. Nicholls, *The Forest of Dean: An Historical and Descriptive Account* (London, 1858), chs. 1-2. 丹尼爾・笛福（Daniel Defoe）在 *A Tour Through the Whole Island of Great Britain*, 4 vols. (London, 1761), ii, pp. 310-11 描述奧斯特(Aust)渡輪，語多批評。

23 MC, vol. 3, p. 2; Savage, ii, pp. 102-3.

24 Waddington, *Penry*, pp. 136-45, quotation at p. 138.

25 McLachlan, *Socinianism*, pp. 227, 232-3; *The Testimony of William Erbery* (London, 1658), pp. 42, 152-3, 156, 162; William Erbery, *Apocrypha* (London, 1652), pp. 8-9.

26 Stephen K. Roberts, 'William Erbery', *ODNB*; Brian Ll. James, 'The evolution of a radical: the life and career of William Erbery (1604-54)', *Journal of Welsh Ecclesiastical History*, 3 (1986), pp. 34-6, 38-43; Richards, *Puritan Movement in Wales*, pp. 26-7; Christopher Love, *A Cleare and Necessary Vindication* (London, 1651), p. 36.

27 Moore, *Pilgrims*, p. 188; NLW, LL 1641/40; *GHNE*, p. 408; William Farrand Felch, *The Blynman Party* (Chicago, 1972), pp. 1-2; John J. Babson, *History of the Town of Gloucester, Cape Ann*, ed. Joseph E. Garland (Gloucester, MA, 1972), pp. 50-54, 189-90; 'Time of the arrival in New England of the following ministers', *NEHGR*, 1 (1847), p. 289.

28 MC, vol.3, p. 2v. 品瓊說瑪麗在多徹斯特時是他的僕人，「之後才去替他女婿工作」，但這不可能是他還住在多徹斯特時的事。同前 p. 2.

29 MC, vol. 3, p. 2. 她離開的時間可追溯至一六四〇年，因為亞歷山大・愛德華茲在一六四五年時說五年前他曾住在威爾斯，而且在羅斯的蘭瓦奇斯教區裡認識瑪麗・路易斯。他還說，雖然瑪麗・路易斯搭較晚的船班離開——他在一六四〇年離開布里斯托——她搭六週後的另一班船來：Ebenezer Clapp Jr et al., *History of the Town of Dorchester, Massachusetts* (Boston, 1859), pp. 75-6. 一名「瑪麗・多葛特・路易斯」（Mary Doggett Lewis）也在一六三四年抵達麻薩諸塞殖民地，時間上太早，與愛德華茲所說的對不上，但與羅斯開始在蘭瓦奇斯擔任牧師的時間相近：Robert C. Anderson et al., *The Great Migration: Immigrants to New England, 1634-1635*, 7 vols. (Boston, 1999-2011), iv, p. 281. 其他未婚的瑪麗・路易斯在一六三〇年抵達緬因以及南塔克特：C. E. Banks, *The Planters of the Commonwealth: A Study of the Emigrants and Emigration in Colonial Times* (Baltimore, 1961), p. 92; 'New England ship and passenger lists (continued)', *Boulder Genealogical Society Quarterly*, 4 (1972), p. 27.

30 David Cressy, *Coming Over: Migration and Communication Between England and New England in the Seventeenth Century*

(Cambridge, 1987), p. 145; Samuel G. Drake, *Result of Some Researches Among the British Archives for Information Relative to the Founders of New England* (Boston, 1860), p. 62.

31 Henry Stevens, 'Passengers for New England, 1638', *NEHGR*, 2(1848), pp.108-10; Alison Games, *Migration and the Origins of the English Atlantic World* (Cambridge, MA, 1999), ch. 1, esp. pp. 65-7.

32 見Charles Boardman Jewson, *Transcript of Three Registers from Great Yarmouth to Holland and New England, 1637-1639* (Norwich, 1954). 雅茅斯號（Yarmouth）的旅客名單上沒有前往春田的人名：TNA, E157/21-22; Bodl., Tanner MS 433.

33 Cressy, *Coming Over*, pp. 146-9, 152-9, 162-5, 169-73; Virginia DeJohn Anderson, *New England's Generation: The Great Migration and the Formation of Society and Culture in the Seventeenth Century* (Cambridge, 1991), pp. 57-9, 70-86.

34 Cressy, *Coming Over*, pp. 165-6; Josselyn, *Two Voyages*, p. 182.

35 Cressy, *Coming Over*, p. 174.

36 Clapp et al., *Dorchester*, pp. 28-31. 大衛・M・波爾斯（David M. Powers）認為史密斯夫婦在一六三〇年代初期結婚；他們的長女安娜在一六三三年前後出生。但假如安・史密斯在一六一八年前後出生，她將只有十四歲：*DH*, p. 75. 瑪莎・史密斯在一六四一年七月三十一日出生，十一月死亡：*VRS*, pp. 9, 60.

37 Earle, *Customs and Fashions*, pp. 82-3. 典型的春田契約見：HLAS, ESMC, ESM-04-04-03.

38 Sylvester, p. 32; Harral Ayres, *The Great Trail of New England* (Boston, 1940), pp. 308-12.

39 *LNL*, p. 465.

40 *VRS*, pp. 9, 60.

41 Edmund S. Morgan, *The Puritan Family: Religion and Domestic Relations in Seventeenth-Century New England* (New York, 1966), ch. 3; Earle, *Customs and Fashions*, pp. 11-13; Gerald F. Moran and Maris A. Vinovskis, *Religion, Family and the Life Course: Explorations in the Social History of Early America* (Ann Arbor, MI, 1992), ch. 4.

42 Fischer, *Albion's Seed*, p. 140; McIntyre, *Pynchon*, p. 26.

43 John Demos, *A Little Commonwealth: Family Life in Plymouth Colony*, 2nd edn (Oxford, 2000), ch. 3; Hawke, pp. 111-13; *WP*, v, p. 91; *Pynchons of Springfield*, pp. 23-4; Alice Morse Earle, *Child Life in Colonial Days* (New York, 1899), ch. 2.

44 Increase Mather, *Remarkable Providences Illustrative of the Earlier Days of American Colonisation*, ed. George Offor (London, 1856), p. 255; Morton, *New-Englands Memoriall*,

pp. 94-5; *GHNE* pp. 21, 199; Karen Ordahl Kupperman, 'Climate and mastery of the wilderness in seventeenth-century New England', in David D. Hall, David Grayson Allen and Philip Chadwick Foster Smith (eds.), *Seventeenth-Century New England* (Boston, 1984), p. 11.

45 Fischer, *Albion's Seed*, pp. 52-3; Allan Kulikoff, *From British Peasants to Colonial American Farmers* (Chapel Hill, NC, 2000), pp. 82-3; Kupperman, 'Climate', pp. 12-13; *GHNE*, pp. 19-21; *LNL*, pp. 7-8.

46 Howard, *Old Windsor*, pp. 53-4。引述自一名康乃狄克人的話，他哀嘆在英格蘭，人們都「可以歌唱和歡樂」：Franklin Bowditch Dexter (ed.), *Ancient Town Records*, vol. 1: *New Haven Town Records, 1649-1662* (New Haven, CT, 1917), p. 56.

47 Increase Mather, *A Testimony Against Several Prophane and Superstitious Customs, Now Practised by Some in New-England* (London, 1687), p. 5.

48 Thistlethwaite, p. 94; Mary Thomas Crane, 'Illicit privacy and outdoor spaces in early modern England', *Journal for Modern Cultural Studies*, 9 (2009), pp. 4-22, esp. p. 8; Oberholzer, *Delinquent Saints*, pp. 57-68; Earle, *Customs and Fashions*, pp. 238-9.

49 *GACW*, pp. 1, 11-12, 16-17; *FCHS*, p. 144; *DH*, p. 89; Green, p. 43; Morris, *First Church, pp. 7, 11;* Wright, *Meeting Houses*, p. 4; TRSR, pp. 15, 102. 在一六四二年二月十六日生了一名兒子優尼恩．莫克森（Union Moxon）：VRS, p. 9.

50 *GACW* pp. xi, 11, 19-21; *DH*, pp. 88-9; Wright, *Meeting Houses*, p. 10.

51 William Ames, *The Marrow of Sacred Divinity* (London, 1638); David D. Hall (ed.), *The Antinomian Controversy, 1636-1638: A Documentary History* (Middletown, CT, 1968), ch. 1; *DH*, pp. 92-3; *GACW*, pp. 21-3; 1 John 2:15.

52 *GACW*, pp. 45-88, 引述自大衛．M．波爾斯（David M. Powers）所謄寫的約翰．品瓊講道筆記抄本，1640 (HLAS, ESMC, ESM-05-06-02), p. 30.

53 Thistlethwaite, p. 99; Michael P. Winship, *Godly Republicanism: Puritan, Pilgrims, and a City on a Hill* (Cambridge, MA, 2012), p. 178.

54 Alexander Gordon and Susan Hardman Moore, 'George Moxon', *ODNB*. 莫克森與奧利佛．克倫威爾(Oliver Cromwell)是在世期間相近的同時代人，後者在一六一六年獲錄取進入劍橋大學雪梨．蘇塞克斯學院，而莫克森則在一六二〇年進入該校，當時克倫威爾已畢業。

55 Edmund Calamy, *An Account of the Ministers... Ejected or Silenced After the Restoration in 1660*, 2 vols. (London, 1713),

ii, pp. 128-9; Gordon and Moore, 'Moxon'; *GACW*, p. 11.

56 Theo W. Ellis (ed.), *Manual of the First Church of Christ* (Springfield, MA, 1885), p. 8.

57 *GACW*, pp. 33-4, 45-88，引述自大衛・M・波爾斯謄寫的約翰・品瓊講道筆記，1640 (HLAS, ESMC, ESM-05-06-02), pp. 31, 45, 57.

58 TRSR, p. 9.

59 Elizabeth Reis, *Damned Women: Sinners and Witches in Puritan New England* (Ithaca, NY, 1997), chs. 1, 4; Mary Rhinelander McCarl, 'Thomas Shepard's record of relations of religious experience, 1648-1649', *WMQ*, 48 (1991), pp. 448, 460-61.

60 *DH*, pp. 85-7; *GHNE*, p. 423; 1 John 3:8.

61 Selement and Woolley (eds.), *Shepard's Confessions*, pp. 15-24, 引文在p. 19; Elizabeth Reis, 'The devil, the body, and the feminine soul in Puritan New England', *Journal of American History*, 82 (1995), p. 19; McCarl, 'Shepard's record', pp. 441-2, 446, 465-6.

62 John Davenport, *The Profession of the Faith* (London, 1642), p. 5.也見Susanna Bell, *The Legacy of a Dying Mother to her Mourning Children* (London, 1673), pp. 49-53.

63 *WP*, iv, pp. 495-6; Hosmer, ii, p. 220.

64 *Pynchons of Springfield*, pp. 27-9; Morison, 'Pynchon', p. 90.

65 *GACW*, p. 14; Thistlethwaite, p. 105.

66 MartyO'Shea,'Springfield's Puritans and Indians:1636-1655', *Historical Journal of Massachusetts*, 26 (1998), pp. 46-72; Wright, *Early Springfield*, p. 47 (quotation).

67 WPAB, p. iv.

68 *WP*, iv, pp. 432-4, 441-2; Carroll, *Puritanism and the Wilderness*, pp. 170-74.

69 引自Louise A. Breen, *Transgressing the Bounds: Subversive Enterprises Among the Puritan Elite in Massachusetts, 1630-1692* (Oxford, 2001), p. 119.

70 *WP*, v, p. 115.

71 MHS, Ms. N-760(iii), p.7; *WP*, iv, pp. 495-6.

72 Michael Zuckerman, 'Identity in British America: unease in Eden', in Nicholas Canny and Anthony Pagden (eds.), *Colonial Identity in the Atlantic World, 1500-1800* (Princeton, NJ, 1987), pp. 115-57; Norman Pettit, 'God's Englishman in New England: his enduring ties to the motherland', *Proceedings of the MHS*, 101 (1989), pp. 56-70.在思鄉病方面見：Malcolm Gaskill, *Between Two Worlds: How the English Became Americans* (Oxford, 2014), pp. 123-4, 353-5; Susan J. Matt, *Homesickness: An American History* (Oxford, 2011), ch. 1.

73 Konig, *Law and Society*, pp. 69-70.

74 Cf. Daniel C. Beaver, 'Politics in the archives: records,

property, and plantation politics in Massachusetts Bay, 1642-1650', *Journal of Early American History*, 1 (2011), pp. 3-25.

75 Keith Wrightson, 'Class', in David Armitage and Michael J. Braddick (eds.), *The British Atlantic World, 1500-1800* (Basingstoke, 2002), pp. 142-3.

76 TRSR, pp. 25, 26, 33, 34, 40, 43-4; *LNL*, p. 440; Wright, *Early Springfield*, pp. 26-8.

77 Morison, 'Pynchon', pp. 77-9; Selement and Woolley (eds.), *Shepard's Confessions*, pp. 43, 59, 61.

78 Alan Macfarlane, *Witchcraft in Tudor and Stuart England: A Regional and Comparative Study*, 2nd edn (London, 1999), chs. 10-16. On *maleficia*: Keith Thomas, *Religion and the Decline of Magic* (London, 1971), pp. 519-20, 540-43; John Putnam Demos, *Entertaining Satan: Witchcraft and the Culture of Early New England* (Oxford, 1982), pp. 171-2.

79 Ann Kibbey, 'Mutations of the supernatural: witchcraft, remarkable providences, and the power of puritan men', *American Quarterly*, 34 (1982), pp. 125-48. 羅賓・布里格斯（Robin Briggs）將這種挑釁解讀為指控者自我厭惡的一種投射，其「可能將自己最鄙視的自我特質明確地加諸於他們的女巫鄰居身上」：*Witches and Neighbours: The Social and Cultural Context of European Witchcraft* (London, 1996), p. 168.

80 C. L'Estrange Ewen, *Witch Hunting and Witch Trials* (London, 1929), pp. 90-91, 207-9.

81 同前註 p. 213.

82 關於一六四〇年代的懷疑論：Frederick Valletta, *Witchcraft, Magic and Superstition in England, 1640-70* (Aldershot, 2000), pp. 29-33.

83 Thomas Shepard, 1645, 引文見 Andrew Delbanco, 'Looking homeward, going home: the lure of England for the founders of New England', *NEQ*, 59 (1986), pp. 376-7.

84 Richard Baxter, *The Certainty of the Worlds of Spirits* (London, 1691), p. 107; *WP*, iii, p. 298. 有名印第安人夢見的撒旦是穿一身黑衣的男人：Thomas Shepard, *The Clear Sun-shine of the Gospel Breaking Forth upon the Indians in New-England* (London, 1648), p. 10.

85 Sylvester, p. 22; *WP*, v, p. 38.

86 *The Country-mans New Common-wealth* (London, 1647), pp. 9-10. 法蘭西斯・培根（Francis Bacon）認為嫉妒是最危險的情緒，因為它會滋長身體和靈魂的偏執：*Historie Naturall and Experimentall, of Life and Death* (London, 1638), p. 223.

87 Timothy Bright, *A Treatise of Melancholie* (London, 1586), p. 133. 在藉由「被喚醒的邪惡與闇黑憤怒」所形成的憂鬱和巫術之間的關聯上：Thomas Tryon, *A Way to Health, Long*

Life and Happiness (London, 1691), p. 24.

88 *VRS*, pp. 9, 10; Natalie Zemon Davis, 'Boundaries and the sense of self in sixteenth-century France', in Thomas C. Heller et al. (eds.), *Reconstructing Individualism: Autonomy, Individuality, and the Self in Western Thought* (Stanford, CA, 1986), pp. 54-9, 61-2.

89 可能以印度進口的印花棉布或「潘尼史東」（pennystone）製成，那是一種產自約克郡的粗糙羊毛布料：McIntyre, *Pynchon*, p. 26; Dow, p. 79.

90 一名作者把休想像成幸運擁有出色的外型、討人喜歡的個性以及彬彬有禮的談吐，因此女人愛他，男人討厭他：Samuel Peters, *General History of Connecticut* (New York, 1877), p. 137. 相反的，一本二十世紀初期的童書卻決定將他描寫成一位「不大親切友善的男人，而且可能還長得不好看」：Charles H. Barrows, *The History of Springfield in Massachusetts for the Young* (Springfield, MA, 1909), pp. 54-5. 亨利・伯特（Henry Burt）稱他為「一名說話粗野的傢伙」，他也確實是，但幾乎每個人都如此：CHS, p. 73.

3 欲望的誘惑

1 TRSR, pp. 26, 39; *CJWM*, pp. 116, 219, 228-9; Bridenbaugh, 'Use and abuse of the forest', p. 14; Cummings, *Framed Houses*, p. 119; Waters, *Ipswich*, i, pp. 18-19; George Francis Dow, 'The colonial village built at Salem, Massachusetts, in the spring of 1930', *Old-Time New England*, 22 (1931), p. 11.

2 Cummings, *Framed Houses*, pp. 29-30, 118-19; Bridenbaugh, 'Use and abuse of the forest', p. 13; Dow, p. 20; Wright, *Early Springfield*, p. 13.

3 Wright, *Early Springfield*, pp. 12-13.「早期的春田人大都是品瓊從羅斯伯里（Roxbury）召募來的」：Savage, i, p. 68.

4 Bridenbaugh, 'Use and abuse of the forest', p. 13; Dow, 'Colonial village', p. 12.

5 *DH*, p.41n.10. 羅傑・湯普森（Roger Thompson）說休屬於「受輕蔑的威爾斯少數族群」，但此點未經證實，而且帕森也不是威爾斯的姓氏：'Review: Jane Kamensky's *Governing the Tongue*', *NEQ*, 72 (1999), p. 139. 也見T. J. Morgan and Prys Morgan, *Welsh Surnames* (Cardiff, 1985). 根據C. E. Banks 記載，有一名出生在艾塞克斯郡威特姆（Witham, Essex）的休・帕森：*Topographical Dictionary of 2,885 English Emigrants to New England, 1620-1650* (Philadelphia, 1937), p. 53. 但他可能在一六五五年於威特姆過世：TNA, PROB 11/248/718. 另一個休・帕森在一六一三年一月三十一日在薩默塞特郡巴布卡里村（Babcary ,Somerset）受洗（http://search.findmypast.co.uk/record?id=r_947355133），但他在一六五〇年代當過證人：Somerset Heritage Centre,

Q/SPET/1/D.「休・帕森」(Hughe Parson)在一六一〇年八月十七日在康瓦爾郡波伊頓(Boyton, Cornwall)受洗,(https://www.ancestry.co.uk/sharing/11531190?h=9137e7),但可能在一六七三年於波伊頓過世:Cornwall RO, AP/P/1271. 還有一名「休・帕森」(Hugo Parsons)一六一三年九月十五日在德文郡厄格博洛(Ugborough, Devon)受洗(https://www.ancestry.co.uk/sharing/11379597?h=27e23e)。其他名休・帕森可見:一六一二年十一月五日的沃里克郡金斯伯里(Kingsbury, Warwickshire)(http://search.findmypast.co.uk/record?id=r_20848408500);一六一五年三月十九日牛津泰晤士河畔桑福德(Sandford-on-Thames, Oxford)(https://www.ancestry.co.uk/sharing/11379637?h=d9decf);和一六一一年六月二日赫里福德郡布羅姆亞德(Bromyard, Hereford)(https://www.ancestry.co.uk/sharing/11379607?h =b08980). 後面那個的名字拼法可能是「Hugh Parsonns」,於一六六五年十二月十六日在赫里福德郡肯頓(Kington, Hereford)過世。(https://www.ancestry.co.uk/sharing/11532110?h=b8f 4a4)有一資料聲稱他在一六一二年三月十一日生於托靈頓的下斯托伊村(Nether Stowey, Torrington),但沒有任何相符的紀錄:http://www.ogdensburg.info/genealogy/getperson.php?personID=I7146&tree=tree1. 抗議誓言登記表(Protestation Oath returns)裡有兩名德文郡的休・帕森,分別在海威克(High-week)和布萊德斯托(Bridestowe):A. J. Howard (ed.), *The Devon Protestation Returns* (Bristol, 1973), pp. 305, 168. 康瓦爾聖日耳曼(St Germans, Cornwall)也有個「休・帕森」:T. L. Stoate (ed.), *The Cornwall Protestation Returns, 1641* (Bristol, 1974), p. 242. 海威克、布萊德斯托和聖日耳曼的登記表原件中沒有簽名,因此無法與春田的範本相對照:House of Lords RO, HL/PO/JO/10/1/856/5, 86/81, 79/22. 海威克的休・帕森可以排除,因為根據一六五四年一月二十三日的紀錄,他是該地教區的註冊員:Charles Worthy, *Devonshire Parishes*, 2 vols. (Exeter, 1887), ii, p. 305. 沒有證據顯示春田的休・帕森與約瑟夫・帕森有親戚關係:Burt et al., *Cornet Joseph Parsons*, esp. pp. 75-80.

6 TRSR, p. 37; Bridenbaugh, 'Use and abuse of the forest', p. 31; *GACW*, p. 17.

7 財產登記表Records of Possessions, ff. 4v-5; Benton, *Warning Out in New England*, pp. 27-8; *GACW*, p. 16; Wright, *Early Springfield*, p. 28.

8 MC, vol. 3, pp. 2-2A; Matthew 2:16, 9:16.

9 *CJWM*, pp. 212-14; *FCHS*, p. 20; *VRS*, p. 19; *DH*, p. 69.

10 MC, vol. 3, pp. 2-2v.

11 *CJWM*, p. 91; Ayres, *Great Trail*, p. 304.

12 MC, vol. 3, pp. 2-2v; Clapp et al., *Dorchester*, pp. 75-7. 九月品瓊提起前一封所寫有關她的信,該信藉「某船主的輕型

帆船」送達老約翰・溫施洛普處：WP, v, p. 45. 小溫施洛普來時走海灣小路，回去卻是搭船走水路：Ayres, *Great Trail*, p. 304.

13 George Gardyner, *A Description of the New World* (London, 1651), p. 91; Alexander Young, *Chronicles of the First Planters of the Colony of Massachusetts Bay, from 1623 to 1636* (Boston, 1846), p. 400 (quotation).

14 *JJW*, pp. 246-7. See Noble and Cronin (eds.), *Court of Assistants*, ii, p. 89.

15 MC, vol. 3, pp. 2-2A.

16 Kupperman, 'Climate', p. 8.

17 Alan Gallay (ed.), *Colonial Wars of North America, 1512-1763: An Encyclopedia* (Oxford, 1996), p. 469; *Acts of the Commissioners of the United Colonies of New England*, 2 vols. (Boston, 1859), i, pp. 47-8.

18 *WP*, v, pp. 45-6. 她的小孩在她婚禮日後九個月又一週時出生。

19 John Demos (ed.), *Remarkable Providences: Readings on Early American History*, 2nd edn (Boston, 1991), p. 449.

20 WPAB, p. 113.

21 *VRS*, p. 20.

22 Oberholzer, *Delinquent Saints*, pp. 113-14, 177; Earle, *Customs and Fashions*, pp. 70-71; Thomas Morton, *New English Canaan* (London, 1637), p. 178; Thomas Taylor, *A Good Husband and a Good Wife* (London, 1625), p. 26; Morgan, *Puritan Family*, ch. 2.

23 Ephesians 6:10-11; Henry R. Stiles, *The History of Ancient Windsor, Connecticut*, 2 vols. (1892; Somersworth, NH, 1976), i, p. x. 也見Alexandra Shepard, *Meanings of Manhood in Early Modern England* (Cambridge, 2003), pp. 71-5.

24 *VRS*, p. 20. 一名十九世紀作者認為休是個「怪人，不是瑪麗的良配，因為後者是一個「很容易受到刺激，高度敏感的女人」，而且他們的婚姻，「是機緣巧合，出於需要而產生的結合……對兩人或對整個村莊都不太可能帶來好結果」：Green, pp. 81-2.

25 *VRS*, p. 19; *WP*, v, p. 50.

26 *Hampden County*, pp. 45, 80, 117-18; Green, p. 102.

27 TRSR, p. 31; Wright, *Genesis*, pp. 16, 23.

28 Wright, *Early Springfield*, pp. 21, 26-7, 35.

29 James L. Garvin, 'Small-scale brickmaking in New Hampshire', *Journal of the Society for Industrial Archaeology*, 20 (1994), p. 24.

30 King (ed.), *Handbook*, pp. 30-31; Bridenbaugh, 'Use and abuse of the forest', pp. 12-13, 16.

31 Cummings, *Framed Houses*, pp. 29-30; Demos, *Little Commonwealth*, pp. 39-40; Earle, *Customs and Fashions*, pp.

130-31 *Hampden County*, pp. 247, 251, 270-71; Ulrich, pp. 19-21; WPAB, p. 113; Kupperman, 'Climate', p. 14; Sylvester, p. 22; Hawke, p. 38.

32 *Hampden County*, p. 77; *LNL*, p. 286; Ulrich, p. 23; Hawke, p. 80.

33 Hawke, p. 55; Waters, *Ipswich*, i, p. 24; *Hampden County*, p. 250; Dow, p. 44; Fischer, *Albion's Seed*, p. 144; Ulrich, pp. 27-8.

34 Dow, p. 53. 一六四二年春田的一份清單上僅列出一張床：*CJWM*, pp. 212-13.

35 Cummings, *Framed Houses*, p. 28; Demos, *Little Commonwealth*, pp. 31-3. 一名婦女把她的馬甲掛在「一根釘子」上: WPDB, f. 14v.

36 *JJW*, p. 283.

37 *LNL*, pp. 10-11. 許多人來自南威爾斯，尤其是蒙茅斯郡：Jacob L. Pritchard, *A Compilation of Some of the Descendants of Roger Pritchard c.1600-1671* (San Jose, CA, 1953), p. 1.

38 *DH*, p. 91; 喬納森・伯特（Jonathan Burt），一六二四年一月二十三日，在德文郡受洗：http://search.findmypast.co.uk/record?id=gbprs%2fdev%2f bap%2f459053.

39 *DH*, p. 102; *FCHS*, p. 42; *VRS*, p. 9. 庫利可能在一六一六年二月二十五日在特林（Tring）受洗：http://www.Cooley-familyassociation.com/benjamin_Cooley_position.html，也見http://search.findmypast.co.uk/record?id=gbprs%2f b%2f 71248805%2f1，這顯示庫利在一六六九年時是五十二歲，進一步證實特林（Tring）的理論：https://www.wikitree.com/wiki/Cooley-69.。

40 Wright, *Early Springfield*, pp. 16-18.

41 *FCHS*, p. 20; *AWNE*, p. 224 n.3; *PP*, ii, p. 72n.

42 NEHGS, Mss A 1403 (Edward T. Jones, 'Griffith Jones of Springfield, Massachusetts, 1614-76', unpublished typescript, 1960), p. 2. See also: WPAB, p. 110; *LNL*, pp. xx, 89, 203, 447.

43 *VRS*, pp. 10, 60.

44 *AWNE*, p. 254 n.1; *VRS*, p. 19; *FCHS*, p. 42; *LNL*, p. 200; Savage, i, p. 238.

45 *FCHS*, p. 42; *LNL*, pp. 101-2, 204, 287; *AWNE*, p. 228 n.1; *VRS*, pp. 10, 19. 關於約翰和潘黛蔻絲特・馬修部分見：*LNL*, pp. 101-4, 121.

46 HLAS, ESMC, ESM-04-04-03; *VRS*, p. 20; *LNL*, pp. 110-11. 派普（Pepper）在一六四九年與品瓊一起遷至春田。

47 Edward J. Lane, 'The Morgans of Glamorgan', NLW, MS5252A, f.1r; Green, p. 97; *LNL*, pp. 143, 391, 428, 430; *FCHS*, p. 42; WPAB, p. 28.

48 Bridenbaugh, 'Use and abuse of the forest', pp. 10-11.

49 WPAB, p. 113.

50 Garvin, 'Brickmaking', pp. 19-20, 23-6; *LNL*, pp. 96-7; Howard, *Old Windsor*, pp. 230-32; Cummings, *Framed Houses*, p. 119.

51 WPAB, p. 113; MS1649, p. 185; *LNL*, pp. 391-3.

52 *FCHS*, pp. 42-3; *WP*, iv, p. 254; *WP*, v, p. 50; *VRS*, p. 60.

53 Ulrich, ch. 2, esp. p. 37; Shepard, *Meanings of Manhood*, pp. 77-8, 83-4; Joanne Bailey, *Unquiet Lives: Marriage and Marriage Breakdown in England, 1660-1800* (Cambridge, 2009), chs. 3-4; William Whately, *A Bride-Bush, or A Direction for Married Persons* (London, 1619), p. 44 (quotation).

54 見WPAB, pp. 88, 113.

55 Anthony Fletcher, 'Manhood, the male body, courtship and the household in early modern England', *History*, 84 (1999), pp. 419-36; Elizabeth A. Foyster, *Manhood in Early Modern England: Honour, Sex and Marriage* (London, 1999), p. 31; Mark Breitenberg, *Anxious Masculinity in Early Modern England* (Cambridge, 1996), pp. 2, 3-6, 11.

56 Thomas Shepard, *The Sound Beleever* (London, 1645), p. 343; Alexandra Shepard, 'Manhood, credit and patriarchy in early modern England, c. 1580-1640', *Past & Present*, 167 (2000), pp. 76-7, 79, 87-8, 95.

57 Daniel Sennertus et al., *The Sixth Book of Practical Physick* (London, 1662), p. 96 (quotation); Lisa Wilson, *Ye Heart of a Man: The Domestic Life of Men in Colonial New England* (New Haven, CT, 1999), ch. 3, esp. p. 97.

58 Carroll, *Puritanism and the Wilderness*, pp. 93, 172-3.

59 LWP, p. 54.

60 TRSR, p. 102; *Hampden County*, p. 235; Chapin, *Deacon Samuel Chapin*, p. 20; *Hampden County*, p. 120. 這些文章記述了小鎮「飽受」狼和狐的侵擾：TRSR, p. 67. 狼狐的部分見品瓊一六三六年九月所做的記述：'Pincheon papers', pp. 228-30.

61 *RLCR*, pp. 188-9; Demos (ed.), *Remarkable Providences*, pp. 232-8, 450.

62 *JJW*, pp. 292, 293; WPAB, p. 113.

63 Nathanael Homes, *Daemonologie and Theologie* (London, 1650), p. 60.

64 Cressy, *Coming Over*, ch. 10.

65 John Davenport, *The Witches of Huntingdon* (London, 1646), p. 11; Jerome Friedman, *Miracles and the Pulp Press during the English Revolution* (London, 1993), ch. 3; *Signes and Wonders from Heaven* (London, 1645).

66 Lilian Handlin, 'Dissent in a small community', *NEQ*, 58 (1985), pp. 193-4, 196-7, 201; Cornelia Hughes Dayton, *Women Before the Bar: Gender, Law, and Society in Connecticut, 1639-1789* (Chapel Hill, NC, 1995), pp. 26-34.

67 Kupperman, 'Climate', p. 8; *GHNE*, pp. 324-5; Lockwood (ed.), *Western Massachusetts*, i, p. 100.

68 *VRS*, pp. 9, 10, 60. 暴風雨和洪水肆虐部分見：'Matthew Grant Record, 1639-1681'，收錄在*Some Early Records and Documents of and Relating to the Town of Windsor, Connecticut, 1639-1703* (Hartford, CT, 1930), pp. 78-9.

69 Davenport, *Witches of Huntingdon*, title page; MC, vol. 10, p. 210; *GHNE*, pp. 413-15; *JJW*, p. 288; David Loewenstein and John Marshall (eds.), *Heresy, Literature and Politics in Early Modern English Culture* (Cambridge, 2006), p. 5; WP, v, p. 91.

70 Christiaan G. F. de Jong, ' "Christ's descent" in Massachusetts: the doctrine of justification according to William Pynchon (1590-1662)', in Christiaan G. F. de Jong and J. van Sluis (eds.), *Gericht Verleden: Kerkhistorische Opstellen* (Leiden, 1991), pp. 131-6, 140-46; Dewey D. Wallace, 'Puritan and Anglican: the interpretation of Christ's descent into hell in Elizabethan theology', *Archiv für Reformationsgeschichte*, 69 (1978), pp. 248-87; Philip Dixon, *'Nice and Hot Disputes': The Doctrine of the Trinity in the Seventeenth Century* (London, 2003), ch. 2.

71 Demos, *Entertaining Satan*, p. 177.

72 Hall, *Worlds of Wonder*, p. 44. 在對書籍的渴望部分，包括勞德大主教（Archbishop Laud）的圖書館：Bodl., Clarendon MS 26, f. 110v.

73 *An Abstract of the Lawes of New England* (1641), in Force (ed.), *Tracts*, iii, no.9, p.12.

74 *WP*, v, p. 90; *JJW*, pp. 299-300; *RLCR*, p. 189.

75 *LNL*, p. 465; *GACW*, p. 19; WPAB, p. 94.

76 *FCHS*, p.43. 朗巴德的出生地不是薩默塞特的溫莎姆（Winsham），就是多塞特（Dorset）的桑科姆（Thorncombe），可能是在一六二〇年代：http://www.my-roots.org/persons/UK/6252.php：http://www.maryandjohn1630.com/passengerlist_a.html。

77 *FCHS*, p.43. 競爭者來自林肯郡（Lincolnshire）的蘭頓（Langton）、北漢普敦郡（Northamptonshire）、蘭開夏郡（Lancashire）、坎布里亞郡（Cumbria）、德文郡（Devon）和倫敦。

78 *FCHS*, pp. 20, 43, 62; *LNL*, pp. 200, 229; Savage, i, p. 438.

79 Paul R. Lucas, *Valley of Discord: Church and Society Along the Connecticut River, 1636-1725* (Hanover, NH, 1976), pp. 40-42, 59-61, 63-6; MC, vol. 2, p. 299; *WP*, v, pp. 90-92.

80 WPAB, pp. 113-14; HLSL, HLS MS 4344, f. 17r; Earle, *Customs and Fashions*, pp. 9; *VRS*, pp. 11, 60.

81 Norton, *Founding Mothers and Fathers*, pp. 222-6; Ulrich, pp. 127-38; *VRS*, pp. 11.

4 沒事找事

1 Josselyn, *Two Voyages*, p. 263; WP, v, pp. 114-15; John Gaule, *Select Cases of Conscience Touching Witches and Witchcrafts* (London, 1646), pp. 20-21.

2 Ulrich, pp. 28, 138-9, 158-9; WPAB, pp. 113-14.

3 *RLCR*, pp. 189, 190; Ross, *Before Salem*, p. 74.

4 *Pynchons of Springfield*, p. 29; TRSR, p. 52; Konig, *Law and Society*, p.45; Bridenbaugh, 'Use and abuse of the forest', pp. 32-5; George Bliss, *An Address, Delivered at the Opening of the Town-Hall in Springfield* (Springfield, MA, 1828), p. 9.

5 WPAB, p. 114.

6 *WP*, v, pp. 136-7; Chapin, *Deacon Samuel Chapin*, pp. 16-17.

7 TRSR, p. 52; WPAB, p. 114.

8 *FCHS*, p. 195.

9 例如一六五六年威爾斯有個案子，當地證人被沼澤地的鬼火和一個女巫的幻象給嚇壞了：NLW, MS 4/985/2, f. 18.

10 *VRS*, pp. 9, 10, 11; Chapin, *Deacon Samuel Chapin*, p. 20.

11 Ross, *Before Salem*, pp. 73-4, 96; CSL, Matthew Grant diary, c. 1637-54, pp. 1-2; *RLCR*, p. 190; BPL, Ms. Am. 1502/1/4; Kupperman, 'Climate', p. 9.

12 CSL, Matthew Grant diary, c. 1637-54, p. 190; Ross, *Before Salem*, pp. 117-26.

13 *VRS*, p. 11; WPAB, pp. 114, 115, 147; *LNL*, p. 245. 在春田，有二十三戶人家擁有比休多的土地；十八家比休少：*DH*, p. 96.

14 *FCHS*, pp. 20, 42; *LNL*, p. 202; TRSR, p. 37; WPAB, pp. 20-21; *GACW*, pp. 15-16; Agnes Thomson Cooper, *Beginnings: Thomas Cooper of Springfield and Some Allied Families* (Baltimore, 1987), p. 225.

15 William Drage, *A Physical Nosonomy* (London, 1665), p. 67; Savage, iii, p. 106; *VRS*, p. 20; *AWNE*, p. 221 n.2.

16 Kupperman, 'Climate', p. 9; Hawke, p. 90; Dow, p. 97.

17 MacDonald, *Mystical Bedlam*, p. 102; WPAB, p. 144. 塞布魯克（Saybrook）的愛麗絲・艾普雷（Alice Apsley，一六四五年過世），配置草藥：Lyle Koehler, *A Search for Power: The 'Weaker Sex' in Seventeenth-Century New England* (Urbana, IL, 1980), p. 115.

18 Anderson et al., *Great Migration... 1634-1635*, ii, pp. 210-12; *Hampden County*, p. 380; *A Book of Fruits and Flowers* (London, 1653), p. 32; *JJW*, p. 193; AAS, MSS Octavo vols. 'B' (John Barton, Account Book, 1662-76); Earle, *Customs and Fashions*, pp. 346-9; Dow, pp. 185-7. 喬治・莫克森曾在一次講道中提及使用羊角：MS1649, p. 185.

19 Dow, pp. 193, 197; Hosmer, ii, p. 225; LWP, p. 56.

20 LWP, p. 56; PP, ii, p. 23; WPAB, pp. 113-14; MacDonald,

Mystical Bedlam, pp. 187-93.

21 Ann Marie Plane, 'Indian and English dreams: colonial hierarchy and manly restraint in seventeenth-century New England', in Thomas A. Foster (ed.), *New Men: Manliness in Early America* (New York, 2011), pp. 31-47.

22 MacDonald, *Mystical Bedlam*, p. 167. 在情緒克制方面：Anne S. Lombard, *Making Manhood: Growing Up Male in Colonial New England* (Cambridge, MA, 2003), pp. 10-11, 88-9.

23 A. B., *The Sick-Mans Rare Jewel* (London, 1674), pp. 16-17; Thomas Nashe, *The Terrors of the Night* (London, 1594), sig. C4v. 在發展成妄想的夢境方面：Thomas Cooper, *The Mystery of Witch-Craft* (London, 1617), pp. 145-6; James Hart, *Klinike* (London, 1633), pp. 340-41; Thomas Brugis, *The Marrow of Physicke* (London, 1640), pp. 38-9, 66.

24 見如 *Troilus and Cressida*, Act 5, sc. 4, ll. 8-9. 也見 Anatoly Liberman, 'Sleeveless errand',OUP Blog(2017)-https://blog.oup.com/2017/04/sleeveless- errand-origins/.

25 WPDB, f. 7r (William Branch, 13 March 1651); Walter Charleton, *Natural History of the Passions* (London, 1674), p. 138.

26 Williston Walker, *The Creeds and Platforms of Congregationalism* (New York, 1893), pp. 154-6; Hawke, p. 36; Thistlethwaite, pp. 85-6; *RLCR*, p. 190.

27 *Englands Hazzard* (London, 1648), p. 2; *Englands New-Yeares Gift* (London, 1648), pp. 5-6; Henry Jessey, *The Exceeding Riches of Grace Advanced* (London, 1647), pp. 19, 56-9.

28 MacDonald, *Mystical Bedlam*, pp. 160, 165-9, 193-5; Ulinka Rublack, 'Interior states and sexuality in early modern Germany', 收於Scott Spector et al. (eds.), After The History of Sexuality: *German Genealogies With and Beyond Foucault* (New York, 2012), pp. 54-7.

29 Kupperman, 'Climate', p. 9; WPDB, f. 21v (Mary Parsons, 27 February 1651). 在內在自我放逐的憂傷方面：MacDonald, *Mystical Bedlam*, p. 160.

30 WPDB, ff. 21v, 22v (Mary Parsons, 27 February and 18 March 1651).

31 Gaskill, *Witchfinders*, p. 221; *JJW*, p. 329; *VRS*, p. 60.

32 *VRS*, p. 12.

33 Frank Farnsworth Starr (ed.), *Various Ancestral Lines of James Goodwin and Lucy (Morgan) Goodwin of Hartford, Connecticut, Vol. II* (Hartford, CT, 1915), pp. 59-73; Savage, ii, p. 60; John J. Waters, 'Hingham, Massachusetts, 1631-1661: An East Anglian oligarchy in the New World', *Journal of Social History*, 1 (1968), pp. 351-70.

34 Demos, *Little Commonwealth*, pp. 29-31; Cummings, *Framed*

Houses, p. 28; David H. Flaherty, *Privacy in Colonial New England* (Charlottesville, VA, 1972), pp. 76-7, 79-83; WPDB, f. 14v; Waters, *Ipswich*, i, p. 29; Demos, *Little Commonwealth*, pp. 46-7.

35 Flaherty, *Privacy*, pp. 66-70.

36 情願相信超自然故事能替日常的瑣碎、乏味和十足的悲慘狀態帶來療癒，而且還能被視為「一種極端虛構的小說，一種奇幻作品的分支類型」：Marina Warner, 'Name the days', *London Review of Books*, 43 (February 2021), p. 38.

37 George L. Haskins, *Law and Authority in Early Massachusetts: A Study in Tradition and Design* (New York, 1968), pp. 139-40, 145-6.

38 *GHNE*, pp. 423, 530; John Hale, *A Modest Enquiry into the Nature of Witchcraft* (Boston, 1702), p. 17; Shurtleff, ii, p. 242; iii, p. 126; *JJW*, p. 341; Demos, *Entertaining Satan*, p. 92; Hosmer, ii, pp. 345-6.

39 *JJW*, p. 341; Hosmer, ii, p. 346. 據說在女巫受審期間她們可以召喚風暴：Thomas Ady, *A Candle in the Dark* (London, 1656), p. 113.

40 *VRS*, pp. 11-12, 60.

41 *VRS*, p. 12; *JJW*, pp. 342-3.

42 MC, vol. 2, pp. 313-17, 320-26; *GHNE*, p. 530.

43 Essex RO, T/G 209/1, p. 1; *WP*, v, p. 271; Hutchinson, *History*, i, pp. 132-3.

44 Giovanni Torriano, *Piazza Universale* (London, 1666), p. 134.

45 George Webbe, *The Araignement of an Unruly Tongue* (London, 1619), pp. 6-7, 22-3, 75-6, 165-6; Perkins, *Government of the Tongue*, pp. 30-31.

46 瑪什菲爾德一家可能在一六四八年搬遷，那年山繆在品瓊的店裡開了一個帳戶：WPAB, p. 182; *DH*, p. 100; *FCHS*, p. 43. 但瑪麗・帕森影射瑪什菲爾德寡婦的「怨妒」與潘黛蔻絲特的女兒在一六四六年七月二十五日去世有關，則顯示時間較早：*VRS*, p. 60.

47 Ross, *Before Salem*, pp. 69-71, 92-3; Hosmer, i, pp. 140-41; Anderson, *Great Migration...1620-1633*, iii, p. 2043; *idem* et al., *Great Migration...1634-1635*, v, pp. 48-54; Douglas Richardson, 'Thomas Marshfield's wife Mercy: did their daughter marry John Dumbleton?', *American Genealogist*, 67 (1992), pp. 11-12; idem, 'The English origin of Thomas Marshfield... new light on his wife and children', *American Genealogist*, 63 (1988), pp. 161-3; *LNL*, pp. 70, 443; *AWNE*, p. 225 n.1; Trumbull and Hoadley (eds.), *Public Records*, i, pp. 76, 82, 87, 93, 96, 107, 115, 137.

48 Elizabeth Reis, 'Witches, sinners, and the underside of covenant theology', *Essex Institute Historical Collections*, 129 (1993), pp. 103-18; Hall, *Worlds of Wonder*, pp. 189-90, 192;

David A. Weir, *Early New England: A Covenanted Society* (Grand Rapids, MI, 2005), chs. 3-6; Ross, *Before Salem*, pp. 54, 71, 97-8, 113-15.

49 Shepard, 'Wolcott shorthand notebook', p. 336.（約翰。威爾漢姆，一六四〇年九月十三日）。艾弗瑞姆．休特（Ephraim Huit）說過「在撒旦的連番擊打中，我們受到最墮落的貪欲、無神論、偶像崇拜、褻瀆、殺人或之類的罪惡所糾纏」：*The Anatomy of Conscience* (London, 1626), p. 253

50 Stiles, *Ancient Windsor*, i, pp. 444-5, 680-81; Demos, *Entertaining Satan*, ch.11; *Records of the Particular Court of Connecticut, 1639-1663* (Hartford, CT, 1928), p. 43.

51 Ross, *Before Salem*, pp. 197-8; Richard Godbeer, 'Chaste and unchaste covenants: witchcraft and sex in early modern culture', 收於Peter Benes and Jane Montague Benes (eds.), *Wonders of the Invisible World, 1600-1900* (Boston, MA, 1995), pp. 53-72.

52 Mather, *Magnalia*, ii, p. 456; *Particular Court of Connecticut*, p. 56.

53 Hosmer, ii, pp. 354-5; Kupperman, 'Climate', pp. 9-11; *VRS*, pp. 11, 60.

54 *VRS*, p. 12; Willis, *Malevolent Nurture*, pp. 48, 79.

55 *CJWM*, p. 217.

56 WPDB, f. 14r（布蘭琪和里斯．貝多薩，一六五一年三月二十七日）：WPAB, p. 115.

57 WPDB, f. 14v（布蘭琪．貝多薩，一六五一年三月一日）。

58 WPDB, f. 15r（布蘭琪．貝多薩，一六五一年三月一日；茉西．瑪什菲爾德，一六五一年三月二十二日）。

59 *VRS*, p. 12.

60 MC, vol. 9, pp. 6-14, 引文見p. 10.

61 WPDB, f. 18r（格里菲斯．瓊斯，一六五一年二月二十五日）。德瑞克認為瓊斯「醉得太厲害，並不十分清楚自己在做什麼」：*AWNE*, p. 233 n.1.

62 HLSL, HLS MS 4344, ff. 16v-17r; *CJWM*, pp. 219-20. 潘黛蔻絲特當老師的部分見：*LNL*, p. 121.

63 茉西．瑪什菲爾德在一六四五年左右嫁給約翰．鄧波頓（John Dumbleton），然後在她丈夫在溫莎的土地租約到期後，跟隨她的母親和手足在一六四九到五〇年間搬到春田：Richardson, 'Thomas Marshfield's wife', p. 13; Jacobus and Waterman, *Hale, House and Related Families*, pp. 521-2; *FCHS*, p. 43. 這必定就是瑪麗．帕森提到的那位女兒，而非莎拉，後者直到一六四九年十月才出嫁：*VRS*, p. 20. 茉西．鄧波頓在一六四八年生下她第一個孩子，表示她在溫莎，及一六四五到七年間，確實膝下猶虛，此點據帕森所說，即是她母親「的確怨妒其他有孩子婦女」的原因：HLSL, HLS MS 4344, f. 16v.

64 參見新英格蘭那位「嘴邊老掛著魔鬼二字的婦女，據說連印第安人都留意到此口頭禪」：Robert G. Pope (ed.), *The Notebook of the Reverend John Fiske, 1644-1675* (Boston, 1974), p. 207.

65 HLSL, HLS MS 4344, f. 17r. *CJWM*, p. 220, 提到瑪麗說「**這**孩子死了」時，實際上她當時對潘黛蔻絲特・馬修說的是「**你的**孩子死了」（重點作者所加）。

66 HLSL, HLS MS 4344, f. 16v. 再一次，*CJWM*, p. 219, 抄錄錯誤，將「你的孩子」，寫成「他們的孩子」，指涉完全不同。

67 Morton, *New-Englands Memoriall*, p. 131.

68 Pynchon, *Meritorious Price*, sigs. A2r, A4v; McIntyre, Pynchon, p. 33; *CJWM*, p. 26. 品瓊後來告訴巴克斯特，「我在新英格蘭期間，和蓋特克先生有書信上的交流：DWL, Baxter Letters, 3.186 (1655), f. 186v.

69 *WP*, v, pp. 134-5; *CJWM*, pp. 19-20; *Hutchinson Papers*, 2 vols. (Albany, NY, 1865), i, pp. 214-23. 品瓊的同情也來自想讓新英格蘭跟上英國持續擴展的經濟腳步：Margaret E. Newell, 'Robert Child and the entrepreneurial vision: economy and ideology in early New England', *NEQ*, 68 (1995), pp. 223-56.

70 C. H. Firth and R. S. Rait (eds.), *Acts and Ordinances of the Interregnum, 1642-60*, 3 vols. (London, 1911), i, pp. 1133-6; Thomas Hodges, *The Growth and Spreading of Haeresie* (London, 1647), pp. 5-8, 13-17, 20-25, 35-7, 引文見 p. 13; John Ellyson, *Hereticks, Sectaries and Schismaticks* (London, 1647), pp. 13-15; *An Attestation to... the Truth of Jesus Christ, and to our Solemn League and Covenant* (London, 1648), pp. 14-15, 37-9.

71 Thomas Edwards, *Gangraena* (London, 1646); James Cranford, *Haereseomachia: or, The Mischiefe which Heresies Doe* (London, 1646), pp. 5, 16; Richard Vines, *The Authors, Nature and Danger of Haeresie* (London, 1647), pp. 64-6.

72 Edwards, *Gangraena*, pt 1, sig. A3, pp. 9-10; pt 2, p. 153; *GHNE*, pp. 533-4.

73 MS1649, pp. 1-22, 40, 引文見pp. 7, 22, 40. 一六四〇年代，莫克森的講道，變得「更加古怪、頑固、暴躁」：*GACW*, pp. 36-7.

5 我聽見我的孩子死了

1 WPDB, f. 7r（威廉・布朗奇，一六五一年三月十三日），有個案例描述一名躺在床上的婦女看見兩名孩童的幻象（一紅一白），其周身被光環繞：BL, Add. MS 28223, f. 15.

2 WPDB, f. 23v（約翰・馬修，一六五一年二月二十七日）。休的嚴重胃痛與他多慮的個性和情緒波動有關：Michael

Roper, 'The unconscious work of history', *Cultural and Social History*, 11 (2014), pp. 179-80.

3 *CJWM*, p. 219.

4 Ulrich, pp. 21-2.

5 William Pynchon, *The Jewes Synagogue* (London, 1652), p. 17.

6 Thistlethwaite, p. 87; WPDB, f. 16v（休・帕森，一六五一年三月十八日）。

7 WPDB, f. 16v（莎拉・愛德華茲，一六五一年二月二十七日）：Stanley Waters, 'Witchcraft in Springfield, Mass.', *NEHGR*, 35 (1881), p. 153.

8 同前。

9 WPDB, f. 16v（威廉・品瓊？一六五一年三月十八日）。

10 《路加福音》十二章四十八節。

11 《希伯來書》十一章三十八節：MS1649, pp. 40-47, 引文見pp. 45, 47.

12 WPDB, ff. 23r-23v（約翰・馬修，一六五一年二月二十七日）：Jennifer Speake (ed.), *Oxford Dictionary of Proverbs*, 6th edn (Oxford, 2015), p. 87.

13 *CJWM*, p. 219; Hall, *Worlds of Wonder*, p. 45; Richard S. Dunn (ed.), *The Laws and Liberties of Massachusetts: Reprinted from the Unique Copy of the 1648 Edition in the Henry E. Huntington Library* (San Marino, CA, 1998).

14 *CJWM*, pp. 89-91, 116-18.

15 *CJWM*, pp. 219-20; HLSL, HL SMS 4344, ff. 16v-17r. 罰金很公平，四十英斗的玉米價值五英鎊：WPAB, p. 14.

16 *CJWM*, p. 219.

17 Newcome, *Plaine Discourse*, pp. 10-12, 15-16, 22, 29, 30-31, 50, 引文見p.29; Kristine Steenbergh, 'Emotions and gender: the case of anger in early modern English revenge tragedies', 收錄在 Jonas Liliequist (ed.), *A History of Emotions, 1200-1800* (London, 2012), pp. 123, 124-30.

18 William Ramesey, *Helminthologia* (London, 1668), p. 346; Fay Bound,「『憤怒和惡毒的心思？』Narratives of slander at the church courts of York, c.1660-c.1760」*History Workshop Journal*, 56 (2003), pp. 59-77.

19 *CJWM*, p. 221.

20 *JJW*, p. 329; Morton, *New-Englands Memoriall*, pp. 131, 265.

21 Trumbull and Hoadley (eds.), *Public Records*, i, pp. 189-90; Shurtleff, iii, p. 158.

22 MS1649, pp. 47-120, 引文見 p. 51.

23 *GACW*, pp. 26-7, 150-53; MS1649, pp. 93, 104-11, 引文見p. 105.

24 Ewen, *Witchcraft and Demonianism*, pp. 314-16.

25 Richard Baxter, *Aphorismes of Justification* (London, 1649); Winship, 'Contesting control', pp. 807-8; Selement and

Woolley (eds.), *Shepard's Confessions*, p. 20. 也見品瓊在一六五〇年代中期與巴克斯特的書信：DWL, Baxter Letters, 4.173 (1654), 3.186-7 (1655); N. H. Keeble and Geoffrey F. Nuttall (eds.), *Calendar of the Correspondence of Richard Baxter*, 2 vols. (Oxford, 1991), i, pp. 158-9, 179-80.

26 *DH*, p. 93. 品瓊後來告訴巴克斯特他「在康乃狄克威爾漢姆的布道中聽見有關他著作的諸多公開批評」：DWL, Baxter Letters, 3.186 (1655), f. 186v.

27 Thomas Hooker, *The Covenant of Grace Opened* (London, 1649).

28 MS1649, pp. 111-20. 品瓊和莫克森都受到休・布洛頓（Hugh Broughton）的影響，*A Treatise of Melchisedek* (London, 1591): *GACW*, pp. 35-6.

29 MS1649, pp. 120-30, 引文見pp. 127, 128; Matthew 5:1-12, 14;《羅馬書》第五章第九節。

30 *DH*, pp. 93-4.

31 Ross, *Before Salem*, pp. 43-5;《馬可福音》三章二十五節，關於異端和巫術的關聯性：Gary K. Waite, *Heresy, Magic and Witchcraft in Early Modern Europe* (Basingstoke, 2003).

32 卡頓・馬瑟（Cotton Mather）想起一個「關於可怕巫術的著名故事，故事中，魔鬼走上布道壇，對追隨他的奴僕說了些奇怪的話」：*Optanda. Good Men Described, and Good Things Propounded* (Boston, 1692), p. 55.

33 E. J. Kent, 'Raiding the patriarch's toolbox: reading masculine governance in cases of male witchcraft, 1592-1692', 收錄在Susan Broomhall and Jacqueline Van Gent (eds.), *Governing Masculinities in the Early Modern Period: Regulating Selves and Others* (Farnham, 2011), pp. 173-88, 尤其是pp. 182-4與休・帕森有關。

34 WPDB, f. 7r（威廉・布朗奇，一六五一年三月十三日）。

35 William B. Trask (ed.), 'Rev. Samuel Danforth's records of the First Church in Roxbury, Mass.', *NEHGR*, 34 (1880), p. 85; Starr (ed.), *Ancestral Lines*, p. 60; TRSR, p. 67; WPDB, f. 17r（安東尼・多徹斯特，一六五一年二月二十五日；喬納森・泰勒，一六五一年，六月十七日）。

36 WPDB, f. 21v（瑪麗・帕森，一六五一年三月十八日）。新英格蘭的黑狗傳說源自於英國：Hall, *Worlds of Wonder*, p. 88.

37 WPDB, f. 21v（瑪麗・帕森，一六五一年三月十八日）：f. 22r（安東尼・多徹斯特，一六五一年二月二十七日）。

38 WPDB, ff. 21v, 22r（瑪麗・帕森，一六五一年三月十八日；安東尼・多徹斯特，一六五一年，二月二十七日）；f. 19v（喬治・科爾頓，一六五一年三月十八日）；f. 20r（休・帕森，一六五一年，三月十八日）。

39 WPDB, f. 5r（喬納森・泰勒，一六五一年，三月二十二日）：ff. 23r-23v（約翰・馬修，一六五一年二月二十七日）。

40 MS1649, pp. 130-35, 引文見p. 131.

41 WPDB, f. 22r（班傑明・庫利，一六五一年二月二十七日）：Wilson, *Heart of a Man*, pp. 75-9; MS1649, p. 135.

42 WPDB, f. 19v（喬治・科爾頓，一六五一年三月十八日）：*VRS*, p. 13（瑪麗・科爾頓，一六四九年九月二十二日生）。

43 WPDB, f. 21r（休・帕森，一六五一年三月十八日）。還有其他資料能幫助我們想像那有多麼毛骨悚然。一六四七年，有個男人描述他的孩子如何「異常痛苦地躺在那裡尖叫哭喊，把自己的皮膚撕扯得血肉模糊，直至死亡」：CUL, EDR 1647/10.

44 WPDB, f. 21r（莎拉・庫利，一六五一年三月十八日）。此說法的證據見：Drage, *Physical Nosonomy*, p. 67; *The Triall of Maist. Dorrell* (London, 1599), p. 97.

45 WPDB, f. 21r（瑪麗・艾希禮〔Mary Ashley〕和莎拉・雷納德〔Sarah Leonard〕，一六五一年三月十八日）。

46 WPDB, f. 17r（安東尼・多徹斯特，一六五一年二月二十五日）

47 WPDB, f. 17r（瑪麗・帕森和安東尼・多徹斯特，一六五一年二月二十五日）。關於怒火如同「一場殘酷的心靈風暴」：Ramesey, *Helminthologia*, p. 265.

48 MS1649, pp. 138-42, 引文見pp. 139, 140, 142;《約伯記》三十一章第二至三節。牛舌湯事件發生在九月下旬，而莫克森必定是在三十日發表此篇講道。

49 WPDB, f. 17r（瑪麗・帕森和安東尼・多徹斯特，一六五一年二月二十五日）：MS1649, p. 145.

50 WPDB, f. 17v（艾比蓋兒・沐恩〔Abigail Munn〕，一六五一年三月十八日）。

51 WPDB, f. 19v（威廉・品瓊，一六五一年三月十八日）；ff. 20r-20v（喬納森・伯特，一六五一年三月十八日）。人們期待看見別人悲痛，例如兒子生病的那個新英格蘭人：Michael McGiffert (ed.), *God's Plot: The Paradoxes of Puritan Piety* (Amherst, MA, 1972), p. 192.

52 *VRS*, pp. 11-13; WPDB, f. 20v（喬治・科爾頓，一六五一年，三月一日和十八日）。

53 WPDB, f. 21r（安東尼・多徹斯特和布蘭琪・貝多薩，一六五一年三月十八日）。

54 WPDB, f. 22r（安東尼・多徹斯特，一六五一年二月二十七日）。之後瑪麗宣稱，她曾對他做出指控，但多徹斯特和帕森對此都沒有任何印象：同前f. 19r（休・帕森和安東尼・多徹斯特，一六五一年三月十八日）。

55 David E. Stannard, *The Puritan Way of Death: A Study in Religion, Culture, and Social Change* (New York, 1977), pp. 109-22; Earle, *Customs and Fashions*, pp. 364, 370, 374-5, 383; Fischer, *Albion's Seed*, pp. 114-16.

56 *VRS*, p. 60; MS1649, pp. 164-72.

57 *VRS*, p. 60; WPAB, p. 207.

58 *GACW*, pp. 12-13; TRSR, p. 65.

59 MS1649, pp. 173-9,引文見p. 178; Winship, 'Contesting control', p. 809 n.7.

60 MS1649, pp. 179-83,引文見pp. 179, 181.

61 Bridenbaugh, 'Use and abuse of the forest', p. 22; *Hampden County*, p. 261; Thistlethwaite, pp. 86-7.

62 一六五一年二月，多徹斯特說，他在十五個月前就搬離帕森家，亦即一六四九年十一月，他妻子下葬當月：WPDB, f. 22r（安東尼．多徹斯特，一六五一年二月二十七日）。

63 WPDB, f. 22v（瑪麗．帕森，一六五一年二月二十七日）；*CJWM*, p. 221; MS1649, pp.184-96, 引文見p. 195.

64 HLAS, ESMC, ESM-04-04-03; *LNL*, p. 407; *VRS*, p. 20; WPAB, p. 109.

65 RLCR, p. 197; Trask (ed.), 'Danforth's records', p. 85; WPDB, f. 2r（茉西．瑪什菲爾德，一六五一年三月二十二日；山繆．瑪什菲爾德，一六五一年三月十二日）參照《雅各書》五章二至三節，《約伯記》十三章二十八節，《以賽亞書》五十章第九節。珍．卡曼斯基在休的威脅中看見「詩人的天賦」：'Talk like a man: speech, power, and masculinity in early New England', *Gender & History*, 8 (1996), p. 36.

66 *CJWM*, p. 221.

67 WPDB, ff. 19r, 22r（瑪麗．帕森，一六五一年三月十八日；班傑明．庫利，一六五一年二月二十七日）

6 奇怪的夢

1 Carol F. Karlsen, *The Devil in the Shape of a Woman: Witchcraft in Colonial New England* (New York, 1987), pp. 22-3. 卡爾森（Karlsen）的根據來自約翰．海爾（John Hale），他提到春田一名認罪的女巫：*Modest Enquiry*, p. 19. 喬治．林肯．伯爾（George Lincoln Burr）認為海爾把瑪麗和多徹斯特的雷克太太（Goodwife Lake）搞混：*Narratives of the Witchcraft Cases, 1648-1706* (New York, 1914), p. 408 n.4. 參照Malcolm Gaskill, 'Witchcraft and power in early modern England: the case of Margaret Moore', 收錄在Jenny Kermode and Garthine Walker (eds.), *Women, Crime and the Courts in Early Modern England* (London, 1994), pp. 125-45.

2 Jane Kamensky, *Governing the Tongue: The Politics of Speech in Early New England* (Oxford, 1997), pp. 158-9. 伊麗莎白．肯特（Elizabeth Kent）認為休是一個「不守規矩，難以駕馭的陽性載體」：*Cases of Male Witchcraft in Old and New England, 1592-1692* (Turnhout, 2013), p. 105. 理查．戈德比

爾(Richard Godbeer)的主張介於卡曼斯基和肯特之間：‘“Your wife will be your biggest accuser”: reinforcing codes of manhood at New England witch trials’, *Early American Studies*, 15 (2017), pp. 478-9, 481-3. 在陰柔化的男巫這方面見：Laura Apps and Andrew Gow, *Male Witches in Early Modern Europe* (Manchester, 2003), p. 7; Rolf Schulte, *Man as Witch: Male Witches in Central Europe* (Basingstoke, 2009). 艾瑞卡・加瑟（Erika Gasser）爭辯男巫是「無法勝任典型的男性角色，而遭剝奪男性身分的人」：‘Witch-craft, possession and the unmaking of women and men: a late sixteenth-century English case study’, *Magic, Ritual and Witchcraft*, 11 (2016), p. 33.

3 WPDB, f. 19r（瑪麗・帕森，一六五一年三月十八日）。

4 *CJWM*, pp. 221-2; WP, vi, p. 19.

5 WPDB, f. 3r 法蘭西斯・派普（Francis Pepper，一六五一年三月十八日）證人在一六二二年描述一名受害人的雙臂「可怖嚇人地」亂揮，頭猛搖晃，「彷彿患有癱瘓的毛病」。口吐白沫，軀幹拱起，雙腿「緊繃地伸直……關節如此僵硬，如果硬拗，就會斷裂」：TNA, STAC 8/32/13。另一名抽搐的婦女則是四肢錯位：Bodl., Tanner MS 28, ff. 161-2. 一名康乃狄克婦女則陷入伴隨呻吟叫喊的發作狀態，舌頭長長地吊在嘴外……雙眼瞪大到可怕，眼珠子都要掉出來」；她吐出的氣息也難聞得令人無法忍受：Wyllys, Box 1, Folder 9, Ms. 344, f. 2v.

6 John Jeffries Martin, *Myths of Renaissance Individualism* (Basingstoke, 2004), ch. 3; Katharine Hodgkin, *Madness in Seventeenth-Century Autobiography* (Basingstoke, 2007), chs. 7-8.

7 可能是約瑟夫・莫克森，雖然他在一六五〇年便不再印刷。因此，或許是他的兄弟詹姆斯・莫克森，亦即他們的父親。老詹姆斯也是一名印刷工人，就像喬治，莫克森家人都來自約克郡的韋克菲爾德。手稿在一六四九年末或一六五〇年初寄出，而倫敦書商喬治・湯瑪森是在一六五年六月二日收到他的書。

8 Morton, *New-Englands Memoriall*, pp. 133-4, 265, 引文見 p. 134.

9 William DeLoss Love, *The Colonial History of Hartford* (Hartford, CT, 1914), p. 283; Mather, *Magnalia*, ii, p. 456. 支付給她獄卒的費用在一六五〇年六月六日終止。

10 HLAS, ESMC, ESM-05-01-01, pp. 318-23.

11 Wright, *Genesis*, pp. 29-30; *LNL*, p. 215; *CJWM*, pp. 224, 226-7. 原話是「摩擦其私處，激發性欲」。

12 *The Independents Dream, of a New-Nothing* (London, 1647), pp. 3-4.

13 George Walker, *Socinianisme in the Fundamentall Point of Justification Discovered, and Confuted* (London, 1641), pp.

11-13, 302. 沃克（Walker）當時正在攻擊安東尼・沃頓（Anthony Wotton），沃頓對贖罪的觀點與品瓊幾乎一致：Samuel Wotton, *Mr Anthony Wotton's Defence Against Mr George Walker's Charge* (Cambridge, 1641), pp. 4, 12, 21.

14 *A True Relation of the Chiefe Passages between Mr. Anthony Wotton, and Mr. George Walker* (London, 1642), pp. 10-11.

15 De Jong, '"Christ's descent"', pp. 136-43, 146-7; DH, pp. 116-17.

16 Pynchon, *Meritorious Price*, pp. 74, 81, 102; Winship, 'Contesting control', pp. 809-11.

17 WPDB, f. 6v（賽門・畢曼〔Simon Beamon〕，一六五一年五月二十日）。

18 WPDB, f. 23r（約翰・朗巴德，一六五一年三月十七日）；Waters, 'Witchcraft', pp. 152-3.

19 Moore, *Pilgrims, p. 79; John Norton, A Discussion of That Great Point in Divinity, the Sufferings of Christ* (London, 1653), pp. 272-4.

20 *RLCR*, p. 73; *CJWM*, pp. 19-20; McIntyre, *Pynchon*, pp. 31-2; *DH*, pp. 160-62.

21 John Norton, *A Brief and Excellent Treatise Containing the Doctrine of Godliness* (London, 1648), sig. A2r ; Shurtleff, iii, pp. 215-16; FCHS, pp. 87-8.

22 John Eliot, 'A brief topographical description of the several towns in New England', MHS, Ms. S-565, f. 4; WP, vi, p. 76; Roger Williams, *The Bloody Tenent, of Persecution, for Cause of Conscience* (n.p., 1644); Firth and Rait (eds.), *Acts and Ordinances*, i, p. 1136.

23 Ruth E. Mayers, 'Sir Henry Vane the younger', *ODNB* ; John Lilburne, *Englands New Chains Discovered* (London, 1649). 也見Nigel Smith, '"And if God was one of us": Paul Best, John Biddle, and anti-Trinitarian heresy in seventeenth-century England', 收錄於Loewenstein and Marshall (eds.), *Heresy, Literature and Politics*, pp. 160-84.

24 Mayers, 'Vane'. 也見：Ralph Cudworth, *A Sermon Preached Before the Honourable House of Commons* (London, 1647); *Christs Banner of Love* (London, 1648).

25 William Chillingworth, *The Religion of Protestants* (London, 1638), p. 199.

26 Henry Robinson, *John the Baptist, Forerunner of Christ Jesus: or, A Necessity for Liberty of Conscience* (n.p., n.d. [London, 1644]), sig. A3r; John Goodwin, *Some Modest and Humble Queries* (London, 1646), pp. 2-4, 引文見 p. 4; Williams, *Bloody Tenent*, p. 110.

27 VRS, p. 13.

28 WPDB, f. 5v（威廉・布朗奇，一六五一年三月十三日）。

29 見例如WPDB, ff. 2r, 5v, 6r, 16r, 22r, 22v（不同的證人）。

對於類似的暴怒男巫：John Demos, 'John Godfrey and his neighbors: witchcraft and the social web in colonial Massachusetts', *WMQ*, 33 (1976), pp. 242-65; Malcolm Gaskill, 'The devil in the shape of a man: witchcraft, conflict and belief in Jacobean England', *Historical Research*, 71 (1998), pp. 142-71; East Sussex RO, QR/E 18, ff. 26-31, 59-61.

30 Elizabeth Kent, 'Masculinity and male witches in old and New England, 1593-1680', *History Workshop Journal*, 60 (2005), pp. 81-2. 根據史蒂芬・因尼斯（Stephen Innes）：「人們或許把他們對威廉・品瓊的不滿轉移到帕森身上……一位很有代表性的受害人」：*LNL*, pp. 137-8. 薇拉莉・凱瓦森（Valerie Kivelson）稱巫術是「一種能夠改善因父權濫用，奴役和社會不平等造成的嚴苛情勢的工具」：*Desperate Magic: The Moral Economy of Witchcraft in Seventeenth-Century Russia* (Ithaca, NY, 2013), p. 6. 大衛・M・波爾斯（David M. Powers）不贊同因尼斯所謂的「有代表性的替罪羊」理論，認為控告者並未覺察到自身的情緒：*DH*, p. 96.

31 *Hampden County*, p. 381; LNL, pp. 110-11.

32 WPDB, f. 1v（喬納森・泰勒，一六五一年，約三月十八至二十日）。

33 *LNL*, pp. 9-10, 210.

34 Brian P. Levack, *Witch-Hunting in Scotland: Law, Politics and Religion* (London, 2008), pp. 56-69; George Francis Dow (ed.), *Records and Files of the Quarterly Courts of Essex County, Massachusetts*, 8 vols. (Salem, MA, 1911-21), i, p. 108; Demos, *Entertaining Satan*, pp. 301-2; Hale, *Modest Enquiry*, p. 18.

35 TRSR, p. 102; *GACW*, pp. 12-13. 也見約翰・馬修一六五一年所作的議論，認為「莫克森現在會留下來了」。暗示他曾經打算離開：WPDB, f. 16r.

36 *VRS*, p. 60.

37 WPDB, f. 21v（瑪麗・帕森，一六五一年三月十八日）。

38 一六五一年五月二十日，畢曼想起「約莫去年二月」時曾發生此事：WPDB, f. 6r.

39 WPDB, f. 6r（喬納森・泰勒，一六五一年三月二十一日；賽門・畢曼，一六五一年五月二十日）。

40 同前。

41 同前。

42 Virginia Bernhard, 'Religion, politics and witchcraft in Bermuda, 1651-55', *WMQ*, 67 (2010), pp. 677-708; Carla Gardina Pestana, *The English Atlantic in an Age of Revolution, 1640-1661* (Cambridge, MA, 2004), pp. 137-8.

43 Stiles, *Ancient Wethersfield*, i, pp. 29-30, 39, 257, 681-2; Demos, *Entertaining Satan*, pp. 348-9; Ross, *Before Salem*,

pp. 149-51. 關於卡林頓家族的起訴書：Joseph Anderson, *The Town and City of Waterbury, Connecticut* (New Haven, CT, 1896), p. 164.

44 WPDB, f. 18v（威廉・品瓊和瑪麗・艾希禮，一六五一年三月一日）：*DH*, p. 100.

45 Nelson, *Common Law*, p. 61.

46 Jane Kamensky, 'Words, witches, and woman trouble: witchcraft, disorderly speech, and gender boundaries in puritan New England', *Essex Institute Historical Collections*, 128 (1992), pp. 303-4; Martin Ingram, ' "Scolding women cucked or washed": a crisis in gender relations in early modern England?', 收錄在Kermode and Walker (eds.), *Women, Crime and the Courts*, pp. 48-80.

47 *Hic Mulier: Or, The Man-Woman* (London, 1620), sigs. A3r, B1v.

48 WPAB, pp. 209, 227; WPDB, f. 16r（休・帕森和約翰・馬修，一六五一年三月十八日）。

49 WPDB, f. 16r（喬治・莫克森，一六五一年三月十八日）：*GACW*, p. 27. 從瑪麗的起訴書和畢曼在一六五六年九月十九日的證詞看來，我們知道那是一六五一年二月下旬的事：*CJWM*, p. 29 n.76. 施法就發生在女巫被逮捕時，因此是一六五一年二月或三月。

50 Brian P. Levack, *The Devil Within: Possession and Exorcism in the Christian West* (New Haven, CT, 2013), chs. 4-8; Sarah Ferber, 'Demonic possession, exorcism and witchcraft', 收錄於Brian P. Levack (ed.), *The Oxford Handbook of Witchcraft in Early Modern Europe and Colonial America* (Oxford, 2013), pp. 575-92.

51 Demos, *Entertaining Satan*, pp. 128-31; Godbeer, *Devil's Dominion*, pp. 109, 114-15, 118-19. 當一名英國女孩中邪，「整個街坊和臨近的村莊都因此事的怪異驚慌萬分，許許多多民眾前去看她，離開時莫不滿懷驚詫，並感到不可思議」：*Wonderful News from Buckinghamshire* (London, 1677), p. 4.

52 WPDB, f. 2r（山繆・瑪什菲爾德，一六五一年三月十二日）。

53 James Russell Trumbull, *History of Northampton, Massachusetts*, 2 vols. (North ampton, MA, 1898-1902), i, p. 49; David Harley, 'Explaining Salem: Calvinist psychology and the diagnosis of possession', *AHR*, 101 (1996), pp. 307-30, esp. p. 328.

54 Harvard University, Houghton Library, Autograph File, P, 1554-2005（約翰・品瓊），賽門・畢曼的證詞，一六五六年九月十九日。伊麗莎白・肯特暗示莫克森的女兒都死了：*Male Witchcraft*, p. 95.

55 Hutchinson, *History*, ii, p. 12; WPDB, f. 22v（瑪麗・艾希

禮，一六五一年二月二十七日）。羅伯特・艾希禮在一六四六年九月取得經營酒館（或定時供餐的小餐館）的執照：TRSR, p. 47.

56 WPDB, f. 23r（法蘭西斯・派普，一六五一年二月二十七日）；f. 18v（威廉・品瓊，瑪麗・艾希禮，一六五一年三月一日）。

57 WPDB, f. 24r（湯瑪斯・庫伯，一六五一年四月三日）。

58 Harvard University, Houghton Library, Autograph File, P, 1554-2005（約翰・品瓊），賽門・畢曼一六五六年九月十九日的證詞。畢曼說，這些事件發生在「男女巫被捕、被送往波士頓前後」。但想必更早些。

59 Angus Gowland, *The Worlds of Renaissance Melancholy: Robert Burton in Context* (Cambridge, 2006), pp. 85-7. 參照沃平（Wapping）的木匠妻子在加入浸信會後就開始瘋狂的發作：*The Snare of the Devil Discovered* (London, 1658), 尤其是 pp. 8-9.

60 MacDonald, *Mystical Bedlam*, pp. 200-203.

61 WPDB, f. 22v（班傑明・庫利，一六五一年三月十八日）；f. 21v（瑪麗・帕森，一六五一年三月十八日）；Reis, 'The devil, the body, and the feminine soul', pp. 20-23.

62 VRS, pp. 13, 20; *AWNE*, p. 219 n.1; WPDB, f.12v（約翰・朗巴德，一六五一年三月一日）。

63 WPDB, f. 12v（約翰・朗巴德，一六五一年三月一日）。

64 WPDB, ff. 12r, 26r（漢娜和喬治・蘭頓，一六五年二月二十三日和二十五日，以及三月十八日〔或者一日〕）；f. 12v（約翰・朗巴德，一六五一年三月一日）；Weisman, *Witchcraft*, pp. 70-72. 一名英國醫師宣稱，遭施法的物品「一旦被點燃，女巫會馬上跑去現場觀看」：BL, Add. MS 36,674, f. 148. 關於新英格蘭在壞掉起司的燃燒現場找到施法女子的案例：Wyllys, Box 1, Folder 5, Ms. 340, f. 2r.

65 WPDB, f. 12r（漢娜和喬治・蘭頓，一六五一年二月二十五日）。

66 WPDB, f. 15r（茉西・瑪什菲爾德，一六五一年三月二十二日）。

67 WPDB, ff. 26r-26v（喬治和漢娜・蘭頓以及羅傑・普理查德，一六五一年二月二十三日）。關於控告中「共同期待」的「約束力」：Demos, *Entertaining Satan*, pp. 305-6.

68 WPDB, f. 13r（湯瑪斯・米勒和湯瑪斯・庫伯，一六五一年三月十八日）。伯恩罕並未出現在其他的春田紀錄中，或許來自伊普斯威奇（Ipswich），MA: *AWNE*, p. 223 n.1.

69 「對於如此幼稚又可鄙卑劣的胡說八道，任何明智的人在聽見時都該保持沉默，這一點都不奇怪」：*AWNE*, p. 223 n.2.

70 WPDB, f. 13r（湯瑪斯・米勒和湯瑪斯・庫伯，一六五一年三月十八日）。

71 Starr (ed.), *Ancestral Lines*, pp. 60, 69; Records of Posses-

sions, f. 41; WPDB, ff. 17r-17v（安東尼・多徹斯特，一六五一年二月二十五日）；f. 18r（格里菲斯・瓊斯，一六五一年二月二十五日）。

72 可能是那段時間。無疑是森林意外事件之後到瑪麗被捕之間。

73 *AWNE*, p. 224 n.2; *FCHS*, p. 43; *LNL*, p. 213; *VRS*, p. 20; WPDB, ff. 13r-13v.（湯瑪斯・伯恩罕，一六五一年四月三日）。

74 WPDB, ff. 5r, 24v（喬納森・泰勒，一六五一年三月二十二日和四月七日）。

75 WPDB, ff. 22r-22v（班傑明・庫利和安東尼・多徹斯特，一六五一年二月二十七日）。

7 那隻啞巴狗

1 埃塞克斯的女巫們坦承「假如有任何人惹怒她們，她們會去找她們的小惡魔，並說『有這麼一個人惹惱了我，去給他們教訓』。而她們必須給出一滴自己的鮮血才能請得動他們，並且沒有多久被指定的對象便會遭逢可怖的災難」：*A Rehearsall Both Straung and True of... Fower Notorious Witches* (London, 1579), sigs. A8r-A8v.

2 Jim Sharpe, 'The witch's familiar in Elizabethan England', 收錄在 G. W. Bernard and S. J. Gunn (eds.), *Authority and Consent in Tudor England: Essays Presented to C. S. L. Davies* (Farnham, 2002), pp. 219-32. 在一六四七年有兩隻老鼠使魔來找一個男人，他惹怒了一名女巫，「鑽進他的嘴巴，並在他體內折磨他」：CUL, EDR 1647/19.

3 Gaskill, *Witchfinders*, pp. 50-51, 100-102; Philip Goodwin, *The Mystery of Dreames* (London, 1658), p. 61; Garthine Walker, 'The strangeness of the familiar: witchcraft and the law in early modern England', in Angela McShane and Garthine Walker (eds.), *The Extraordinary and the Everyday in Early Modern England* (Basingstoke, 2010), pp. 105-24.

4 WPDB, f. 22r（班傑明・庫利和安東尼・多徹斯特，一六五一年二月二十七日）：John Stearne, *A Confirmation and Discovery of Witch-Craft* (London, 1648), p. 26.

5 WPDB, ff. 22r-22v（班傑明・庫利和安東尼・多徹斯特，一六五一年二月二十七日）。

6 WPDB, f. 23r（約翰・馬修，一六五一年二月二十七日）；f. 22v（瑪麗・艾希禮和瑪麗・帕森，一六五一年二月二十七日）。

7 WPDB, f. 16v（莎拉・愛德華茲，一六五一年二月二十七日）；f. 22r（班傑明・庫利，一六五一年二月二十七日）；f. 22r（安東尼・多徹斯特，一六五一年二月二十七日）；ff. 22r-22v（班傑明・庫利和安東尼・多徹斯特，一六五一年二月二十七日）。

8 根據喬納森・泰勒，瑪麗被捕並接受同日受檢查，而休是在隔日，亦即二十七日：WPDB, f. 5r.

9 *VRS*, pp. 12, 19-20, 60; WPAB, p. 186; WPDB, f. 4r（威廉・布魯克〔William Brooks〕和約翰・史戴賓，一六五一年三月十八日）。

10 此插曲並未註明日期，但一定是在那個時候，因為那名未提及姓名的兒子必定是約瑟夫，生於一六四九年三月十五日；他們沒有其他的兒子活過兩歲。

11 WPDB, ff. 15r-15v（布蘭琪・貝多薩，一六五一年三月二十二日）

12 Flaherty, *Privacy*, pp.236-7.

13 見WPDB, f.12v, 其明確指出瑪麗出現在第二場預審中。

14 WPDB, ff. 14v-15r（布蘭琪和里斯・貝多薩，山繆・瑪什菲爾德和休・帕森，一六五一年三月一日和十八日）；f. 14v（威廉・品瓊，一六五一年三月一日）。

15 WPDB, f. 5r（休・帕森，一六五一年三月一日）；f. 16r（喬治・莫克森，一六五一年三月十八日）。

16 WPDB, f. 12r（喬治和漢娜・蘭頓，一六五一年三月一日）；ff. 12v, 26v（休・帕森，一六五一年三月一日；羅傑・普利查德，一六五一年二月二十三日）。

17 WPDB, ff. 12r-12v（休・帕森，賽門・畢曼，里斯・貝多薩和喬治・蘭頓，一六五一年三月一日）。

18 WPDB, f. 16v（休・帕森，一六五一年三月一日）；James I, *Daemonologie* (London, 1603), pp. 29-30.

19 WPDB, f. 18r（格里菲斯・瓊斯，休・帕森和威廉・品瓊，一六五一年三月一日）。德瑞克把此視為「常識對上胡扯」，但這證明帕森略懂法律：*AWNE*, p. 233 n.2.

20 McManus, *Law and Liberty*, pp. 35-6; Haskins, *Law and Authority*, ch. 10; Nelson, *Common Law*, pp. 74-5. 審問制中的兩名證人規則強調認罪，導致「嚴格的審訊」：Gail Sussman Marcus, '"Due execution of the generall rules of righteousnesse": criminal procedure in New Haven town and colony, 1638-1658', 收錄在David D. Hall, John M. Murrin and Thad W. Tate (eds.), *Saints and Revolutionaries: Essays on Early American History* (New York, 1984), pp. 102-3, 116-222.

21 WPDB, f. 18v（威廉・品瓊，瑪麗・艾希禮和休・帕森，一六五一年三月一日）。

22 WPDB, f. 20v（喬治・科爾頓，一六五一年三月一日）；f. 21r（安東尼・多徹斯特，一六五一年三月一日；班傑明・庫利和布蘭琪・貝多薩，一六五一年三月十八日）。

23 WPDB, f. 20v（休・帕森，一六五一年三月一日）。

24 WPDB, f. 23v（湯瑪斯・梅里克，一六五一年三月三日）。

25 同前。

26 見湯瑪斯・庫伯在四月三日的議論，即三月中時他聽見休身上沒有可疑的乳頭：WPDB, f. 24r. 根據理查・威斯曼

（Richard Weisman），「當波士頓的獄卒發誓在嫌犯身上找不到任何女巫標記，休・帕森頗感安慰」：*Witchcraft*, p. 93. 關於波士頓把貴格會教徒當女巫搜捕：Humphrey Norton, *New-England's Ensigne* (London, 1659), p. 7.

27 *VRS*, p. 61. 瑪麗・帕森的起訴書上明確指出，約書亞是「在你自己家，或自家附近」遭到謀殺：Shurtleff, iv (pt 1), p. 48.

28 WPDB, f. 2r（山繆・瑪什菲爾德，一六五一年三月十二日）。

29 WPDB, ff. 5v, 7r（威廉・布朗奇，一六五一年三月十三日）。

30 湯瑪斯・庫伯說大約是在三月中，因此可能是十四日，不太可能是週六晚，因為安息日：WPDB, f. 24r.

31 「成為女巫和被認為是女巫其實沒有兩樣」：Thomas Dekker et al., *The Witch of Edmonton* (London, 1621), Act 2, sc. 1, ll. 116-17.

32 WPDB,f.24r（湯瑪斯・庫伯，一六五一年四月三日）；David D.Hall,'Witchcraft and the limits of interpretation', *NEQ*, 58 (1985), pp. 276-8; Laura Kounine, *Imagining the Witch: Emotions, Gender, and Self hood in Early Modern Germany* (Oxford, 2018), ch. 3.

33 WPDB, f. 24r（湯瑪斯・庫伯，一六五一年四月三日）。

34 WPDB, ff. 2r, 12v, 23r（約翰・朗巴德，一六五一年三月一日和十七日）；f. 3r（湯瑪斯・米勒，一六五一年三月十八日）。

35 *LNL*, p. 137; *DH*, p. 100; WPDB, ff. 14v, 15v（布蘭琪和里斯・貝多薩，和休・帕森，一六五一年三月十八日）；f. 15r（茉西・瑪什菲爾德，一六五一年三月二十二日）。

36 Thomas Ady, *The Doctrine of Devils* (London, 1676), p. 94.

37 Thomas Wright, *The Passions of the Minde*, 2nd edn (London, 1604), p. 108. 參照Henry Newcome, *A Plain Discourse About Rash and Sinful Anger* (London, 1693), p. 8.

38 *CJWM*, p. 24; *DH*, p. 97; John Cotta, *The Triall of Witch-Craft* (London, 1616), p. 98; Michael Dalton, *The Countrey Justice* (London, 1618; 1630 edn), p. 302.

39 WPDB, ff. 15v, 16r（威廉・品瓊，一六五一年三月一日和十八日）；f. 16r（休・帕森和約翰・馬修，一六五一年三月十八日）。

40 WPDB, f. 16r（喬治・莫克森，一六五一年三月十八日）。此類的差異恰好展示了在法律案件中是否清楚自己究竟說了什麼：Demos, *Entertaining Satan*, p. 190.

41 WPDB, f. 16v（休・帕森和威廉・品瓊?一六五一年三月十八日）。

42 WPDB, f. 18r（格里菲斯・瓊斯，一六五一年三月十八日）；f. 18v（威廉・品瓊，瑪麗・艾希禮，一六五一年三月十八日）；ff. 18v-19r（休・帕森，一六五一年三月十八日）。

43 WPDB, f. 19（瑪麗・帕森，一六五一年三月十八日）。資料出處是哥林多前書第六章：雖然瑪麗可能從品瓊那裡聽說過，他在討論贖罪時曾引述：William Pynchon, *The Meritorious Price of Mans Redemption* (London, 1655), pp. 256-7.

44 WPDB, f. 19r（威廉・品瓊，瑪麗・帕森，休・帕森和安東尼・多徹斯特，一六五一年三月十八日）。

45 WPDB, f. 19v（威廉・品瓊和休・帕森，一六五一年三月十八日）。

46 WPDB, f. 19v（喬治・莫克森，休・帕森和威廉・品瓊，一六五一年三月十八日）。

47 WPDB, ff. 19v-20r（喬治・科爾頓，威廉・品瓊和休・帕森，一六五年三月十八日）。

48 WPDB, f. 20r（威廉・品瓊，瑪麗・帕森和安東尼・多徹斯特，喬治・科爾頓和喬納森・伯特，一六五一年三月十八日）。

49 WPDB, f. 20v（喬治・科爾頓和休・帕森，一六五一年三月十八日）：Ulinka Rublack, 'Fluxes: the early modern body and the emotions', *History Workshop Journal*, 53 (2002), pp. 2, 6-7. 根據馬修・霍普金斯（Matthew Hopkins），「女巫從不變換或改變表情，也不讓一滴淚水滑落」：*The Discovery of Witches* (London, 1647), pp. 6-7.

50 WPDB, f. 21r（班傑明和莎拉・庫利，休和瑪麗・帕森，瑪麗・艾希禮和莎拉・雷納德，一六五一年三月十八日）。

51 WPDB, f. 22v（瑪麗・艾希禮，一六五一年二月二十七日：班傑明・庫利和安東尼・多徹斯特，一六五一年三月十八日）。關於另一個殖民者在夢中與魔鬼打鬥的案子：'The diaries of John Hull', *Transactions of the AAS*, 3 (1857), p. 220.

52 WPDB, f. 23r（法蘭西斯・派普，一六五一年二月二十七日：約翰・朗巴德，一六五一年三月十七日；休・帕森，一六五一年三月十八日）：f. 17v（休・帕森和艾比蓋兒・沐恩，一六五一年三月十八日）。

53 WPDB, f. 21v（威廉・品瓊和瑪麗・帕森，一六五一年三月十八日）：ff. 12v-13r（瑪麗・帕森，湯瑪斯・庫伯和湯瑪斯・米勒，一六五一年三月十八日）。

54 WPDB, f. 3r（湯瑪斯・米勒，麥爾斯・摩根和法蘭西斯・派普，一六五一年三月十八日）。

55 WPDB, f. 4r（約翰・史戴賓和羅蘭・史戴賓，一六五一年三月十八日）。一名來自羅蘭・史戴賓村莊的婦女巴金（Bocking），一直在等候處決，因為她對一頭牛施法：Ewen, *Witch Hunting*, pp. 170-71.

56 WPDB, f. 4r（威廉・布魯克，一六五一年三月十八日）；f.23v（湯瑪斯和莎拉・梅里克和休・帕森，一六五一年三月十八日）。

57 WPDB, ff. 1v, 5r, 6r（喬納森・泰勒，一六五一年三月十八到二十日，二十一至二十二日）；f. 2r（茉西・瑪什菲爾德和約翰・朗巴德，一六五一年三月二十二日）；f. 2v（休・帕森，一六五一年三月二十二日）。

58 WPDB, f. 2v（瑪麗・帕森，一六五一年三月二十二日）。

59 我們知道是三月二十二日，因為泰勒說在瑪麗被帶往波士頓的「兩晚前」，而且我們知道那是二十四日星期一，因為普魯登絲・摩根說，休・帕森在三月二十七日前的那個週一（二十七日是週四）被載往海灣：WPDB, f. 3r（普魯登絲・摩根，一六五一年三月二十七日）；f. 25v（喬納森・泰勒，一六五一年四月七日）。

8 與魔鬼對話

1 Trumbull, *History of Northampton*, i, p. 49; HLSL, Small Manuscript Collection (Special Collections), Papers in Cases Before the County Court of Middlesex Co., 1649-63, 4 vols.: ii, p. 302; Harvard University, Houghton Library, Autograph File, P, 1554-2005（約翰・品瓊），賽門・畢曼證詞，一六五六年九月十九日。

2 WPDB, ff. 3r-3v（普魯登絲・摩根和山繆・瑪什菲爾德，一六五一年三月二十七日?）。關於一六五六年一名穿著紅色馬甲的森林女巫案：Emerson W. Baker, *The Devil of Great Island: Witchcraft and Conflict in Early New England* (New York, 2007), pp. 82-3.

3 WPDB, f. 14r（布蘭琪和里斯・貝多薩，一六五一年三月二十七日）。

4 WPDB, f. 24r（湯瑪斯・庫伯，一六五一年四月三日），也見WPDB, f. 13v（湯瑪斯・伯恩罕，瓊・沃倫納〔Joan Warrener〕和艾比蓋兒・沐恩，一六五一年四月三日）。

5 Gura, *Glimpse of Sion's Glory*, pp. 308-9.「巫術和異端似乎……手拉著手並肩而行」：Green, p. 119.

6 *VRS*, p. 13. 安・泰勒的姊妹瑪麗生於一六四九年八月一日：同前。

7 WPDB, f. 24v（喬納森・泰勒，一六五一年四月七日）。

8 WPDB, ff. 24v-25r（喬納森・泰勒，一六五一年四月七日）。另一與蛇有關的巫術案部分：HLSL, Small Manuscript Collection (Special Collections), Papers in Cases Before the County Court of Middlesex Co., 1649-63, 4 vols.: iii, pp. 600-609; Lucius R. Paige, *History of Cambridge, Massachusetts, 1630-1877* (Boston, 1877), pp. 356-64.

9 *VRS*, p. 61.

10 一六五四年十月，波士頓財務官員對數名「女巫案證人」進行補償：MC, vol. 100, p. 49. 有關一六八三年女巫審判所花費用：包括前往波士頓的交通費：Sylvester Judd,

History of Hadley (Springfield, MA, 1905), p. 230.

11 見WPDB, ff. 2r, 3r.

12 Firth and Rait (eds.), *Acts and Ordinances*, i, p. 421.

13 George L. Haskins, 'Lay judges: magistrates and justices in early Massachusetts', in Daniel R. Coquillette et al. (eds.), *Law in Colonial Massachusetts, 1630-1800* (Boston, 1984), pp. 43-4.

14 McManus, *Law and Liberty*, p. 74.「然而職權進行主義模式旨在建立事件的絕對真相，當事人進行主義則是形式主義。它看重遊戲規則，並且得出足以達成實際法律目的的相對綜合性真相」：C. R. Unsworth, 'Witchcraft beliefs and criminal procedure in early modern England', in T. G. Watkin (ed.), *Legal Record and Historical Reality* (London, 1989), p. 88.

15 John M. Murrin, 'Magistrates, sinners, and a precarious liberty: trial by jury. in seventeenth-century New England', in Hall, Murrin and Tate (eds.), *Saints and Revolutionaries*, pp. 164-5, 196.

16 Shurtleff, iv (pt 1), pp. 47-8.

17 John Cotton, *An Abstract of the Lawes of New England* (London, 1641), p. 10; DH, pp. 108-9; 'Hutchinson papers', *Collections of the MHS*, 1 (1825), p. 35.

18 Shurtleff, iv (pt 1), pp. 47-8.

19 Emerson W. Baker, *A Storm of Witchcraft: The Salem Trials and the American Experience* (Oxford, 2015), pp. 23-4, 28.

20 Shurtleff, iii, p. 229.

21 Shurtleff, iv (pt 1), p. 47.

22 同前。

23 山繆・瑪什菲爾德・漢娜・蘭頓・布蘭琪・貝多薩・亞歷山大・愛德華茲・喬治・科爾頓・安東尼・多徹斯特・和喬納森・泰勒・按紀錄全都有到庭發誓：WPDB, ff. 2r, 3r, 12r, 14r, 14v, 16v, 18v, 19v, 20v, 21r, 25v, 26r.

24 WPDB, ff. 12r, 26r（漢娜・蘭頓，一六五一年三月一日和十八日，在一六五一年五月十三日發誓）。

25 WPDB, f. 25v（喬納森・泰勒，一六五一年四月七日，在三月十三日發誓）。

26 WPDB, f. 25v（愛德華・羅森，一六五一年五月十三日）。

27 Mary Beth Norton, *In the Devil's Snare:The Salem Witchcraft Crisis of 1692* (NewYork, 2002), pp. 30-33, 41-2; Wyllys, Box 1, Ms. 372, 'Grounds for examination of a witch'. 此文件源自：William Perkins: Ross, *Before Salem*, pp. 277-86.

28 Hoffer, *Sensory Worlds*, pp. 118, 122-4; Robert Malcolm Kerr (ed.), *Commentaries on the Laws of England of Sir William Blackstone*, 4 vols. (London, 1862), iii, p. 397; John H. Langbein, *Prosecuting Crime in the Renaissance: England, Germany, France* (Cambridge, MA, 1974), pp. 29-31.

29 Shurtleff, iv (pt 1), p. 47.
30 同前，p. 48.
31 *JJW*, p. 203; Hosmer, i, pp. 282-3.
32 Thomas Wright, *The Passions of the Minde in Generall* (London, 1604), pp. 330-31. 也見：Alexander Roberts, *A Treatise of Witchcraft* (London, 1616), pp. 45-6; Richard Gilpin, *Demonologia Sacra* (London, 1677), pp. 72-3, 300-303; John Brinley, *A Discovery of the Impostures of Witches and Astrologers* (London, 1680), pp. 42-3, 108.
33 McManus, *Law and Liberty*, pp. 104-5; MacDonald, Mystical Bedlam, p. 83.
34 Shurtleff, iv (pt 1), p. 48. 一名曾住在「女巫溫床」溫莎的女巫，在一六五一年五月於康乃狄克斯特拉福德處決：*Ross, Before Salem*, pp. 154-6.
35 David D. Hall, *A Reforming People: Puritanism and the Transformation of Public Life in New England* (New York, 2011), p. 85; Hosmer, i, pp. 282-3.
36 *DH*, pp. 122-3; Shurtleff, iii, pp. 229-30; iv (pt 1), p. 48; *VRS*, pp. 13, 61.
37 Norton, *Discussion*, p. 273; Shurtleff, iii, p. 230; iv (pt 1), p. 49; Lockwood (ed.), *Western Massachusetts*, i, p. 106.
38 John Ashton, *The Devil in Britain and America* (London, 1896), pp. 321-2. 人們一直以為瑪麗被吊死，只因為她被判了絞刑：另有些人提供了（薄弱的）證據：Daniel Allen Hearn, *Legal Execution in New England: A Comprehensive Reference, 1623-1960* (Jefferson, NC, 1999), p. 24. 她可能就是那位「被控行巫術和殺人的罪犯」，卡頓・馬瑟聽說她在一六五〇年代初期遭處決：*The Wonders of the Invisible World* (London, 1693), p. 7. On this point: Justin Winsor (ed.), *The Memorial History of Boston*, 4 vols. (Boston, 1881), ii, pp. 137-8.
39 WPDB, f. 6r（賽門・畢曼，一六五一年五月二十日）：Waters, 'Witchcraft', pp. 152-3.
40 Shurtleff, iii, p. 239.
41 *Second Report of the Record Commissioners of the City of Boston... Boston Records, 1634-1660*, 2nd edn (Boston, 1881), p. 70; George Fox, *Secret Workes of a Cruel People Made Manifest* (London, 1659), pp. 2-3.
42 Shurtleff, iv (pt 1), p. 96.
43 WPDB, f. 6r（賽門・畢曼，一六五一年五月二十日；喬納森・泰勒，一六五一年三月二十一日）；WPDB, f. 17v（喬納森・泰勒，一六五一年六月十七日）。
44 *VRS*, p. 61.
45 WPDB, ff. 6r, 6v, 7r, 17v.
46 WPDB, f. 20v（喬治・科爾頓，一六五一年三月一日和十八日）。

47 WPDB, f. 10v（陪審團團長？一六五一年六月十七日）。此段遭大量刪除，表示庭上不接受判決書的意見。

48 Shurtleff, iii, p. 239; 'Hutchinson papers', p. 37.

49 Norton, *Discussion*, pp. 23-5, 37-8; Godbeer, *Devil's Dominion*, pp. 104-5; *DH*, pp. 119-22.

50 「沒有人知道正統的界線何在，因為無人能確定地知道它的內容是什麼」：Winship, 'Contesting control', p. 797.

51 Oberholzer, *Delinquent Saints*, pp. 42-4; Gura, *Glimpse of Sion's Glory*, pp. 315-21; Godbeer, *Devil's Dominion*, pp. 103-4; Valeri, *Heavenly Merchandize*, pp. 47-8.

52 Norton, *Discussion*, pp. 272-4.

53 財產紀錄，f. 2; HLAS, ESMC, ESM-07-01-02; Wright, *Genesis*, pp. 28-9; DH, pp. 124-5.

54 *VRS*, pp. 13, 61.

55 Thomas Cobbett, *The Civil Magistrates Power in Matters of Religion Modestly Debated* (London, 1653), sigs. A2r-A2v. 此演講於一六五三年十月四日發表。

56 Shurtleff, iii, pp. 248, 257; iv(pt1), p. 72; MC, vol. 48, p. 36. 此命令不只涉及到一個囚犯，可能還包括瑪麗．帕森所牽連到的其他人：*CJWM*, p. 23; David D. Hall (ed.), *Witch-Hunting in Seventeenth-Century New England: A Documentary History, 1638-1693*, 2nd edn (Boston, 1999), p. 31 n.1.

57 John Eliot, *Tears of Repentance* (London, 1653), p. 46; WPDB, ff. 2r, 31（山繆．瑪什菲爾德，一六五一年三月十二日與二十七日）。

58 WPDB, f. 8r; Shurtleff, iv (pt1), p. 96; Marcus,「刑事訴訟法」，pp.122-5,132.

59 WPDB, f. 8r.

60 她甚至可能撤回了自己的證詞，因而在兩名證人的規定下救了休一命：McManus, *Law and Liberty*, pp. 138, 142-3.

61 Shurtleff, iii, p. 273; iv (pt 1), p. 96; Hutchinson, *History*, i, p. 152.

9 女巫新天地

1 Charles H. Levermore, 'Witchcraft in Connecticut, 1647-1697', *New Englander and Yale Review*, 44 (1885), p. 793.

2 Robert F. Oaks, ' "Things fearfull to name": sodomy and buggery in seventeenth century New England', *Journal of Social History*, 12 (1978), pp. 268-81; Dunn et al. (eds.), *Journal*, pp. 370-76, 629; Oaks, ' "Things fearfull to name" ', p. 273.

3 *GHNE*, pp. 551, 556-9, 573-4; Carla Gardina Pestana, *Quakers and Baptists in Colonial Massachusetts* (Cambridge, 1991), pp. 11-18, 123-4, 148-9.

4 MHS, Ms. N-1182, Carton 36: SH 114M U, Folder 35（威廉．

亞諾〔William Arnold〕，一六五一年九月一日）。長久以來，持不同政見者都將麻薩諸塞政府比作邪惡的通靈巫師與偶像崇拜者：Edward Winslow, *Hypocrisie Unmasked* (London, 1646), pp. 28, 42-3.

5 Bulstrode Whitelocke, *Memorials of the English Affairs*, 4 vols. (Oxford, 1853), iii, p. 221; John Sykes, *Local Records; or, Historical Register of Remarkable Events*, 2 vols. (Newcastle-upon-Tyne, 1866), i, pp. 103-5; Ewen, *Witch Hunting*, pp. 91, 237-8.

6 *Mercurius Politicus*（一六五一年九月二十五日）,p. 1091. 信是匿名的，但作者幾乎可確定就是艾略特：Winsor (ed.), *Memorial History*, ii, p. 137. 艾略特在那年四月和十月都寫了類似的信件給溫施洛普：Bodl., Rawlinson MS C.934, ff. 9-11v.

7 Cotton Mather, *Late Memorable Providences Relating to Witchcrafts and Possessions* (London, 1691), sig. B3v; Alan Heimert and Andrew Delbanco (eds.), *The Puritans in America: A Narrative Anthology* (Cambridge, MA, 1985), p. 339.

8 Thomas Hobbes, *Leviathan* (London,1651), pp. 63, 85, 107; Pat Moloney, 'Hobbes, savagery, and international anarchy', *American Political Science Review*, 105 (2011), pp. 189-204. 也見Stuart Clark, *Thinking with Demons: The Idea of Witchcraft in Early Modern Europe* (Oxford, 1997), esp. chs. 33-44. 關於霍布斯，見前文，pp. 303, 310, 599-600.

9 Thomas, *Religion and the Decline of Magic*, pp. 619, 625.

10 Johnson, *History*, p. 199—湯瑪斯．哈欽森（Thomas Hutchinson）一七六〇年代的資料出處：*History*, ii, p. 12.

11 John Seller, *A Description of New-England* (London, 1682), p. 2. 同樣令人難忘的，還有一六五一年韋瑟斯菲爾德因巫術罪遭處決的卡林頓一家，見一六六九年證詞：Dow (ed.), *Quarterly Courts of Essex*, iv, p. 99.

12 BL, Lansdowne MS 93, ff. 185, 187, 189-215; Demos, *Entertaining Satan*, ch. 11, 引文（源自卡頓．馬瑟），見p. 341.

13 MC, vol. 3, pp. 7-10, 12-12B, 引文見 p. 7.

14 如同日夜更迭，這些道德狂熱的季節過後，隨之而來的是一種疲憊感和道德規範上的鬆懈——於是在某個時間點，又被一種新的危機感所取代：Hall, *Puritans*, p. 157.

15 HLSL, Small Manuscript Collection (Special Collections), 代表莎拉——北漢普敦的詹姆斯．布利基曼（James Bridgeman）妻子的證詞，一六五六年八月十一日，ff. 1-2, 引言見f. 1v; 同前，Papers in Cases Before the County Court of Middlesex Co., 1649-63, 4 vols.: i, pp. 290-92, 294-7, 298; ii, pp. 301-2; *CJWM*, pp. 24n, 29n; Trumbull, *History of Northampton*, i, pp. 42-52, 228-34. 也見Hall (ed.), *Witch-Hun-*

ting, ch. 6.

16 Harvard University, Houghton Library, Autograph File, P, 1554-2005 (John Pynchon)，賽門・畢曼的證詞，一六五六年九月十九日。

17 *WP*, vi, pp. 383-4, 393-4, 410-11, 422-4, 456-8, 引文見p. 393; *VRS*, p. 61. 溫施洛普不信巫術；見他對一名據稱遭施法的婦女所作的歇斯底里診斷：*WP*, vi, pp. 300-302. 也見 Walter W. Woodward, *Prospero's America: John Winthrop Jr, Alchemy, and the Creation of New England Culture, 1606-1676* (Williamsburg, VA, 2010), ch. 7.

18 *PP*, i, pp. 16-17.

19 Stiles, *Ancient Windsor*, i, pp. 448-50; Ross, *Before Salem*, pp. 90, 103-5, 165-8; Demos, *Entertaining Satan*, pp. 4-6; Charles J. Hoadly (ed.), *Records of the Colony and Plantation of New Haven, from 1638 to 1649* (Hartford, CT, 1857), p. 77. 也見Norton, *Founding Mothers and Fathers*, pp. 235-6.

20 CSL, Hartford County Court Minutes, vol. 2, 1649-62, pp. 160, 174-5; BPL, MS. Am. 1502/1/28r-28v; Mather, *Illustrious Providences*, pp. 135-9; *Particular Court of Connecticut*, p. 258; Stiles, *Ancient Wethersfield*, i, pp. 683-4; Trumbull and Hoadly (eds.), *Public Records*, ii, p. 132n; HLAS, ESMC, ESM-05-06- 01, p. 69.

21 HLAS, ESMC, ESM-05-06-01, pp. 120, 122-3, 125, 引文見p. 123; HCRP, 遺產認證紀錄，Hampshire County, 1660-1820, vol. 1 (1660-90), p. 59.

22 R. S. Greenlee and R. L. Greenlee (eds.), *The Stebbins Genealogy*, 2 vols. (Chicago, 1904) i, p. 77; Trumbull, *History of Northampton*, i, pp. 234-5. 有個資料來源聲稱，史戴賓自己就被控為巫師，但這無疑是個錯誤：*CJWM*, p. 69 n.20.

23 Noble and Cronin (eds.), *Court of Assistants*, i, p. 228; Judd, *History of Hadley*, pp. 228-32; Mather, *Magnalia*, ii, pp. 454-6.

24 *VRS*, pp. 17, 21, 64; *FCHS*, p. 44; *LNL*, p. 209; Savage, i, p. 147; Judd, *History of Hadley*, p. 90. 湯瑪斯・畢曼對誹謗提告，並贏得四十先令的損害賠償。

25 Demos, *Entertaining Satan*, pp. 273-4.

26 WPDB, f. 25v（喬納森・泰勒，一六五一年四月七日）。

27 Green, p. 123; Ruth A. McIntyre, 'John Pynchon and the New England fur trade 1652-1676', in PP, ii, pp. 3-70; 財產紀錄，ff. 2-2v; HRBD, pp. 20-22; HLAS, ESMC, ESM-04-03-04; ESM-04-02-10; *Hampden County*, p. 99; Wright, *Genesis*, pp. 31-3; *LNL*, pp. 30-34. 約翰・品瓊的第一名奴隸，比德・史溫克（Peter Swinck），在一六五〇年抵達：*Pynchons of Springfield*, p. 31.

28 Trumbull, *History of Northampton*, i, ch. 2; MC, vol. 112, pp. 403-9.

29 見如漢普夏（Hampshire）庭審紀錄（從一六九三年開始），Massachusetts Quarterly Courts, 5 vols., i (1638-1738), Harvard University, Lamont Library, Harvard Depository, Microfilm M 442 (Barcode HNBVQ1).

30 MC, vol. 112, pp. 207-208; vol. 115, p. 27.

31 TRSR, 前言頁。

32 見一六七〇至八〇年代漢普夏郡土地契據：HRBD, *passim*, e. g. pp. 22-4,39.

33 見出口到新英格蘭的紀錄，一六五一年：London Metropolitan Archives, MS 7947. 也見：約翰．品瓊帳簿，一六五一至六六年：HLAS, ESMC, ESM-05-01-01;05-02-01; 05-02-02.

34 *LNL*, pp. 240, 242; *PP*, ii, p. 317; Bridenbaugh, 'Use and abuse of the forest', p.20; George Ellis and John Morris, *King Philip's War* (New York, 1906), pp. 117-18; *Hampden County*, p. 98.

35 John Langdon Sibley, *Biographical Sketches of Graduates of Harvard University*, vol. 1: *1642-1658* (Cambridge, MA, 1873), pp. 296-7. 莫克森和格洛弗間有無關係，無人知道。那位哈巴谷．格洛弗（Habakkuk Glover），老裴拉提雅的兄弟，似乎曾替品瓊的神學理論辯護，這或許是個線索：BPL, Ms. Am. 1502/2/20.

36 MC, vol. 11, p. 20; Thistlethwaite, p. 175. 一位來自溫莎的令人失望的牧師，很快便折返英格蘭：Moore, *Pilgrims*, p. 242 n.47.

37 見一六八七年約翰．品瓊和其他人寫給因克尼斯．馬瑟的信：BPL, Ms. Am. 1502/6/31.

38 Green, p. 81; MC, vol. 10, p. 98; vol. 11, pp. 11-12, 18-20.

39 *LNL*, pp. 132, 240-41; *FCHS*, p. 327; *CJWM*, p. 254. 他的妻子可能是那位因謀殺、通姦和說「魔鬼和神一樣慈悲」而（和一名女巫一起）遭起訴的漢娜．海克雷頓(Hannah Hackleton)：Helen Schatvet Ullmann (ed.), *Hartford County, Connecticut, County Court Minutes Volumes 3 and 4, 1663-1687, 1697* (Boston, 2005), pp. 47-8, 50, 62.

40 *LNL*, pp. 104, 147; *CJWM*, pp. 172, 317; *FCHS*, pp. 28-9. 伯特死於一七一五年，高齡九十一。

41 *CJWM*, pp. 231-2, 240, 243, 246-7, 256, 263, 317-18, 375, 387, 434; *FCHS*, pp. 243, 281; *LNL*, p. 78. 湯瑪斯．梅里克死於一七〇四年，高齡八十四歲：*FCHS*, p. 41.

42 HLAS, ESMC, ESM-05-06-01, p. 31; *CJWM*, pp. 235-6.

43 *DH*, p. 124; HLAS, ESMC, ESM-07-01-02; ESM-05-02-01, pp. 136-7; ESM-05-01-01, p. 297; *LNL*, pp. 83, 210, 346-7; Starr (ed.), *Ancestral Lines*, pp. 60-61, 66,68-72; *FCHS*, pp. 242, 383; *CJWM*, p. 112.

44 *LNL*, p. 201; *FCHS*, pp. 221, 233, 242, 255, 284, 293, 296, 320, 337, 338, 340, 386, 400; *LNL*, p. 90; *CJWM*, p. 375;

Green, pp. 134, 176; Savage, i, p. 152.

45 H. Maria Bodurtha, *A Record of the Bodurtha Family*, 1645-1896 (Agawam, MA,1896), pp. 8, 9; *LNL*, p. 201; HCRP, 遺囑（喬治・科爾頓，一七〇〇）。

46 Savage, iv, pp. 56-7; *VRS*, p. 13. 莎拉・梅里克在一六五〇年二月還活著，但在一六五三年十月，她丈夫再婚前便過世了：*VRS*, pp. 13, 20. 也見Savage, iii, p. 198.

47 HRBD, p. 61; *VRS*, pp. 14, 15, 16, 17; *LNL*, p. 215; *FCHS*, p. 43; *AWNE*, p. 232 n.1. 泰勒家在一六六五年失去另一名女兒，麗貝佳，年僅八歲：VRS, p. 62.

48 *LNL*, pp. 102-4, 121, 204; *VRS*, pp. 63, 65; *FCHS*,p.42. 一六六一年，馬修因「被發現爛醉到失去行為能力」而遭罰款：*CJWM*, p. 249.

49 *LNL*, pp. 70-71; *VRS*, p. 61.

50 歷史紀錄調查，*Proclamations of Massachusetts Issued by Governors and Other Authorities, 1620-1936*, 2 vols. (Boston, 1937), i, pp. 54-8.

51 TRSR, pp. 1, 103; 財產紀錄，ff. 4v-5, 22; Anderson, *Great Migration...1620-1633*, iii, p. 1692; HRBD, pp. 1-2, 12（一六六九年證詞）。

52 根據約翰・席爾（John Searle，死於一六四二年）和納撒尼爾・布利斯（Nathaniel Bliss，死於一六五四年）的遺產清單：*CJWM*, pp. 212-13; TRSR, p. 67.

53 HLAS, ESMC, ESM-05-01-01, p. 32. 戴維斯娶了品瓊的姊妹瑪格莉特：Pynchon, *Record of the Pynchon Family*, p. 5. 品瓊經常把戴維斯的房子當成貨品集散地使用：McIntyre, *Pynchon*, pp. 27-8.

54 渥特敦（Watertown）的索賠包括*LNL*, p. 205, and *FCHS*, pp. 43, 77. 也見：Henry Bond, *Genealogies of the Families and Descendants of the Early Settlers of Watertown*, 2nd edn (Boston, 1860), p. 869; Filby (ed.), *Passenger and Immigration Lists*, iii, p. 1616; Savage, iii, p. 362. 某些人反對羅德島，認為樸茨茅斯的休・帕森來自倫敦：www.geni.com/people/Hugh-Parsons-of-Portsmouth/6000000006579905362. 但似乎渥特敦的休・帕森在一六四九年就在那兒了。山繆・德瑞克（Samuel Drake）說休・帕森取道納拉甘西特，去了羅德島：*AWNE*, p. 70. 約翰・德莫斯（John Demos）和伊麗莎白・肯特（Elizabeth Kent）同意：*Entertaining Satan*, p. 302; *Male Witchcraft*, p. 92. 支持此見解的有：傑拉德・J・帕森（Gerald J. Parsons），'The early Parsons families of the Connecticut River valley', *NEHGR*, 149 (1995), pp. 69-70, 因為羅德島的休・帕森有名女兒叫漢娜，出生時間也與春田的漢娜相近。根據C・E班克斯（C. E. Banks），羅德島的休・帕森來自埃塞克斯的威特姆，在老春田附近，但他可能也死在該地：*Topographical Dictionary*, p. 53.

55 W. Keith Kavenagh (ed.), *Foundations of Colonial America: A Documentary History*, 3 vols. (New York, 1973), i, pp. 133-4; Wade C. Wightman, *The Wightman Ancestry*, 2 vols. (Chelsea, MI, 1994-7), i, pp. 1-2; Ian Atherton and David Como, 'The burning of Edward Wightman: puritanism, prelacy and the politics of heresy in early modern England', *English Historical Review*, 120 (2005), pp. 1215-50; Thomas, *Religion and the Decline of Magic*, pp. 160-61, 202-4.

56 當然，此說確實假設樸茨茅斯的休・帕森和春田被控巫師的那位是同一人——見註解54。

57 Anderson, *Great Migration...1620-1633*, i, p. 575; Parsons, 'Early Parsons families', pp. 69-70; John Russell Bartlett (ed.), *Records of the Colony of Rhode Island and Providence Plantations*, 10 vols. (Providence, RI, 1856-65), ii, p. 218; iii, p. 3; Burt et al., *Cornet Joseph Parsons*, p. 105.

58 Rhode Island Historical Society, Briggs Collection: Wills by Anthony Tarbox Briggs, vol. A, Will: FHL #0022302, 休・帕森遺囑，在一六八五年一月十四日認證。隨著時間推移，「他的家族也滅絕了」：Burt et al., *Cornet Joseph Parsons*, p. 105.

59 他們肯定未在一六五一年的冬天出航，並且在一六五二年五月二十七日前就已歸來。

60 *DH*, pp. 129-30, 173 n.9; Ross, *Before Salem*, pp. 44-5. 愛德華・霍利奧客寫了一本書，提及品瓊的著作：*The Doctrine of Life* (London, 1658). 品瓊的女兒瑪麗嫁給霍利奧客的兒子伊利祖爾：Pynchon, *Record of the Pynchon Family*, p. 5.

61 E. G., *A Prodigious and Tragicall History of the Arraignment, Tryall, Confession and Condemnation of Six Witches* (London, 1652), p. 4; Robert Filmer, *An Advertisement to the Jury-Men of England, Touching Witches* (London, 1653), sigs. A2r-A2v, pp. 5, 6-8.

62 West Suffolk RO, 613/909 (Nathaniel Barnardiston, 19 March 1647); Firth and Rait (eds.), *Acts and Ordinances*, ii, pp. 409-12; *The Ranters Monster* (London, 1652), pp. 4-5.

63 Roger Williams, *The Bloody Tenent Yet More Bloody* (London, 1652), 尤其是pp. 34-8, 306-9, 引文見p. 309.

64 'Hutchinson papers', pp. 35-7; Henry Vane, *Zeal Examined: or, A Discourse for Liberty of Conscience in Matters of Religion* (London, 1652), pp. 1, 5-9, 10-14, 引文見 p. 7.

65 John Norton, *The Orthodox Evangelist* (London, 1654), 引文見sig. A2r; Waters, *Ipswich*, i, pp. 40-41, 287; Demos, *Entertaining Satan*, pp. 61-2.

66 'Hutchinson papers', pp. 35-7; Timothy J. Sehr, *Colony and Commonwealth: Massachusetts Bay, 1649-1660* (New York, 1989), pp. 45-6.

67 Thomas Clendon, *Justification Justified: or, The Doctrine of*

Justification Briefly and Clearly Explained (London, 1653), sigs. A4r-A4v, pp. 13-15.

68 Pynchon, *Jewes Synagogue*, pp. 7-8, 76. 倫敦書商喬治・湯馬森在一六五二年十二月三十一日收到他的書。也見 Michael P. Winship, 'William Pynchon's *The Jewes Synagogue*', *NEQ*, 71 (1998), pp. 290-97.

69 *Scot's Discovery of Witchcraft* (London, 1651); Claire Bartram, ' "Melancholic imaginations": witchcraft and the politics of melancholia in Elizabethan Kent', *Journal of European Studies*, 33 (2003), pp. 203-11. 醫生湯瑪斯・艾迪（Thomas Ady）認為所謂的女巫「不健康的身體影響心智，從而幻想出那些從未存在或不可能存在的事物」：*Candle in the Dark*, pp. 124-5. Cf. Nicholas Gyer, *The English Phlebotomy* (London, 1592), sigs. A4v-A5r.

70 Philip C. Almond, 'King James I and the burning of Reginald Scot's *The Discoverie of Witchcraft*: the invention of a tradition', *Notes and Queries*, 56 (2009), pp. 209-13; Beinecke Library, Yale University, Osborn MS f b. 224.

71 Ewen, *Witch Hunting*, pp. 243-5.

72 Norton, *Discussion*, pp. 270, 272-4, 引文見p. 270.

73 Harvard University Archives, HUC 8662.300, pp. 8-9, 35, 46, 50, 53, 57, 103, 引文見 p. 57; HLAS, ESMC, ESM-04-01-09; ESM-04-02-03; Wright, Genesis, p. 30; *DH*, pp. 130-31.

74 Gaskill, *Between Two Worlds*, pp. 6-7, 176-7, 192-4, 345-6, 348-51. 一六四一年制定的麻薩諸塞自由法典（Massachusetts Body of Liberties）也被稱為「新英格蘭大憲章」（New England Magna Charta）：Wall, *Massachusetts Bay*, pp. 17-18.

75 Morris, *First Church*, p. 13; TRSR, p. 109; MC, vol. 11, pp. 11-12, 18, 20, 170-170a, 180a-182; 財產紀錄，ff. 47v-48; HLAS, ESMC, ESM-05-01-01, p. 51.

76 *GACW*, pp. 38, 40; Morris, *First Church*, p. 13; Johnson, History, pp. 199-200; *CJWM*, p. 29. 一些人相信莫克森在一六五三年五月離開：Green, pp. 111-12, 122; *FCHS*, p. 22.

77 *DH*, p. 132; Wright, *Genesis*, p. 31; *CJWM*, pp. 226-7; HLAS, ESMC, ESM-04-03-04. 山繆・史密斯死於一六五二年六月十四日：*VRS*, p. 61.

78 DWL, 巴克斯特書信（Baxter Letters），3.186 (1655); Richard Baxter, *A Sermon of Judgement*, 11th edn (London, 1658), pp. 19-20, 120-23. 巴克斯特稱那群人「是我見過最龐大的一群聽眾」：Keeble and Nuttall (eds.), *Correspondence*, i, p. 161.

79 William Pynchon, *A Farther Discussion of that Great Point in Divinity, the Sufferings of Christ* (London, 1655), sig. A2r; DWL, 巴克斯特書信（Baxter Letters）, 3.186-7 (1655), 引文見f. 186r.

80 Henry Vane, *The Retired Mans Meditations* (London, 1655),

尤見chs. 13-14.

81 John Towill Rutt (ed.), *Diary of Thomas Burton*, 4 vols. (London, 1828), i, p. 25; Paul H. Hardacre, 'William Boteler: a Cromwellian oligarch', *Huntington Library Quarterly*, 11 (1947), pp. 1-11.

82 Byington, *The Puritan*, p. 218.

83 Lambeth Palace Library, MS COMM. III/3, lib. 2, f. 20; Moore, *Pilgrims*, p. 259 n.125.

84 Gordon and Moore, 'Moxon'; Moore, *Pilgrims*, p. 121; Green, p. 112; *GACW*, pp. 38-40; Francis J. Bremer, *Congregational Communion: Clerical Friendship in the Anglo-American Puritan Community, 1610-1692* (Boston, 1994), p. 225. 也見Congleton Library, Cheshire, CP/920/M (J. Micklethwaite, *Rev. George Moxon, 1602-1687*, 2001); Samuel Clarke, *The Lives of Sundry Eminent Persons* (London, 1683), pp. 83-92.

85 James, 'Evolution of a radical', pp. 41-2.

86 Roberts, 'Erbery'; McLachlan, *Socinianism*, p. 229; *Testimony of William Erbery*, pp. 43-7, 63, 211, 271, 引文見p. 63. 另見前文., pp. 310-38,〈誠實的異端或正統的褻瀆者〉，對厄伯里異端審判有詳細記述。

87 Roberts, 'Erbery'; William Erbery, *A Mad Mans Plea* (London, 1653), pp. 2, 8-9; Anthony à Wood, *Athenae Oxonienses*, 2 vols. (London, 1691-2), ii, p. 105.

88 見如：TNA, SP44/34, f. 47 (Ann Clarke, 1670); William Le Hardy (ed.), *County of Buckingham: Calendar to the Sessions Records, Volume 1, 1678 to 1694* (Aylesbury, 1933), pp. 328, 338, 347, 348, 393.

89 品瓊變成「一個直面自己過去的人，沉默無語的過去散發著不祥氛圍，或許它始終如此」：Vella et al. (eds.), *Meritorious Price*, p. xxix. 一本由品瓊註解的*A Farther Discussion of that Great Point in Divinity* (London, 1655)保存在紐約公共圖書館，書架號KC 1665 (Pynchon, Meritorious Price). 要是發現諾頓的印刷業者把「沃頓」——他的導師，安東尼・沃頓（Anthony Wotton）之名誤植為「諾頓」——他的宿敵，他一定會很沮喪：p. 118.

90 Ephraim Pagitt, *Heresiography, or, A Description of the Heretickes and Sectaries Sprang Up in These Latter Times* (London, 1654), sig. B4r, pp. 10, 19, 78-9, 93-4; Anthony Burgess, *The True Doctrine of Justification Asserted and Vindicated* (London, 1654), pp. 59, 69, 73; Nicholas Chewney, *Anti-Socinianism* (London, 1656), pp. 2-3.

91 *DH*, p. 148; *CJWM*, p. 30 n.72.

92 William Pynchon, *The Time When the Sabbath Was First Ordained* (London, 1654); HLAS, ESMC, ESM-06-02-01; *Priced Catalogue of a Remarkable Collection of Scarce and Out-of-Print Books* (New York, 1914), p. 987. 佛洛伊德描述

「在本能需求和現實中各種限制規範間的衝突」：*The Unconscious*, trans. Graham Frankland (London, 2005), p. 103.

93 BPL, Ms. Am. 1505/1/23 Pt 5.

94 William Pynchon, *The Covenant of Nature Made with Adam* (London,1662), sigs. A2r, A3r-A4v; HLAS, ESMC, ESM-06-01-02; John Norton, *The Heart of N-England Rent at the Blasphemies of the Present Generation* (London, 1659), pp. 52-3.

95 Hutchinson, *History*, i, pp. 188, 190-91; Mayers, 'Vane'; Karlsen, *Devil*, p. 20.

96 TNA, PROB 11/309/551; J. H. Morrison, *Prerogative Court of Canterbury: Wills, Sentences and Probate Acts, 1661-1670* (London, 1935), p. 193; Waters, *Genealogical Gleanings*, ii, p. 859; HLAS, ESMC, ESM-04-02-04; ESM-04-04-02.

97 HLAS, ESMC, ESM-04-03-03; HCRP, 遺囑（約翰・品瓊，一六六三）。

98 TNA, CO 1/19 No. 104 (9 September 1665); *PP*, i, pp. 156-60; Wright, *Early Springfield*, p. 21; *LNL*, pp. 66-7, 202; Green, pp. 64, 157; *FCHS*, p. 42; *VRS*, p. 63; Ellis and Morris, *King Philip's War*, p. 119.

99 *News from New-England* (London, 1676), p. 5; HLAS, ESMC, ESM-05-06-05; ESM-05-06-01, p. 127; TRSR, pp. 124-7.

100 關於式微的經典論述見Perry Miller, *The New England Mind: The Seventeenth Century* (New York, 1939)。關於評論方面：Robert G. Pope, 'New England versus the New England mind: the myth of declension', *Journal of Social History*, 3 (1969), pp. 95-108; Mark A. Peterson, *The Price of Redemption: The Spiritual Economy of Puritan New England* (Stanford, CA, 1997); Valeri, *Heavenly Merchandize*, ch. 2.

101 引述自Richard Middleton, *Colonial America: A History, 1565-1776*, 3rd edn (Oxford, 2002), p. 140. 在從虔誠轉向商業化，尤其是益發偏執地想擁有土地方面：Kenneth A. Lockridge, *A New England Town, The First Hundred Years: Dedham, Massachusetts, 1636-1736* (New York, 1970); Roger Thompson, *Divided We Stand: Watertown, Massachusetts, 1630-1680* (Amherst, MA, 2001); Richard P. Gildrie, *Salem, Massachusetts, 1626-1683: A Covenant Community* (Charlottesville, VA, 1975).

102 Moore, *Pilgrims*, p. 155; Felch, *Blynman Party*, p. 1; Babson, *Gloucester*, pp. 190-91; BPL, Ms. Am. 1502/1/74.

103 Norton, *Devil's Snare*, pp. 77-8, 87-93, 296-304. 在「入侵性精神官能症（invasion neurosis）」方面：James E. Kences,'Some unexplored relationships of Essex County witchcraft to the Indian wars of 1675 and 1689', *Essex Institute Historical Collections*, 120 (1984), pp. 179-212. 關於戰爭的影響，Jill

Lepore, *In the Name of War: King Philip's War and the Origins of American Identity* (New York, 1998); Lisa Brooks, *Our Beloved Kin: A New History of King Philip's War* (New Haven, CT, 2018),尤見ch. 8.

104 Mather, *Illustrious Providences*, pp. 252-9; Cotton Mather, *Memorable Providences Relating to Witchcrafts and Possessions* (Boston, 1689), pp. 17-19. 也見Stacy Schiff, *The Witches: Salem, 1692* (London, 2015), pp. 72, 267-8.

105 W. H. Whitmore (ed.), *Letters Written from New-England A.D. 1686. By John. Dunton* (Boston, 1867), p. 72. Cf. Josselyn, *Two Voyages*, pp. 178, 182.

106 TNA, CO 5/857, No. 7; CO 5/905, pp. 414-17, 426-30; CO 5/751, Nos. 28-9.

107 經典的論文見保羅・鮑伊爾（Paul Boyer）和史蒂芬・尼森鮑姆（Stephen Nissenbaum）, *Salem Possessed: The Social Origins of Witchcraft* (Cambridge, MA, 1974). 評論方面：John Demos, *The Enemy Within: 2,000 Years of Witch-Hunting in the Western World* (New York, 2008), pp. 189-202; 'Forum: Salem repossessed', *WMQ*, 65 (2008), pp. 391-534.

108 Lawson, *Christ's Fidelity*, pp. 10, 26, 60-62, 引文見p. 61。

109 Joshua Scottow, *A Narrative of the Planting of the Massachusetts Colony* (Boston, 1694), pp. 48-51, 引文見pp. 49, 51.

110 HCRP，遺囑（約翰・品瓊，一七〇三年；喬納森・伯特，一七〇七年）：*LNL*, p. 465. 伯特曾在一六五一年買下帕森的農舍，一直居住到一七一五年：*FCHS*, p. 42.

111 TNA, CO 5/788, pp. 281-4; CO 5/789, pp. 796-8; MC, vol. 11, pp. 214-217A; Wright, *Early Springfield*, pp. 54-5. 居民包括喬治・科爾頓的後裔：Longmeadow Historical Society, Account Books, 1699-1910, Boxes 1-24（山繆・科爾頓）。

112 John Williams, *Warnings to the Unclean* (Boston, 1698), p. 12; King (ed.), *Handbook*, p. 317. 也見卡頓・馬瑟（Cotton Mather）, *Pillars of Salt* (Boston, 1699), pp. 103-5.

113 Daniel Brewer, *God's Help Be Sought in Time of War* (Boston, 1724), p. 4; Joseph Lathrop, *A Sermon on the Dangers of the Times* (Springfield, MA, 1798), p. 5.

114 Demos, *Entertaining Satan*, p. 367; Byington, *The Puritan*, pp. 335-68; Steven Sarson, *British America, 1500-1800: Creating Colonies, Imagining an Empire* (London, 2005), pp. 143-6; Hugh Brogan, *The Penguin History of the United States of America*, 2nd edn (London, 1999), pp. 45-9; Joyce Appleby, 'Value and society', 收錄於Jack P. Greene and J. R. Pole (eds.), *Colonial British America: Essays in the New History of the Early Modern Era* (Baltimore, 1984), pp. 304-5, 307-9.

115 Murrin, 'Magistrates, sinners, and a precarious liberty', pp. 197-206; Carol Z. Stearns, ' "Lord help me walk humbly":

anger and sadness in England and America, 1570-1750', 收錄於Carol Z. Stearns and Peter N. Stearns (eds.), *Emotion and Social Change: Toward a New Psychohistory* (New York, 1988), pp. 45-50, 57-9; Konig, *Law and Society*, pp. 65, 89, 115-18, 188-9; Richard Archer, *Fissures in the Rock: New England in the Seventeenth Century* (Hanover, NH, 2001), pp.125-6, 148-50.

116 McLachlan, *Socinianism*, pp. 337-8; James, 'Evolution of a radical', pp. 42-3.

117 Hale, *Modest Enquiry*, pp. 20-21, 41-51, 52-7, 67-9, 71-7, 引文見p.69。

118 「當英格蘭的人放棄以火刑處決女巫的傳統後，便開始吊死製造偽鈔者」：Karl Marx, *Capital*, 4th edn (London, 1928), p. 837.

119 Joseph Glanvill, *Saducismus Triumphatus* (London, 1681), pt II, pp. 308-9. 南卡羅萊納的首席大法官在一七〇六年譴責懷疑論者：Jon Butler, 'Magic, astrology, and the early American religious heritage, 1600-1760', *AHR*, 84 (1979), pp. 335-8. 在美國，塞勒姆之後有更多被懷疑的女巫遭到非法殺害，比之前依法處決的還多：Owen Davies, *America Bewitched: The Story of Witchcraft After Salem* (Oxford, 2016), ch. 8.

120 「施法下咒的故事……已不再能影響廣大群眾……至於女巫的族群也已滅絕」：John G. Whittier, *Legends of New-England* (Hartford, CT, 1831), pp. 63-4. 相信女巫就像相信土著的「野蠻文化」，殖民者認為那既危險又荒謬，如同約翰・卡德瓦拉德・麥克柯爾（John Cadwalader M'Call）的*The Witch of New England: A Romance* (Philadelphia, 1824)中所描繪。關於此點：Philip Gould, *Covenant and Republic: Historical Romance and the Politics of Puritanism* (Cambridge, 1996), p. 191. 關於在逐漸抬頭的理性意識中魔鬼如何淡出：Jonathan Israel, *Radical Enlightenment: Philosophy and the Making of Modernity, 1650-1750* (Oxford, 2001), ch. 21.

後記　所有情感的終點

1 Pynchon, *Record of the Pynchon Family*, pp. 6-16. 品瓊家的權力來自於恩庇侍從關係，在一七〇〇年後式微：LNL, ch. 6.

2 *Hampden County*, pp. 344, 378-9, 380.

3 Vella et al. (eds.), *Meritorious Price*, pp. xlv-xlvi.

4 *LNL*, p. 137.

5 HCRP, 遺囑（約翰・品瓊，一七〇三年；威廉・品瓊，一七四〇年）。「英國的民意之海已太過洶湧，就算再多扔進一、兩塊石頭，也掀不起一絲漣漪：Morison, 'Pynchon',

pp. 106-7. 品瓊的書「似乎已在波士頓市場焚燒的火焰中死透了」：Foster, *Genetic History*, p. 20.

6 HLAS, ESMC, ESM-06-01-03, p. 81. 另一名塞勒姆法官山繆・西沃（Samuel Sewall），擁有品瓊在一六五五年出的書：*The Meritorious Price of Mans Redemption*，二〇一一年曾有一本於紐約售出。

7 Windsor Historical Society, Windsor, CT, Bedortha Family Collection, 1863-97, finding aid (boxes 2-3).

8 King (ed.), *Handbook*, pp. 15-16, 223-4; Henry Morris, *Early History of Springfield* (Springfield, MA, 1876), p. 17; Frank Bauer, *At the Crossroads: Springfield, Massachusetts, 1636-1975* (Springfield, MA, 1975), p. 9. 品瓊的家搬走，並變成一間瑞士洗衣店的傳說有些可疑：Wright, Genesis, pp. 18-19.

9 HCRP, 遺囑（麥爾斯・摩根，一七〇〇年）。摩根的簽名是一個帶有箭頭的圓圈，有時是一把弓和箭：MC, vol. 11, p. 19; HRBD, p. 48; WPAB, p. 23. 曾經有某個人代他寫下美麗的簽名：MC, vol. 112, p. 207.

10 見山繆・德瑞克（Samuel Drake），*AWNE*, p. 72. 其他提及此案的十九世紀文章：Epaphras Hoyt, *Antiquarian Researches: Comprising a History of the Indian Wars* (Greenfield, MA, 1824), pp. 164-5; James Thacher, *An Essay on Demonology, Ghosts and Apparitions, and Popular Superstitions* (Boston, 1831), p. 101; Byington, *The Puritan*, pp. 196-7.

11 W. G. Sebald, *The Rings of Saturn*, trans. Michael Hulse (London,1998), p.125.

12 Thomas Pynchon, *Gravity's Rainbow* (London, 1973; 2013 edn), pp. 657-8. 也見：Vella et al. (eds.), *Meritorious Price*, pp. xi, xvi-xvii; Deborah L. Madsen, 'Family legacies: identifying the traces of William Pynchon in *Gravity's Rainbow*', *Pynchon Notes*, 42-3 (1998), pp. 29-48.

13 J. G. Holland, *The Bay-Path: A Tale of New England Colonial Life* (New York, 1857), 引文見p. 227。也見Charles H. Barrows, *The History of Springfield in Massachusetts for the Young* (Springfield, MA, 1909), pp. 54-5. 在珍・M・羅伯茲（Jean M. Roberts）的小說*Weave a Web of Witchcraft*（n.p., 2018）中，她站在休這邊，呼應山繆・德瑞克（Samuel Drake），後者說他是「一位誠實、講理的勞工」，被他的妻子和獵巫的品瓊包夾：*AWNE*, p. 66. 約瑟夫・H・史密斯（Joseph H. Smith）對德瑞克的評論更細膩：*CJWM*, pp. 20-25. 山繆・摩里森（Samuel Morison）認為休是代罪羔羊，並怪瑪麗殺了他們的小孩，「一個不討人喜歡、愛哭的小孩——典型的女巫之子」：'Pynchon', pp. 97-8. 大部分的作者都同情瑪麗。「她的品格如此高尚，我們毫不懷疑地相信她瘋了」：Savage, iii, p. 362. 大衛・波爾斯說她

是個「受傷、脆弱的人……第二名孩子新近的喪亡，更是讓她心煩意亂至極，幾近發狂」：*DH*, p. 102. 關於瑪麗精神錯亂和她信仰間的關聯，她頗像亨廷登郡聖艾夫斯（St. Ives, Huntingdonshire）的一位「主內姊妹」，後者「持續且頻繁地參加宗教聚會和活動」，在移民至新英格蘭後，因被認為是女巫而處絞刑：John Nalson, *The Countermine* [London, 1677], pp. 93-4.

14 TRSR, p. 9.

15 二〇〇一年，麻薩諸塞終於還一六九二年在塞勒姆遭處決的那些人清白：*New York Times*（2 November 2001）p. 12. 康乃狄克的溫莎在二〇一七年二月六日，宣告其處決的女巫愛麗絲・楊（Alice Young）和莉蒂亞・吉伯特（Lydia Gilbert）無罪：Harlan Levy, 'Windsor "pardons" women hanged in 1600s', *Journal Inquirer* (14 February 2017), p. 3.

16 Marion Gibson, *Witchcraft Myths in American Culture* (New York, 2007), pp.81-2. 瑪麗・帕森就和其他在建立春田過程中殞落的許多人一樣，都是烈士，值得我們憐憫與緬懷」：Green, p. 109.

資料來源與方法

1 Bliss, *Address*, p. 19; Samuel G. Drake, *The History and Antiquities of Boston* (Boston, 1856), p. 323. 無論如何，德瑞克對過去的信仰語多批評，無視那些指控，認為全是「幼稚的胡言亂語」，而且整個案子就是「不成熟、荒誕、可笑」：AWNE, pp. 70-71.

2 *AWNE*, p. 219; Gibson, *Witchcraft Myths*, p. 82. 因為第一頁、二十頁、二十一頁和五十二頁比其他頁面髒很多，可能這些口供證詞原分屬兩批資料（pp. 1-20和21-52），之後才裝訂在一起。第二十一頁是第二份扉頁的事實支持了此看法。

3 就歷史學家如同說故事者的方面：Theodore Zeldin, 'Personal history and the history of the emotions', *Journal of Social History*, 15 (1982), pp. 339, 341-3; John Hatcher, *The Black Death: The Intimate Story of a Village in Crisis, 1345-1350* (London, 2008), preface; Rebekah Xanthe Taylor and Craig Jordan-Baker, '"Fictional biographies": creative writing and the archive', *Archives and Records*, 40 (2019), pp. 198-212.

4 Stephen Greenblatt, 'How it must have been', *New York Review of Books*, 56 (2009), pp. 22-5; John Higham, 'The limits of relativism: restatement and remembrance', *Journal of the History of Ideas*, 56 (1995), p. 673.

5 Morris, *First Church*, pp. 5-6.

6 Joyce Appleby, Lynn Hunt and Margaret Jacob, *Telling the Truth About History* (New York, 1994), p. 259.

7 Edward Muir and Guido Ruggiero (eds.), *Microhistory and the Lost Peoples of Europe* (Baltimore, 1991); Alf Lüdtke (ed.), *The History of Everyday Life: Reconstructing Historical Experiences and Ways of Life* (Princeton, 1995); Brad S. Gregory, 'Is small beautiful? Microhistory and the history of everyday life', *History and Theory*, 38 (1999), pp. 100-110; Richard D. Brown, 'Microhistory and the post-modern challenge', *Journal of the Early Republic*, 23 (2003), pp. 1-20; John Brewer, 'Microhistory and the histories of everyday life', *Cultural and Social History*, 7 (2010), pp. 87-109.

8 David Hopkin, 'Cinderella of the Breton polders: suffering and escape in the notebooks of a young, female farm-servant in the 1880s', *Past and Present*, 238 (2018), pp. 121-63. 在現代化方面：Jack A. Goldstone, 'The problem of the "early modern" world', *Journal of the Economic and Social History of the Orient*, 41 (1998), pp. 249-84; J. G. A. Pocock, 'Perceptions of modernity in early modern historical thinking', *Intellectual History Review*, 17 (2007), pp. 55-63; Garthine Walker, 'Modernization', in *idem* (ed.), *Writing Early Modern History* (London, 2007), ch. 2; Jane Shaw, *Miracles in Enlightenment England* (New Haven, CT, 2006).

9 Katharine Hodgkin, 'Historians and witches', *History Workshop Journal*, 45 (1998), p. 272; Stuart Clark,〈引言〉，收錄在 Stuart Clark (ed.), *Languages of Witchcraft: Narrative, Ideology, and Meaning in Early Modern Culture* (Basingstoke, 2001), pp. 1-18.

10 David Levin, *In Defense of Historical Literature: Essays on American History, Autobiography, Drama, and Fiction* (New York, 1967), p. 90; Michel de Certeau, *The Writing of History*, trans. Tom Conley (New York, 1988), p. 250.

11 Lyndal Roper, 'Beyond discourse theory', *Women's History Review*, 19 (2010), pp. 307-19; Harley, 'Explaining Salem', pp. 329-30; Apps and Gow, *Male Witches*, pp. 10, 13-18; Edward Bever, *The Realities of Witchcraft and Popular Magic in Early Modern Europe: Culture, Cognition, and Everyday Life* (Basingstoke, 2008); Éva Pócs, *Between the Living and the Dead: A Perspective on Witches and Seers in the Early Modern Age* (Budapest, 1999), ch. 4. 在作為「魔法」的巫術方面：Malcolm Gaskill, 'Masculinity and witchcraft in seventeenth-century England', in Alison Rowlands (ed.), *Witchcraft and Masculinities in Early Modern Europe* (Basingstoke, 2009), pp. 171-90.

12 Peter Laslett, *The World We Have Lost, Further Explored*, 3rd edn (London, 1983), ch. 12.

HISTORY 127

女巫末日：新世界的生死審判

The Ruin of all Witches: Life and Death in the New World

作　者—莫爾肯．蓋斯吉爾（Malcolm Gaskill）
譯　者—劉曉米
副總編輯—羅珊珊
責任編輯—蔡佩錦
協力編輯—林立文
校　對—林立文　江淑霞　蔡佩錦
封面設計—倪旻鋒
行銷企畫—林昱豪

總 編 輯—胡金倫
董 事 長—趙政岷
出 版 者—時報文化出版企業股份有限公司
108019臺北市和平西路三段二四〇號七樓
發行專線—（〇二）二三〇六—六八四二
讀者服務專線—〇八〇〇—二三一—七〇五
（〇二）二三〇四—七一〇三
讀者服務傳真—（〇二）二三〇四—六八五八
郵撥—一九三四四七二四時報文化出版公司
信箱—10899臺北華江橋郵局第九九信箱

時報悅讀網—http://www.readingtimes.com.tw
思潮線臉書—https://www.facebook.com/trendage
法律顧問—理律法律事務所　陳長文律師、李念祖律師
印　刷—勁達印刷有限公司
初版一刷—二〇二四年六月十四日
定　價—新臺幣五八〇元

時報文化出版公司成立於一九七五年，
並於一九九九年股票上櫃公開發行，於二〇〇八年脫離中時集團非屬旺中，
以「尊重智慧與創意的文化事業」為信念。

女巫末日：新世界的生死審判 / 莫爾肯．蓋斯吉爾 (Malcolm Gaskill) 著 ; 劉曉米 譯 . -- 初版 . -- 臺北市 : 時報文化出版企業股份有限公司 , 2024.06
360面 ; 14.8×21公分 . --（History ; 127）
譯自 : The ruin of all witches : life and death in the New World
ISBN 978-626-396-222-4（平裝）
1. CST: 巫術　2. CST: 歷史　3. CST: 十七世紀　4. CST: 美國
295.2　　113005538

ISBN 978-626-396-222-4
Printed in Taiwan